Mark Riebling
DIE SPIONE DES PAPSTES

Mark Riebling

DIE SPIONE DES PAPSTES

Der Vatikan im Kampf gegen Hitler

Aus dem amerikanischen Englisch
von Enrico Heinemann und Norbert Juraschitz

PIPER

Mehr über unsere Autoren und Bücher:
www.piper.de

Für Robin

MIX
Papier aus verantwortungsvollen Quellen
FSC® C014496

ISBN 978-3-492-05455-3
© 2015 by Mark Riebling
Die englischsprachige Originalausgabe erschien 2015 unter dem Titel
Church of Spies: The Pope's Secret War Against Hitler bei Basic Books,
Cambridge, USA.
© der deutschsprachigen Ausgabe:
Piper Verlag GmbH, München 2017
Satz: Kösel Media GmbH, Krugzell
Gesetzt aus der Adobe Garamond Pro
Druck und Bindung: GGP Media GmbH, Pößneck
Printed in Germany

*Wie stellen wir unsere Religion dar?
Nur als ein System oder als Glut?*
– Pater Alfred Delp, deutscher Jesuit

Inhaltsverzeichnis

Prolog 9

1 Dunkelheit über der Erde 12
2 Das Ende von Deutschland 50
3 Ochsensepp 61
4 Tyrannenmord 83
5 Einer, der ihn umlegt 102
6 Mit dem Teufel im Bunde 112
7 Die schwarze Kapelle 124
8 Absolute Geheimhaltung 132
9 Der X-Bericht 143
10 Warnungen an den Westen 153
11 Die braunen Vögel 161
12 Das Eisen schmieden 173
13 Der Ausschuss 182
14 Gespräche in der Krypta 194
15 Schießerei in der Kirche 202
16 Zwei Cognacflaschen 214
17 Baupläne für Siegfried 232
18 Der Weiße Ritter 241
19 Gefangener des Vatikans 259
20 Es muss geschehen 280
21 Heiliges Deutschland 287
22 Der Fund 296

23 Die Hölle   309
24 Der Galgen   320
25 Ein toter Mann   335
26 Der Bergsee   341

Epilog   357
Dank   373
Abkürzungen   377
Bibliografie   383
Endnoten   417

Prolog

Im April 1945 versuchten die Nationalsozialisten den Mann zu brechen, den sie als den besten Agenten des Vatikan-Geheimdienstes in Deutschland bezeichneten. Oberflächlich betrachtet, war Josef Müller nur ein bayerischer Rechtsanwalt mit auffallend großen Ohren, Pfeifenraucher und Briefmarkensammler. Aber seit seiner Verhaftung, die deshalb erfolgt war, weil er Juden mit falschen Papieren und Geld ausgestattet hatte, erschien er plötzlich als Akteur in einem Kriminalfall von sensationeller Bedeutung. Die Gestapo warf Müller vor, er habe an einem Komplott zur Ermordung Hitlers teilgenommen, mit »der katholischen Geistlichkeit«, die »hier ein[en] besondere[n] Nachrichtendienst aufgezogen« habe.[1]

Müller dachte allerdings gar nicht daran, ein Geständnis abzulegen. Er »hatte Nerven wie Drahtseile und beherrschte die Situation«, erinnerte sich ein Mitarbeiter des Gefängnisses. Als ihm die Wärter die Fesseln abnahmen, stürzte er sich auf sie und versuchte sie mit Jiu-Jitsu niederzuringen. Seine Entschlossenheit nötigte den Mitgefangenen, die ihn für einen Durchschnittsmenschen gehalten hatten, Ehrfurcht ab. »Wenn man ihn ansah«, schrieb ein britischer Spion, der mit Müller einsaß, »war er nur ein gewöhnlicher vierschrötiger Mann mit rosigem Teint und einem aschblonden Bürstenschnitt, der Typ, den man keines zweiten Blicks würdigt, wenn man ihm irgendwo begegnet, dabei aber der tapferste und entschlossenste Mann, den man sich vorstellen kann«.[2]

Ein einbeiniger SS-Hüne trat in Müllers Zelle. Sturmführer Kurt Stawizki kettete Müller an seinen Fußschellen an das Gitter an. Müllers Zellennachbarn im Konzentrationslager Flossenbürg sahen mit an, wie er mit auf den Rücken gefesselten Händen seine Essensration wie ein Hund von einem Teller auf dem Boden essen musste.[3]

Stawizki durchwühlte Müllers Koffer und nahm einen Umschlag heraus. Dieser enthielt einen Brief von Müllers Frau, die wissen wollte, was aus ihm geworden war. In einem beigefügten Brief teilte ihm seine Tochter mit, dass sie am kommenden Sonntag ihre Erstkommunion feiern würde. Stawizki nahm beide Briefe und zerriss sie.[4]

Er wollte mehr über Müllers Verbindungen zum Vatikan herausbekommen. In einer Akte zum Fall wurde dieser »ein ungewöhnlich geschickter Mann aus der jesuitischen Schule« genannt, über den regimekritische deutsche Generäle »Verbindungen zum Papst« unterhielten. Wie aus beschlagnahmten Unterlagen zu Plänen für einen Putsch hervorging, hatte Pius XII. Müller mitgeteilt, dass ein Frieden mit dem Deutschen Reich grundsätzlich nur nach einem Regierungswechsel möglich sei.[5]

Stawizki konfrontierte Müller mit einem Papier zum Putschplan. Der einleitende Satz lautete: »Anständige Deutsche haben sich entschlossen, über den Vatikan mit den Engländern Verhandlungen aufzunehmen.« Stawizki las den Text laut vor und schlug Müller jedes Mal, wenn er auf die Worte »anständige Deutsche« stieß, mit der Handkante auf die Oberlippe, bis ihm Zähne ausfielen. Am Ende versetzte er ihm einen so heftigen Hieb, dass

Müller auf seinem Stuhl umkippte. Dann trat er auf ihn ein und brüllte: »Verrecke, du Hund!«[6]

Am Sonntag, den 8. April, ging Müller mit einem verschwollenen Gesicht voller Blutergüsse schlurfend in seiner Zelle auf und ab, um wieder etwas Blut in seinen tauben Füßen zirkulieren zu lassen. Plötzlich wurde die Tür aufgerissen. »Jetzt geht das Theater zu Ende«, sagte Stawizki und schrie durch den Korridor: »Ist der Adjutant im Liquidationshof?«[7]

Der Galgen stand auf dem Paradeplatz. Sechs Stufenleitern führten zu einer Reihe Haken hinauf, an der Schlingen hingen. »Oftmals wurden die Personen nackt aufgehängt«, hieß es in einem Bericht zu Kriegsverbrechen über Flossenbürg. »Die unglücklichen Opfer wurden vor dem Aufknüpfen häufig so lange geprügelt, bis sie darum bettelten, endlich erhängt zu werden, damit ihre Qualen ein Ende hätten. Eine andere Hinrichtungsmethode bestand darin, die betreffende Person an den Handgelenken aufzuhängen und an den Knöcheln ein schweres Fass zu befestigen. Risse in inneren Organen führten zum Tod.«[8]

Der sowjetische Kriegsgefangene Generalmajor Pjotr Priwalow sah mit an, wie Müller zum Galgen geführt wurde. Er rief ihm etwas zu in der Hoffnung, dass ihn ein letzter Blick noch einmal aufrichten könnte. Weil er Russisch redete, reagierte Müller allerdings zunächst nicht. Als er schließlich doch aufschaute, wirkte er »zufrieden« und verschwand aus Priwalows Blickfeld.[9]

KAPITEL 1

Dunkelheit über der Erde

Sechs Monate vor Ausbruch des Zweiten Weltkriegs strömten die Kardinäle der katholischen Kirche in Rom zusammen. Die Türen zur Sixtinischen Kapelle schlossen sich. Die Schweizergardisten pflanzten ihre Hellebarden auf, um so lange keinen mehr hinein- oder hinauszulassen, bis das Konklave den neuen Führer der weltgrößten Religionsgemeinschaft auserwählt haben würde. Am nächsten Tag, dem 2. März 1939, blicken Tausende Zuschauer erwartungsvoll auf den Schornstein über der Kapelle. Zweimal stieg schwarzer Rauch als Zeichen einer gescheiterten Wahl auf. Als weiterer Rauch auf sich warten ließ, steigerte sich wie gewöhnlich Spannung. Erstmals in der Geschichte des Papsttums hatte dieses Spektakel einen gewaltigen Andrang an ausländischen Presseleuten verursacht. Deren Fotoobjektive erinnerten einen Zeitzeugen an »Panzerabwehrkanonen«. Während Europa dem Krieg entgegendriftete, konnten die Worte des neuen Pontifex die Stimmungslage verändern. Vielleicht würde seine diskrete Diplomatie die Entwicklungen in eine neue Richtung lenken. »Noch nie seit der Reformation«, so schrieb ein Beobachter, »war die Wahl eines Pontifex von der gesamten Welt mit solcher Besorgnis erwartet worden.«[1]

Um 17 Uhr 29 stieg über dem Schornstein eine weiße Qualmwolke in den Himmel. Hüte flogen empor, Kanonen donnerten, Glocken läuteten. Auf dem Balkon des Petersdoms beugte sich der Dekan des Kardinalskollegiums über ein Mikrofon. »Ich verkünde euch große Freude. *Habemus Papam!* Den hochwürdigsten Kardinal Eugenio Pacelli, der den Namen Pius XII. angenommen hat.«[2]

Mit zögernden Schritten trat der neue Papst an die Balustrade. Er war majestätisch groß. In seinem totenblassen Gesicht glänzten Augen wie schwarze Diamanten. Als er eine Hand hob, legte sich Stille über den Petersplatz. Die Menge sank in die Knie. Dreimal schlug der Papst ein Kreuz. Unter aufbrandendem Getöse erhoben sich die Menschen wieder. Rufe wie »*Eviva il papa!*« erschollen über dem Stakkato des »*Pacelli, Pacelli, Pacelli!*«. Auf dem Balkon breitete Pius mit Ärmeln, die wie weiße Flügel schwangen, in einer segnenden Geste die Arme aus. Dann drehte er sich abrupt um und verschwand im Petersdom.[3]

Im Apostolischen Palast trat Pacelli in das Schlafgemach eines kranken Freundes ein. Kardinal Marchetti Selvaggiani versuchte sich aufzurichten und flüsterte: »Heiliger Vater.« Pacelli, so ein Bericht, soll seine Hand ergriffen und gesagt haben: »Lass mich heute Abend noch Eugenio sein.« Aber den Mantel des Pontifex Maximus, den vor ihm 257 Heilige und Schurken für sich beansprucht hatten, trug der Papst schon jetzt. Ab dem ersten Augenblick seiner Wahl, so schrieb er später, habe er »die ganze Wucht der schweren Verantwortung« des Amts gespürt.[4]

Nach der Rückkehr in seine Privaträume fand er eine Geburtstagstorte mit 63 Kerzen vor. Er dankte seiner Haushälterin, rührte die Torte aber nicht an. Nach einem Rosenkranzgebet rief er seinen langjährigen Weggefährten Monsignore Ludwig Kaas zu sich. Zusammen verließen sie die Privatwohnung und kehrten erst um zwei Uhr morgens zurück.⁵

Was während dieses Gangs geschah, sollte einer der ersten autorisierten Biografen des Papstes so schildern: Pacelli und Kaas schritten durch entlegene Flure des Apostolischen Palastes und gelangten zu einer Nische an der Südwand der Petersbasilika. Zwischen Statuen des heiligen Andreas und der heiligen Veronika öffneten sie eine Tür, die in einen Tunnel führte, und kamen schließlich an eine schwere Bronzetür mit drei Schlössern. Kaas schloss sie mit seinen Schlüsseln auf, sperrte hinter ihnen ab und folgte Pacelli über eine Metalltreppe in die Vatikanischen Grotten hinab.⁶

Die Luft war heiß und stickig, angefeuchtet vom nahe gelegenen Tiber. Durch das Gewölbe führte ein gewundener Gang, in dem Päpste und Könige in ihren Särgen übereinandergestapelt zur letzten Ruhe gebettet waren. Pacelli raffte seine Soutane zusammen und kniete vor einem flachen Aufbau nieder, unter dem eine Höhlung verborgen war. Nach kurzer Besinnung fasste er seinen ersten Entschluss als Papst. Sein Pro-Staatssekretär bezeichnete diesen als einen »Stern, der seinen beschwerlichen Weg erleuchtete [...], aus dem er Kraft und Standhaftigkeit zog und aus dem [...] so das Programm seines Pontifikats hervorging«. Mit dieser Entscheidung wollte Pacelli das rätselhafteste Geheimnis des Vatikans lüften. Und die Geister, denen er auf dieser Suche begegnete, sollten zu seinen Führern werden.⁷

Das Rätsel, das Pacelli zu lösen beschloss, war so alt wie die Kirche. Irgendwann im 1. Jahrhundert war Petrus nach Rom gezogen, hatte eine Kirche geführt, die ihn in Konflikt mit der Staatsgewalt brachte, und war im Sumpfgebiet des Vatikanum, das für seine großen Schlangen und seinen schlechten Wein bekannt war, an einem Kreuz gestorben. Die junge Kirche tauchte daraufhin buchstäblich in den Untergrund ab und suchte, so die Legende, in den Katakomben Zuflucht. Die Nachfolger von Petrus, dem ersten Papst, hielten den Standort von dessen Grabstätte vorsichtshalber geheim. Gleichwohl kursierte unter den Römern lange Zeit das Gerücht, dass es unter dem Hochaltar der nach ihm benannten Basilika liegen sollte. Die Gerüchte drehten sich um einen sechs mal zwölf Meter großen Haufen aus Ziegelwerk und anderem unbekanntem Material. Niemand wusste, was in seinem mysteriösen Inneren oder unter ihm verborgen lag. Manchen zufolge sollte dort ein Schacht sein, in den mittelalterliche Priester Silber- und Goldgerät hinabgeworfen hatten, wohingegen andere meinten, er enthalte einen »Bronzekasten« mit den Gebeinen Petri. Bislang war noch kein Erkundungsteam diesen Legenden auf den Grund gegangen. Laut dem Vatikan lastete auf der sagenumwobenen Grabstätte ein tausendjähriger Fluch, der in Geheimdokumenten mit apokalyptischem Inhalt erläutert sei: Über jeden, der an dem Grab rühren würde, bräche größtes Unheil herein.[8]

Pacelli hatte dieses Tabu schon 1935 gebrochen. Als Pius XI. darum bat, unter dem Hochaltar bestattet zu werden, musste die Krypta erweitert werden, um seinen Sarg später dort unterzubringen. Verantwortlich war damals Pacelli, der neben anderen Ämtern auch das des Magnus Cancellarius des Päpstlichen Instituts für christliche Archäologie ausübte. Er beschloss, den Fußboden abgraben zu lassen, um einen knappen Meter mehr an Raumhöhe zu gewinnen. Auf einer Tiefe von gut 70 Zentimetern stießen die päpstlichen Ausgräber überraschend auf die

Fassade eines Mausoleums mit schmückenden Friesen, die Schädel und Pygmäen darstellten – eine heidnische Allegorie auf den Zweikampf zwischen Leben und Tod. Wie sich herausstellte, lag die vatikanische Krypta über einer verschollenen Nekropole, an der seit der römischen Kaiserzeit keiner mehr gerührt hatte.[9]

In seiner Ahnung, Petrus' Gebeine könnten in ihr verborgen liegen, wollte Pacelli weitergraben lassen, aber Pius XI. stellte sich quer. Seine Kardinäle bezeichneten das Vorhaben als Sakrileg. Und seine Architekten hielten es für gefährlich. Wenn die Ausgräber die Stützpfeiler von Michelangelos gewaltigem Dom beschädigten, würde die größte Kirche der Welt womöglich einstürzen.

Pacelli vertraute allerdings mehr als jeder Papst vor ihm auf die Wissenschaft. Er hatte sich als frommer katholischer Schüler an einem staatlichen Gymnasium wegen des Unrechts, das die Kirche an Galilei begangen hatte, Sticheleien anhören müssen, hatte zum Ausgleich aber Hochachtung vor den Abenteuern des Verstands entwickelt. »O Abtaster des Himmels!«, schwärmte er, »Giganten, wenn ihr die Sterne vermesst und Nebel benennt.« Er pries die Wissenschaften und ihre Anwendungen: Seine Lobeshymnen auf Eisenbahnen und Fabriken lesen sich wie Auszüge aus Ayn Rands Roman *Atlas wirft die Welt ab*. Kein Ingenieursproblem konnte ihn schrecken, kein religiöser Fluch eine Recherche behindern. »Die Helden der Forschung«, sagte Pacelli, fürchteten keine »Stolpersteine und Risiken«. Jetzt, da er in seiner ersten Nacht als Papst vor der stillgelegten Grabungsstätte kniete, entschloss er sich, eine umfassende archäologische Erkundung durchführen zu lassen.[10]

Diese Untersuchung kündigte, gleichsam im Kleinen, das gewaltige Geheimunternehmen seines Pontifikats an.

Denn hier, an der Stätte dieses kühnen Projekts, sollten Pacellis Mitarbeiter mit seinem Segen zusammentreffen, um ein noch kühneres in Angriff zu nehmen. Dieses zweite Vorhaben trug wie das erste die Signatur von Pacellis Papstherrschaft. Beide Projekte wurden unter obsessiver Geheimhaltung betrieben. Beide brachten es mit sich, dass zwischen öffentlichen Äußerungen und verstecktem Tun eine riesige Lücke aufklaffte. Beide brachten sie die katholische – also die größte – Kirche der Welt in Gefahr. Und beide sollten Kontroversen heraufbeschwören, die Pacellis Herrschaft so unglückselig erscheinen ließen, dass manche meinten, der Papst habe sich tatsächlich den Fluch des geschändeten Grabes zugezogen.

Während Pacelli in der Krypta unter dem Petersdom betete, brannten in der gefürchtetsten Adresse Deutschlands bis spät in die Nacht die Lichter. Der fünfgeschossige Bau in der Prinz-Albrecht-Straße 8 in Berlin hatte als Kunstgewerbeschule gedient, bis die Nationalsozialisten seine Bildhauerateliers in Gefängniszellen umfunktionierten. An der großen Vordertreppe standen zwei Wachen mit Pistolen und Schlagstöcken. Im obersten Stock des Nachbargebäudes – des ehemaligen Hotels Prinz Albrecht – arbeitete der Reichsführer SS, Heinrich Himmler, der Leiter der Schutzstaffel (SS), die Hitler als Terrortruppe diente. In einem angrenzenden Büro tippte Himmlers Vatikan-Experte Hartl hektisch auf einer Schreibmaschine, um zum frisch gewählten Papst ein Dossier vorzubereiten.[II]

Sturmbannführer Albert Hartl war ehemaliger Priester. Er trug runde Brillengläser im runden Gesicht und erinnerte mit seinem Büschel Haar auf dem Kopf an einen Irokesen. Seine Frau beschrieb ihn als »wortkarg, pingelig, ausweichend [... und] sehr launisch«. Nach dem Tod seines Vaters, eines Freidenkers, war er Priester geworden, um der frommen Mutter einen Gefallen zu tun. Seine Oberen verärgerten ihn mit der Feststellung, dass er »für den Umgang mit Mädchen nicht geeignet erscheine«. Nachdem er seinen besten Freund, einen Priesterkollegen, an die Nazis verraten hatte, kehrte er unter mysteriösen Umständen der Kirche den Rücken.[12]

»Er behauptet«, so ein Vernehmer nach dem Krieg, »er sei eines Morgens im Januar 1934 im Hauptquartier der Gestapo aufgewacht, voller schwarzer und blauer Flecken und mit heftigen Schmerzen. An einem Fuß habe er eine große Wunde gehabt. Sein Kopf sei überall geschwollen und voller eitriger Wunden gewesen – mit blauen und aufgedunsenen Lippen. Zwei Zähne hätten gefehlt. Er sei gnadenlos verprügelt worden, habe sich aber an nichts mehr erinnern können.« Hartl hatte einen großen Mann mit dem ovalen Gesicht eines »gefallenen Engels« über sich. SS-Spionagechef Reinhard Heydrich erklärte, Hartl sei »von Fanatikern der Kirche verprügelt und vergiftet worden«.[13]

Heydrich bot ihm an, in den NS-Geheimdienst einzutreten. Als Chef der Abteilung II/113 im Sicherheitsdienst der SS (SD) würde er einen Stab aus ehemaligen Priestern leiten, die katholische NS-Gegner ausspionierten. Zu Hartls Aufgaben gehörte es, die »Verbindungen, Wirkungsmöglichkeiten und Einflussgebiete der wichtigsten Persönlichkeiten [...] aufzudecken, die entscheidenden Aktivisten zur Strecke zu bringen«.[14] Wie Hitler selbst gesagt hatte: »Wir wollen keinen anderen Gott haben als nur Deutschland allein.«[15] Hartl war sofort zum Eintritt in die SS entschlossen. Wie sich ein Kollege erinnerte, habe er ihr dann mit dem ganzen Hass eines Abtrünnigen gedient. In seinem aktualisierten Lebenslauf schrieb er, dass der Kampf gegen die Welt, die er so gut gekannt habe, zu seinem Lebenswerk geworden sei.[16]

Die Wahl des neuen Papstes gab Hartl die Chance zu brillieren. Er hoffte, dass höhere Führungsfiguren, vielleicht sogar Hitler, sein SD-Dossier über Pius lesen würden. Er durchforstete unter Verschluss gehaltene und öffentliche Quellen, siebte anhand der eigenen Erfahrungen Fakten aus und stellte sie in prägnanter Kürze dar, um viel beschäftigten Politikern entgegenzukommen.[17]

Papst Pius XII. (Kardinal Pacelli)

Lebenslauf:
2. März 1876 in Rom geboren
1917 Nuntius in München, intensive Mitwirkung in den Friedensbemühungen des Vatikans
1920 Nuntius in Berlin [, bis 1925 auch bayerischer Nuntius (in Personalunion)] 1929 Kardinal
1930 Kardinalstaatssekretär: Reisen nach Amerika und Frankreich.

Haltung gegenüber Deutschland: Pacelli war zunächst stets besonders deutschfreundlich und für seine herausragende Kenntnis der deutschen Sprache bekannt. Dennoch führte ihn die Verteidigung einer orthodoxen Politik der Kirche in eine grundlegende Gegnerschaft zum Nationalsozialismus.[18]

Begonnen hatte der Zweikampf zwischen der katholischen Kirche und dem Nationalsozialismus mit einer Übereinkunft. Bei der NS-Machtübertragung 1933 pries Pius XI. Hitlers Antikommunismus und ging auf ein Angebot ein, die Rechte der Katholiken im Reich offiziell zu machen. Sein Kardinalstaatssekretär Pacelli handelte ein Konkordat aus, das der Kirche jährliche Steuereinnahmen von 500 Millionen Reichsmark verschaffte. »Mit der Unterzeichnung dieses Konkordats«, schrieb Hartl, »wies der Papst Millionen bislang auf Distanz bedachten Katholiken den Weg zu Hitler.« Gegen Mitte des Jahrzehnts erwies sich das Reichskonkordat für Hitler allerdings als hinderlich. Pacelli bombardierte Berlin mit 55 Protestnoten, in denen er Vertragsbrüche anprangerte. Es wurde klar, so ein SS-Offizier, dass es »absurd wäre, Pacelli NS-Freundlichkeit vorzuwerfen«.[19]

Pacellis öffentliche Äußerungen verärgerten Berlin. In der Enzyklika *Mit brennender Sorge* von 1937, die Pius XI. veröffentlicht hatte, war der deutsche Staat beschuldigt worden, sich zur Ausrottung der Kirche verschworen zu haben. Die drastischsten Worte, so vermerkten NS-Beobachter, stammten aus Pacellis Protesten: »Hass«, »Machenschaften«, »Vernichtungskampf«. Mit diesen Begriffen, so sah es Hartl, habe Pacelli die ganze Welt zum Kampf gegen das Reich aufgerufen.[20]

Und am schlimmsten: Pacelli predigte die Gleichwertigkeit der Rassen: »Das Christentum habe alle Rassen, ob es nun Neger oder Weiße seien, zu einer einzigen großen Gottesfamilie zusammenzufassen«, spottete Hartl. »Deshalb stünde die Kirche auch dem Antisemitismus fern.« Bei einer Rede in Frankreich hatte Pacelli den »Aberglauben der Rasse und des Blutes« verdammt. Infolgedessen zeichneten NS-Karikaturisten einen hakennasigen Pacelli, der mit dem schwarzen Leichtathleten Jesse Owens und Rabbis herumtollt. Derweil verkündete Hartl, dass »fast ausnahmslos die gesamte verjudete USA-Presse Pacelli« begrüßt habe.[21]

Eine Gefahr stellten diese Lehren deshalb dar, weil sie mehr als Rhetorik waren. Die Gestapo befand Katholiken für »ideologisch unbelehrbar«, da sie fortgesetzt jüdische Händler schützten. Wie die SS notierte: In eben jenen Bezirken, in denen noch der politische Katholizismus herrsche, seien die Bauern von dessen Lehren so infiziert, dass sie gegenüber jeder Diskussion über rassische Probleme taub seien. Katholische Bauern tauschten ein Schild mit der Aufschrift »Juden nicht erwünscht« gegen eines mit »Juden sehr erwünscht« aus.[22]

Hartl führte diese unbeugsame Haltung auf ein finsteres Anliegen zurück, das durch Pater Joachim Birkner, einen Freund Pacellis aus dem Priesterseminar, der im Vatikanischen Geheimarchiv arbeitete, wo er angeblich Forschungen zur Kirchendiplomatie im 16. Jahrhundert durchführte. Tatsächlich spionierte Birkner für die SS. Er fixierte sich auf Pacellis persönlichen Mitarbeiter Robert Leiber, der bisweilen als »böser Geist des Papstes« bezeichnet wurde.[23]

Pater Leiber habe dem Informanten mitgeteilt, so der Bericht der SS, die größte Hoffnung der Kirche bestehe darin, dass das nationalsozialistische System in naher Zukunft durch einen Krieg zerstört werde. Sollte der Krieg ausbleiben, erwarte die Diplomatie des Vatikans eine Veränderung der Lage in Deutschland spätestens nach dem Tod des Führers. Birkners Bericht fiel mit einem Appell Pacellis an die Christen zusammen. Hartl fasste diesen als Aufruf zum Widerstand gegen Hitler auf.[24]

Damals erschien Pacelli als das innerste Zentrum eines Kriegs gegen das Reich, der nicht so bald enden würde. Solange es eine römische Kirche gebe, warnte Hartl, würden sie deren ewige politische Ansprüche in einen Kampf mit jedem völkisch-bewussten Staat zwingen. Die Frage laute also nicht, ob, sondern wie der neue Papst Hitler bekämpfen würde.[25]

Dem stimmte Hitler selbst zu. Wie Propagandaminister Goebbels vermerkte: »4. März 1939 (Samstag): Mittags beim Führer. Er erwägt, ob wir nicht aufgrund der Wahl Pacellis zum Papst das Konkordat kündigen sollen. Das wird bestimmt bei der ersten Kampfmaßnahme Pacellis der Fall sein.«[26]

Am Sonntag, den 5. März, hob Pius am Schreibtisch den Hörer seines Telefons ab und teilte seinem engsten Mitarbeiter mit, dass er ihn erwarte. Pater Robert Leiber trat in die päpstlichen Gemächer ein. Im Vatikan als der »kleine Asthmatiker« bekannt, wirkte der 51-jährige bayerische Jesuit wie ein melancholischer Gnom. Obwohl er zweimal täglich mit Pius redete und fast alles las, was über dessen Schreibtisch ging, wusste niemand, welches Amt er eigentlich bekleidete. Er lief verschiedentlich als »Beauftragter für deutsche Fragen«, päpstlicher Bibliothekar, Professor für Kirchengeschichte oder als eine »Art wissenschaftlicher Sekretär«.[27]

Tatsächlich führte er gar keinen Titel. »Pater Leiber war niemals ein Amtsträger des Vatikan«, sagte ein Jesuitenkollege. »Er war ein enger Mitarbeiter des Papstes, im Vatikan aber nie als offizielles Mitglied des Vatikans zugelassen worden.« Leiber hatte dort ein Amt inne, ohne im offiziellen Verzeichnis aufzutauchen. Er fungierte als inoffizieller Offizieller.[28]

Wegen des fehlenden Titels war Leiber für Geheimmissionen bestens geeignet. Ein Priester, der während der NS-Diktatur für den amerikanischen Geheimdienst gearbeitet hatte, erklärte später: »Es leuchtet ein, dass offizielle Behörden nicht im Kern in die Verantwortung genommen werden dürfen, wenn sie Fehler machen oder scheitern. Sie müssen verkünden können, dass sie von dem, was gesagt und getan wurde, nie etwas wussten.« Da Leiber nicht für den Vatikan arbeitete, konnte der Heilige Stuhl jedwede Beteiligung an all seinen Aktivitäten bestreiten.[29]

Leiber kam zugute, dass er den Mund halten konnte, wie Jesuitenkollegen anmerkten. Insbesondere zur Kirchenpolitik, sagte einer, der ihn kannte, habe Pater Leiber eine Haltung absoluter Geheimhaltung eingenommen. In dieser Hinsicht entsprach er dem Musterbild des persönlichen päpstlichen Mitarbeiters, das Papst Sixtus V. im 16. Jahrhundert entworfen hatte: Dieser müsse alles wissen, lesen und verstehen, dürfe aber nichts sagen.[30]

Wenn Leiber doch etwas sagte, wurde er direkt: Sein Wort sei scharf wie geschliffener Stahl, so fasste es ein Diplomat. Als Pacelli in den 1920er-Jahren als Apostolischer Nuntius in München diente, äußerte Leiber sich sogar missbilligend über den künftigen Papst, weil dieser mit der bayerischen Nonne Pascalina Lehnert zusammenlebte. Als ein Kardinal die Nuntiatur inspizierte, bezeichnete er dieses Zusammenleben als unangemessen. Lehnert sah Pacelli nach eigenem Bekunden gerne »im Reitanzug, der ihm ganz vortrefflich stand«. Als Leiber erfuhr, dass der Kardinal seine Beschwerde Pacelli übermittelt hatte, bot er seinen Rücktritt an. Pacelli lehnte ab mit den Worten: »Nein, nein, nein. Sie dürfen denken und sagen, was immer Sie wollen. Ich werde Sie nicht entlassen.«[31]

Leibers Direktheit, die bei Pacelli gut ankam, stieß andere allerdings vor den Kopf. So nannte ein Priesterkollege seine Art bissig, ja verletzend, und fügte hinzu: »Sehen Sie, er ist ein wenig sonderlich geworden.« Um sein Asthma zu kurieren, probierte Leiber sogar eine »Frischzellentherapie« aus, bei der er sich ein Präparat aus Gewebe eines frisch geschlachteten Lamms einspritzen ließ. Manche bezogen ein lateinisches Scherzwort auf ihn: *Timeo non Petrum sed secretarium eius* – Ich fürchte nicht Petrus [den Papst], sondern dessen Sekretär.[32]

An jenem Sonntagmorgen überbrachte Leiber Pius eine dringende Mitteilung. Der Münchner Kardinal Michael von Faulhaber hatte den Vatikan lange dazu gedrängt, dem Nationalsozialismus öffentlich entgegenzutreten, weil er Prinzipien verletze, die so ewig wie die Sterne über jedem Kompromiss zu stehen hätten. In einem Brief mit der Überschrift »Ehrerbietigste Vorschläge« mahnte Faulhaber jetzt aber einen Waffenstillstand an.

Er befürchtete, dass Hitler die katholische Kirche Deutschlands von Rom abspalten würde. Nicht als Katholiken, aber als Deutsche glaubten viele Katholiken im Reich an den Führer. Dass »Katholiken Herrn Hitler trotz seines Hasses auf die Kirche als einen Helden bewunderten«, hatte Pacelli bereits selbst bemerkt. Faulhaber sah die Gefahr eines Schismas im »Lande der Reformation außerordentlich gehoben«. Vor die Wahl zwischen Hitler und der katholischen Kirche gestellt, würden sich zahlreiche deutsche Glaubensbrüder für Hitler entscheiden. »Ein besonderes Augenmerk«, so mahnte Faulhaber, »werden die Bischöfe auf die Bestrebungen zur Gründung einer Nationalkirche haben« müssen. Sollte der Vatikan keine Übereinkunft suchen, könne Hitler die Kirche nationalisieren, wie es König Heinrich VIII. mit der englischen vorgemacht habe.[33]

Die Nationalsozialisten seien inzwischen selbst zu einer Kirche mutiert. Ihre Philosophie, sagte Faulhaber, sei eine De-facto-Religion. Sie hätten sich für Taufe und Konfirmation, Heirat und Begräbnisse eigene sakramentale Riten geschaffen. Aschermittwoch hätten sie zum Wotanstag und Himmelfahrt zum Fest von Thors Hammer umgewidmet. Den Weihnachtsbaum bekrönten sie inzwischen anstatt mit einem Stern mit dem Hakenkreuz. Die Nationalsozialisten stellten sogar die blasphemische Behauptung auf, »Adolf Hitler sei genauso groß wie Christus«.[34]

Über diese üblen Vorzeichen wollte Faulhaber mit dem Papst diskutieren. Als er und die drei anderen Kardinäle aus dem Dritten Reich zum Konklave nach Rom gekommen waren, hatte Pius sie eingeladen, um in einer Audienz am nächsten Tag »einige Gedanken an die Oberfläche zu holen«. Die Begegnung war für Pius allerdings insofern ein Problem, als er einem der Kardinäle misstraute.

Im Vorjahr hatte der Wiener Kardinal Innitzer, der Primas von Österreich, für einen Skandal gesorgt. Als Hitler Österreich annektiert hatte, sagte er dem NS-Staat die Unterstützung der Kirche zu. Als damaliger Kardinalstaatssekretär rief Pacelli Innitzer nach Rom, um ihn einen Widerruf unterschreiben zu lassen. Innitzer folgte, doch als Papst war Pius sich über ihn jetzt im Ungewissen. Der gutmütige und sentimentale Österreicher reagierte offenbar anfällig auf Druck. Angesichts des heraufziehenden Kriegs wollten alle, die in die Bibliothek des Papstes kamen, die Besprechung mit einer Erklärung verlassen, dass Gott ihrem Land zur Seite stehe. Selbst wenn Innitzer die vertraulichen Worte des Papstes in der Öffentlichkeit nicht verdreht wiedergeben würde, bestand die Gefahr, dass die NS-Propagandisten dies an seiner Stelle erledigten.[35]

Folglich beschloss Pius, von der Audienz mit den Kardinälen eine vertrauliche Mitschrift anfertigen zu lassen. Ein beweiskräftiges Dokument mit dem Wortlaut sollte helfen, jedwede entstellende Darstellung seiner Äußerungen zu widerlegen. Deswegen stattete Pius seine Bibliothek schon zu Anfang seines Pontifikats mit einer Abhöranlage aus.[36]

Die Tonbandüberwachung sollte eines der bestgehütetsten Geheimnisse des Vatikans bleiben. Erst sieben Jahrzehnte später bestätigte das letzte noch lebende Mitglied des geheimen katholischen Widerstands gegen die NS-Herrschaft, der deutsche Jesuitenpater Peter Gumpel, dass es eine solche tatsächlich gegeben hatte. Bis dahin hatte Gumpel 40 Jahre damit zugebracht, den Prozess zu Pacellis Seligsprechung zu leiten.

»In die Wand wurde ein Loch gebohrt«, sagte Gumpel. »Ich erfuhr dies zufällig, und zwar von sehr hoher Stelle [...] Die Sache ist sicher. Ich habe es ermittelt, aus der unmittelbaren Umgebung des Papstes.«[37]

Abhörmethoden gelangten zu der Zeit, als Pacelli Papst wurde, gerade zur Reife. In den nächsten Jahren sollten Hitler, Stalin, Churchill und Roosevelt alle heimlich Gesprächsmitschnitte anfertigen lassen. Wenige Tage vor dem Konklave hatte ein Schornsteinfeger in der Sixtinischen Kapelle ein verstecktes Diktafon entdeckt. Die Abhörfähigkeit des Vatikans konnte mit der sämtlicher weltlicher Staaten mithalten: Der Heilige Stuhl wurde von Guglielmo Marconi, dem Erfinder des Radios, verdrahtet.[38]

Pacelli hatte Marconi persönlich angeworben, um den Hauptsitz der katholischen Kirche zu modernisieren. Marconi hatte gratis eine Telefonvermittlung, eine Radiostation und eine Kurzwellenverbindung zur päpstlichen Sommervilla eingerichtet. Im Gegenzug löste Rom Marconis Ehe auf, um ihm eine neue zu ermöglichen. Die Tochter, die aus der neuen Verbindung hervorging, erhielt passenderweise den Namen Elettra (= Elektra). Einige von Marconis Ingenieuren arbeiteten nach wie vor für den

Papst unter einem jesuitischen Physiker, der Radio Vatikan betrieb. Sie erfüllten »institutionelle Aufgaben«, wie es in den kirchlichen Unterlagen hieß, so Aufzeichnungen der Reden des Pontifex und »außergewöhnliche Dienste« wie das Abhören seiner Besucher.[39]

In der Theorie erschien die Aufgabe eher einfach. Das Personal von Radio Vatikan kannte die Örtlichkeiten und hatte zu ihnen kontrollierten Zugang. Der Papst empfing seine Besucher in der Päpstlichen Bibliothek, die durch Türen mit zwei Vorzimmern verbunden war, in denen Marconis jesuitische Techniker unbemerkt arbeiten konnten. Der Termin für die Audienz mit den deutschen Kardinälen am 6. März ließ ihnen allerdings nur einen Tag Zeit, um ihren Einsatzort zu begutachten, einen Zugang zu schaffen, ein Mikrofon zu installieren, Leitungen zum Abhörposten zu verlegen und das gesamte System durchzutesten.[40]

Sie zogen Orte in der Bibliothek in Betracht, an denen sie ein Mikrofon verstecken konnten. Bilderrahmen, Tischleuchten, die Verstrebung unter einem Tischbein, das Telefon, Deckenleuchten – überall boten sich Möglichkeiten. Am Ende, so sollte sich Pater Leiber später erinnern, entschied sich das Team für eine »Anlage, die es ermöglichte, alles im Nachbarraum mitzuhören«. Dazu bohrten sie in mühevoller nächtlicher Arbeit ein Loch in die Wand und verwanzten es.[41]

Am Morgen des 6. März, so legen verfügbare Hinweise nahe, bediente ein Techniker einen Wandschalter, worauf an der Apparatur eine weiße Lampe aufleuchtete. Der Bediener wartete eine ganze Minute, bis sich die Kathoden aufgewärmt hatten, und bewegte den Steuerungshebel dann in die Position »Aufnahme«.[42]

Sechs Minuten vor neun Uhr trat Pius in die Päpstliche Bibliothek ein. Ungefähr zu diesem Zeitpunkt sah Monsignore Enrico Pucci von einem Kämmerchen am San-Damaso-Hof aus, wie die vier Kardinäle in den Apostolischen Palast eintraten. Jeder trug ein purpurnes Scheitelkäppchen, eine purpurne Schärpe und ein goldenes Kreuz auf der Brust. Nachdem sie ein Labyrinth aus Fluren und Höfen durchschritten hatten, fuhren sie mit einem knarrenden Fahrstuhl nach oben. Er öffnete sich zu einem rotsamtenen Wartesaal, geschmückt mit Medaillons neuerer Päpste. Alberto Arborio Mella, der päpstliche Maestro di Camera, führte die Kardinäle in die Bibliothek.[43]

Das Eckzimmer blickte auf den Petersplatz hinaus. Unter Gemälden mit Tierdarstellungen zogen sich an den Wänden Bücherschränke entlang. Ein Kristalllüster hing von der Decke. Ein Plüschteppich bedeckte den Boden. Aus Nischen starrten drei finstere Porträts holländischer Meister herab. Ein Mahagonitisch erstreckte sich zu den drei Fenstern, deren zur Seite geraffte Vorhänge an Messer gemahnende weiße Lichtstrahlen einfallen ließen.[44]

Pius saß an einem Schreibtisch, die gefalteten Hände im Sonnenlicht. Er trug ein weißes Käppchen und rote absatzlose Pantoffeln. Nur sein goldenes Brustkreuz schmückte seine schneeweiße Soutane. Nacheinander beugten sich die Kardinäle herab, um seinen Siegelring zu küssen: Adolf Bertram aus Breslau, Michael von Faulhaber aus München, Karl Joseph Schulte aus Köln und Theodor Innitzer aus Wien.

Sie nahmen dem Papst gegenüber auf Stühlen mit Rohrlehnen Platz. Der Schreibtisch war mit aufgetürmten Unterlagen und einem Kruzifix bedeckt, nebst einem goldbeschlagenen Telefon mit königsblauen Fingerlöchern. Eine silberne Plakette wies den Schreibtisch als ein Geschenk aus, mit dem sich die deutschen Bischöfe für Pacellis zwölf Jahre währenden Dienst als Nuntius in Deutschland bedankt hatten.

»Wir wollen die Zeit, wo Eure Eminenzen hier weilen, nutzen«, begann Pius, »um zu überlegen, wie der Sache der katholischen Kirche in Deutschland im gegenwärtigen Augenblick geholfen werden kann.« Er verlas in Latein einen Entwurf für einen Brief an Hitler. Unter den verschnörkelten protokollarischen Höflichkeiten stand der Satz: »Gott schütze Sie, ehrenwerter Herr.«[45]

Pius fragte: »Glauben Sie, der Brief passt, oder soll man etwas beifügen oder ändern?« Während ihn drei Kardinäle billigten, sah Faulhaber ein Problem.

»Muss es Lateinisch sein? Bei seiner Empfindlichkeit gegen die nichtdeutsche Sprache würde der Führer es vielleicht wünschen, nicht erst einen Theologen rufen zu müssen.«

»Man kann deutsch schreiben«, sagte Pius. »Man muss an das denken, was für die Kirche in Deutschland recht ist. Für mich ist das die wichtigste Frage.«

Dann wandte sich der Papst direkt dem Konflikt zwischen Kirche und Drittem Reich zu. Er verlas eine Liste mit Beschwerden, die Kardinal Bertram zusammengetragen hatte. Die Nationalsozialisten hatten die Verbreitung der Lehren der Kirche behindert, ihre Organisationen verboten, ihre Presse zensiert, Seminare aufgelöst, Besitztümer konfisziert, Lehrer entlassen und Schulen geschlossen. Dieses Vorgehen lief auf eine umfassende Verfolgung hinaus. Parteifunktionäre prahlten damit, dass »nach Niederwerfung des Bolschewismus und des Judentums […] nur noch die katholische Kirche der Feind des heutigen Staates« sei.[46]

Pius erteilte Faulhaber das Wort, der daraufhin einen noch finstereren Bericht abgab. »Das Vorurteil vom politischen Katholizismus [...] will nicht verstummen«, warnte er. Er führte Hitlers jüngste Rede im Reichstag an, in der es in einem furchterregenden Satz geheißen hatte: »Den Priester als politischen Feind der Deutschen werden wir vernichten!« Braunhemden hatten die Worte als Freibrief aufgefasst, um Statuen an Kirchen die Köpfe abzuschlagen, Kruzifixe als Zielscheiben zu missbrauchen und Altäre mit Exkrementen zu beschmieren. Jüngst hatte ein Mob Faulhabers Wohnsitz umzingelt, sämtliche Scheiben eingeworfen und das Gebäude in Brand zu stecken versucht.[47]

Die Übergriffe führte Faulhaber auf die päpstliche Enzyklika von 1937 zurück. Er hatte diesen päpstlichen Protest gegen die NS-Politik selbst aufgesetzt, worauf Pacelli als Staatssekretär die Formulierungen verschärft hatte. Aus Faulhabers Klage hatte er eine kämpferische Anklage gemacht. Er änderte den Titel von *Mit beträchtlicher Sorge* zu *Mit brennender Sorge*. In der verschärften Fassung hieß es, der Nationalsozialismus habe mit Blick auf die Kirche »von Anfang an kein anderes Ziel [gekannt] als den Vernichtungskampf«. Hitler, so wandte Faulhaber ein, habe in seiner ersten Rede als Reichskanzler gesagt, dass er mit der Kirche Frieden wolle, und sei deswegen »über das obige Wort in der Enzyklika entrüstet und hat seitdem die Beziehungen zur kirchlichen Behörde fast ganz abgebrochen«. Auch wenn sich Faulhaber die Äußerung verkneifen konnte, hatte Pacelli als Kardinal seiner Ansicht nach stark zu der Krise beigetragen, mit der er jetzt als Papst konfrontiert war.[48]

Faulhaber stellte eine weitere Spitze Pacellis in der Enzyklika infrage. Laut ihrem Text sei »die Apotheose eines

Kreuzes gefeiert worden, das dem christlichen Kreuz feindlich« gegenüberstehe. Faulhaber wandte ein: »Das Hakenkreuz war vom Führer nicht als Gegensatz zum christlichen Kreuz gewählt [und] wird vom Volk auch nicht so empfunden.« Ein Staat müsse das Recht haben, seine Flagge zu wählen, und »eine Ablehnung dieser Flagge [würde] als unfreundliche Haltung« aufgefasst. Habe Kardinal Pacelli, so deutete Faulhaber an, nicht auch hier ein Feuer entfacht, das er jetzt als Papst löschen müsse?[49]

»Eminenz Faulhaber [sieht dies] sehr richtig«, sagte Pius und hob damit in der Audienz ein einziges Mal einen Kardinal lobend hervor: ein subtiles Signal dafür, dass er Faulhaber – und nicht Bertram, den offiziellen Führer der deutschen Kirche – damit betrauen würde, eine Politik gegenüber Hitler zu schmieden.

Faulhabers bevorzugte Politik bestand aus zwei Teilen. Der erste war vordergründige Ergebung. »Sie [die Nationalsozialisten] fühlen sich so als Kämpfer, dass es ihnen lieber scheint, wenn sie Kampfgründe bekommen. Besonders wenn es gegen die Kirche geht! Aber ich glaube auch, dass wir Bischöfe tun müssen, als ob wir das nicht sehen würden.« Die Bischöfe sollten sich mit Hitler nicht in einen Krieg der Worte hineinziehen lassen – und ebenso wenig Pius. »Dass ferner dann, wenn die Sache praktisch werden sollte, vonseiten des Heiligen Vaters auch etwas gegeben werden müsste.«

»Ich habe Polemik [...] verboten«, sagte Pius. Er hatte bereits die Tageszeitung des Vatikans, den *L'Osservatore Romano,* angewiesen, Angriffe auf die deutsche Politik zu unterlassen: »Ich habe sie dort wissen lassen, sie sollten jetzt kein scharfes Wort sagen.«

Der zweite Teil der Politik bestand in einer Vermittlung unter der Hand. Um dem Nationalsozialismus zu begegnen, brauche es »Persönlichkeit«, keine förmlichen Proteste. Zuverlässige Mitarbeiter könnten den Konflikt hinter den Kulissen lösen – sofern sie sich auf dem Laufenden hielten. »Die deutschen Bischöfe müssen an das Staatssekretariat Eurer Heiligkeit über alle Streitfälle und Eingaben rasche und genaue Informationen senden.« Notfalls sollten sie die offiziellen amtlichen Wege umgehen.[50]

Dies verstehe sich von selbst, sagte Pius. Wichtige Fäden behielt er gerne in der Hand. »Die deutsche Frage ist mir die wichtigste«, sagte er. »Ich werde mir ihre Behandlung vorbehalten.«[51]

Diese Aussicht schien die deutschen Kardinäle zu beunruhigen. »Wir müssen uns ein Gewissen machen wegen der Gesundheit Eurer Heiligkeit«, brachten plötzlich mehrere vor.

»Ich bin gesund«, entgegnete Pius. Dann stand er auf. »Eminenzen, vielleicht können wir uns wiedersehen.« Als sich die Kardinäle zum Gehen anschickten, versuchte er sie in ihrer Entschlossenheit zu bestärken.

»Grundsätze kann man nicht preisgeben«, verkündete der Papst. »Wir wollen sehen, einen Versuch wagen. Wenn sie den Kampf wollen, fürchten wir uns nicht. Aber wir wollen sehen, ob es irgendwie möglich ist, zum Frieden zu kommen. [...] Wenn wir dann alles versucht haben und sie doch unbedingt Krieg wollen, werden wir uns wehren.« Er wiederholte: »Lehnen sie ab, so müssen wir kämpfen.«[52]

Im SS-Hauptquartier war Albert Hartl noch immer emsig bei der Arbeit. Seine Vorgesetzten hatten verlangt, sein Dossier zum neuen Papst so zu erweitern, dass sie Auszüge als Pamphlet veröffentlichen konnten. Letzteres sollte die Parteilinie zu Pius festlegen und Mitte März in Druck gehen. Hartl baute in sein Porträt Kampfszenarien ein. Sollte Pacelli weitere Angriffe starten, war das Wissen, welche Waffen und Taktiken er einsetzen würde, von entscheidender Bedeutung.

Pacelli würde nicht unbedacht handeln. Seine öffentlichen Äußerungen gegen den Nationalsozialismus spiegelten eher den ungestümen Stil Pius' XI. als seinen eigenen wider. Als neuer Papst war er kein geifernder Mystiker, sondern ein genauer Beobachter, der scharfsinnig Dinge wahrnahm, die robusteren Naturen entgingen. »Was er aufgenommen hat«, so Hartl, »ist in ihm verborgen. Was er empfindet, zeigt er nicht. Der Ausdruck seiner Augen ist immer gleich versunken und verhalten.« Pacelli wäge jedes seiner Worte ab und vermeide jeden unbedachten Schritt. Dadurch könne er oberflächlich, pedantisch oder auch kleinlich erscheinen. Nur selten, gegenüber Amerikanern oder Kindern, trete beim Reden manchmal ein Glanz in seine Augen und hebe sich seine Stimme.[53]

Und doch scheute Pacelli nicht nur als Stilfrage vor einer direkten Konfrontation zurück. Als politischer Realist vermied er es, aus einer Position der Schwäche zu agieren. Gegenüber Massenbewegungen erschien die Kirche veraltet, kraftlos und ohnmächtig. Die Eroberung Abessiniens durch Italien und die Annexion Österreichs durch das Dritte Reich hatten zwischen dem friedliebenden Vatikan und den nationalistischen Bischöfen bereits eine tiefe Kluft offenbart. Auch wenn Pacelli auf die örtlichen Kirchen theoretisch umfassenden Einfluss hatte, konnte er diesen in der Praxis nur teilweise geltend machen.[54]

Folglich würde er indirekt kämpfen. »Da, wo die Kirche sich nicht im Besitze der Macht fühlt«, schrieb Hartl, »wendet sie selbstverständlich schlauere Methoden zur

Erreichung ihrer Ziele an.« Dabei hob er drei Mittel hervor: Militanz, Meuterei und Spionage, von denen die zuletzt genannte die bedeutendste war.[55]

»Streng genommen«, so schrieb er, »gibt es keinen vatikanischen Geheimdienst.« Dennoch hatte die Kirche Geheimagenten – Geistliche, die sie mit Berichten versorgten. Bei der Auswertung dieser Berichte habe der Vatikan sie einer »geheimdienstlichen Bearbeitung« unterzogen. Auch habe das päpstliche Personal Vertreter unter Geistlichen und Laien mit »Geheimmissionen« betraut. Da der Vatikan mit nachrichtendienstlichen Agenten, Auswertern, Berichten und Missionen operiere, habe der Papst einen »De-facto-Geheimdienst« unterhalten.[56]

Einige dieser angeblichen Missionen zeichneten sich durch einen geradezu mittelalterlichen, kriegerischen Glaubenseifer aus. Hartl berichtete zum Beispiel, dass Kardinal Faulhaber für rechte Kräfte in München Waffen versteckt gehalten habe. Während seiner Arbeit von 1919 bis 1923 für das Freisinger Priesterseminar hatte er erfahren, dass »mit Faulhabers Genehmigung eine beträchtliche Menge an Waffen und Munition versteckt gehalten wurde. [...] Darunter waren Gewehre, Maschinenpistolen und zwei kleine Geschütze.« Hartl berichtete, er habe diese Waffen mit eigenen Augen gesehen. »Einige lagerten in einem Versteck [...], das über eine Geheimtreppe unter einer Steinplatte neben dem Hauptaltar zugänglich war.« Bayerische Reaktionäre, so Hartl, hätten die Waffen für geheime Wehrübungen und vielleicht auch bei Operationen gegen linke Terroristen genutzt. Dazu gedrängt, könne die Kirche ähnliche Methoden einsetzen, um Gewaltaktionen gegen die Nationalsozialisten zu unterstützen.[57]

Auf diese Weise werde militanter Eifer zur Auflehnung.

»So beansprucht der katholische Papst grundsätzlich für sich das Recht«, so Hartl, »Staatsoberhäupter, die im Gegensatz zur Kirche stehen, abzusetzen, und er hat bis in die Neuzeit hinein diesen von ihm aufgestellten Anspruch auch mehrfach verwirklicht.« Während der Gegenreformation ermordeten jesuitische Agenten angeblich die französischen Könige Heinrich III. und Heinrich IV. und schmiedeten ein Komplott, um das britische Parlament in die Luft zu jagen. Von Pacellis jesuitischem Mitarbeiter, Pater Leiber, wusste Hartl bereits, dass er gegen ein solches Vorgehen gegen Hitler keinerlei *moralische* Bedenken hatte. Die SS müsse folglich sämtliche militanten deutschen Katholiken mit Verbindung zu Leiber aufstöbern und »ihre Kampfstellung [...] brechen«.[58]

Diese Verbindungen auszumachen, so räumte Hartl ein, sei »äußerst schwierig«. Nur der innerste Kreis um den Papst war im Einzelnen in Geheimoperationen eingeweiht. Auch oblag das Aufspüren päpstlicher Spione dem Militärischen Geheimdienst (Abwehr), einer rivalisierenden Spionageabteilung, in der Gerüchten zufolge konservative Gegner Hitlers operieren sollten. Als Ergebnis verfügte die SS nur über ein »dürftiges« Wissen zu den »Persönlichkeiten im vatikanischen Geheimdienst.«[59]

Hartl hoffte, dass sich die Fleischeslust nutzen lasse, um sich in die geheime Welt des Vatikans Einblick zu verschaffen. So hieß es von Erzbischof Conrad Gröber von Freiburg, er habe eine halbjüdische Geliebte. »Aus Furcht, dass seine Liebesaffäre ans Licht kommen würde«, so dachte Hartl, habe er mit der SS kooperiert. Die SS hatte Mönche in Nachtklubs erwischt, in denen Homosexuelle verkehrten. Diese Fehltritte zu nutzen, um Spione der Kirche zu entlarven, hatte allerdings nicht zum Erfolg geführt.[60]

Es gab noch einen weiteren möglichen Zugang zu dieser verborgenen Welt. Geheimagenten mussten gewonnene Informationen ihren Betreuern zuleiten. Diese Übergabe bedeutete für jeden die größte Gefahr: Die meisten enttarnten Spione wurden dann gefasst, wenn sie Informationen weiterzugeben versuchten. Deswegen setzten Agenten und ihre Betreuer als Vorsichtsmaßnahme Verbindungsleute oder Mittelsmänner als Kuriere ein.[61]

Zunächst meinte Hartl, dass er in das System eingedrungen sei. Wie er berichtete, hatte ein Dr. Johannes Denk »eine Kurierstation des vatikanischen Geheimdienstes im München betreiben und war gleichzeitig Agent der Berliner Gestapo gewesen«. Die Schreiben, die durch Denks Hände gingen, brachten allerdings keine Agenten zum Vorschein. Hartl schloss daraus, dass die Kirche ein noch unentdecktes Kuriersystem unterhielt, und da es ihm nicht gelungen war, dessen deutsche Seite zu infiltrieren, wandte er seine spionierenden Augen nach Rom.[62]

Am Donnerstag, den 9. März, traf sich Pius erneut mit den Kardinälen des Reichs. Rasch kam er auf den wichtigsten Punkt seiner Agenda zu sprechen und hob dessen Bedeutung besonders hervor. Beim ersten Teil der deutschen Frage, die an diesem Morgen erörtert werden musste, ging es nicht um die Gewissensnot einzelner Katholiken, sondern vielmehr um ein Problem verdeckter Operationen.

»Die erste Frage«, sagte der Papst, »betrifft den Kurierdienst zwischen dem Hl. Stuhl und den deutschen Bischöfen.« Er fügte hinzu: »Die Frage ist wichtig, weil der Kurierdienst die einzige Möglichkeit ist, um die Korrespondenz aufrechtzuerhalten.« Faulhabers kirchenpolitischer Referent, Monsignore Johannes Neuhäusler, hatte zwei Vorschläge eingereicht. Pius las sie laut vor:

a) Der Hl. Stuhl sendet periodisch (alle Monate oder alle zwei Monate) eine diplomatische Persönlichkeit, mit der die Hochwürdigsten Bischöfe Fragen besprechen und der sie auch schriftliches Material nach Rom mitgeben können. Die Route wäre in diesem Falle etwa: Rom, Wien, München, Freiburg, Köln, Berlin, Breslau, Rom (über Wien oder München).
b) Es wird ein doppelter Kurierdienst benutzt. Erstens der schon funktionierende zwischen Rom und Berlin (Frage, ob Zwischenstation in München möglich). Zweitens ein innerdeutscher: Berlin, München, Freiburg, Köln, Berlin. An diesen Punkten sammelt sich das nach Rom zu gebende Material, der Kurier bringt es nach Berlin, von wo es durch den erstgenannten Kurierdienst nach Rom geht. Auch der innerdeutsche Kurier müsste wohl diplomatischen Charakter haben, um vor Zugriff sicher zu sein.

Daraufhin kommentierte Pius »technische« Fragen: »Es handelt sich um einen Kurier, nicht des Hl. Stuhls, der aber ganz sicher ist. Er fährt einmal jede Woche. Von Rom geht er Samstag ab, kommt Montag in Berlin an. Umgekehrt erhält der Hl. Stuhl die Post aus Berlin immer Montag. Der Verkehr zwischen Rom und Berlin ist also gesichert, jede Woche. Wir haben den besten Beweis für die Sicherheit dieser Kurierverbindung aus der Zeit der Enzyklika *Mit brennender Sorge*. Kein Mensch hat etwas gewusst.«

Problematischer war das innerdeutsche Netzwerk. Bischöfliche Agenten mussten sich vor dem Sicherheitsdienst (SD), dem SS-Spionagedienst, in Acht nehmen. »Das ist das große Unheil«, sagte Kardinal Bertram. Die Gruppe diskutierte, wie sich verstreute Diözesen mit Berlin verbinden ließen.[63]

KD. BERTRAM: Wir müssen das geheim machen. Als der hl. Paulus sich im Korb an der Stadtmauer von Damaskus herunterließ, hatte er auch keine Erlaubnis der Polizei.[64]
HEIL. VATER: Ja, da haben wir ja einen guten Präzedenzfall. Pius XI. hat schon genehmigt, dass die Auslagen für den Kurier von München, Breslau und Köln nach Berlin vom Peterspfennig beglichen werden. Ist der Botendienst auf diesen Wegen möglich und leicht?
KD. INNITZER: Ja, und sicher muss er auch sein.
KD. SCHULTE: Es war bisher nicht immer dieselbe Person, die den Kurierdienst versah. Es wäre gut, wenn es immer dieselbe wäre.
KD. FAULHABER: Wir in Bayern wechseln viel, weil die Polizei leicht aufmerksam wird. In München ist das leicht zu machen. Der Europäische Hof ist das Stelldichein des reisenden Klerus, da findet man fast immer einen Herrn aus Berlin.[65]
HEIL. VATER: Aber Wien?
KD. INNITZER: Es geht wohl auch von dort.
KD. FAULHABER: Die Bischöfe wussten nicht, wann der Kurier Rom – Berlin geht.
HEIL. VATER: Jeden Samstag, jede Woche.
KD. FAULHABER: Dürfen wir das den Bischöfen sagen?
HEIL. VATER: Sicher! Montagabend bekomme ich immer das Paket aus Berlin. Ganz regelmäßig, sicher und zuverlässig. Wie gesagt, Pius XI. hat mich beauftragt, [alle] wissen zu lassen, dass die Auslagen, welche die Bischöfe mit der Kurie haben, sehr gut vom Peterspfennig beglichen werden können.

Sichere Verbindungen würden entscheidend sein, sollte die Kirche die Nazipartei bekämpfen müssen. Pius fragte: »Sind auf der Gegenseite Zeichen wahrnehmbar, dass man zum Frieden kommen will mit der Kirche?«

Innitzer sah die Sache tendenziell als »schwer« an. Auf dem Land versuche die Partei, die Priester daran zu hindern, Religionsunterricht zu erteilen. Aber einige Bauern hätten Widerstand geleistet. »Die Schule, haben sie gesagt, gehört uns. [...] Wenn kein Religionsunterricht mehr ist, wird Krawall geschlagen.«

»Wir dürfen den Mut nicht verlieren«, meinte Pius. »Einfach preisgeben, das dürfen wir nicht.«

Kardinal Bertram warnte: »Die Gefahr ist groß.«[66]

Am Sonntag, den 12. März, schlängelte sich morgens um sechs Uhr eine Prozession zum Bronzetor des Petersdoms. Angeführt von Schweizergarden und barfüßigen, mit Seilen gegürteten Mönchen, dahinter folgte am Ende der neue Papst Pius XII., getragen auf der *Sedia gestatoria* und umgeben von lautlos schwingenden Straußenfedern, die an Anführungszeichen erinnerten.

Unter einem Fanfarenstoß aus silbernen Trompeten und aufbrandendem Applaus zog Pius in die Basilika ein. Inmitten der Schwaden des Weihrauchs segnete er die Menge. Am Hochaltar legten ihm Messdiener einen Wollschal mit eingewobenen schwarzen Kreuzen über die Schultern.

Draußen drängten Polizisten die Massen zurück. Menschen, die auf Gesimse geklettert waren oder auf Kaminen balancierten, reckten die Hälse, um einen Blick auf die Loggia des Petersdoms zu erhaschen.

Um die Mittagszeit erschien dort Pius. Der Dekan des Kardinalskollegiums stellte sich neben ihn und setzte ihm eine Perlenkrone in Gestalt eines Bienenstocks aufs Haupt. »Nimm diese dreifache Krone in Empfang und wisse«, sprach er, »dass Du der Vater der Fürsten und Könige bist, der Lenker der Welt.«[67]

Der deutsche Botschafter am Heiligen Stuhl, Diego von Bergen, soll über die Zeremonie gesagt haben: »Sehr bewegend und schön, aber es wird die letzte sein.«[68]

Während Pacelli gekrönt wurde, wohnte Hitler in Berlin einem Staatsakt bei. In einer Rede zum Heldengedenktag in der Staatsoper Berlin sagte Großadmiral Erich Raeder: »Wo ein Vorsprung erreicht wurde, wird der gehalten! Wo eine Lücke auftreten sollte, wird sie geschlossen! […] Deutschland trifft schnell und hart!« Hitler ließ die Ehrengarde Revue passieren und legte am Grabmal des unbekannten Soldaten einen Kranz nieder. Am selben Tag erteilte er seinen Soldaten den Befehl, die Tschechoslowakei zu besetzen.[69]

Am 15. März marschierte die Wehrmacht in Prag ein. Durch Nebel und Schnee folgte ihr in seinem dreiachsigen Mercedes mit kugelsicheren Scheiben Hitler über die vereisten Straßen. Himmlers Schergen, 800 SS-Offiziere, machten Jagd auf unerwünschte Personen. Ein päpstlicher Vertreter telegrafierte »auf vertraulichem Wege erhaltene Einzelheiten« nach Rom, wonach all jene verhaftet worden seien, die sich mündlich oder schriftlich »gegen das Dritte Reich und seinen Führer« gewandt hätten. Bald darauf landeten 487 tschechische und slowakische Jesuiten in Gefangenenlagern. Dort wurde es zu einem »gewohnten Anblick«, so ein Zeitzeuge, dass »ein in Lumpen gehüllter Priester erschöpft einen Karren zog, während ihn ein junger SA-Mann mit einer Peitsche« vorantrieb.[70]

Die Besetzung der Tschechoslowakei stürzte Europa in

die Krise. Hitler hatte das Münchner Abkommen gebrochen, in dem er sechs Monate zuvor zugesagt hatte, die tschechische Integrität zu respektieren. Die Übereinkunft hätte laut dem britischen Premierminister Neville Chamberlain »den Frieden in unserer Zeit« sichern sollen. Jetzt verurteilte London »Deutschlands Versuch, die Weltherrschaft zu erringen. Es ist im Interesse aller Länder, sich dem zu widersetzen.« Angesichts eines deutschen Ultimatums, Danzig zurückzugeben und eine Anbindung Ostpreußens ans übrige Reich zuzulassen, mobilisierte Polens Regierung einen Teil ihrer Armee. Am 18. März berichtete der päpstliche Vertreter von einem »Spannungszustand« zwischen dem Reich und Polen, »der ernsthafteste Konsequenzen haben könnte«. In einem weiteren Geheimdienstbericht, der den Vatikan erreichte, wurde die Lage als »verzweifelt ernst« bezeichnet.[71]

Seit einem Jahrtausend hatte wohl noch kein Papst die Macht in einem solchen Klima der Angst übernommen. »[J]a selbst die Papstwahl stand unter dem Zeichen des Hakenkreuzes«, prahlte Robert Ley, der NS-Leiter der Deutschen Arbeitsfront. »Sie haben von nichts anderem geredet – davon bin ich überzeugt – als wie bekommen wir jetzt einen Bewerber auf Petri Stuhl, der Adolf Hitler wenigstens ein wenig gewachsen ist.«[72]

Tatsächlich hatte die politische Krise einen politischen Papst hervorgebracht. Inmitten des sich zusammenbrauenden Sturms hatten die Kardinäle im kürzesten Konklave seit vier Jahrhunderten den Kandidaten gewählt, der in der Staatskunst am erfahrensten war. Seine lange Karriere im päpstlichen Auslandsdienst machte Pacelli zum Doyen der kirchlichen Diplomaten. Er war mit preußischen Generälen zur Jagd ausgeritten, hatte bei Abendessen Hetztiraden von Exilkönigen über sich ergehen lassen und nur mit seinem juwelenbesetzten Kreuz bewaffnete Revolutionäre in Schach gehalten. Als Kardinalstaatssekretär hatte er diskret den Schulterschluss mit befreundeten Staaten gesucht und feindlichen Regierungen Rechte für Katholiken abgerungen. Jeder Regierung nützlich, aber keiner gegenüber servil, beeindruckte er einen deutschen Diplomaten als einen Politiker, der bis zum Äußersten gehe.[73]

Politik lag Pacelli im Blut. Sein Großvater war Vize-Innenminister des Kirchenstaats gewesen, eines Gürtel aus Territorien, die zusammen größer als Dänemark waren und die die Päpste seit dem Frühmittelalter beherrscht hatten. In der Überzeugung, dass diese Gebiete dem Papsttum politische Unabhängigkeit sicherten, verteidigten die Pacellis – Großvater und Vater von Pius – sie gegen Ansprüche italienischer Nationalisten. Aber sie unterlagen. 1870 herrschten die Päpste nur noch über die Vatikanstadt, ein Reich in Form eines Brillanten von der Größe eines Golfplatzes. Der sechs Jahre später in Rom geborene Eugenio Pacelli, der im Schatten der Petersbasilika aufwuchs, hatte so ein hochpolitisches Sendungsbewusstsein in die Wiege gelegt bekommen. Als Ministrant betete er für den Kirchenstaat, in der Schule begehrte er in Aufsätzen gegen weltliche Ansprüche auf und sah als Papst in der Politik eine Fortsetzung der Religion mit anderen Mitteln.[74]

Manche erachteten seine priesterliche Einmischung in die Politik als Widerspruch. Pacelli barg derer zahlreiche in sich. Er besuchte mehr Länder und sprach mehr Sprachen als jeder Papst vor ihm – und blieb doch ein Stubenhocker, der bis zum Alter von 41 Jahren bei seiner Mutter wohnte. Der kinderliebe Mann, der den Umgang mit Diktatoren nicht scheute, zeigte sich Bischöfen und Priestern gegenüber schüchtern. Sein Leben war eines der öffentlichsten und zugleich einsamsten der Welt. Milliarden Menschen bekannt, hatte er einen Distelfinken zum besten Freund. Fremden trat er mit Offenheit und Freunden mit Nachdenklichkeit gegenüber. Seine Mitarbeiter blickten nicht in seine Seele. Für einige war er scheinbar kein »Mensch mit Antrieben, Gefühlsregungen und Leidenschaften«, während andere sich daran erinnerten, dass er über dem Schicksal der Juden in Tränen ausbrach. Ein Beobachter empfand ihn als »mitleiderregend und furchtbar«, ein anderer als »despotisch und unsicher«. Die eine Hälfte von ihm, so schien es, wirkte stets der anderen entgegen.[75]

Dass er sich gleichzeitig der Frömmigkeit und der Politik verschrieb, sorgte für eine tiefe innere Spaltung. Niemand konnte ihn einen reinen Machiavellisten oder Medici-Papst nennen: Er las täglich die Messe, redete stundenlang mit Gott und berichtete von Visionen von Jesus und Maria. Besucher empfanden ihn als heilige Erscheinung. Einer nannte ihn »einen Mann wie ein Lichtstrahl«. Doch täuschten sich diejenigen, die Pius als einen Mann sahen, der nicht von dieser Welt war. Übertriebene Spiritualität, ein Rückzug in die rein religiöse Sphäre, war seine Sache nicht. Wie ein US-Geheimdienstoffizier in Rom anmerkte, widmete Pius der Politik sehr viel Zeit und überwachte im Einzelnen sehr genau, was sich in der Außenpolitik des Vatikans abspielte. Während er auf der einen Seite eine Enzyklika zum mystischen Leib Christi verfasste, kam er in einer Einschätzung der strategischen Auswirkungen von Atomwaffen auf der anderen Seite zu dem Ergebnis, dass sie »nützliche Verteidigungsmittel« seien.[76]

Pacellis enges Verhältnis zur weltlichen Macht missfiel sogar einigen, die ihn mochten. »Fast möchte man sagen«, schrieb Jacques Maritain, französischer Botschafter im Vatikan in der Nachkriegszeit, »dass die Aufmerksamkeit für das Politische zu weit geht, wenn man die eigentliche Rolle der Kirche betrachtet.« Letztere bestand schließlich in der Rettung von Seelen. In der Praxis umfasste das spirituelle Ziel freilich auch ein weltliches: politische Verhältnisse herzustellen, unter denen Seelen gerettet werden konnten. Priester mussten ohne staatliche Einmischung die Taufe spenden, die Messe lesen und geschlossene Ehen segnen können. Die Furcht vor der Staatsmacht prägte entscheidend das kirchliche Denken: Die Cäsaren hatten nicht nur Jesus, sondern auch Petrus und Paulus getötet.[77]

Damit hatte der Papst nicht nur eine, sondern gleich zwei Rollen zu erfüllen. Er musste Gott geben, was Gott gehörte, und dabei den weltlichen Herrscher in Schach halten. Jeder Papst war zugleich Politiker. Einige führten Armeen an. Das Pontifikat, das Pacelli erbte, war ebenso zwiespältig wie er selbst. Pius erfasste lediglich in komprimierter Form das existenzielle Problem der Kirche: Wie konnte sie als eine geistliche Institution in einer physischen und höchst politischen Welt bestehen?[78]

Dieses Problem konnte nicht endgültig gelöst, sondern nur zeitweilig bewältigt werden. Dieses Dilemma, das 20 Jahrhunderte hindurch zwischen Kirche und Staat immer wieder Kriege heraufbeschworen hatte, erreichte seinen Höhepunkt nicht nur zu dem Zeitpunkt, da Pacelli Papst wurde, sondern auch noch zu Beginn eines Pontifikats, in dem der Katholizismus mit sich selbst einen Konflikt austragen sollte. Denn die tektonischen Kräfte sorgten für Spannungen zwischen geistlichen und weltlichen Imperativen, die in den Fundamenten der Kirche einen Riss hervorriefen, der nicht zu kitten war. Im Idealfall sollten die geistlichen Aufgaben eines Papstes mit seinen politischen nicht in Konflikt geraten. Wenn dies aber doch geschah, welche hatten dann Vorrang? Diese stets heikle Frage stellte sich niemals auf schwierigere Weise als während der blutigsten Jahre der Geschichte, in denen Pius XII. seine Antwort auf den Zwiespalt finden musste.

Am 1. September 1939 wachte Pius gegen sechs Uhr in seiner Sommerresidenz in Castel Gandolfo auf, einer einst mittelalterlichen Festung, die auf einem schlafenden Vulkan thront. Seine Haushälterin, Schwester Pascalina, hatte soeben seine Kanarienvögel aus den Käfigen gelassen, als an seinem Bett das Telefon klingelte. Er antwortete wie üblich »*E'qui Pacelli*« (»Hier Pacelli«) und hörte die zitternde Stimme von Kardinal Luigi Maglione, der ihm Neuigkeiten vom päpstlichen Nuntius aus Berlin übermittelte: Vor 15 Minuten war die deutsche Wehrmacht in Polen einmarschiert.[79]

Pius hielt zunächst an seinem üblichen Tagesablauf als Papst fest. Er ging in seine Privatkapelle und kniete zum Gebet nieder. Nach einer kalten Dusche und einer elektrischen Rasur feierte er mit bayerischen Nonnen die Messe. Aber beim Frühstück, so sollte sich Schwester Pascalina später erinnern, begutachtete er seine Brötchen und seinen Kaffee so misstrauisch, »als ob er einen Stapel Rechnungen aus seiner Post öffnen würde«. In den nächsten sechs Jahren aß er nur noch so wenig, dass er am Ende des Kriegs bei über 1,80 Meter nur etwa 60 Kilogramm wiegen sollte. Die moralische und politische Bürde sollten seine Nerven so stark angreifen, dass sich Pascalina mehrfach an »ein ausgemergeltes Rotkehlchen oder ein gehetztes Pferd« erinnert fühlte. Mit einem tieftraurigen Seufzer reflektierte sein Pro-Staatssekretär Domenico Tardini: »Diesem Mann, der vom Temperament, der Bildung und Überzeugung her friedliebend war, sollte etwas bevorstehen, das man ein Kriegspontifikat nennen könnte.«[80]

In Kriegszeiten versuchte der Vatikan, Neutralität zu wahren. Da der Papst die Katholiken aller Nationen vertrat, musste er unparteiisch erscheinen. Hätte er Position bezogen, hätten manche Katholiken ihr Land und manch andere ihren Glauben verraten müssen.[81]

Polen war freilich ein Sonderfall. Jahrhundertelang hatte das Land als katholisches Bollwerk zwischen dem protestantischen Preußen und dem orthodoxen Russland fungiert. Statt des NS-Protektorats sollte Pius die polnische Exilregierung anerkennen. »Neutralität« beschrieb seine offizielle, nicht seine tatsächliche Haltung. Wie er Frankreichs Botschafter beim Fall Warschaus sagte: »Sie wissen, auf welcher Seite meine Sympathien liegen. Aber sagen darf ich das nicht.«[82]

Als sich die Kunde von Massakern in Polen verbreitete, fühlte sich Pius allerdings doch zum Reden gezwungen. Im Oktober erreichten den Vatikan Berichte über Juden, die in Synagogen erschossen und in Gruben verscharrt worden waren. Dabei nahmen die Nazischergen auch polnische Katholiken aufs Korn. Bei »nichtmilitärischen Tötungsoperationen« sollten sie bis zum Ende rund 2,4 Millionen katholische Polen ermorden. Auch wenn die Verfolgung nichtjüdischer Polen hinter dem industriellen Völkermord an Europas Juden zurückblieb, kam sie einem Genozid nahe und bereitete den nachfolgenden Ereignissen den Weg.[83]

Am 20. Oktober 1939 bezog Pius öffentlich Stellung. In seiner Enzyklika *Summi pontificatus,* in der er von einer »Stunde der Dunkelheit« sprach, prangerte er eingangs die Angriffe auf die Kirche an: »Welcher Streiter Christi – er sei Priester oder Laie – wird sich nicht zu gesteigerter

Wachsamkeit, zu entschlossener Abwehr aufgerufen fühlen, wenn er die Front der Christusfeinde wachsen sieht? Muss er doch Zeuge sein, wie die Wortführer dieser Richtungen die Lebenswahrheiten und Lebenswerte unseres christlichen Gottesglaubens ablehnen oder doch tatsächlich verdrängen; wie sie die Tafeln der Gottesgebote mit frevelnder Hand zerbrechen, um an ihre Stelle neue Gesetzestafeln zu stellen, aus denen der sittliche Gehalt der Sinaioffenbarung, der Geist der Bergpredigt und des Kreuzes verbannt sind.« Sogar »um den Preis von Verfolgung und blutigem Tod«, so schrieb er, müsse man verkünden: »*Non licet,* es ist nicht erlaubt!« Daraufhin unterstrich Pius die »Einheit des Menschengeschlechts«. Mit dem nachdrücklichen Hinweis, dass diese Einheit dem Rassismus entgegenstehe, kündigte er an, in der Krypta unter dem Petersdom Bischöfe aus zwölf Ethnien zu weihen. Mit Nachdruck beharrte er auf dem Punkt, »dass Geist, Lehre und Tun der Kirche nicht abweichen können von der Predigt des Völkerapostels: [...] Da heißt es nicht mehr Heide oder Jude«.[84]

Die Weltöffentlichkeit beurteilte diese Schrift als Angriff auf Nazideutschland. »Papst verurteilt Diktatoren, Vertragsbrüchige, Rassismus«, titelte die *New York Times* auf der ersten Seite. »Die vorbehaltlose Verurteilung, die Papst Pius XII. in seiner Enzyklika *Summi pontificatus* über den totalitaristischen, rassistischen und materialistischen Theorien ausgoss, sorgte für großen Aufregung«, berichtete die Jewish Telegraphic Agency. »Auch wenn erwartet worden war, dass der Papst Ideologien, die der katholischen Kirche feindlich gesinnt sind, angreifen würde, waren auf ein so unverblümtes Dokument nur wenige Beobachter gefasst gewesen.« Pius gelobte sogar, seine Stimme, falls notwendig, erneut zu erheben. »Wir haben gegenüber unserem Amt und unserer Zeit keine größere Pflicht, als die Wahrheit zu bezeugen«, schrieb er. »In Erfüllung dieser unserer Pflicht werden wir uns von keinerlei irdischen Erwägungen beeinflussen lassen.«[85]

Dieses tapfere Gelöbnis erwies sich indes als inhaltsleer. Pius sollte das Wort »Jude« in der Öffentlichkeit bis 1945 komplett vermeiden. Auch wenn alliierte und jüdische Presseagenturen ihn während des Kriegs weiterhin als NS-feindlich priesen, sorgte sein Schweigen mit der Zeit für katholisch-jüdische Spannungen und untergrub die moralische Glaubwürdigkeit seiner Institution. Warum Pius schwieg und wie sich dies auswirkte, sollte bis ins nächste Jahrhundert hinein debattiert werden. Es bildete das bedeutendste Rätsel in der Biografie dieses Papstes und in der Geschichte der modernen Kirche.

Wenn man Pius nach dem beurteilte, was er nicht sagte, konnte man nur den Stab über ihn brechen. Angesichts der Bilder von Bergen aus bis zum Skelett abgemagerten Leichen; angesichts der Frauen und kleinen Kinder, die von ihren Folterknechten gezwungen wurden, ihresgleichen zu töten; angesichts Millionen Unschuldiger, die wie Verbrecher eingesperrt, wie Vieh abgeschlachtet und wie Müll verbrannt wurden, hätte der Papst reden müssen. Dies war seine Pflicht – nicht nur als Pontifex, sondern als Mensch. Nach seiner ersten Enzyklika äußerte er erneut, dass zwischen Rassenhass und christlicher Nächstenliebe ein fundamentaler Unterschied bestand, geizte aber mit der Münze seiner moralischen Autorität. Während er im Privaten die »satanischen Kräfte« geißelte, zeigte er öffentlich Mäßigung. Wo kein Gewissen neutral bleiben konnte, hielt sich die Kirche scheinbar zurück. Angesichts der größten moralischen Krise der Welt schienen ihrem obersten moralischen Führer die Worte zu fehlen.

Der Vatikan wirkte allerdings nicht nur durch Reden. Am 20. Oktober 1939, als Pius seine Unterschrift unter die Enzyklika *Summi pontificatus* setzte, war er in einen Krieg verwickelt, der sich jenseits der Kriegsschauplätze abspielte. Diejenigen, die später seine gewundene Politik erkundeten, ohne etwas von seinen geheimen Aktionen zu ahnen, fragten sich, warum er trotz seiner scheinbaren Feindschaft gegenüber dem Nationalsozialismus plötzlich verstummt war. Aber wenn man seine verdeckten Aktivitäten mit seinen öffentlichen Äußerungen vergleicht, ergibt sich ein deutlicher Zusammenhang. Das letzte Mal, dass Pius während des Kriegs öffentlich das Wort »Jude« äußerte, war tatsächlich der erste Tag, für den sich seine historische Entscheidung belegen lässt, die Ermordung Adolf Hitlers zu unterstützen.[86]

KAPITEL 2

Das Ende von Deutschland

Am 22. August 1939, zehn Tage vor dem deutschen Einmarsch in Polen, rief Hitler seine Generäle und Admirale in seiner Privatresidenz am Obersalzberg in Bayern zusammen. Nachdem die Einbestellten die Sicherheitskontrollen passiert hatten, traten sie in Hitlers Berghof ein. Ein Panoramafenster, das sich elektrisch im Boden versenken ließ, bot einen so grandiosen Alpenblick, dass ein Gast das Gefühl hatte, frei im Raum zu schweben. In der Ferne glommen die Gipfel des Untersbergs, eines Massivs der Berchtesgadener Alpen, in dem einem Mythos zufolge die Grabstätte Karls des Großen liegen sollte.

Auf einen Flügel gestützt, hielt Hitler seinen Vortrag, weitgehend ohne in die Notizen in seiner linken Hand zu blicken. Hinten im Raum saß, nervös und angestrengt, ein mausartiger Mann mit durchdringenden blauen Augen und einem weißen Haarschopf. Er zog Block und Bleistift hervor. Als Chef der deutschen Abwehr durfte sich Admiral Wilhelm Canaris zu geheimen Militärbesprechungen Notizen machen. Dass seine Mitschrift in der Substanz korrekt war, sollten später andere Anwesende bestätigen, als diese zu einem Beweisstück im Nürnberger Kriegsverbrecherprozess geworden war.[1]

»Ich habe Sie hierher gerufen«, sagte Hitler, »damit Sie einmal sehen, in welcher Umgebung ich meine Entschlüsse zu fassen pflege. Es war mir klar, dass es früher oder später zu einer Auseinandersetzung mit Polen kommen musste.« Deutschland werde seine Ehre und sein Ansehen nicht eher zurückerlangen, bis es sämtliche im letzten Krieg verlorenen Gebiete wiedergewonnen habe. Deswegen habe er sich zum Angriff entschlossen. Die Briten hätten Polen zwar Schutz zugesichert, würden aber wohl kaum eingreifen: »Unsere Gegner sind kleine Würmchen.« Zu einem Friedensappell des Papstes in Rom, den Radio Vatikan am Morgen des Tages ausgestrahlt hatte, meinte Hitler, er mache sich nur Sorgen, »dass [ihm] noch im letzten Moment irgendein Schweinehund einen Vermittlungsplan vorlegt«.[2]

Hitler redete eine weitere Stunde und nannte Details zur anstehenden Operation. Danach brachen alle zum Mittagessen auf. Nachdem SS-Offiziere in schneeweißen Uniformen auf der Terrasse Kaviar serviert hatten, fuhr Hitler in einem noch fanatischeren Ton fort. Erneut huschte Canaris' Bleistift über das Papier. »Wir müssen mit rücksichtsloser Entschlossenheit das Wagnis auf uns nehmen. [...] Wir stehen vor der harten Alternative, zuzuschlagen oder früher oder später mit Sicherheit vernichtet zu werden. [...] 80 Millionen Menschen müssen ihr Recht bekommen. Ihre Existenz muss gesichert werden. [...] Eiserne Nerven, Eiserne Entschlossenheit!«[3]

Hitlers nächste Worte schockierten seine Generäle. Canaris wagte es nicht, sie zu Papier zu bringen, aber Feldmarschall Fedor von Bock vertraute später einem Kollegen Einzelheiten an. SS-Totenkopfverbände, so verriet Hitler, würden den letzten sich aufbäumenden polnischen Widerstand dadurch auslöschen, dass sie Tausende katholische

Priester liquidierten. Wie einer von Bocks Obersten berichtete, versicherte Hitler, »dass die Polen nach Ende des Feldzugs mit gnadenloser Härte behandelt würden. Aus politischen Gründen werde [... er] die notwendigen ›Liquidierungen‹ nicht dem Heer aufbürden, sondern die Vernichtung der polnischen Oberschicht, das heißt, vor allem die [...] der polnischen Geistlichkeit, der SS überlassen«.[4]

»Später fragt in der Geschichte niemand mehr nach den Gründen«, hieß es in Canaris' Aufzeichnungen weiter. Was zählte, sei nicht, ob man das Recht auf seiner Seite habe, sondern einfach der Wille zum Sieg. Hitler beendete seine Rede mit den Worten: »Ich habe meine Pflicht getan, tun Sie die Ihre.«[5]

Es folgte eine lange Pause »eisigen Schweigens«, so Bocks Erinnerung. Am Ende sagte Walther von Brauchitsch, der Oberbefehlshaber des Heeres: »Herrschaften, begebt euch bald auf eure Plätze.« Canaris klappte seinen Block zu und ging den Berg hinab.[6]

An diesem Abend schlenderte Hitler auf der Terrasse hin und her und blickte zum Horizont. »Während wir auf und ab gingen, verfärbte sich der Nordhimmel hinter dem Untersberg erst türkisgrün und ging dann über violett in ein schaurig-schönes Rot über«, erinnerte sich sein Adjutant. »Zunächst vermuteten wir einen größeren Brand in einem der Orte nördlich des Untersbergs, bis das rote Licht den ganzen Nordhimmel erfasste und klar als ein unheimlich wirkendes Nordlicht zu erkennen war, eine Naturerscheinung, die in Süddeutschland nur ganz selten auftritt. Ich war stark beeindruckt und sagte Hitler, dass dieses Naturereignis auf einen blutigen Krieg hindeute.«[7]

Wenn es sein müsse, entgegnete Hitler, dann je früher, desto besser: »Niemand weiß, wie lange ich noch lebe. Deshalb Auseinandersetzung besser jetzt. [...] Wesentlich hängt es von mir ab, von meinem Dasein, wegen meiner politischen Fähigkeiten. Dann die Tatsache, dass wohl niemand wieder so wie ich das Vertrauen des ganzen deutschen Volkes hat. In der Zukunft wird es wohl niemals wieder einen Mann geben, der mehr Autorität hat als ich. Mein Dasein ist also ein großer Wert-Faktor. Ich kann aber jederzeit [...] beseitigt werden.« Er befürchtete, von »Idealisten mit Zielfernrohren« aufs Korn genommen zu werden.[8]

Hitler glaubte nicht an einen möglichen Einzeltäter. Wenn er den Verdacht hätte, dass ein Komplott zu seiner Beseitigung im Gange wäre, so teilte er Reichsleiter Martin Bormann mit, würde er vorrangig gegen die Fraktion vorgehen, die er am ehesten verdächtigte, einen Staatsstreich gegen ihn zu unterstützen. Elemente aus der Geistlichkeit seien entscheidend, hatte Hitler in seiner Ansprache an diesem Tag gesagt. Bei den Bürgerlichen und den Marxisten fänden sich kaum Attentäter, die das Attentat mit dem Vorsatz durchführten, notfalls auch ihr eigenes Leben daranzusetzen. Die größte Gefahr stellten vielmehr »die von den Schwarzen im Beichtstuhl aufgeputschten Attentäter« dar. Zu den Dummköpfen, die sich ihm in den Weg stellten, sagte Hitler, gehörten insbesondere die Führer des politischen Katholizismus. Wenn jemals jemand einen Putsch gegen ihn versuchte, so schwor er, werde er diese »aus ihren Wohnungen heraus verhaften und exekutieren lassen«.[9]

Am nächsten Tag war Canaris in Berlin zurück und saß grübelnd in seinem Büro der Abwehr. Während seine

Dackel auf einem Stapel Decken in einem Feldbett schliefen, arbeitete er seine Aufzeichnungen zu den Ausführungen des Führers zu einer kodierten Zusammenfassung aus. Die entscheidenden Passagen las er anschließend in seinem typischen, leicht lispelnden Tonfall den engsten Mitarbeitern vor. Erst jetzt bemerkten diese das Ausmaß seiner Verzweiflung. »Er war noch immer voller Entsetzen«, schrieb der Abwehroffizier Hans Bernd Gisevius. »Seine Stimme zitterte. Er fühlte, Zeuge von etwas Ungeheuerlichem gewesen zu sein.«[10]

Canaris hasste Hitler mit der Leidenschaft eines Mannes, der ihn einst geliebt hatte. Der Führer hatte versprochen, Deutschlands religiöse und militärische Traditionen zu bewahren, verhöhnte jetzt aber aus einem heidnischen Blickwinkel heraus die alten Ideale. Canaris' Sinneswandel war 1938 erfolgt, als Hitler Deutschlands zwei Oberbefehlshaber der Wehrmacht mit Blick auf sexuelle Verfehlungen in ihrer Ehre angegriffen und entlassen hatte. Anstatt unter Protest zurückzutreten, war Canaris als Chefspion auf seinem Posten geblieben und gab so Hitlers konservativen Feinden eine Geheimwaffe an die Hand, um das Monster zu vernichten, das sie mit geschaffen hatten. Da er in Staatsgeheimnisse eingeweiht war und verdeckte Aktivitäten leitete, war er mit seinen Kameraden in bester Position, um die Nationalsozialisten zu bekämpfen. Sie konnten von innen heraus zum Schlag gegen Hitler ausholen.[11]

Nachdem Canaris seinen Kollegen die Aufzeichnungen vorgelesen hatte, debattierten sie über das weitere Vorgehen. Sein Stellvertreter Hans Oster wollte den Text von Hitlers Rede an die Öffentlichkeit durchsickern lassen in der Hoffnung, Regimegegner zu einem Staatsstreich zu drängen, um den Frieden zu erhalten. Bei ausreichend scharfen Reaktionen aus London und Paris würden Deutschlands Generäle vielleicht den Ratschlag von Generalstabschef Franz Halder befolgen. Dieser hatte dem britischen Botschafter in Berlin gesagt: »Man muss dem Mann mit der Axt auf die Hand hauen.«[12]

Einen Versuch schien es wert. Am 25. August schmuggelte Oster das Dokument zu Alexander C. Kirk, dem amerikanischen Geschäftsträger in Berlin. Kirk meinte dazu: »O.k., nehmen Sie das wieder mit. [...] Ich möchte da nicht hineingezogen werden.« Daraufhin schickte Oster eine Abschrift an einen Mitarbeiter der britischen Botschaft. Da Unterschrift und Briefkopf auf dem Papier fehlten, blieb dieser unbeeindruckt. Im Umgang mit ausländischen Mächten, so stellte Oster fest, mussten sich die Verschwörer so etwas wie eine offizielle Genehmigung, einen legitimierenden Stempel verschaffen, etwas, das die guten Absichten Deutschlands belegte.[13]

Derweil versuchte es Canaris mit aktiveren Maßnahmen. Er nahm Verbindung zu Ernst von Weizsäcker auf, dem Staatssekretär im Auswärtigen Amt. Weizsäcker erfuhr vom bevorstehenden Krieg und schrieb in sein Tagebuch: »Mein Name in Verbindung mit diesem Ereignis ist eine entsetzliche Vorstellung, abgesehen von den unabsehbaren Folgen für den Bestand Deutschlands und meiner Familie.« Am 30. August traf er in der Reichskanzlei mit Hitler zusammen und bettelte um Frieden. In seiner Tasche verbarg er eine Pistole vom Typ Luger, geladen mit zwei Kugeln. Später sollte er aussagen, dass er beabsichtigt habe, Hitler und sich selbst zu töten. Allerdings verlor er die Nerven und verließ schweißgebadet den Raum. Weizsäcker teilte Canaris' Mittelsmann mit: »Ich bedaure, es hat in meiner Erziehung nicht gelegen, einen Menschen zu töten.«[14]

24 Stunden später erteilte Hitler den Befehl zum Angriff

auf Polen. Der Sonderführer der Abwehr, Hans Bernd Gisevius, fuhr zum Hauptquartier, stürmte die Treppen hinauf und traf auf den herunterkommenden Canaris und andere Offiziere. Canaris ließ seine Kameraden weitergehen und zog Gisevius in einen Korridor. Laut seinem Tagebuch sagte ihm Canaris mit tränenerstickter Stimme, dass dies das Ende von Deutschland sei.[15]

Am 1. September 1939 marschierten eine Million Deutsche in Polen ein. Zwei Tage später stieg Hitler in einen Zug, um an die Front zu reisen. Dort begannen seine Schergen damit, die sogenannten Elemente aus der Geistlichkeit, die zum Widerstand anspornen konnten, zu liquidieren. »Die kleinen Leute wollen wir schonen«, sagte SS-Obergruppenführer und Polizeigeneral Reinhard Heydrich, »der Adel, die Popen und Juden müssen aber umgebracht werden.«[16]

Canaris eilte nach Polen, um Protest einzulegen. Am 12. September erreichte er Illnau, wo Hitlers Zug haltgemacht hatte, und stellte im Konferenzwagen General Wilhelm Keitel zur Rede. Er habe hervorgehoben, dass er Kenntnis davon habe, dass in Polen groß angelegte Exekutionen geplant seien, vermerkte Canaris in seinem Tagebuch. Und dass die Geistlichkeit ausgerottet werden solle. Daraufhin habe ihm Keitel geantwortet, der Führer habe diese Frage bereits geklärt.[17]

Dann trat Hitler hinzu. Als Zeuge erinnerte sich Oberstleutnant Erwin Lahousen später, dass der Führer es »insbesondere für notwendig erachtete, die Geistlichen zu vernichten«. Und er fügte hinzu: »Ich erinnere mich nicht an den genauen Ausdruck, den er verwendet hat, aber er bedeutete unmissverständlich ›töten‹.« Um seine Pläne beschleunigt umzusetzen, unterstellte Hitler Polen seinem

Parteifreund und Anwalt Hans Frank. »Die Aufgabe, die ich Ihnen übertrage, ist eine teuflische«, hörte Canaris Hitler sagen. »Andere Leute, denen solche Gebiete zufallen, würden fragen: ›Was werdet ihr aufbauen?‹ Ich werde fragen: ›Was habt ihr zerstört?‹«[18]

Die Ergebnisse dieser Befehle erfuhr Canaris bald aus erster Hand. Am 28. September streifte er durch die Ruinen Warschaus, in denen Ratten an Leichen nagten und Rauch die Sonne rot färbte. Ein alter Jude stand über seiner toten Frau und schrie: »Es gibt keinen Gott! Hitler und die Bomben sind die einzigen Götter! Es gibt keine Gnade und kein Erbarmen auf der Welt!« Vom Dach eines Sportstadions, so erinnerte sich ein Freund von Canaris, beobachtete Hitler, wie seine Artillerie die Stadt in Trümmer schoss. »Seine Augen sprangen fast aus seinem Kopf. Er war wie verwandelt. Plötzlich hatte ihn der Blutdurst gepackt.« Canaris ging in sein Quartier zurück und übergab sich. Ein Freund sagte, er sei »ganz zerbrochen« nach Berlin zurückgekehrt.[19]

Bis dahin hatte sich Hitler zum Einmarsch nach Frankreich entschlossen. »Revolutionen haben dies an sich, dass sie ihre Gangart beschleunigen, aber nicht verlangsamen können«, reflektierte ein Kollege von Canaris. »Es wurde mir immer deutlicher, dass, wie ein Radler sich nur durch die Bewegung vor dem Sturz bewahren kann, so [konnte es] Adolf Hitler nur durch die Fortdauer des Kriegs.« Angesichts des für Ende Oktober vorgesehenen Angriffs auf Frankreich blieb denen, die sich ihm in den Weg stellen wollten, nur noch ein vierwöchiges Zeitfenster, um diesen Karren der Revolution noch aufzuhalten. Die Generäle als Gruppe »wehrten sich mit Zähnen und Klauen gegen den Frankreichfeldzug«, erinnerte sich General Dietrich von Choltitz, während die mutigeren unter ihnen Truppen abkommandierten, um in Berlin einen Staatsstreich zu organisieren.[20]

Canaris initiierte den Putschplan. Zwei Panzerdivisionen sollten Berlin halten. 60 Kommandosoldaten der Abwehr sollten die Reichskanzlei stürmen. Entgegen dem klaren Befehl, Hitler »festzusetzen und ihn so lange festzuhalten, bis die Staatsgewalt […] in neue Hände gelangt war«, beabsichtigten diese, ihn wie einen tollen Hund abzuschießen. Das Militär sollte eine zivile Übergangsregierung installieren, Wahlen anberaumen und Friedensgespräche eröffnen. Um diesen Wechsel dramatisch deutlich zu machen, würden die neuen Machthaber die abendliche Verdunkelung aufheben. In ganz Deutschland sollten die Lichter wieder angehen.[21]

Dem Plan standen erkennbare Hindernisse entgegen. Um ihn umzusetzen, mussten Hitlers Terminplan und seine Bewegungen bekannt sein, die er aber oftmals erst in letzter Minute festlegte. Zudem mussten die Generäle ihren Hitler geleisteten Eid brechen und gegen eine zivile Macht revoltieren. Zu einer solchen unerhörten Aktion würden sie sich kaum hinreißen lassen, wenn diese zu einer Niederlage und der Versklavung Deutschlands führen könnte. Damit sie Hitler absetzen würden, müssten die Alliierten zuvor einem gerechten Frieden zugestimmt haben.

In innenpolitische Pläne außenpolitische Kräfte einzubeziehen stellte ein weiteres Problem dar. Die Verschwörer standen vor einem Dilemma: Sie mussten die Alliierten von ihrer Aufrichtigkeit überzeugen, ohne dass ihnen die Nationalsozialisten dabei auf die Schliche kamen. Sie brauchten Glaubwürdigkeit, mussten aber verdeckt agieren. Eine Lösung, wie beides zu bewerkstelligen war, fand Canaris in der Person des Papstes.

Der Admiral hatte von der Kirche eine romantische und realitätsferne Vorstellung. Als evangelischer Christ aufgewachsen, war Canaris zu einem Bewunderer der römischen Religion, ihrer Organisation und ihrer Glaubensstärke geworden. In seinem diffusen Mystizismus durchschritt er in stiller Ehrfurcht gotische Kathedralen. Er sei stark von Italien und dem Vatikan beeinflusst gewesen, erinnerte sich ein Kollege, und viele seiner konspirativen Aktivitäten hätten sich auf diesen Einfluss zurückführen lassen. Laut Berichten ging Canaris' kreuzzüglerischer Komplex auf den Ersten Weltkrieg zurück, als er in Begleitung eines Priesters eine Geheimmission in Italien organisiert hatte. Nach einer Version soll er aus einem italienischen Gefängnis entkommen sein, indem er den Gefängniskaplan umbrachte und sich dessen Priesterrock überzog. Seine Sichtweisen zum Papst wurden allerdings nicht von seinen ziemlich konfusen Assoziationen bestimmt. Seine Entscheidung beruhte auf realistischen Überlegungen.[22]

Canaris kannte und vertraute Pacelli. In den 1920er-Jahren, als der zukünftige Papst als der »am besten informierte Diplomat in Berlin« galt, hatten sie auf dem Anwesen eines gemeinsamen Freundes Ausritte unternommen. Canaris bewunderte Pacellis Realismus und Diskretion – und später auch seine Abneigung gegen Hitler. Sollte sich der Papst der Verschwörung anschließen, so dachte Canaris, fänden die Verschwörer zumindest im Westen Gehör. Und sollte Pius vorneweg ein Friedensabkommen vermitteln, konnte dies die Armee dazu anspornen, einen Regimewechsel herbeizuführen.[23]

Ende September machte sich Canaris daran, den Papst für das Vorhaben zu gewinnen. Allerdings brauchte er einen gangbaren Weg, um mit ihm in einer so heiklen Angelegenheit ins Gespräch zu kommen. Selbst wenn ihm

Pius eine Audienz gewährt hätte, wäre es verdächtig gewesen, wenn er persönlich zum Vatikan gereist wäre. Die Verschwörer benötigten einen Mittels- oder Vertrauensmann, der einen Kontakt herstellte. Als ein Anhängsel des protestantisch dominierten preußischen Militärs fiel es der Abwehr schwer, geeignete Leute auszumachen, die Verhandlungen mit dem Heiligen Vater aufnehmen konnten. Doch dann lieferte ihnen ein Münchner Kontakt den Namen und später auch das Dossier eines Mannes, der für die Mission wie geschaffen erschien.[24]

KAPITEL 3

Ochsensepp

Josef Müller hatte es – aus bäuerlichen Verhältnissen stammend – ganz aus eigener Kraft zum Anwalt gebracht. Er hatte himmelblaue Augen, liebte Bier und war im Ersten Weltkrieg mit dem Eisernen Kreuz ausgezeichnet worden. Weil er in der Schulzeit als Fuhrknecht arbeitete, nannten ihn Freunde scherzhaft Ochsensepp. Der Spitzname passte vollkommen zu seiner stämmigen Statur, seinen ländlichen Wurzeln und seinem unbeugsamen Willen, der ihm so viel Pech und Glück bescherte.[1]

Sein Leben war eine wilde Mischung aus Gelegenheiten: Müller führte Truppen an, schmuggelte Unterlagen, mischte in der Politik mit, arisierte, war an Verschwörungen beteiligt, schrieb Predigten, rettete Juden und kaufte Bischöfe frei. Er entzog sich seiner Gefangennahme, wurde verraten, hielt Folterungen stand und stürzte seine Peiniger in Verwirrung. Er heiratete seine wahre Liebe und wurde würdevoll zu Grabe getragen. Papst Pius XII. sagte rundheraus, Dr. Müller habe »Wundersames bewirkt«. Wenn ihn Kollegen in der Bayerischen Volkspartei vorstellten, wiesen sie meistens darauf hin, dass er »mit seinen 21 Jahren zwei Tage lang die kommandierende Gewalt in Bayern innegehabt« habe. Politische Gegner wie der erste Bundeskanzler Konrad Adenauer bezeichneten ihn abschätzig als reinen »Abenteurer«. Ein Nachruf in der *Süddeutschen Zeitung* brachte eine umfassendere Sicht auf ihn zum Ausdruck: Dieser »farbige, listenreiche, joviale, lebensfrohe und trinkfeste Mann« sei »ein guter Demokrat« gewesen.[2]

Im katholischen München war Doktor Müller eine Art Übervater. Seine juristische Tätigkeit verschaffte ihm Sitze in Vorständen und Aufsichtsgremien: So war er abwechselnd Bierbrauer, Drucker, Bankier, Buchverleger und Tabakimporteur. In seinem Wartezimmer saßen an einem beliebigen Tag so unterschiedliche Leute wie ein belgischer Abt, ein portugiesischer Konsul, ein Professor für Kosmologie, der Chef einer verbotenen Gewerkschaft, ein Edelsteinhändler sowie ein Baron Metternich, der einen Zusammenbruch erlitten hatte. Seine Kanzlei lag neben einem ehemaligen Palais der Wittelsbacher, das jetzt der SS als bayerisches Hauptquartier diente. Manche Klienten verdankten Müller ihr Leben oder ihre Existenz. Sie entlohnten ihn mit Freundschaft, der jovialen Anrede Ochsensepp oder bescheidenen Geschenken – ein Fass Ettaler Bier oder ein Bottich mit selbst gebackenen Brezeln. Unausgesprochen, aber selbstverständlich wurde davon ausgegangen, dass er im Gegenzug eines Tages um einen kleinen Gefallen bitten würde. Für diejenigen, die mit den Nazis in Konflikt gerieten, trat er – halb Oskar Schindler, halb Vito Corleone – als Retter und Wohltäter, Beschützer und Fürsprecher auf.[3]

Bis 1939 hatte Müller Hunderte an sich gebunden. Ein »beliebter Kamerad«, wie es in den Gestapo-Akten hieß, war er aber nicht nur deshalb, weil er Leuten unter die Arme griff. Vielmehr hatte er sich mit seiner »unermüdlichen Geselligkeit« einen beeindruckenden Ruf geschaffen, wie es ein amerikanischer Geheimagent ausdrückte.

Obwohl seine blauen Augen zum Teil auch vom Weizenbier glänzten, war er keineswegs Alkoholiker, zumindest nicht nach bayerischen Maßstäben zur Kriegszeit. Er trank so einiges, hielt aber seine Zunge im Zaum. Wenn er seine Ansichten offen preisgab oder über den Durst trank, dann nur im Kreis zuverlässiger Freunde – wie unter den Nazigegnern, die in einer Bar nahe dem Berliner Hotel Kaiserhof Stammgast waren. In nüchternerer oder unsichererer Runde bediente er sich einer Zeichensprache aus prägnanten Gesten. So nahm Müller zuweilen Hitlers Porträt, das scheinbar jeden Raum im Reich schmückte, von der Wand, legte es mit dem Gesicht nach unten auf den Tisch und sagte: »Er hängt schief, ich glaube, man müsste ihn richtig hängen.«[4]

Müller hielt sich am 30. Januar 1933, als Hitler die Macht übertragen wurde, geschäftlich in Berlin auf. Unter seinem Hotelbalkon marschierten im Stechschritt, zu Trommelschlägen und im Fackelschein Tausende Nazis die Wilhelmstraße entlang. Er blickte auf die Gesichter im flackernden Licht herab und dachte: »Wehe, wenn sie losgelassen. [...] Ich spürte zum ersten Mal, was es bedeutet, wenn sich ein Kollektiv bildet, das den Einzelnen zur namenlosen Nummer macht«, erinnerte er sich später. Aber es »war nicht des Feuers Macht, die hier losgelassen worden war«, sondern ein menschliches Inferno – brennender Hass.[5]

Fünf Wochen später breitete sich dieser Brand nach Bayern aus. Auf einer Sitzung des Bayerischen Fliegerclubs teilte ein örtlicher Kommandant eines Flugplatzes Müller mit, dass die Reichsregierung am nächsten Tag die Landebahnen sperren würde. Etwas lag in der Luft. Müllers Unbehagen wuchs, als ein Clubmitglied den Antrag einbrachte, den jüdischen Schatzmeister auszuschließen. Aus Protest gegen das Fallenlassen von Loyalität und Kameradschaft aus politischen Gründen drohte Müller mit Rücktritt, ohne sich durchsetzen zu können. Die Mitgliedschaft in der NSDAP war zu einem Weg des beruflichen Fortkommens geworden. Als der Antrag durchging, legte Müller sein Amt als Präsident nieder.[6]

Zuvor hatte ihn ein befreundeter Bankier mit Kontakten zur SS aus der Sitzung gerufen. Die NSDAP, die in Bayern noch nie Wahlen gewonnen hatte, so sagte dieser, wolle dort jetzt die Macht mit Gewalt an sich reißen. Die Übernahme fände »am nächsten Tag« statt. Müller eilte zum Haus von Bayerns Ministerpräsident Heinrich Held, den er lange Zeit juristisch beraten hatte. Während einer Pause, in der Held als Diabetiker mit Insulin behandelt wurde, drängte er ihn dazu, die Reichswehr zu mobilisieren. Aber der Ministerpräsident scheute davor zurück, die Situation anzuheizen.[7]

Als Müller am nächsten Morgen mit ihm im Ministerpräsidentenbüro Kaffee trank, wurde die Tür aufgerissen. SS-Chef Heinrich Himmler knallte seine Reitpeitsche auf den Schreibtisch und verlangte von Held, die Macht abzutreten. Um ihm den »freiwilligen« Rücktritt schmackhaft zu machen, trug er ihm die bayerische Gesandtschaft am Heiligen Stuhl an. Als Held sich zwei Stunden Bedenkzeit ausbat, stolzierte Himmler mit der entschlossenen Ankündigung hinaus, »den Volkswillen« zu mobilisieren.[8]

Müller drängte zu drastischen Schritten. Als Staatschef im Notstand hatte Held die Befugnis, ein Sondereinsatzkommando zu bilden, um Himmler verhaften und von einem Kommando standrechtlich erschießen zu lassen. Aber Held wollte den Ausbruch eines Bürgerkriegs vermeiden.[9]

Die Lage wurde verzweifelt. Braunhemden zogen durch die Straßen. Müller bugsierte Held in ein Zivilfahrzeug. Sie fuhren zu Müllers Verlobter Maria, wo Held einräumte, dass in Bayern »der Teufel los sei«. Nach Einbruch der Dunkelheit fuhr Müller den Ministerpräsidenten ins Exil in die Schweiz.[10]

In den nächsten Monaten verschwanden nach und nach Müllers beste Freunde. Über diskrete Nachforschungen erfuhr er, dass sie in Dachau, dem ersten Konzentrationslager des Dritten Reichs, gelandet waren. Bald drangen Gerüchte über dort verübte Gräueltaten nach München. SS-Schergen erniedrigten und ermordeten sogenannte innere Gegner, darunter auch »politische Katholiken«, wie Müller vom Chef der Lagerwache, einem alten Kriegskameraden, erfuhr.[11]

Bis Anfang 1934 hatte Müller mit seinem Engagement die Geheimpolizei auf den Plan gerufen. Sein Name erschien auf einer SS-Liste mit katholischen Regimegegnern. Dachaus Lagerleiter warnte Müller, dass er bald selbst im Lager landen würde. Wenige Wochen später, am 9. Februar, wurde Müller in München von der Gestapo verhaftet. Der Vorwurf lautete auf Betreiben eines »hochverräterischen Komplotts [...], darauf die Todesstrafe steht«.[12]

Heinrich Himmler leitete die Vernehmung. Mit den kleinen durchdringenden Augen, die durch eine randlose Brille spähten, und seinen manikürten Händen, die über sein fliehendes Kinn strichen, wirkte Himmler eher wie ein Schulmeister als wie ein Henker. Pedantisch auf Ordnung bedacht, ließ er von der Vernehmung eine Mitschrift anfertigen. Eingangs sagte er, dass es zwischen der Kirche und dem Reich keinerlei Kompromisse geben könne, da beide »die ganze Seele des Menschen« verlangten. Müller stimmte zu. Dann sprach sein Vernehmer Müller darauf an, dass er Feinde des Regimes vertreten habe. Müller konterte, dass kein Gesetz die Ausübung geltenden Rechts verbiete.[13]

Himmler fragte Müller, welche Empfehlung er Held bei der Machtübernahme gegeben habe. Wahrheitsgemäß antwortete Müller freiheraus, dass er darauf gedrängt habe, Himmler erschießen zu lassen. Als damaliger Regierungschef habe Held dies von Rechts wegen anordnen können. Hätte Himmler in Müllers Lage nicht die gleiche Empfehlung ausgesprochen?[14]

Müllers Courage verwirrte Himmler. Später sollte ein Geheimdienstoffizier der Alliierten vermuten, dass Müller »ein zäher und knallharter politischer Nahkämpfer« gewesen sei, »der Typ Mann aus dem Volk, auf den sich die Nazis gerne beriefen und der sie als Gegner erschreckte«. Von der Willensstärke des Gefangenen beeindruckt, ließ Himmler ihn über seinen Verhörbeamten auffordern, der SS beizutreten. Müller lehnte ab: »Aber ich bin ein Weltanschauungsgegner von Ihnen. Ich bin praktizierender Katholik, mein Bruder ist katholischer Pfarrer, wie sollte ich da die Möglichkeit zu einem Kompromiss finden?« Am Ende gratulierte Himmler Müller zu seiner »mannhaften Verteidigung« und ließ ihn gehen.[15]

Kurz nach Müllers Freilassung tauchte bei ihm ein SS-Mann auf. Johann, genannt Hans, Rattenhuber, ein 37-jähriger ehemaliger Polizist, kommandierte Hitlers Leibwache. Groß gewachsen und mit grob gehauenen Wertvorstellungen, sah er die meisten NS-Größen als opportunistische Kriecher an und bewunderte Müller für seine Standhaftigkeit gegenüber Himmler. Seitdem das Gerücht kursierte, Müller habe eingeräumt, auf Himmlers Erschießung gedrängt zu haben, wollte Rattenhuber den Ochsensepp unbedingt kennenlernen.

Über Bierkrügen wurden sie Freunde. Rattenhuber schätzte ihre Brüderschaft, weil sie ihm die – in einer Diktatur höchst seltene – Gelegenheit gab, die eigene Meinung offen zu äußern. Müller genoss Rattenhubers Tiraden, weil er so von Plänen erfuhr, wie die Nazis gegen die Kirche vorgehen wollten. So entwickelte sich im Zweiten Weltkrieg eine einzigartige Freundschaft, die darin bestand, dass der Chef von Hitlers Leibwache regelmäßig SS-Geheimnisse an einen Spion des Vatikans verriet.[16]

Der Münchner Kardinal Faulhaber forderte Josef Müller nicht direkt dazu auf, als Spion zu arbeiten. Obwohl sie Bundesbrüder waren und sich duzten, schaltete er einen Mittelsmann ein, einen kräftigen Monsignore mit Hornbrille und Knollennase, der Müller anscheinend ebenfalls nicht *direkt* für den Spionagedienst anzuwerben versuchte: Vielmehr bat der Domkapitular Monsignore Johannes Neuhäusler, der unter dem Codenamen »Casanova« operierte, Müller darum, an der Rettung des insolventen Leohauses mitzuwirken, dem Hauptsitz katholisch-sozialer Vereine, und der Leosparbank, die wegen der Zahlungsschwierigkeiten einer Filmgesellschaft in Schieflage geraten war. So wurde Müller zu dem, was Vertreter des Vatikans einen »vertrauten Mitarbeiter« nannten. Die Arbeit wurde immer geheimer und gefährlicher, bis sie Müllers Berichten zufolge »ein bisschen despektierlich« erschien. Aber auf langen Spaziergängen durch den Münchner Englischen Garten weihte Neuhäusler Müller in die kirchliche Lehre von der *Disciplina Arcani,* der Geheimhaltungsdisziplin, ein.[17]

Dieser Weg des Wirkens im Verborgenen ging unmittelbar auf Jesus zurück. Bei Predigten in feindlicher Umgebung gebot er seinen Jüngern, seine Identität, Worte und Taten vor Außenstehenden geheim zu halten. Er bildete seine Apostel in Zellen im Untergrund aus, allen voran Jakobus und Johannes, die »Donnersöhne«, wie er sie nannte. Mit seinem Schützling Petrus führte er sie zu einem Berg, um geheime Dinge zu besprechen. Sie trafen sich in sicheren Häusern, die Jesus durch verborgene Eingänge betrat und zu denen sie durch verschlüsselte Zeichen geführt wurden, so durch einen Mann mit einem Wasserkrug, dem sie durch Jerusalem folgen mussten. Derlei Vorsichtsmaßnahmen Jesu sollten sie weniger vor der römischen Obrigkeit als vielmehr vor der jüdischen Hohepriesterschaft schützen, die damals die Familie des Hannas innehatte. Zu ihr vermerkt der Talmud: »Eine Pest über das Haus Hannas: eine Pest über ihre Spitzelei.«[18]

Nach dem Tod Jesu folgten die Kirchenväter dem Weg der Geheimhaltung. Der Glaube überlebte zunächst nur durch eine Untergrundbewegung in Rom. Und da die Evangelisten davon ausgingen, dass die Wiederkehr Jesu unmittelbar bevorstehe, erwarteten wohl die Urchristen, dass sie bis zum Ende der Zeiten im Verborgenen wirken müssten. Drei Jahrhunderte lang, bis das Christentum römische Staatsreligion wurde, hielt die Kirche die Taufriten, das Vaterunser, die Dreifaltigkeit, die Eucharistie, die Glaubensbekenntnisse und die Heilige Schrift geheim – nicht nur vor Heiden, sondern sogar vor Neubekehrten, die, wie ein Kirchenoberer später erklärte, »Spione sein könnten, die nur eingeweiht werden wollen, um Verrat zu begehen«.[19]

Verrat hatte schreckliche Folgen. »Manche [Christen] wurden ans Kreuz genagelt, andere in Häute von Wildtieren eingenäht und reißenden Hunden zum Fraß vorgeworfen, und wieder andere mit brennbaren Stoffen bestrichen und angezündet, um als Fackeln die Finsternis der Nacht zu erleuchten«, schrieb Tacitus über Neros Verfolgungen. Die ersten Päpste erlitten allesamt das Martyrium: Einige schickten die Kaiser nach Sardinien, wo ihnen der Nerv in der rechten Kniekehle durchtrennt, das rechte Auge ausgestochen und die Höhle mit geschmolzenem Eisen gefüllt wurde. Unter 30-Jährige wurden anschließend kastriert. In den nachfolgenden Jahrhunderten verging kaum ein Jahr, ohne dass gegen die Kirche Krieg geführt wurde. 170 Mal vertrieben Usurpatoren den Pontifex aus der Stadt Rom. 33 Mal töteten sie einen auf dem Stuhl Petri. Allein im 9. und 10. Jahrhundert wurde Johannes XII. enthauptet, Johannes XIV. dem Hungertod preisgegeben, Hadrian III. vergiftet, Benedikt VI. erstickt, Stephan VIII. verstümmelt, Leo V. zu Tode geprügelt, Stephan VI. erdrosselt, Stephan VII. erwürgt, Johannes VIII. totgeschlagen, Johannes X. mit einem Kissen erstickt und Bonifatius VII. bewusstlos geprügelt und vor der Statue Marc Aurels von Passanten erdolcht.[20]

Deswegen hatten die Päpste Methoden zu ihrer Verteidigung ersonnen. Nachdem Papst Martin I. im 7. Jahrhundert Spione auf potenzielle Entführer angesetzt hatte, retteten Hinweise päpstlicher Geheimagenten Dutzenden Pontifices das Leben oder bewahrten sie vor einer Einkerkerung. Die Kirche rechtfertigte derlei Geheimoperationen nicht nur mit dem Vorbild Jesu, sondern auch mit den Lehren Thomas von Aquins, nach denen Hinterhalte und andere verdeckte Mittel in einem gerechten Krieg zulässig seien. Während der Gegenreformation erweiterten Jesuiten die thomistischen Lehren so, dass sie auch Komplotte gegen protestantische Könige rechtfertigten. In der

Zeit der italienischen Einigung im 19. Jahrhundert nutzte der Vatikan Agents Provocateurs, um Aufständische nach Perugia zu locken und sie von schweizerischen Papsttruppen enthaupten zu lassen.[21]

Im Vergleich dazu nahm sich Neuhäuslers Vorschlag geradezu harmlos aus. Müller sollte Akten verwahren. Da Neuhäusler ihn mit der Rettung des Leohauses betraut hatte, konnte er sich auf seine Schweigepflicht als Anwalt berufen, sollten die Nazis die Dokumente zu beschlagnahmen versuchen. Mit seiner Zustimmung wurde Müller Agent eines Geheimdienstes gegen die Naziherrschaft.

»Wir müssen uns auf Kampf gefasst machen«, hatte Kardinal Faulhaber in München in der ersten Ordinariatssitzung nach Hitlers Machtergreifung gesagt. »Da wird es wichtig sein, dass Abwehr und Widerstand unsererseits *einheitlich* gelenkt, alle Information an *einer* Stelle gesammelt und alle Maßnahmen von *einer* Stelle aus geleitet werden.« Faulhaber bat Neuhäusler, »das Schwere und Gefährliche dieses Auftrags« zu übernehmen und das Vorhaben mit dem Vatikan abzustimmen.[22]

Im April 1933 reiste Neuhäusler nach Rom. Kaum hatte Kardinalstaatssekretär Pacelli damit begonnen, das Reichskonkordat auszuhandeln, sah er schon die Notwendigkeit, ein Zentralregister für Vertragsbrüche anzulegen. Neuhäusler bezeichnete die Lage als gefährlich: Johlende Schläger verprügelten auf der Straße Spendensammler, empfingen Gläubige, die aus der Messe kamen, mit Peitschenhieben, betrieben Hetze gegen die Drucker katholischer Blätter und schütteten ihre Lettern aus den Setzkästen auf die Straße. Neuhäusler wusste von diesen schamlosen Übergriffen allerdings nur vom Hörensagen, ohne sie klar belegen zu können. »Schicken Sie uns verlässliche Berichte«, soll Pacelli gesagt haben. »Sonst können wir Ihnen nicht helfen.«[23]

Müllers Kanzlei sollte das von Pacelli gewünschte Zentralregister beherbergen. Ochsensepp sammelte Berichte von Verletzungen des Reichskonkordats, die ihm die Münchner Erzdiözese und die bayerischen Jesuiten übergaben, deren Hauptquartier in der Kaulbachstraße auf seinem Weg zur Arbeit lag. Obwohl Neuhäusler seine Quellen anwies, »Augen und Ohren […] für alles« aufzusperren, konzentrierten sich diese auf zehn vorrangige Aspekte:

1) Antichristliche Verordnungen
2) Pressezensur
3) Behinderungen von Geistlichen
4) Verbot von Vereinen
5) Auflösung von Treffen
6) Entweihung von Kreuzen
7) Druck auf kirchliche Schulen
8) Vorgehen gegen Orden und Klöster
9) Übergriffe auf oder Gefangennahme von katholischen Führungspersonen
10) Geheimhaltung von Prozessen gegen NS-Vertreter wegen finanzieller und sittlicher Vergehen

Das Material traf in so großer Fülle ein, dass es Neuhäusler und Müller für den Fall, dass die SS eine illegale Durchsuchung vorgenommen hätte, täglich an sichere Orte verbringen mussten.[24]

Die Auswertung der Informationen erwies sich als schwieriger, als das Material zusammenzutragen und zu verwahren. Müller wusste, dass es nach Rom gehen und dem Vatikan dazu dienen würde, sich ein genaues Bild zu machen. Folglich wollte er keine unaufbereiteten oder fehlerhaften Informationen weiterleiten und deswegen die »Nachrichten, die [er] dem Kardinalstaatssekretär übermitteln [würde], auf ihren Wahrheitsgehalt nachprüfen« lassen. »Aus meinem Verantwortungsgefühl heraus«, so sagte er, »habe ich meine Informationen an Eugenio Pacelli stets mit Wertungen versehen wie ›mit an Sicherheit grenzender Wahrscheinlichkeit‹ oder nur ›wahrscheinlich‹«.[25]

Um die Informationen zu überprüfen, baute Müller ein Agentennetz auf. Er horchte Freunde aus der Wehrmacht, aus dem Knabenseminar und aus der juristischen Fakultät mit Zugang zu NS-Vertretern aus – einen Kreis von Gutinformierten, die in Zeitungsredaktionen, Banken oder sogar – wie im Fall Hans Rattenhubers – direkt bei der SS arbeiteten. Eine von Müllers schillernderen Quellen, »Schwester« Pia Bauer, leitete, aufgemacht als Nazinonne, eine Wohltätigkeitsorganisation für NS-Veteranen. Die Informationen dieser Harpyie hatten ihren Preis. Müller musste sich mit ihr in einem Nebenraum der Eidenschink-Bank dem Trunk hingeben. Wann immer er sie traf, so bemerkte er, »hob [sie] den Rock und zeigte auf ihrem nackten Arsch eine Narbe«. Diese stammte aus dem Jahr 1923, als sie sich als einzige Frau beim gescheiterten Bürgerbräu-Putsch in Hitlers Marsch eingereiht hatte. Um sie jederzeit vorzeigen zu können, trug sie »nicht einmal ein Höschen«.[26]

Als letzte Schwierigkeit mussten die geheimdienstlichen Informationen nach Rom übermittelt werden. Auch wenn das Reichskonkordat dem Heiligen Stuhl volle Freiheit garantierte, mit den Bischöfen zu korrespondieren, wurden diese von NS-Vertretern behindert, wenn sie sich umgekehrt mit Schreiben an den Vatikan wandten. Albert Hartls SD-Spione öffneten Briefe, zapften Telefone an und achteten sorgfältig darauf, dass die bischöflichen Beschwerden der weiteren Welt verborgen blieben. Der Nuntius in Berlin, Cesare Orsenigo, unterschätzte Hitler als einen deutschen Mussolini, sodass »ein normales Funktionieren dabei nicht gegeben war«, wie sich Müller erinnerte, »auch nicht in den Berichterstattungen für den Vatikan«. Diese Einschränkungen der Kommunikation bedeuteten ein klassisches Problem, da der Heilige Stuhl bei der Verbreitung des Glaubens, wie Müller es fasste, »besonders von der Freiheit der Rede und des Schreibens« abhing. Petrus und Paulus hatten das Evangelium in Briefform verkündet. Und wohl eben weil alle Wege nach Rom führten, hatte Petrus gerade in dieser Stadt seine Kirche errichtet. Damit fungierte der Papst neben seinen anderen Aufgaben in einem nicht alltäglichen Sinn auch als Postbote des Abendlands. Um Botschaften zu versenden und zu erhalten, hatte der Vatikan lange Zeit auf ausgeklügelte Methoden gesetzt. In der Renaissance fungierte er als Pionier auf dem Gebiet der kodierten Nachrichtenübermittlung, indem er mithilfe eines mnemotechnischen Schlüssels ein chiffriertes Alphabet zusammenmischte, das den weltlichen Mächten später bei ähnlichen Praktiken als Vorbild diente. Während der Reformation verschickte der Heilige Stuhl eilige Mitteilungen mithilfe von Lichtsignalen – tagsüber mit Spiegeln und nachts mit Fackeln von Berg zu Berg quer durch Europa. In den 1930er-Jahren ragte aus den Vatikanischen Gärten ein Sendemast empor, der als der damals leistungsfähigste der Welt bald darauf den Spitznamen »Papstfinger« erhielt. Nach einer Zeit der Beratungen setzte Neuhäusler allerdings auf die älteste und einfachste Methode.[27]

Er vertraute auf Menschen, so auf die Schriftstellerin Dorothea Graziella Schneidhuber (geborene Gabriel, Pseudonym Thea Graziella), eine katholische Konvertitin, die ein Kirchenvertreter später mit sorgenvollem Seufzer als eine »Jüdin, geschieden und wahrscheinlich lesbisch, aber dem Glauben ergeben« beschrieb. Wichtige Berichte strömten ihr über den Jesuitenpater Rupert Mayer zu, »den Frau Schneidhuber unauffällig aufsuchen konnte«, wie Neuhäusler notierte, sodass »viel wertvolles Material ins Ausland [...] vor allem aber nach Rom« gelangte. »Viele Jahre hindurch funktionierte dieser Nachrichtenweg gut und auch schnell« – bis Schneidhuber 1941 von der SS als »Nichtarierin« verhaftet und im darauffolgenden Jahr im Konzentrationslager Ravensbrück ermordet wurde.[28]

Der wichtigste Kurier war jedoch Ochsensepp. »Er übernahm viel Gefährliches«, sagte ein Jesuitenpater später über Müller. »Er war ein tapferer Mann. Er muss einen starken Charakter gehabt haben. Er flog dieses kleine Sportflugzeug von Deutschland nach Italien, brachte die Unterlagen nach Meran und übergab sie dort einem, der sie an Pacelli im Vatikan ausliefern sollte.« Für Neuhäusler war Müller »mein mutigster Briefbote«, wobei er hinzufügte: »Ich muss dankbar bekennen: Ohne ihn hätte ich den Auftrag des Hl. Vaters, ihn laufend über alles zu informieren, nicht erfüllen können. [...] Er war einer der erklärtesten Gegner des Dritten Reichs. Dazu kamen bei ihm Mut, Kaltblütigkeit und Geschick. Nichts gab es, das er sich nicht mitzunehmen getraut hätte. ›Nur her damit!‹, sagte er und steckte oft Briefe mit 20 und mehr Beilagen in seinen Koffer oder in seine Aktentasche, die er, wenn er das Flugzeug benützte, in der Flugkanzel verstaute.« Dass Müller die heikelsten Papiere zwischen unauffälligem Kirchenmaterial versteckte, vermochte seinen bischöflichen Betreuer kaum zu beruhigen. »Manche Nacht, in der Müller mit gefährlichem Material unterwegs nach Rom war, konnte ich kaum schlafen«, erinnerte sich Neuhäusler. »Ich wusste: Wenn das Material entdeckt wird, sind unser beider Köpfe verloren.«[29]

Bald wurde Pacelli in Rom auf Müllers geheime Dienste aufmerksam. Als Belohnung arrangierte er für ihn eine Trauung mit seiner Verlobten Maria in der vatikanischen Krypta über dem sagenumwobenen Petrusgrab. Am 29. März 1934 schlang Pater Neuhäusler in einer ausladenden Geste seine Stola kräftig um die ineinandergelegten Hände Josefs und seiner Braut, um »die Enge und Unlösbarkeit des ehelichen Bundes hervorzuheben«.[30]

Pacelli nutzte Müllers Berichte, um Protestnoten an die Adresse Berlins zu verfassen. Anschließend verstaute Pater Leiber diese auf einem hohen Regal in Pacellis Bibliothek in einem großen alten Buch, bei dem es sich um eine hohle Attrappe handelte. Einer dieser Berichte bereitete Pacelli besondere Sorge.[31]

Hitler hatte für seine neue Elite Spezialschulen eingerichtet, die er »Ordensburgen« nannte. Den Lehrkörper besetzte er mit verlässlichen SS-Ausbildern. Bei einer Rede in der Ordensburg Sonthofen 1937 schwor er: »Ich werde die katholische Kirche zertreten wie eine Kröte!« Vom Gewissen geplagt, wandte sich einer der ehemals katholischen, nun aber aus der Kirche ausgetretenen Offiziersschüler in einem Brief an seinen Bischof und teilte ihm diese Äußerung mit. Er und ein Freund mit ähnlichen Sympathien kamen wenig später bei einem angeblichen Unfall um, bei dem sie aus dem München-Berlin-Express stürzten. Wie Hans Rattenhuber, der neue Maulwurf des Vatikans in der SS, bemerkte, passte die Tragödie zu den berüchtigten Methoden, die Himmler gegen mutmaßliche Verräter einsetzte.[32]

Himmler verdächtigte Müller noch immer des Verrats.

Regelmäßig ließ Rattenhuber diesem daher Warnungen zukommen. Auch wenn die SS von Müllers Arbeit für den Vatikan offenbar nichts ahnte, war doch bekannt, dass seine Kanzlei auch zahlreiche Juden vertrat, die nach der Pogromnacht im November 1938 zu emigrieren versuchten.[33]

Müller spielte mit dem Gedanken, ebenfalls auszuwandern, wollte es seiner Familie aber ersparen, als Bittsteller in Abhängigkeit zu geraten. Entschlossen, zu bleiben, wollte er kämpfen und schloss mit Pacelli darüber einen Pakt ab. Während Müller die Arbeit für Pacelli noch intensivieren und sie Gott widmen würde, sollte Pacelli im Gegenzug täglich für ihn beten. Die Vereinbarung spendete Müller Trost, vor allem nach Pacellis Wahl zum Papst. Der Heilige Vater drückte ihm anscheinend sogar einen Talisman in die Hand, aus dem Müller am 27. September 1939 Kraft zog – an einem Tag, der wie jeder andere begann, aber zum folgenreichsten seines Lebens wurde.[34]

Um zehn Uhr morgens küsste Müller zum Abschied Frau und Tochter. Er zündete seine Pfeife an, brach von seinem senffarbenen Münchner Reihenhaus auf und ging zu seiner Kanzlei am Amiraplatz. Später am Tag erhielt er einen Anruf von Wilhelm Schmidhuber, einem dubiosen Geschäftsmann, der im Außenhandel tätig war. Schmidhuber teilte ihm mit, das Büro von Admiral Canaris wolle ihn sofort persönlich sprechen.[35]

Müller eilte nach Berlin und fragte sich, was Hitlers Chefspion von ihm wollen könne. Besorgt, dass er mit seiner Geheimtätigkeit für die Kirche womöglich seine Familie in Gefahr gebracht hatte, schritt er durch das Laub den Landwehrkanal entlang. Am Tirpitzufer 74/76 – dem heutigen Berliner Reichpietschufer – schlossen sich hinter ihm die knarrenden Türen eines alten Fahrstuhls, und er fuhr ins erste Obergeschoss. Nachdem Wachen eine faltbare Gittertür aufgeschlossen hatten, wagte er sich in einen Flur hinaus, durch den Stiefelschritte und Stimmen mit ausländischem Akzent hallten.[36]

Ein schneidiger Kavallerieoffizier trat auf ihn zu. Oberst Hans Oster, Chef der Abteilung Z, ließ Müller in ein Büro eintreten und schloss hinter ihnen die Tür. Die Männer musterten sich. Dann, so erinnerte sich Müller, begann Oster vorsichtig mit den Worten: »Wir wissen sehr viel mehr über Sie, als Sie über uns wissen.«[37]

Er öffnete eine Akte und spulte Einzelheiten ab. Oster wusste, dass Müller oft nach Rom gereist war, um mit Pacelli »wirtschaftliche Angelegenheiten« zu diskutieren. Er wusste, dass er durch Pacellis Gnaden am Petrusgrab getraut worden war. Eine Mitschrift im Ordner erinnerte an Müllers Verhaftung und die von Himmler geleitete Vernehmung. Am Ende wies Oster darauf hin, dass Müller Kirchenführer, die mit der Partei in einen Rechtsstreit geraten waren, kostenlos beraten hatte.[38]

Diese Spiele aus Friedenszeiten müssten jetzt beendet werden, sagte Oster. Die Partei befinde sich im Krieg und werde keinerlei Gnade walten lassen. Was würde aus Müllers Frau und Tochter werden, wenn die Dinge für ihn einen üblen Ausgang nähmen? Wenn er dagegen kooperiere, würden alle gewinnen. Tatsächlich sei er dank seiner Verbindungen zur Kirche für die Abwehr in der Vatikanstadt von einzigartigem Wert. Admiral Canaris brauche einen Agenten mit Zugang zu diesen Kreisen. Die Abwehr werde über Müllers Vergangenheit hinwegsehen, wenn er als V-Mann Rom besuchen und sich bemühen werde, die Ansichten des Papstes in »sicher interessante[n] Gesprächsthemen« zu erfahren.[39]

Müller lehnte ab. Gerade weil die Abwehr so genaue Informationen über ihn habe, so sagte er, müsse sie doch wissen, dass er gegen den Vatikan oder den Papst keine Spionage betreiben werde.

Oster betonte, er habe das genaue »Gegenteil« im Auge, und machte eine Pause, wie um die Bedeutung seiner Worte bis zu Müller durchdringen zu lassen. Am Ende sagte er, dass er ihn für ausreichend zuverlässig halte, um offen mit ihm zu reden. »Dr. Müller, dann werde ich Ihnen jetzt etwas sagen, womit ich sehr großes Vertrauen bei Ihnen voraussetze, denn wenn ich Sie nicht so genau kennen würde aufgrund unserer Unterrichtung, würde ich das, was ich Ihnen jetzt sage, nicht sagen können, weil ich mich damit einer absoluten Gefahr aussetze.«[40]

Die nächsten Worte markierten den Übergang in eine andere Welt. »Nach dieser Einleitung – es mögen noch ein paar Sätze mehr gewesen sein – sagte mir Oster dann, ›Dr. Müller, Sie befinden sich hier in der Zentralen Leitung der deutschen Abwehr. Wir hoffen sogar, dass Sie eines Tages selbst zu dieser Zentralen Leitung gehören werden. Diese Zentrale Leitung der Abwehr ist gleichzeitig die zentrale Leitung für die Militäropposition.‹« Oster fügte hinzu: »Ich [bin] dafür [...], den Verbrecher durch ein Attentat zu erledigen«.[41]

In der ersten Oktoberwoche blickte Josef Müller auf den Horizont hinter Rom, der von der Peterskuppel beherrscht wurde. Im Hotel Albergo Flora in der Via Veneto fühlte er sich sicher. Dieses sei eine beliebte Anlaufstelle für deutsche Offiziere, hatte Oster gesagt. Ein Teil des Personals stehe auf der Gehaltsliste der Abwehr. Müller hatte ein Zimmer mit Blick auf den Hinterhof genommen, um Ruhe vom Straßenlärm zu haben, konnte aber trotzdem nicht schlafen: Die Begegnung mit Oster ging ihm noch durch den Kopf.[42]

»Die Würfel sind gefallen«, dachte Müller, da »Oster tatsächlich seinen Kopf sozusagen selbst in die Schlinge gelegt [...] und ganz klar gesagt hat, jawohl, er wollte Hitler beseitigen. [... E]r wollte Hitler beseitigen, weil [er] die christlichen Kirchen bekämpft hat und die Juden beseitigen wollte.«[43]

Oster wusste von der Verfolgung und Ermordung der Juden in Polen. Er hatte zu den dortigen NS-Verbrechen eine Akte angelegt, um einen Mord an Hitler zu rechtfertigen. Da die SS neben polnischen Juden auch katholische Priester umgebracht hatte, war Oster überzeugt, dass auch der Vatikan von den Gräueltaten erfahren müsse. Er hatte Müller aufgefordert, Pius Beweise vorzulegen.[44]

Die Deutschen müssten sich in Christi vereinigen, um den Frieden wiederherzustellen, hatte Oster gesagt. Er selbst sei Protestant, Sohn eines Pastors, aber die Christen müssten mehr tun als beten, da »ein solcher Verbrecher wie Hitler nur mit Gewalt beseitigt werden könne. Und die Einzigen, die Gewalt gegen Gewalt setzen könnten, seien die Leute der Militäropposition.« Aber die Militärs würden Hitler nur dann aus dem Weg räumen, wenn sie sicher sein könnten, dass dadurch ein gerechter Frieden mit den Westmächten erlangt werde.[45]

Hier kam der Papst ins Spiel. Niemand konnte Hitlers innere und äußere Gegner diskreter und glaubwürdiger zusammenbringen als Pius. Als die wohl angesehenste Figur in Europa, die über den streitenden Parteien stand, hatte er den denkbar größten Vorteil eines Souveräns: Inmitten von Mächten, denen niemand trauen konnte, war er die einzige vertrauenswürdige Instanz. Nur er verfügte über den Einfluss und den Ruf, um einen Frieden zu vermitteln. Und nur er konnte die Alliierten davon überzeugen, dass der deutsche Widerstand nicht, wie von einem britischen Spion behauptet, ein »Wesen, so sagenumwoben wie der Zentaur und der Hippogryph« war. Wenn der Kontinent unter die Herrschaft der Achsenmächte geriet, konnte der Vatikanstaat den Verschwörern einen Kanal eröffnen, um sich mit den Westmächten zu verständigen. Würde Müller für ihre Sache auf den Papst zugehen?[46]

Nachdem ihn Oster drei Stunden lang bearbeitet hatte, trat Müller der Verschwörung bei. Ein Handschlag mit Eid und Ehrenwort besiegelte ihren Pakt. Entweder Hitler oder sie, einer würde sterben. Aber sollte einer der Verschwörer in Gefangenschaft geraten, würde er in den Tod gehen, ehe er die anderen verriet. Den Gang zum Galgen müsste er alleine antreten.[47]

Als Müller diesen Schwur leistete, empfand er Begeisterung und Befreiung. Aber nachdem sein Flugzeug abgehoben hatte, war ihm sein Magen wie zugeschnürt. »Dieses Gefühl, diabolische Kräfte bekämpft zu haben, ist natürlich schon sehr stark da«, sollte er später sagen, »gerade wenn Sie im Flugzeug sitzen und wenn Sie – sagen wir mal – die Erdenschwere aufgegeben haben und dann droben im Flugzeug versuchen, sich zu sammeln.«[48]

An seinem zweiten Abend in Rom saß Müller unter Bäumen im Weingarten eines Lokals mit Blick auf die Kapelle Domine Quo Vadis? an der Via Appia Antica. Er traf seinen alten Freund Monsignore Ludwig Kaas, einer der wenigen, die Schlüssel zu den päpstlichen Appartements hatten. Der ehemalige Vorsitzende der katholischen, inzwischen verbotenen Zentrumspartei, ein stattlicher Mann mit Brille, der in seinem ruhigen Exil unter anderem die

Aufsicht über die vatikanische Krypta führte, beriet Pius in deutschen Angelegenheiten.[49]

Müller und Kaas redeten darüber, was wohl geschähe, wenn sich Hitler zum Herrn über Europa aufschwingen würde. Würde er sein Versprechen wahrmachen und die katholische Kirche wie eine Kröte zertreten? Müller wollte Kaas von seinen Kontakten zum deutschen Widerstand berichten, scheute aber davor zurück. Stattdessen hörte er zu, als Kaas ihm von den Grabungen in der Krypta nach dem verschollenen Petrusgrab berichtete. Als beide beim Nachtisch saßen, so später Müllers Erinnerung, blickte er auf die angestrahlte weiße Kirche Domine Quo Vadis?. Kaas erzählte ihm die Legende hinter diesem Namen.[50]

Wie berichtet wurde, war Petrus ein Ausbruch aus dem Kerker gelungen. Als er aus Rom floh, begegnete er auf der Via Appia ungefähr an der Stelle, wo heute die kleine Kirche steht, dem Auferstandenen. Petrus fragte Christus: »*Quo vadis?*« (»Wohin gehst du«?), worauf dieser ihm erklärte, er sei nach Rom gekommen, um sich ein zweites Mal kreuzigen zu lassen, weil Petrus nicht in seinem Namen sterben wolle. Beschämt kehrte Petrus zurück und forderte seine Henker auf, ihn kopfüber ans Kreuz zu nageln, weil er es nicht verdient habe, wie Jesus zu sterben.[51]

Als er diese schlichte Legende hörte, so Müller, sei seine Angst verflogen. Trotz seines Studiums der Nationalökonomie, unter anderem bei Max Weber, seiner Anzüge aus Wolle und der Gremien, die er schmückte, hatte sich Ochsensepp seinen rustikalen Glauben bewahrt. Als ihn Kardinal Pacelli einmal fragte, wie er dem SS-Verhör standgehalten habe, bekannte Müller, dass ihm katholische Theologie nicht geholfen habe. Stattdessen habe er sich auf den »Katechismus des kleinen Buben vom Lande« gestützt, vermittelt von seinem Vater, der sich vor jeder Kutschfahrt vor die Pferde gestellt und mit den Worten »In Gottes Namen« mit der Peitsche das Kreuz geschlagen hatte.[52]

Müller überbrachte Kaas das Gesuch des deutschen Widerstands. Laut seinem Bericht übergab er ihm auch das Dossier der Abwehr zu den SS-Gräueln in Polen. Beide kamen überein, dass sich Müller fortan als gebunden an ein *Secretum pontificium,* ein päpstliches Geheimnis, betrachten müsse. Er werde »sich eher die Zunge abbeißen«, versprach Müller, »als dass [er] über den Inhalt dieser [...] Gespräche ein Wort sagen werde!« Diese Worte, so Müller später, habe er »durchaus wörtlich gemeint«. Kaas versprach, den Heiligen Vater in Kenntnis zu setzen und dessen Antwort zu übermitteln.[53]

KAPITEL 4

Tyrannenmord

Mitte Oktober 1939 fuhr Monsignore Kaas über die Via Appia nach Castel Gandolfo, wo Pius an seiner Enzyklika feilte. Noch immer unklar ist, warum Kaas mit diesem Ausflug zwei Wochen lang gewartet hatte. Die Verzögerung könnte der *pazienza,* der geduldigeren römischen Haltung, geschuldet gewesen sein, die Müller und anderen Deutschen auffiel. Vielleicht hatte ihm Müller auch nicht gesagt oder nicht gewusst, dass Hitler die Absicht hatte, schon in den nächsten Monaten Frankreich anzugreifen. Jedenfalls übermittelte Kaas Pius den Appell der Verschwörer spätestens am 16. Oktober.[1]

Pius brachte einen Tag mit Nachdenken zu. Wie sich Pater Leiber erinnern sollte, brauchte Pius für seine Erwägungen immer besonders lange, ehe er in einer Angelegenheit zustimmte oder ablehnte. Leiber konnte es kaum glauben, als ihm der Papst nach weniger als einem Tag seine entschlossene Antwort an die deutschen Verschwörer mitteilte. Mindestens ein Historiker, der sich mit seinem Pontifikat befasste, sollte sie als »gänzlich untypisch« bezeichnen. Tatsächlich war sie seiner gesamten Laufbahn durchaus angemessen.[2]

Pacelli war 38 Jahre vor seiner Papstkrönung selbst Spion geworden, wie aus dem Dossier Albert Hartls, des Vatikan-Experten der Nazis, hervorging. Auch wenn diese Beschreibung Pacellis Aufgaben nicht umfassend wiedergab, war sie keineswegs völlig verkehrt. Der damals 24-jährige frisch ordinierte Priester, der bei seinen Eltern in Rom lebte, soll zur Klavierbegleitung seiner Schwester Violine gespielt haben, als ein verblüfftes Dienstmädchen den »Mann aus dem Vatikan« ankündigte. Die dünnen Hände Pacellis hielten die verstummte Violine umfasst, während sich der beleibte Monsignore eine Zigarre anzündete. Im orangeroten Glimmen der Feuerschale redeten sie die ganze Nacht hindurch. Monsignore Pietro Gasparri erörterte die Gefahren durch den Sozialismus und den Nationalismus für die Kirche. Pacelli bat inständig um eine Laufbahn als Seelsorger. Im Morgengrauen besiegelten die Glocken des Petersdoms den Aufruf: »Wir brauchen Wachhunde, um die Wölfe zu vertreiben, die über die Schafe des Herrn herfallen.« Schließlich der Seufzer, das Nicken und hernach erdrückende Zweifel, wie sie einst den Apostel Thomas gelähmt hatten. Sie belasteten die Seele des überredeten Priesters, als er ein feierliches Versprechen zur Geheimhaltung ablegte.[3]

Wenige Tage später erklomm Pacelli die 294 Stufen vom Petersplatz bis hinauf ins Dachgeschoss des Apostolischen Palastes. In den altmodischen Räumen, ausgeschmückt mit mittelalterlichen Landkarten Europas, setzte er sich in eine Arbeitsnische ohne Teppich und machte sich daran, in der Heiligen Kongregation für außerordentliche kirchliche Angelegenheiten, dem päpstlichen Auslandsdienst, Telegramme zu dechiffrieren. Obwohl anfänglich nur ein einfacher Angestellter, wurde er von mächtigeren Kräften auf die Überholspur gesetzt. Durch seine prominente

Familie erschien er als ein vielversprechender junger Mann. Gasparris Gönnerschaft lieferte die Protektion. Und die Patronage Papst Leos XIII. bereitete ihn auf die Macht vor. Kaum hatte Pacelli seine Arbeit aufgenommen, schickte ihn Leo nach London, um nach Königin Victorias Tod die Beileidsbekundungen des Vatikans zu überbringen. Zwei Jahre später gab Pacelli als frischgebackener Monsignore – mit schwarzem Umhang, violetter Schärpe und Schuhen mit silbernen Schnallen – eine imposante Figur ab. Mit nicht einmal 30 Jahren übernahm er 1905 in besagter Kongregation die Leitung der französischen Angelegenheiten. Dabei geriet er allerdings ins Zentrum einer Krise, aus der er Lehren zog, die für die nächsten vier Jahrzehnte maßgeblich seine Herangehensweise an die päpstliche Außenpolitik bestimmen sollten.[4]

Pius X. hatte die diplomatischen Beziehungen zu Frankreich abgebrochen. Nach dem Wahlsieg 1902 hatten die nun regierenden antiklerikalen Sozialisten 14 000 katholische Schulen schließen lassen und deren Geistliche des Landes verwiesen. Jesuiten legten ihren Habit ab. Nonnen blieben nur Minuten, um ihre Habe zusammenzuraffen und nach Belgien zu fliehen. Priester, die keine Gemeinden mehr hatten, verlegten sich auf Bienenzucht.[5]

Die verlassene Pariser Nuntiatur blieb in der Obhut von Monsignore Carlo Montagnini – vorgeblich, um sich um das Mobiliar und die Akten zu kümmern. Tatsächlich diente er als vatikanischer Geheimagent, der in der französischen Polizei Sympathisanten anwarb und Gläubige vor bevorstehenden Verfolgungen warnte. Als französische Truppen in Savoyen Mönche und Nonnen aus ihren Klöstern vertreiben sollten, stellten sich ihnen mit angespitzten Stöcken Hunderte von Bauern in den Weg. Die französische Polizei verdächtigte Montagnini subversiver Umtriebe, durchsuchte die Nuntiatur und beschlagnahmte deren Archiv – darunter Abschriften von Montagninis Mitteilungen an Pacelli. Aus einem Telegramm ging hervor, dass ein französischer Politiker die Kirche dazu gedrängt hatte, Schmiergelder zu zahlen, um antiklerikale Gesetze zu bekämpfen.[6]

Pacelli arbeitete die Vorgänge schriftlich auf. In seinem Dokument benannte er detailliert, was in Frankreich schiefgelaufen war, und machte Probleme im päpstlichen Nachrichtendienst aus. Nuntien betrieben enge Netzwerke, bei denen sie sich hauptsächlich auf Bischöfe, Diplomaten und örtliche Vertreter stützten, die mit religiösen Fragen betraut waren. Als ein Ergebnis hielten die vatikanischen Vertreter Rom über die religiösen Angelegenheiten vor Ort zwar auf dem Laufenden, versäumten es aber, sich gut positionierte politische Quellen zu erschließen. Immerhin gelang es der Kongregation für außerordentliche kirchliche Angelegenheiten, ihren nachrichtendienstlichen Horizont zu erweitern, indem sie das Potenzial in der katholischen Laienschaft anzapfte. Die Kirche konnte Kontakte zu einflussreichen Vertretern in politischen Parteien pflegen und durch Arbeiter, Pressevertreter und andere »Frontgruppen« indirekt Einfluss ausüben. Diese Praxis bezeichneten ihre Vertreter als »Katholische Aktion«.[7]

Pius X. schlug zunächst einen anderen Kurs ein. Seine Sorge galt weniger Bedrohungen von außen als vielmehr der Gefahr durch modernistische Maulwürfe, die die Basis der katholischen Kirche unterwanderten. Er wies Monsignore Umberto Benigni an, den Untersekretär für außerordentliche Angelegenheiten, einen zentralen Überwachungsausschuss aufzubauen. Benigni knüpfte ein weltweites Netzwerk aus Informanten, Handschriftenexperten und Codeknackern und schuf, wie Gasparri es nannte, eine »geheime Spionagevereinigung außerhalb und über der Hierarchie [...], eine Art Freimaurertum in der Kirche, etwas, das es in der Kirchengeschichte noch nie gegeben hatte«. Einen Rückschlag erlitten diese Bemühungen allerdings, als Benigni prominenten Jesuiten vorwarf, ketzerische Lehren zu verbreiten, weil sie elektrisches Licht nutzten. 1914, nach Benignis Rücktritt, wurde Gasparri Kardinalstaatssekretär. Pacelli, der bislang vorsichtig im Verborgenen agiert hatte, wurde Untersekretär der Kongregation und entdeckte darin seine Chance, während des Ersten Weltkriegs wirkungsvoll Laienagenten einzusetzen.[8]

Papst Benedikt XV., zwischen 1914 und 1922 im Amt, wahrte für den Vatikan Neutralität in der Hoffnung, einen Friedensvertrag vermitteln und diesen dahingehend beeinflussen zu können, dass für die Katholiken eine günstige Nachkriegsordnung heraussprang. Pacelli plante zunächst, die ausländischen politischen und militärischen Kreise zu unterwandern, von denen jedweder Waffenstillstand ausgehen würde. Während Benignis Jahre war die Kongregation mit Blick auf solche Vorhaben allerdings ins Hintertreffen geraten: Ihr hatten Talentsucher gefehlt, die überzeugend auf mögliche Vermittler zugehen und sie für die katholische Sache anwerben konnten.[9]

Pacelli spielte folglich in der Defensive. Er modernisierte das Kirchenrecht und schuf ein offizielles Ausbildungsprogramm für Priester im diplomatischen Dienst. Zugleich machte der Vatikan Jagd auf Spione und erzielte dabei 1917 einen Erfolg: Der deutsche Monsignore Rudolf von Gerlach, Papst Benedikts *guardaroba* (päpstlicher Geheimkämmerer), arbeitete als Geheimagent für den deutschen Kaiser und hatte Beobachtungen und mündlich erhaltene Informationen nach Berlin gemeldet. Und noch skandalöser: Er war als Zahlmeister für deutsche Saboteure aufgetreten, die italienische Schlachtschiffe in die Luft gesprengt hatten.[10]

Die Sympathien des Papstes und Pacellis Politik verschoben sich zu Ungunsten Deutschlands. Bald bot der geheime Flügel der Katholischen Aktion Matthias Erzberger eine Zuflucht, einem Wortführer der Deutschen Zentrumspartei, der sich vom Krieg desillusioniert sah. Erzberger traf sich mit Pacelli in römischen Klöstern, Krypten und finsteren Seitengassen. Pacelli konspirierte mit ihm, um dem preußischen Militarismus Einhalt zu gebieten, indem dem deutschen Parlament und dem Volk direkt Friedensgespräche vorgeschlagen werden sollten.[11]

Kaum hatte das Spiel begonnen, setzten ihm die Ereignisse ein Ende. Geistliche der Mittelmächte intrigierten gegen Pacelli, den sie als einen Mann wahrnahmen, der die Entente begünstigte. Der Papst, der insbesondere nach den Zerwürfnissen durch die Gerlach-Affäre im eigenen Haus Frieden schaffen wollte, weihte Pacelli zum Bischof in *partibus infidelium,* »in den Gebieten der Ungläubigen«, und schickte ihn ins Deutsche Kaiserreich, um die dortigen päpstlichen Operationen zu leiten.[12]

Pacelli brachte mehrere Monate damit zu, die Dossiers der Kongregation für außerordentliche kirchliche Angelegenheiten über Bayern zu studieren. Die dortige Nuntiatur berief sich auf eine ungewöhnlich reiche Tradition, was verdeckte Aktionen anging: So hatte im 8. Jahrhundert Bonifatius, der päpstliche Legat im Frankenreich und Missionar im bayerischen Raum, eine Vielzahl codierter Mitteilungen mit Rom ausgetauscht und bahnbrechende Neuerungen in der Kryptografie entwickelt, bis ihn dann die Heiden erschlugen. Während der Gegenreformation im 16. Jahrhundert hielt der im süddeutschen Raum wirkende Jesuit Peter Canisius die Lutheraner mit Methoden fern, die ein Chronist als so gerissen und verstohlen wie eine schleichende Katze bezeichnete.

Seit 1872, als Bismarck die Jesuiten wegen ihrer romtreuen Haltung verbot, stützte sich Rom zum Schutz seiner Interessen auf die katholisch ausgerichtete Deutsche Zentrumspartei und deren Verbündete, die Bayerische Patriotenpartei, das spätere Bayerische Zentrum. Pacelli machte es zu seinem vorrangigen Ziel, die Jesuiten in ihre einstige Position zurückzubringen. Unter dem Einfluss Erzbergers als seinem wichtigsten Aktivposten hob der Reichstag 1917 die Gesetze auf, die sich gegen die Jesuiten gerichtet hatten.[13]

Pacelli nahm seine heimlichen Operationen zugunsten des Friedens wieder auf. Laut einem deutschen nachrichtendienstlichen Bericht aus der Nachkriegszeit versuchte er, eine Offensive in Frankreich, die der preußische General Erich Ludendorff für 1917 geplant hatte, konspirativ zu durchkreuzen. Auf sein Geheiß suchte Erzberger den Generaloberen der Jesuiten in der Schweiz auf, worauf wenig später der Jesuit Michel d'Herbigny die Entente-Mächte warnte, die daraufhin Reserven mobilisierten und Ludendorff eine vernichtende Niederlage beibrachten. Die deutsche Kampfmoral brach zusammen. Der Kaiser dankte ab. Und Erzberger unterzeichnete den Waffenstillstand, der den Krieg beendete.[14]

Während des anschließend losbrechenden Sturms hielt Pacelli in München die Stellung. »Die Sachlage sieht ungewiss und ernst aus«, telegrafierte er an Kardinal Gasparri, nachdem Marxisten in Bayern eine Räterepublik ausgerufen hatten. Im April 1919 stürmten Rote Garden die Nuntiatur und drückten Pacelli eine Pistole an die Brust. Sie raubten seinen Wagen, schonten aber sein Leben. Als wenig später paramilitärische rechte Banden die Macht an sich rissen, unterschätzte Pacelli die Gefahr durch diese nationalistischen Kräfte, die ihm lediglich als so »glaubensfeindlich« erschienen wie die Sozialisten. Sie liquidierten katholische Arbeiter als »kommunistische Sympathisanten« und nahmen die Nuntiatur unter Beschuss. Als General Ludendorff als Führer der rechten Kräfte Pacelli dazu aufrief, sich an der Jagd auf »Rote« zu beteiligen, stieß er auf Einwände. Daraufhin bezichtigte er »die Kirche von Rom« als undeutsch und unpatriotisch und brandmarkte Erzberger als einen »Novemberverbrecher«, der für den Frieden intrigiert und die Kapitulation unterzeichnet habe.[15]

Erzberger erhielt Warnungen von der Polizei, dass ihn rechte Schlägertrupps ins Visier genommen hätten. Vor ihrem Eintritt ins Kloster sagte er seiner Tochter: »Die Kugel, die mich treffen soll, ist schon gegossen.« Vergebens hatten ihn Freunde bedrängt, schießen zu lernen und eine Luger-Pistole bei sich zu tragen. Er wolle nicht lernen, wie man tötet, hatte er geantwortet. Im August 1921 verfolgten ihn seine Feinde bis nach Bad Griesbach im Schwarzwald. Als er nach der Sonntagsmesse eine einsame Straße entlangging, schossen ihm zwei Männer mit Revolvern in die Brust. Erzberger sprang in eine zehn Meter tiefe Böschung und klammerte sich an Baumwurzeln fest, um seinen Absturz aufzuhalten. Die Mörder feuerten drei weitere Schüsse auf ihn ab, die ihn in die Lunge, den Magen und einen Oberschenkel trafen. Erzberger versuchte noch, sich hinter einem Nadelbaum in Deckung zu bringen, und brach schließlich zusammen. Die Männer folgten ihm den Abhang hinab, beugten sich über ihn und gaben ihm mit zwei weiteren Schüssen in den Kopf den Rest. Unter dem Abhang fanden Polizisten später einen Ring, den Erzberger von Papst Benedikt geschenkt bekommen und den ihm die Mörder vom Finger gezogen hatten.[16]

Pacelli hatte seinen wichtigsten Mitarbeiter unter den Laien verloren. Um den politischen Einfluss der Katholiken erneut zu bekräftigen, verbündete er sich mit dem Erzbischof von München-Freising, Kardinal Michael Faulhaber, und dem Abgeordneten der Bayerischen Volkspartei Franz Matt. Sie strebten engere Beziehungen zwischen Bayern und Rom an, hielten sich aber sogar gegenüber vertrauten Mitarbeitern weitgehend bedeckt. Einer von Pacellis Vertrauten nannte ihre Dreiecks-Zusammenarbeit ein »diplomatisches Mysterienspiel«. Bei einem gemeinsamen Abendessen am 8. November 1923 in der Nuntiatur erfuhren die drei, dass sich Hitler in einem Putsch zum Führer der neuen deutschen Regierung erklärt hatte.[17]

Pacelli wusste über Hitler wenig. Dieser entlassene Gefreite sollte ein guter Redner sein, aber eine geheimnisvolle Vergangenheit haben. Als er Ende 1919 politisch aktiv geworden war, hatte er beispielsweise den Jesuitenpater Rupert Mayer zunächst beeindruckt, ihn und die meisten Geistlichen aber bald darauf mit antichristlicher Rhetorik vor den Kopf gestoßen. Als Hitler 1923 mit General Erich Ludendorff, einem Gegner der Katholiken, ein Bündnis schmiedete, wies Gasparri Pacelli an, beide »streng überwachen« zu lassen. Bei der Beobachtung entging Pacelli allerdings, dass der junge Gefreite und der alte General einen Putsch vorbereiteten, bei dem sie Mitglieder des bayerischen Kabinetts im Münchner Bürgerbräukeller als Geiseln nahmen.[18]

Pacelli schickte einen chiffrierten Lagebericht nach Rom.

Sollte der Staatsstreich gelingen, würde das neue Regime unter Ludendorffs Einfluss eine antikatholische Ausrichtung erhalten und die Aussichten auf ein Konkordat gefährden, das die Rechte der Kirche in Bayern garantierte. Die Antwort des Vatikans offenbarte den Kern der verdeckten katholischen Aktionen, die Pacelli für sein späteres Handeln als Papst als Vorbild dienen sollten. Da weltliche Mächte die Codes der Kongregation zu knacken versuchten, war eine so offene Sprache in der telegrafischen Kommunikation selten. Entsprechende Mitteilungen waren tendenziell durch Allgemeinheiten und Auslassungen gekennzeichnet. Wie der Archivar des Vatikans allerdings später schrieb, erhellte »gelegentlich ein Lichtstrahl die reale Lage«. In seiner Botschaft offenbarte Gasparri, dass Rom auf die Ereignisse indirekt einwirken und die eigene Rolle verschleiern würde. Er telegrafierte die Anweisung: »Haltet Katholiken davon ab, den Putsch zu unterstützen. Haltet euch mit öffentlichen Äußerungen zurück und lasst stattdessen Priester vor Ort reden. Überlasst die direkte Einflussnahme den Katholiken von der Bayerischen Volkspartei (BVP).«[19]

Der stellvertretende Ministerpräsident Franz Matt von der BVP zog sich mit einem Rumpfkabinett nach Regensburg zurück, um die Regierung zu sichern. Ein gewisser Pater Sextel bespitzelte Treffen von aufständischen Offizieren. Ein anderer Priester brandmarkte Hitler öffentlich als einen Banditen, Gauner und Verräter. Die größte Wirkung tat freilich der Jesuitenpater Mayer, ein ehemaliger Feldgeistlicher, den die bayerischen Soldaten verehrten, weil er im Krieg zahlreiche Verwundete gerettet hatte: Weil er einen Soldaten mit seinem Körper geschützt und dabei ein Bein verloren hatte, trug er am schwarzen Rock das Eiserne Kreuz. Mit seiner weithin veröffentlichten

Äußerung, wonach »ein deutscher Katholik [...] niemals ein Nationalsozialist« sein könne, brachte er das bayerische Militär in Opposition zu Hitler.[20]

Der Putsch misslang. Ludendorff und Hitler landeten wegen Hochverrats vor Gericht, kamen aber mit milden Strafen davon. Kardinal Gasparri hatte Sorge, dass sich die bayerische Geistlichkeit zu deutlich positioniert habe, und fürchtete den Groll der Nazis. In einem Telegramm nach Rom äußerte sich Pacelli jedoch zuversichtlich, dass Hitler kaum reale Macht erlangen werde. Derweil war Hitler klar geworden, wie wichtig es war, die Kirche mundtot zu machen.[21]

Am 18. August 1925 stieg Pacelli in einen Zug nach Berlin. Papst Pius XI. hatte ihn zum Nuntius für Deutschland ernannt und ihn damit betraut, die Lage der Katholiken im protestantischen Preußen zu verbessern. »Wo seine hohe Gestalt in der Robe von scharlachrotem und purpurnen Damast sichtbar wird, zieht er sofort alle Augen auf sich«, schrieb die Gesellschaftsreporterin Bella Fromm 1927. »Sein Antlitz ist asketisch, die Gesichtszüge sind geschnitten wie bei einer alten Gemme, nur selten huscht der Schatten eines Lächelns darüber. Seine ruhige Ausgewogenheit entzückte mich.« Wenn seine Zeit es erlaubte, besuchte Pacelli neue Freunde auf einem Anwesen im Eberswalder Forst und ritt mit deutschen Militärgrößen aus: Wilhelm Canaris, Ludwig Beck und Hans Oster.[22]

Ende 1929 kehrte Pacelli nach Rom zurück und wurde zum Kardinalstaatssekretär ernannt. Bis dahin hatte er das Konkordat ausgehandelt, das die Rechte der katholischen Kirche in Preußen garantierte. Zum ersten Mal seit der Reichseinigung durch Bismarck durften preußische Priester in Rom studieren. Zudem erklärte sich der Staat bereit, für die Beschlagnahmung von Kirchengütern in der Zeit Martin Luthers Entschädigung zu leisten. Nach 400 Jahren war die Gegenreformation offiziell zu Ende.

Dennoch hatten Pacellis Probleme in Deutschland gerade erst begonnen. Kaum hatte er Berlin verlassen, erklommen die Nazis die Stufen zur Macht. Der Zusammenbruch der New Yorker Börse im Oktober 1929 und die darauffolgende Weltwirtschaftskrise ebneten Hitler den Weg. Nachdem der Kapitalismus offenkundig gescheitert war, entschieden sich die meisten deutschen Wähler, auf einen Sozialismus zu setzen. Vor die Wahl zwischen Stalins internationalistischer und Hitlers nationalistischer Ausrichtung gestellt, votierten sie für den Nationalsozialismus. Ein knappes Jahr nach Ausbruch der Wirtschaftskrise vergrößerten die Nazis ihren Stimmanteil bei den Reichstagswahlen von 2,6 auf 18,3 Prozent, mehr als das Siebenfache. Während einige deutsche Bischöfe – Pacellis Leitlinie von 1930 aus Rom folgend – den Gläubigen die Mitgliedschaft in der NSDAP untersagten, waren andere weniger entschieden. Von der nationalistischen Aufwallung fühlten sich trotzdem zunehmend auch Katholiken angezogen. Mit der sich verschärfenden desolaten Wirtschaftslage erschien Hitlers endgültiger Triumph nur mehr eine Frage der Zeit zu sein. Am 30. Januar 1933 erreichte er schließlich sein Ziel.[23]

Hitlers Ernennung zum Reichskanzler löste bei Pacelli Bestürzung aus. Dieses Ereignis, so teilte er Pater Leiber mit, sei »verhängnisvoller [...] als ein Sieg der sozialistischen Linken«. Pacelli sah sich erklärtermaßen in Übereinstimmung mit Konrad Graf von Preysing, damals Bischof von Eichstätt, der bemerkt hatte: »Wir sind in den Händen von Verbrechern und Narren.«[24]

Von Hitlers Wahlsieg überrascht, suchte sich der Papst

mit ihm geschäftsmäßig zu arrangieren. Am 20. Juli 1933 unterzeichnete Kardinal Pacelli beim Glockengeläut des Petersdoms um 18 Uhr das Reichskonkordat. Aufbauend auf dem Abkommen, das er mit Preußen ausgehandelt hatte, schrieb es die Rechte der Katholiken für das gesamte Deutsche Reich fest. Allerdings platzten im Vatikan sämtliche Illusionen am 30. Juni 1934, in der Nacht der langen Messer, von den Nationalsozialisten propagandistisch als Röhm-Putsch bezeichnet.

Bei einer Säuberungswelle gegen parteiinterne Rivalen töteten SS-Schergen auch mehrere Vertreter des politischen Katholizismus. Den Präsidenten der Katholischen Aktion, Dr. Erich Klausener, zwangen sie, einen fingierten Abschiedsbrief zu unterschreiben, und richteten ihn hin. Den frommen katholischen Dr. Fritz Gerlich, ehemaliger Herausgeber der 1933 verbotenen Zeitschrift *Der gerade Weg*, prügelten sie zu Tode. Adalbert Probst, Reichsführer der katholischen Sportvereine Deutsche Jugendkraft (DJK), wurde erschossen, als er »aus dem Arrest entfloh«. Als Kampfansage an die katholische Glaubenslehre verbrannten sie die Leichen ihrer Opfer und schickten die Asche per Post an die Angehörigen.[25]

Ende 1936 schienen die katholische Kirche und das Reich auf Kollisionskurs. Parteivertreter entfernten Kruzifixe aus katholischen Schulen, weil sie »Sinnbilder des Aberglaubens« seien, und begannen das katholische und das protestantische Schulsystem zusammenzuführen. Nach 65 Prozent drei Jahre zuvor besuchten nur noch 3 Prozent der Münchner Kinder eine katholische Schule. In den Weihnachtsferien soll der Papst so deprimiert gewesen sein, dass er jeden Tag stundenlang stumm an seinem Schlafzimmerfenster saß.[26]

Im Januar 1937 rief Pacelli fünf deutsche Bischöfe und

Kardinäle nach Rom. Auf die Frage, wie der Vatikan seine Bedrängnis durch das NS-Regime erleichtern könne, riet Faulhaber, dass nur päpstlicher Protest, »ein Wort erlösender Wahrheit«, ein »unaufhaltsames Abgleiten in den Abgrund« aufhalten könne.[27]

Der von Pacelli informierte Papst hielt die Zeit für reif. Pacelli beruhigte ihn: Er glaube nicht, dass der um die internationale Meinung besorgte Hitler mit Gewalt reagieren würde, solange sich das Dokument nur auf das Deutsche Reich beziehe und namentliche Nennungen des Nationalsozialismus vermieden würden.[28]

Zwölf Druckerpressen im Untergrund brachten den Text *Mit brennender Sorge* auf Deutsch zu Papier. Ein geheimes Netz aus Kurieren lieferte Exemplare an sämtliche Gemeinden aus. Mit Rucksäcken beladen, wanderten katholische Jugendliche durch die Bayerischen Alpen, den Schwarzwald und am Rhein entlang, strampelten Ministranten auf Fahrrädern durch die Nacht, liefen sportliche Gymnasiasten durch Gerstenfelder oder fuhren Nonnen auf Motorrädern in entlegene Dörfer. In Beichtstühlen in den Kirchen übergaben die Kuriere ihre Fracht Priestern, die sie im Sakramentshaus einschlossen und die Botschaft am Palmsonntag überall im Reich von der Kanzel herab verlasen.[29]

Die Nazis reagierten mit Schärfe. Das Reich wünsche keinen Modus Vivendi mit der Kirche, geiferte Hitler, sondern deren Vernichtung. Das Regime initiierte etwa 250 Strafprozesse wegen angeblicher Sittlichkeitsverbrechen gegen Priester und Ordensangehörige und schlachtete diese propagandistisch aus. Hitlerjungen stürmten das Erzbischöfliche Palais in Wien, schändeten die Kapelle, verbrannten die Gewänder des Kardinals, zogen weiter zum Curhaus und warfen einen Seelsorger aus dem Fenster im ersten Stock, der sich beim Sturz beide Beine brach.[30]

Im Jahr 1939, als Pacelli Papst wurde, verdüsterte sich der Horizont zusehends. Trotz scheinbarer Entspannung verschärften sich die Drohungen und der Druck. Aus Berlin hieß es, »dass die Wahl Pacellis in Deutschland nicht günstig aufgenommen worden sei, da er [sich] stets ›feindselig‹ gegenüber dem Nationalsozialismus« verhalten habe. Und ein unheilvoller Zusatz stellte klar: »[L]etzten Endes werden auch Weltanschauungen entschieden durch die Waffe.«[31]

Dabei hatten die Kardinäle des Reichs Pacelli gemahnt, eine Konfrontation zu vermeiden, und sich darauf berufen, dass seine klaren Äußerungen die Lage der Kirche im Reich nur noch verschärft hätten. Was er gegen Hitler auch immer unternehmen wolle, es müsse im Verborgenen geschehen.

In Castel Gandolfo spazierte der neu gewählte Pius jeden Nachmittag den immer gleichen Weg entlang, der zwischen Rosenrabatten hindurch an zerbrochenen Säulen entlangführte, die zu einer Villa des römischen Kaisers Domitian gehört hatten. Bei den von Weinranken überwucherten Ruinen erwog der Papst die schicksalhafteste Entscheidung seines jungen Pontifikats. Durfte er, der Stellvertreter Christi auf Erden, zum Komplizen und Agenten einer militärischen Verschwörung werden, mit dem ein weltlicher Führer beseitigt werden sollte?[32]

Die kirchlichen Lehren gaben die Umstände an, unter denen Bürger Tyrannen ermorden durften, und erlaubten die Todesstrafe. Während es einem Priester verwehrt war, persönlich Blut zu vergießen, durfte ein christlicher Ritter auf sein Geheiß das Schwert der Gerechtigkeit schwingen.

Entsprechend hatten katholische Theologen über die Jahrhunderte eine abgestufte Lehre des Tyrannenmords entwickelt, die praktisch alle denkbaren Bedingungen abdeckte. Dabei teilten sie Tyrannen in zwei Klassen ein: in Usurpatoren, welche die Macht illegal an sich gerissen hatten, und Unterdrücker, die bei deren Ausübung Unrecht begingen. Hitler, der die Macht legal innehielt, aber ungerecht herrschte, war ein solcher Unterdrücker. Damit fiel er unter die Kategorie des Missetäters, den die Bürger – wie Thomas von Aquin und manche jesuitische Theologen argumentierten – durchaus ermorden durften.[33]

Allerdings setzten katholische Moraltheologen der politischen Gewalt enge Grenzen. Die Henker des Tyrannen mussten aus guten Gründen davon überzeugt sein, dass dessen Tod die Verhältnisse, anstatt einen blutigen Bürgerkrieg heraufzubeschwören, wirklich *verbessern* würde. Der Tyrann musste nicht nur persönlich als Hauptanstifter des politischen Unrechts entlarvt sein. Es musste auch sichergestellt sein, dass sein Tod dem Unrecht ein Ende setzen würde. Eine Wahrscheinlichkeit, dass er durch einen anderen Tyrannen ersetzt und seine Politik fortgesetzt würde, entzog seinen Mördern die moralische Grundlage. Und schließlich mussten auch sämtliche Mittel zu seiner friedlichen Absetzung ausgeschöpft sein.[34]

Diese Bedingungen schien die Intrige gegen Hitler zu erfüllen. Zunächst beabsichtigten die Verschwörer, unter einer autoritären, aber NS-feindlichen Regierung einen ehrenvollen Frieden zu sichern, um auszuschließen, dass nach Hitlers Beseitigung Chaos ausbrechen oder die NS-Herrschaft unter Göring oder Himmler weitergeführt würde. Zweitens konnte Hitler nur durch Gewalt beseitigt werden, weil er den demokratischen Prozess, durch den er an die Macht gelangt war, abgeschafft hatte. Wie schon der NS-Ideologe Alfred Rosenberg laut Josef Müller gesagt hatte, hätten die Nationalsozialisten diesen Staat geschaffen und würden an ihm festhalten und ihn niemals wieder loslassen. Und schließlich, was am entscheidendsten war, belegten Müllers geheimdienstliche Erkenntnisse nicht nur die Verbrechen der NS-Politik, sondern auch, dass Hitler für sie persönlich verantwortlich war.[35]

Dass diese Politik verwerflich war, ging aus Müllers Dossier zu Polen klar hervor. Wie ein Priester im Vatikan diese Belege später zusammenfasste: »In den ersten Monaten wurden Hunderte von Priestern von den Deutschen verhaftet und erschossen, während katholische Intellektuelle, Geistliche oder Laien festgenommen und ins Konzentrationslager Oranienburg [wohl: Sachsenhausen] bei Berlin verschickt wurden. [...] Die Grundlage dieses Programms war die Eliminierung der geistlichen Elite und des traditionellen Einflusses der Geistlichkeit.« Müller erinnerte sich, dass in seinem Dossier auch Beweise für die »systematische [...] Ausrottung der Juden« enthalten gewesen waren, so »Filme, Fotos, Berichte: z. B. von den Sardinenbüchsengruben, in die sich die Juden, nachdem sie sie selbst ausgehoben hatten, nackt – Männer, Frauen, Kinder – nebeneinander hineinlegen mussten, worauf man sie dann mit Maschinenpistolen abstreute, und ein Foto: ein Polizist hat ein Kind zwischen die Knie geklemmt, während er das andere hochhält und erschießt«.[36]

Pius war überzeugt, dass Hitler diese verbrecherischen Maßnahmen angeordnet hatte. Einige deutsche Bischöfe, so beklagte sich der Papst später, sahen in Hitler immer noch den Verteidiger christlicher Werte. In Wahrheit wäre es dem Führer lieber gewesen, wenn die Muslime Europa erobert hätten, weil er davon überzeugt war, dass das Christentum die vornehmlich durch Stämme geprägten Traditionen Deutschlands unterminiert habe: »Wir haben eben überhaupt das Unglück, eine falsche Religion zu besitzen. […] Auch die mohammedanische Religion wäre für uns viel geeigneter als ausgerechnet das Christentum mit seiner schlappen Duldsamkeit.« Und bei anderer Gelegenheit meinte Hitler, dass die Verkrüppelung und Verkümmerung der gegenwärtigen Gesellschaft an Geist und Seele nie eingetreten wäre ohne diesen orientalischen Mummenschanz, die abscheuliche gleichmacherische Manie, diesen verfluchten Universalismus des Christentums, der rassische Unterschiede leugne und selbstmörderische Toleranz predige. Pius hatte den Schwur des Führers nicht vergessen, die katholische Kirche wie eine Kröte zu zertreten.

In den Berichten, die Pater Leiber in seiner Buchattrappe verwahrte, wimmelte es von Belegen dafür, dass Hitler zu Gräueltaten aufrief und sie förderte. Obwohl brutales Durchgreifen stets dem »Fehlverhalten einiger Untergebener« zugeschrieben werde, so vermerkte Müller bitter, sei es »keine vereinzelte Episode oder eine zeitweilige taktische Maßnahme, sondern ein wesentlicher Bestandteil des Nationalsozialismus, etwas Systematisches und Kalkuliertes«. So schrieb Pius um diese Zeit an Kardinal Schulte, dass die Angriffe auf die Kirche von der »Partei« gesteuert würden. Und wahrscheinlich aus diesem Grund soll Pacelli, so der zeitgenössische Bericht eines Diplomaten der Alliierten, Hitler als »nicht nur einen vertrauensunwürdigen Schurken, sondern als eine von Grund auf boshafte Person« bezeichnet haben.[37]

Als der Papst am nächsten Morgen aufstand, stand sein Entschluss fest. Er würde den militärischen Widerstand nutzen, zu einer konservativen Gegenrevolution ermuntern und dem Widerstand als geheimer Auslandsagent dienen – indem er dessen Pläne den Briten präsentieren und für die Militärs einstehen würde. Sein Bündnis mit den Generälen sollte nicht nur dazu dienen, den Krieg zu beenden, sondern auch dazu, den Nationalsozialismus dadurch zu beseitigen, dass Hitler eliminiert würde.[38]

Die Entscheidung verblüffte seine Mitarbeiter und später andere, die von ihr erfuhren. Ein US-Geheimdienstoffizier bezeichnete die rasche Bereitschaft des Papstes, als Mittelsmann in einer Verschwörung zu agieren, später als »eines der erstaunlichsten Ereignisse in der modernen Geschichte des Papsttums«. Für Pater Leiber ging der Papst damit »deutlich zu weit«. Angesichts der Gefahren für ihn selbst wie für die Kirche erschien sein Entschluss geradezu vermessen. Sollte Hitler von Pius' Rolle bei der Verschwörung erfahren, stand zu befürchten, dass er sich an den Katholiken rächen, in den Vatikan einmarschieren und sogar den Papst als Geisel nehmen oder töten würde.[39]

Aber Leiber konnte Pius diese Entscheidung nicht ausreden. »Die deutsche Opposition«, so teilte ihm dieser mit, »muss in Großbritannien Gehör finden.« Leiber fügte sich und machte Notizen, damit er Müller mitteilen konnte, dass er es exakt mit den Worten des Papstes zu tun hatte. Pius selbst hatte die Überschrift geliefert, die zum Leitmotiv für die Ereignisse in den nächsten fünf Jahren werden sollte. Auf die Frage, auf welche Art Regierung Deutschland hinarbeiten solle, antwortete Pius laut Leibers Aufzeichnungen: »Jede Regierung ohne Hitler.«[40]

KAPITEL 5

Einer, der ihn umlegt

Bis zum 17. Oktober hatte Josef Müller die Antwort des Papstes erhalten. Der Hüter der vatikanischen Krypta, Monsignore Ludwig Kaas, hatte Müller auf den aktuellen Stand gebracht, wahrscheinlich in einer Taverne in der Nähe von Pius' Villa. Als Müller am nächsten Tag mit der Antwort des Papstes nach Berlin flog, empfand er die gequälte Freude eines erfolgreichen Geheimagenten, der erhaltene gute Nachrichten fast keinem mitteilen durfte.[1]

Müller ging davon aus, dass seine Betreuer mit angemessener Diskretion vorgehen würden, da sie anders als er Berufsagenten waren. Es hätte ihn schockiert zu erfahren, dass ein eingeweihter Offizier der Abwehr am Freitag, den 20. Oktober, die geheimen Informationen schriftlich festhielt.

Major Helmuth Groscurth öffnete seinen Safe, zog sein Tagebuch heraus und schlug es auf seinem Schreibtisch auf. Groscurth brachte die Canaris-Oster-Zelle mit Generälen in Kontakt, die Gegner des NS-Regimes waren, und hatte für Mordpläne Sprengstoff beschafft. Dass er die Ergebnisse von Müllers Mission niederschrieb, entsprang keineswegs einem typisch deutschen buchhalterischen Zwangsverhalten. Er hatte vielmehr zwei sorgfältig durchdachte Gründe. Erstens sollte ihm bei der Berichterstattung sein Gedächtnis keinen Streich spielen können – um dem vorzubeugen, gehörte es zur Ausbildung von Offizieren des militärischen Geheimdienstes, Informationen von Kontaktleuten immer niederzuschreiben –, und zweitens wollten einige Verschwörer der Nachwelt beweisen können, dass es ein anständiges Deutschland gegeben hatte, sollte der Mordanschlag auf Hitler scheitern. Immerhin hätten sie dann bewiesen, dass sich Tyrannei bekämpfen ließ, und so trotz der Niederlage dennoch gesiegt.[2]

»Der Papst ist sehr interessiert und hält ehrenvollen Frieden für möglich«, schrieb Groscurth. »Verbürgt sich persönlich dafür, dass Deutschland nicht wie im Walde von Compiègne [in dem der Waffenstillstand am Ende des Ersten Weltkriegs geschlossen wurde] betrogen wird. Bei allen Friedensvermittlungen stößt man auf die kategorische Forderung der Beseitigung Hitlers.«[3]

Am selben Freitag unterzeichnete Pius in seiner Villa seine erste Enzyklika. Obwohl er sie laut Berichten am 8. Oktober fertiggestellt hatte, verkündete die *New York Times* am 18. Oktober, dass ihre Veröffentlichung verschoben worden sei, allerdings ohne Erklärung. Der Korrespondent hatte die Meldung am 17. Oktober abgeliefert, also gerade zu dem Zeitpunkt, als Pius zusicherte, den deutschen Widerstand zu unterstützen. Eine Äußerung Josef Müllers während des Kriegs deutet darauf hin, dass Pius mit seinem Entschluss, sich auf verdeckte Aktionen einzulassen, seine öffentliche Stellungnahme zu den NS-Verbrechen hinauszögerte, sie abwandelte und schließlich ganz auf sie verzichtete.

Die Verschwörer baten den Papst nämlich, Proteste zu unterlassen. Laut einem Dokument, das im Nachlass des

US-Präsidenten Franklin Roosevelts auftauchte, drängten die Planer des Staatsstreichs Pius dazu, »sich jeder öffentlichen Äußerung mit einer Herausstellung der Nazis zu enthalten«, so Müller gegenüber einem amerikanischen Diplomaten. Andernfalls würden »die deutschen Katholiken noch stärker als bisher unter Verdacht geraten«. Ihre »Handlungsfreiheit in der Widerstandsarbeit« würde »drastisch eingeschränkt«.[4]

Tatsächlich milderte Pius in der Zeit, in der er die Veröffentlichung seiner Enzyklika hinausschob, den Ton ihres Wortlauts deutlich ab. Er verwässerte Aussagen oder strich Sätze, die einen »zügellosen Expansionismus«, die Sichtweise von den »Beziehungen zwischen Völkern als Kampf« oder das »Faustrecht« kritisierten.[5] Pius hielt die Ermahnung aufrecht, dass Menschenrechte »nicht mehr [zwischen] Heide oder Jude« unterschieden. Allerdings gebrauchte er an dieser Stelle zum letzten Mal während des Kriegs öffentlich überhaupt das Wort »Jude«.[6]

Im Hauptquartier der Abwehr begannen Müllers Betreuer damit, seine »Vorstellung« im Vatikan zu planen. Diese setzte sich aus zwei Teilen zusammen: der Geheimoperation selbst und deren Tarnung. Canaris sollte Müllers Kontakte zum Vatikan als ein Projekt der Abwehr tarnen. Es ging nicht darum, rasche Ergebnisse zu erzielen. Vielmehr sollte unter einer Tarnung eine dauerhafte Verbindung aufgebaut werden. Bei der Planung bauten die Verschwörer nicht auf ihr Glück, sondern vielmehr auf ihr Pech: Es konnte aus ihrer Sicht noch viele Jahre dauern, ehe der Nationalsozialismus als Problem aus der Welt geschafft wäre. Bis es so weit war, musste die »Vorstellung« mit glaubhaften Begründungen fortgesetzt werden.

Grundlage der Tarnung sollten Vorurteile der Nazis

sein. Hitler sah die Italiener als unzuverlässige Verbündete an – eine Voreingenommenheit, die die Verschwörer gegen ihn ausspielen wollten: Die Abwehr würde Müller nach Rom entsenden, um dort angebliche Friedensbestrebungen auszuspionieren. Dazu sollte er als Agent unzufriedener Deutscher auftreten, die über italienische Kanäle einen Frieden anstrebten, und dazu angeblich schwatzhafte Italiener aushorchen, die Verbindungen zum Vatikan hatten. Die Abwehr würde die Gestapo vorab darüber informieren, dass Müller als Verschwörer getarnt Spionage trieb. Und Canaris würde die Berichte über kriegsunwillige Italiener sogar an Hitler übermitteln. Dem Anschein nach sollte Müller also die Kriegsanstrengungen dadurch unterstützen, dass er vorschützte, Friedensgespräche anzustreben.

In Wahrheit würde er aber nur vortäuschen, etwas vorzutäuschen. Er würde tatsächlich als der Verschwörer agieren, der er zu sein vorgab, ein Verschwörer, der sich als ein Spion tarnte, der sich als Verschwörer ausgab. Er agierte gewissermaßen als Doppelagent, während er in Wahrheit gleich ein dreifaches Spiel spielte.

Dieses Szenario war ein echter Canaris. Ein solches Versteckspiel, bei dem der Agent als solcher voll in Erscheinung trat, war gleichsam sein Markenzeichen. Wenn auch jedes Mal in veränderter Form, setzte er es immer wieder ein, um die Verschwörer aus schwierigen Lagen herauszuziehen. Wie gut diese Tarnung in Müllers Fall funktionierte, verdeutlicht eine spätere Einschätzung der CIA, die davon ausging, dass Müller den Vatikan im Dienst der Attentäter in den ersten drei Kriegsjahren mindestens 150 Mal besuchte – immer mit dem Segen eines Regimes, an dessen Sturz er mitarbeitete.[7]

Vor seiner erneuten Reise nach Rom Ende Oktober traf

Müller mit Canaris zusammen. Kaum hatte er das Büro des Vizeadmirals betreten, fühlte er sich zu Hause. Er blickte auf einen alten Perserteppich und den Dackel, der auf einem Feldbett schlief. Auf einem mit Tintenflecken übersäten Schreibtisch aus dem 19. Jahrhundert stand ein Modell des kleinen Kreuzers *Dresden*. Canaris streckte Müller wie einem alten Freund die Hand entgegen und bat ihn, Platz zu nehmen.[8]

Sie redeten über Hitler. Canaris bezeichnete den Führer, der sich den von Wilhelm Keitel erstmals gebrauchten Titel »Größter Feldherr aller Zeiten« anmaßte, als »den größten Verbrecher aller Zeiten«. Obwohl Hitler ausdrücklich gewarnt worden sei, dass die Westmächte Polen beispringen würden, habe er den Krieg gegen das Land vom Zaun gebrochen.[9]

Und, schlimmer noch, plane er einen Blitzkrieg gegen die Niederlande, Belgien und Frankreich. Seine Missachtung des internationalen Rechts, so sagte Canaris, laufe auf eine verbrecherische Leichtfertigkeit hinaus.[10]

Aber all dies verblasse, so der Vizeadmiral, verglichen mit den Vorgängen in Polen. Ganze Provinzen stünden davor, von einem Gesindel verwüstet zu werden, das den Raben ähnle, die hinter jeder vorrückenden Armee herzögen. Die SS führe sich wie eine Bande Piraten auf, die weder Recht noch Gesetz kennten. Und dazu würden sie von der Partei und allen voran von Hitler aufgestachelt und ermuntert.[11]

Canaris wusste davon durch seine Spione im NS-Sicherheitsapparat. Der von Gewissensbissen geplagte Reichskriminaldirektor Arthur Nebe, dem im Reichssicherheitshauptamt die Kriminalpolizei unterstand, hatte zahlreiche Geheimberichte weitergeleitet – so berichtete es Fabian von Schlabrendorff 1945.[12]

Canaris wusste folglich von geplanten Aktionen gegen die katholische Kirche nicht nur im Reich, sondern auch in Rom. Vier Organisationen lieferten sich einen Konkurrenzkampf darum, den Papst, den inneren Kreis seiner Berater und das Staatssekretariat des Vatikans auszuspionieren. Die Reichsregierung hatte die päpstlichen diplomatischen Codes geknackt. In den religiösen Institutionen in Rom wimmelte es von Informanten. Canaris versprach, dafür belastbare Beweise zu liefern, um seine Bereitschaft zu zeigen, den Papst zu unterstützen.[13]

Dann erörterte der Vizeadmiral Josef Müller dessen künftige Missionen. Er hob drei Punkte hervor. Erstens wollte er vermeiden, dass die geheimdienstliche Arbeit Müller in Gewissenskonflikte stürzte. Befehle sollte er nur dann erhalten, wenn er sich für eine Aufgabe freiwillig meldete.[14]

Zweitens sollte Müller den Papst bitten, Kontakte nur zu den Briten herzustellen. Um jedem Verdacht vorzubeugen, dass die Verschwörer die Alliierten gegeneinander ausspielen wollten, sollten sie zu einer gegebenen Zeit immer nur mit einer Regierung verhandeln. Und wenn sie nur mit einer Verbindung aufnehmen konnten, dann zu der in London. Obwohl zähe Verhandlungspartner, waren die Engländer verlässlichere Diplomaten, die Wort hielten.[15]

Und schließlich bat Canaris Müller, in allen seinen Berichten aus Rom einen Abschnitt mit der Überschrift »Friedensmöglichkeiten« mit aufzunehmen. Nur in diesem Abschnitt durfte er sich verschlüsselt auf die Beseitigung Hitlers beziehen. Canaris würde alles, was unter dieser Überschrift auftauchte, gesondert unter Geheimhaltung an andere weiterleiten – eine Vorsichtsmaßnahme für den Fall, dass ein Bericht in falsche Hände geriet.[16]

Zu Müllers angenehmer Überraschung äußerte sich Canaris über Pius mit Ehrerbietung. Müller spürte, dass Canaris und Oster, obwohl Protestanten, den Papst als wichtigsten Vertreter des Christentums ansahen und ihm ein geradezu kindliches Vertrauen entgegenbrachten. Sie suchten im Heiligen Vater neben klammheimlicher Unterstützung auch Hoffnung und Trost. Canaris zitierte eine verdeckte Warnung an Hitler, die der Papst in einer Radioansprache eine Woche vor Kriegsausbruch geäußert hatte: »Reiche, die nicht auf Gerechtigkeit gründen, werden von Gott nicht gesegnet. Die Loslösung von der moralischen Ordnung verrät jene, die sie selbst verraten. Drohend wächst die Gefahr, noch ist es Zeit. Nichts ist verloren mit einem Frieden, aber alles kann es sein mit einem Kriege!« Um diese päpstliche Weisheit zu unterstreichen, goss der Vizeadmiral Schnaps in Gläser und brachte einen – später häufiger wiederholten – Toast aus: »Wir gedenken des Führers…, uns zu entledigen!«[17]

Dass sich der Papst an ihren Plänen zu einem Staatsstreich beteiligen würde, elektrisierte die Verschwörer. Insbesondere in der Zelle der zivilen Verschwörer, angeführt vom ehemaligen Leipziger Bürgermeister Carl Friedrich Goerdeler, löste die Neuigkeit Begeisterung aus. Goerdeler hatte eine Radioansprache an das deutsche Volk vorbereitet und damit begonnen, Sitze in einem Schattenkabinett zu besetzen. Müller hielt diese Aufgekratztheit für fehl am Platz. Als ihm Oster eine Liste von Ministern und Staatssekretären überreichte, gab er sie ungelesen zurück. »Hans, behalte sie«, seufzte er. »Minister und Staatssekretäre haben wir im Fall des Gelingens mehr, als wir brauchen und als lieb sind. Was wir jetzt brauchen, ist einer, der ihn (Hitler) umlegt.«[18]

Nicht nur durch wen, sondern auch wie Hitler beseitigt werden sollte, blieb umstritten. Zu den ethischen Fragen, ob er ermordet, eingesperrt, vor Gericht gestellt oder für unzurechnungsfähig erklärt werden sollte, wurden hektisch Argumente ausgetauscht. Einige protestantische Verschwörer widersetzten sich aus religiösen Gründen seiner Tötung. Sogar Generäle und Exgeneräle, die Gewalt zu ihrem Beruf erkoren hatten, sprachen sich gegen deren Einsatz aus. »Besonders die lutherischen Christen innerhalb der Militäropposition lehnten ein Attentat aus religiösen Gründen ab«, erinnerte sich Müller. »[S]ie beriefen sich dabei auf den Satz von Paulus, wonach alle Obrigkeit von Gott eingesetzt sei und [Hitler] deshalb Gehorsam verlangen könne.« Weitgehend auf Römer 13 gestützt, hatten sich Martin Luther und Johannes Calvin gegen jeden Widerstand gegen Herrscher ausgesprochen. Luther selbst aber hatte eine Einschränkung vorgenommen und 1523 gesagt, man müsse Gott mehr gehorchen als den Menschen.[19]

Die Katholiken stützten sich auf eine andere Tradition. Angelehnt an Thomas von Aquin, sahen jesuitische Theologen die Anwendung von politischer Gewalt in manchen Fällen nicht nur als statthaft, sondern sogar als notwendig an. »Nur eines ist dem Volk verboten«, schrieb der französische Jesuit Jean Boucher 1594, »namentlich einen ketzerischen König hinzunehmen.« In so einem Fall, so argumentierte der Jesuit Martin Anton Delrio, müsse der Christ »das Blut eines Königs zu einem Trankopfer für Gott machen«. Logischerweise setzten die Verschwörer folglich auf Rom, um eine moralische Legitimierung zu erhalten, und entdeckten in katholischen Laien potenzielle Todesschützen. Katholiken sollten den Schritt tun, vor dem manche Protestanten zurückschreckten. Ein Verbindungsmann der Abwehr bat Müller folglich, für den Tyrannenmord den offiziellen Segen des Papstes einzuholen.[20]

Müller wusste, dass der Vatikan so nicht funktionierte. Besorgt über einen solchen »Missbrauch der päpstlichen Autorität und Stellung«, wie er ihn später nennen sollte, bezeichnete er den Tyrannenmord als »eine Angelegenheit des eigenen Gewissens«.[21]

Derweil schien ein bedeutender katholischer General im Begriff, sich den Verschwörern anzuschließen. Im Wissen, dass der Oberbefehlshaber der Wehrmacht und der Stabschef gegen Hitlers geplanten Angriff auf den Westen waren, versicherte ihnen Generaloberst Wilhelm Ritter von Leeb: »Ich bin bereit, in den kommenden Tagen mit meiner Person hinter Ihnen zu stehen und jede gewünschte und notwendig werdende Folgerung zu ziehen.« Da von Leeb einst Alfred Rosenberg, den NS-Apostel des Antichristentums, öffentlich brüskiert hatte, stand er allerdings auf Himmlers Geheiß unter SS-Beobachtung. Deswegen verzichteten die Verschwörer darauf, ihn in ihre Pläne einzubeziehen.[22]

Bis Ende Oktober kamen die Planungen für einen Staatsstreich allerdings in Schwung. Deutsche katholische Geistliche, die Müller kannten, redeten hinter vorgehaltener Hand von Hitlers bevorstehendem Sturz. Nachdem Müller dem Benediktinerabt Corbinian Hofmeister am 24. Oktober einen ausgiebigen Besuch abgestattet hatte, teilte er einem Priester mit, dass der Krieg bis Weihnachten vorbei sei: Ein mächtiges Militärkomplott werde bis dahin das Land von Hitler befreit haben. Und wie sich am Ende des Monats zeigte, hatte Dr. Erich Kordt, ein Katholik im Auswärtigen Amt, den Entschluss gefasst, den Führer zu beseitigen.[23]

Kordts Gewissensentscheidung war als Reaktion auf eine flüchtige Bemerkung von Oster gefallen. Das brachte Kordt auf den Gedanken, die Generäle dadurch von ihrem Eid zu entbinden, dass er Hitler ins Jenseits beförderte. Ein Satz Thomas von Aquins diente ihm als Motto: »Wenn es keine Berufung auf einen Oberen mehr gibt, dann ist selbst der Tyrannenmord zur Befreiung des Vaterlands lobenswert.«[24]

Am 1. November traf sich Kordt wieder mit Oster: »Wir haben niemanden«, ärgerte sich Oster, »der die Bombe wirft, um unsere Generäle von ihren Skrupeln zu befreien.« Kordt entgegnete, er sei gekommen, um ihn um diese Bombe zu bitten. Als Mitarbeiter Joachim von Ribbentrops, des Reichsministers für Auswärtiges, hatte er Zugang zu Hitlers Vorzimmer und kannte dessen Gewohnheit, herauszukommen, um Besucher zu begrüßen oder ihnen Anweisungen zu erteilen.[25]

Oster versprach ihm den Sprengstoff bis zum 11. November. Hitler hatte den Angriff auf den Westen zum 12. des Monats anberaumt. Kordt tauchte daraufhin wiederholt unter Vorwänden in der Reichskanzlei auf, um die Wachen an sein Kommen und Gehen zu gewöhnen.[26]

KAPITEL 6

Mit dem Teufel im Bunde

Deutschlands Generäle waren gegen eine Ausweitung des Kriegs. Am 5. November versuchte Walther von Brauchitsch, der Oberbefehlshaber des Heeres, Hitler den Pessimismus seiner Militärs nahezubringen. Durch die Gegenwart des Führers eingeschüchtert, kam Brauchitsch nicht weit. »Wenn ich diesem Mann gegenüberstehe«, sagte er einmal über Hitler, »habe ich das Gefühl, als würgte mich etwas, und ich kann kein Wort mehr finden«.[1]

Brauchitsch hatte zu dem Angriffsplan ein Papier vorbereitet. Die Moral der Truppe werde durch eine neue Offensive überfordert, so warnte er. In Polen hätten Offiziere die Kontrolle über die einfachen Soldaten verloren. In Zügen für den Truppentransport seien »alkoholische Exzesse« veranstaltet worden. In Berichten von Feldgerichten sei von »Meutereien« die Rede.[2]

Hitler explodierte. Er habe ihn heruntergeputzt, so erinnerte sich Brauchitsch, wie man es mit dem einfältigsten Rekruten nicht tun würde. Seine Tirade bekamen sogar die Sekretärinnen draußen mit. In welchen Einheiten fehle es an Disziplin? Wo? Er werde morgen dorthin fliegen und das Standrecht erzwingen. Nein, habe Hitler gebrüllt, die Truppen würden kämpfen. Sorgen bereiteten ihm nur ihre Führer. Wie kämen sie dazu, wegen der Exzesse Einzelner eine ganze Armee zu verdammen? »Kein Befehlshaber an der Front habe ihm jemals von mangelndem Angriffsgeist der Infanterie gesprochen. Das bekomme er jetzt zu hören, nach einem einmaligen Siegeszug des Heeres in Polen!«[3]

Brauchitsch bot seinen Rücktritt an. Hitler brüllte ihn an, als General habe er wie jeder Soldat seine Pflicht zu tun. Er werde diesen defätistischen »Geist von Zossen« schon »erbarmungslos ausrotten«, warnte er mit Anspielung auf das Anwesen bei Berlin, auf dem der Generalstab tagte. Er schimpfte bis zur Atemlosigkeit auf die Feigheit der Armee. Am Ende schnappte er Brauchitschs Denkschrift, warf sie in einen Safe, marschierte aus dem Raum und schlug die Tür so laut hinter sich zu, dass der Knall durch den Flur hallte.[4]

Brauchitsch wankte hinaus. Franz Halder, der Generalstabschef des Heeres, der im Vorzimmer auf ihn wartete, erinnerte sich, dass Brauchitsch »kreidebleich, man kann schon sagen, mit einem verzerrten Gesicht, aus der Besprechung« gekommen sei. Verwirrt, erschreckt, atemlos und mit zusammengebissenen Zähnen habe er völlig erschüttert gewirkt. Brauchitsch berichtete von Hitlers Drohung, Defätisten zu zermalmen. Hatte er von ihren Putschplänen erfahren? Die SS konnte jeden Augenblick über Zossen herfallen. Die Nacht der langen Messer 1934 war allen noch lebhaft im Gedächtnis. Bei der Rückkehr ins Hauptquartier befahl Halder, die Papiere zum geplanten Staatsstreich zu verbrennen.[5]

Bald wurde klar, dass Hitler von der Verschwörung keine Ahnung hatte. Aber Osters Kollege Hans Bernd Gisevius teilte Müller mit, dass er auf keinen neuerlichen

Vorstoß der Generäle zählen könne. »Die spielen nur Schach mit den Menschen«, sagte Gisevius bei einem Bier im Kaiserhof zu Müller, der auf dem Sprung in den Zug zurück nach München war. »Sie selbst gehen bis zur Hürde, aber die Hürde nehmen diese Herrenreiter nie!« Er drang auf Müller ein, die Bereitschaft des Militärs, einen Staatsstreich durchzuführen, im Vatikan nicht übertrieben darzustellen.[6]

Am 7. November trat Müller in Rom in Pater Leibers Wohnung an der Piazza della Pilotta 4. Im Gegensatz zum herzlichen und direkten Kaas verbarg sich Leiber, ein flüsternder Priester in schwarzer Soutane, zumeist hinter einem rätselhaften Lächeln, das er sich im langjährigen Umgang mit geheimen Angelegenheiten angeeignet hatte. Die graue Jesuiteneminenz äußerte Sorge darüber, dass Pius beschlossen hatte, an der Verschwörung teilzunehmen, und weihte Müller in die päpstlichen Spielregeln ein.[7]

Während die Verschwörung vorangetrieben wurde, wollte Pius jedes persönliche Treffen mit Müller meiden. Hartls SS-Spione machten die Schulen und Pfarrhäuser des päpstlichen Roms unsicher. Was wäre, wenn Müllers Tarnung aufflog? Um glaubwürdig zu leugnen, musste sich Pius darauf berufen können, dass er in der Zeit, in der die Verschwörung geschmiedet wurde, Müller nie begegnet war. Stattdessen sollten beide über Pater Leiber, ihren »gemeinsamen Mund«, Verbindung halten. Müller nahm dieses Ansinnen, wie er später sagte, als »großzügigen, aber wohlüberlegten Befehl« auf.[8]

Und schließlich wollte Pius den Kanal zwischen London und Berlin persönlich kontrollieren – eine Verantwortung, die er auf keinen Fall an die Kirche delegieren wollte.

Die Verschwörer konnten den Heiligen Vater, nicht aber den Heiligen Stuhl in die Vorgänge hineinziehen. Die Vorgänge mussten sich völlig symmetrisch abspielen: So, wie die Verschwörung nicht gegen Deutschland, sondern gegen Hitler zielte, sollte nicht der Katholizismus, sondern Pius dessen Helfershelfer sein. Leiber habe »im Auftrag des Papstes« mitgeteilt, so später Müller, dass jener den Wunsch habe, dass die Friedensgespräche immer so dargestellt würden, dass der »Papst« und nicht der »Vatikan« diese einberufe. Er habe »selbst in dem Punkt eine klare Unterscheidung [getroffen] zwischen dem Papst, der im gewissen Sinne berechtigt und verpflichtet ist, alles für den Frieden zu tun, und dem Vatikan, der zumindest politische Akzente hat«. Was Außenstehenden als scholastische Haarspalterei erscheinen mag, hatte für Pius eine zwingende Logik. Die deutschen Generäle und ihre voraussichtlichen britischen Gesprächspartner waren Protestanten. Sie mochten und vertrauten Pacelli, begegneten aber der römisch-katholischen Kirche und insbesondere dem Vatikan mit gewissen Vorbehalten. Deswegen machte Pius opportunerweise den Kern der Botschaft deutlich: Ihr steht auf gegnerischen Seiten des Kriegs und kennt mich. Ihr wisst, dass ich zuverlässig bin, und ich weiß, dass ihr gegen den Vatikan an sich Bedenken habt. Erledigen wir diese heikle Angelegenheit folglich anstatt unter dem Namen meiner Institution, an der ihr zweifelt, unter dem meinen, dem ihr vertraut. Ich verpfände meinen persönlichen Ruf, um diesem Vorschlag Gewicht zu verleihen, ob er zum Erfolg führt oder zum Scheitern verurteilt ist. Genau genommen bedeutete dies: Die sich anschließenden Intrigen würden keinen verdeckten Feldzug der Kirche gegen das Deutsche Reich, sondern einen des Papstes gegen Hitler darstellen.

Pius nahm an den Einzelheiten der Operation persönlich Anteil, so auch an verwendeten Codenamen. Müller sollte unter dem Namen »Herr X« operieren. Pater Leiber, der an der Päpstlichen Universität Gregoriana unterrichtete, würde den Decknamen »Gregor« nutzen. Beide würden Pius »Chef« nennen. Müller fragte Leiber, ob der Papst seinen Codenamen kenne. »Natürlich«, antwortete Leiber. Sei das denn nicht »ein bisschen despektierlich?«, fragte Müller. »Wie hat er es aufgenommen?« Leiber versicherte ihm, dass der Heilige Vater nur gelächelt und sogar erfreut gewirkt habe. Der Codename »Chef« bringe doch zum Ausdruck, dass er das Vertrauen erwidere, das die Verschwörer in ihn setzten.[9]

Während Müller bei Leiber in Rom saß, fuhr Hitler in seinem Sonderzug nach München. Er hielt jedes Jahr am 8. November im Bürgerbräukeller eine Rede zum Jahrestag des Putschversuchs von 1923. Allerdings bereiteten ihm die Sicherheitsrisiken, die mit jährlich wiederkehrenden öffentlichen Auftritten verbunden waren, einiges Unbehagen. Er glaubte, dass unregelmäßige Abläufe die beste Vorkehrung gegen Attentate seien.[10]

Als Hitler in München eintraf, nahm in Süddeutschland die Grenzpolizei eine Verhaftung vor. Georg Elser, ein 36-jähriger schwäbischer Tischler und Hobbyuhrmacher, hatte versucht, bei einem illegalen Grenzübertritt über den Bodensee in die Schweiz einzureisen. Bei der Durchsuchung seiner Taschen stießen die Beamten auf eine Zange, Teile eines Bombenzünders und eine Ansichtskarte, die das Innere des Bürgerbräukellers zeigte. Unter dem Revers seiner Jacke entdeckten sie ein Abzeichen des inzwischen aufgelösten kommunistischen Roten Frontkämpferbunds. Erst Tage später verriet Elser seinen Vernehmern von der

SS, warum er in dieser Nacht in die Schweiz zu fliehen versucht hatte. Im Wissen, dass Hitler an jedem 8. November im Bürgerbräukeller eine Rede hielt, hatte er dort eine Bombe gelegt. Obwohl Elser nicht der Gruppe um Canaris angehörte, sondern als Einzeltäter vorgegangen war, hatte er seinen Anschlag hochprofessionell geplant: Er nahm in einem Steinbruch eine Stelle an, um dort Donarit zu entwenden, einen Sprengstoff, der für seine Bombe die richtigen Eigenschaften aufwies. Es gelang ihm in 35 Nächten, sich in der Halle versteckt zu halten, ohne entdeckt zu werden. In der vertäfelten Säule hinter dem Podium meißelte er einen Hohlraum aus, den er anschließend mit einer Tür aus einem passenden Stück Holz verkleidete – das Versteck für die Bombe, die er aus einer gestohlenen 75-mm-Granate improvisierte. Am 5. November schloss Elser sie an zwei Uhrwerke an, die er in Kork eingebettet hatte, um ihr Ticken zu dämpfen.[11]

Hitler betrat um 20 Uhr die Gaststätte. Unter dem Jubel von rund 2000 NS-Getreuen trat er auf das mit Flaggen geschmückte Podium. Als die Menge verstummte, begann Hitler seine Rede, bei der er auf England einhieb: »Wir Nationalsozialisten sind immer Kämpfer gewesen. Und es ist jetzt die große Zeit, in der wir uns als Kämpfer bewähren wollen!« Anstatt wie gewohnt drei redete er diesmal allerdings nur eine Stunde, begrüßte anschließend die zu ihm ans Podium drängenden Parteivertreter und verließ kurz nach 21 Uhr mit seinem Führungsstab den Saal. Manche Zuhörer blieben bei einem Getränk sitzen, während andere zu den Ausgängen strömten.[12]

Um 21 Uhr 20 – Hitler war vor 13 Minuten gegangen – explodierte in einem weißen Feuerball die Säule hinter dem Podium. Die Druckwelle fegte Tische davon und riss Parteiveteranen zu Boden. Herabstürzende Balken erschlugen acht Personen und verletzten 60 weitere, darunter den Vater von Hitlers Geliebter Eva Braun. Später erinnerte sich der Besitzer des Bürgerbräukellers an »eine gewaltige Explosion, die die Decke unter einem schrecklichen Getöse einstürzen ließ. Schreie ertönten. Überall wirbelte Staub herum. Beißender Gestank erfüllte die Luft. Leichen lagen unter den Trümmern. In einem großen Getümmel versuchten sich Verletzte aus dem Schutt zu kämpfen, während die unversehrt Gebliebenen Mühe hatten, irgendwie ins Freie zu gelangen«.[13]

Hitler war bereits in seinen Zug nach Berlin gestiegen, als in seinem Wagon das Gerücht die Runde machte, dass etwas passiert sei. Am Bahnhof in Nürnberg sickerten die Fakten durch. Hitler erklärte es zu einem »Wunder«, dass er verschont geblieben sei, zu einem »sicheren Zeichen« dafür, dass die Vorsehung seine Mission begünstigte. Der Zwischenfall zeigte auch, schrieb sein Adjutant, dass »Hitler Gegner hatte, die zu allem entschlossen waren«.[14]

Josef Müller verbrachte den Abend des 8. November in Rom. Er saß bei Monsignore Johannes Schönhöffer in den Büros der Heiligen Kongregation für die Verbreitung des Glaubens, als die Nachricht eintraf, dass Hitler ein Bombenattentat überlebt habe. »Mit im Raum waren ein italienischer und ein französischer Geistlicher. Alle schauten mich fragend an«, erinnerte sich Müller. Die Blicke legten nahe, dass Müller seine »Tarnung« als ein Agent regimegegnerischer Deutscher schließlich etabliert hatte. Er selbst fragte sich, ob seine Freunde die Bombe gelegt hätten.[15]

Vier Tage später fand Müller in Berlin seine Gefährten verwirrt vor. Der Bombenanschlag hatte die Gruppe um Oster völlig überrascht. Nach dem, was sie hatten in Erfahrung bringen können, war Elser ein kommunistischer Einzeltäter. Dass er alleine vorgegangen war, hatte ihn vor einem Verrat geschützt. Die SS hatte praktisch keine Mittel gehabt, um seinen Attentatsplänen auf die Spur zu kommen. Hätte Hitler seine Rede nicht auf unerklärliche Weise vorzeitig beendet, wäre er bei der Explosion umgekommen. Nicht zum letzten Mal ertappte sich Müller beim Gedanken, dass Hitler »mit dem Teufel im Bunde stünde«.[16]

Der Zwischenfall im Bürgerbräukeller machte auch Erich Kordts Plan zunichte. Am Spätnachmittag des 11. November ging er zu Oster nach Hause, um die Bombe abzuholen, die er am selben Abend einsetzen wollte. Obwohl Hitler seinen Westfeldzug mit dem Hinweis auf die Wetterbedingungen verschoben hatte, blieb Kordt zum Zuschlagen entschlossen. Oster empfing ihn mit den traurigen Worten: »Ich kann Ihnen den Sprengstoff nicht geben.« Seit dem Attentat wurden sämtliche Munitionsdepots streng überwacht, auch das der Abwehr. Kordt sagte sanft: »Dann muss man es mit einer Pistole versuchen.« Oster echauffierte sich: »Kordt, begehen Sie keine Wahnsinnstat, Sie haben nicht ein Prozent Chance. Sie können Hitler nicht allein sehen. Im Vorzimmer aber, in Anwesenheit aller Adjutanten, Ordonnanzen und Besucher, werden Sie kaum zum Schuss kommen.«[17]

Das Münchner Bombenattentat verwirrte auch die Männer des Papstes. Monsignore Kaas empfand es als »unerklärlich« und ein »Rätsel«, vor allem weil Müller zu den Umständen nur Mutmaßungen der Abwehr wiedergeben konnte. Kaas argwöhnte, die Nazis könnten den Anschlag inszeniert haben, um ihn ähnlich wie beim Reichstagsbrand für ihre Zwecke zu instrumentalisieren. Dass das

Ereignis von niemandem als überraschend oder unnormal angesehen werde, so meinte Kaas, zeige, dass Hitler und Stalin Verbrechen inzwischen als ein allgemein akzeptiertes politisches Vorgehen etabliert hätten.

In Berlin überbrachte der päpstliche Nuntius dem Außenministerium einen Briefumschlag: Der Staatssekretär des Papstes übermittelte dem Führer seine Glückwünsche, dass er den Angriff auf seine Person überlebt hatte. Hitler zweifelte an der Aufrichtigkeit des Papstes.

»Der hätte lieber einen Erfolg des Attentats gesehen«, teilte er Gästen beim Abendessen mit. Polens Generalgouverneur Hans Frank wandte ein, dass sich Pius stets als Freund Deutschlands gezeigt habe. Hitler sagte: »Das mag schon sein, aber mein Freund ist er nicht.«[18]

Für die Verschwörer hatte der gescheiterte Mordanschlag immerhin eine positive Auswirkung: Er gab den Briten den Anstoß, über einen Regimewechsel nachzudenken. Josef Müllers Botschaften über die Kanäle des Vatikans gewannen an Glaubwürdigkeit. Der britische Premierminister Neville Chamberlain hatte gesagt, um London zu einer Unterstützung der NS-Gegner zu bewegen, müsse »Deutschland irgendeine Tat als Beleg für Treu und Glauben vollbringen«. Diese Bedingung hatte Deutschland jetzt erfüllt. Am Tag nach dem Anschlag schickten die Briten folglich zwei Agenten zu einer Verabredung mit einem deutschen Offizier, der versprochen hatte, sie in die Einzelheiten eines Plans einzuweihen, um Hitler zu beseitigen und den Krieg zu beenden.[19]

Sie trafen sich in der holländisch-deutschen Grenzstadt Venlo. Die britischen Offiziere Sigismund Payne Best und Richard Henry Stevens kannten den Mann, mit dem sie

Kontakt aufnehmen sollten, nur unter dem Codenamen »Schemmel«.

Nachdem ein Wachposten die Schranke hochgehoben hatte, fuhren die Briten ins Niemandsland ein. Nur wenige Bäume standen neben einem Zollhaus und einem Café. Schemmel tauchte in dem Augenblick vor dem Eingang des Cafés auf, als sich die Schranke auf der deutschen Seite hob. Er winkte zum Zeichen, dass alles in Ordnung sei.[20]

Völlig überraschend raste plötzlich von deutscher Seite her ein Wagen durch die Grenzsperre heran. SS-Offiziere auf den Trittbrettern zielten mit Maschinenpistolen auf die Engländer. Schemmel befahl Best und Stevens, aus ihrem Wagen zu steigen. Ihr holländischer Fahrer Dirk Klop zog seinen Revolver und schoss auf die SS, während er davonrannte. Die Deutschen erwiderten das Feuer, worauf Klop getroffen zusammenbrach. Schemmel entwaffnete Best und Stevens und führte sie auf deutsches Gebiet ab.[21]

Die Briten waren den Nazis in die Falle gegangen. Der SS-Geheimdienstoffizier Walter Schellenberg hatte sich als regimekritischer General – Schemmel – ausgegeben, um die Briten mit Falschinformationen zu versorgen. Nach dem Anschlag im Bürgerbräukeller sah Himmler eine Chance, die Deutschen um Hitler zu scharen, indem er behauptete, Elser habe für den britischen Geheimdienst gearbeitet. Er wies Schellenberg an, die britischen Agenten festzunehmen und sie zu Elsers Betreuern zu erklären. Die NS-Machthaber hofften so, für einen Angriff im Westen die Unterstützung der Volksmassen zu gewinnen und gleichzeitig jeden echten Widerstand in den Augen der Alliierten zu diskreditieren. Während sie mit dem ersten Anliegen scheiterten, waren sie beim zweiten erfolgreich:

London reagierte reflexartig skeptisch, sobald von einer Verschwörung zur Beseitigung von Hitler die Rede war.[22]

Der Venlo-Zwischenfall wurde im Vatikan mit Bestürzung aufgenommen. Am 21. November telegrafierte Francis D'Arcy Osborne, der britische Botschafter am Heiligen Stuhl, nach London, nachdem er mit Monsignore Kaas gesprochen hatte: Der Hüter der vatikanischen Krypta habe »freundlich wie immer« gewirkt und seinen Hass auf Hitler und sein NS-Regime deutlich gemacht. Aber Kaas schätze die Aussichten auf einen Regimewechsel »sehr düster ein«. Die Deutschen seien »von Natur aus unterwürfig« und nach langer Unterwürfigkeit unter ein strenges Regiment fast unfähig, einen Aufstand zu organisieren. Obwohl viele die NS-Grundsätze und -Methoden beklagten, scharten sie sich mehrheitlich hinter Hitler zusammen. Vom Erfolg des Feldzugs gegen die verhassten Polen hätten sich sogar Regimekritiker blenden lassen. Die Übrigen seien von den Nazis überrumpelt und zur Zustimmung geprügelt worden.

Osborne schätzte Kaas' Realismus. In der Hoffnung, den Kanal im Vatikan offen zu halten, bat er London, seine Unterredung mit ihm vertraulich zu behandeln. Der Name des Monsignore dürfe »auf keinen Fall erwähnt werden«. Da er ahnte, dass Kaas Kontakte zum Widerstand in engsten Kreisen deutscher Geheimnisträger hatte, drängte er seine Vorgesetzten im Foreign Office, allen Hinweisen nachzugehen, die der Vatikan lieferte – vorbehaltlich der Überprüfung, um Großbritannien ein »weiteres Venlo [sic]« zu ersparen.[23]

Josef Müller brachte die zweite Novemberhälfte damit zu, einen Beleg für einen geplanten Staatsstreich beizubringen, stieß allerdings auf Schwierigkeiten. Franz Halder, Stabschef des Heeres, unterstützte die Planer des Putschs, war angesichts von Hitlers Drohung, den »Geist von Zossen« auszurotten, aber immer noch wie gelähmt. Von Hans Rattenhuber, dem Chef von Hitlers Leibwache, erfuhr Müller, dass im Park der Reichskanzlei, einem neuen Kommandoposten außerhalb von Hitlers Räumen, verstärkt Sicherheitspatrouillen unterwegs waren. Auch aus diesem Grund, so teilte Kaas Osborne mit, habe die Verschwörer ein »starrer Fatalismus« befallen. Bald änderte sich das Bild erneut. Deren trübe Lage verdüsterte sich katastrophal. Ein SS-Spion war der Rolle des Papstes bei der Verschwörung auf die Spur gekommen.[24]

KAPITEL 7

Die schwarze Kapelle

Es war nur eine Frage der Zeit gewesen. Zu viele wussten zu viel, und zu viele redeten und unternahmen zu viel, als dass sie der Aufmerksamkeit Albert Hartls und seiner Spione hätten entgehen können. Der ehemalige Priester, der seit September 1939 die SS-Geheimdiensteinheit IV B 1 im Reichssicherheitshauptamt leitete, beobachtete Josef Müller seit Jahren. Er hatte ihn im Verdacht, er sei ein verkappter Jesuit ähnlich denen, die einst in Zivilkleidung das elisabethanische England unterwandert hatten. Überdies war er überzeugt, dass ihm Pacelli eine Dispens gewährt hatte, um ein zweites Mal heiraten und eine Familie gründen zu können. Und ungefähr zwei Monate nach Kriegsausbruch erfuhr einer seiner Agenten von Müllers Mission in Rom.[1]

Dieser Hermann Keller war mit einem Loch im Herzen zur Welt gekommen. Vom Militärdienst ausgeschlossen, trat er als Benediktinermönch in die Erzabtei Beuron ein, die wie ein Schloss über der Donau aufragt. In diesem ehemaligen Augustiner-Chorherrenstift lebten die schwarz gekleideten Mönche seit über 70 Jahren nach der Regel des heiligen Benedikts, die ihnen sieben Gebete am Tag und eines in der Nacht vorschrieb. Von diesem Tagesablauf gelangweilt, suchte Bruder Keller spannende Abwechslungen im Alkohol, in Liebesaffären und in der Spionage. »Keller [...] war einer der besten Auslandsagenten im Vatikan-Referat [der SS]«, erinnerte sich später Hartl. Besonders zupass kam Hartl, dass der Mönch Müller verabscheute und nicht erst dazu angespornt werden musste, ihn auszuspionieren.[2]

Die Fehde der beiden währte seit Jahren und hatte mit Juden zu tun. 1933 hatte Beurons Erzabt Raphael Walzer einen Appell Edith Steins, einer jüdischen Konvertitin, die Unbeschuhte Karmelitin geworden war, nach Rom übermittelt. Flehend wandte sich Stein an den damaligen Papst: »Ist nicht der Vernichtungskampf gegen das jüdische Blut eine Schmähung der allerheiligsten Menschheit unseres Erlösers [...]?« Nachdem Pacelli den Text an den Papst weitergeleitet hatte, spannen die Nazis eine Intrige, um Walzer ablösen zu lassen. Hartl sorgte für gefälschte Beweise, wonach der Erzabt gegen Devisengesetze verstoßen habe. Während sich Walzer – außerhalb der Reichweite der SS – in der Schweiz aufhielt, wählten die Mönche Keller zum Prior und übertrugen ihm damit faktisch die Leitung von Beuron.[3]

Misstrauisch geworden, baten Obere der Benediktiner Müller um eine Untersuchung. Der erfuhr von einem befreundeten Staatsanwalt, dass den Strafverfolgungsbehörden keinerlei Vorwürfe gegen Walzer vorlagen. Die SS hatte die Beschuldigungen ausgeheckt, um ihren Agenten Keller auf Walzers Platz zu installieren. Daraufhin versetzten die erzürnten Benediktiner Keller in ihre Abtei auf dem Berg Zion in Palästina.[4]

Müller ahnte, dass er von dem Nazimönch noch hören würde. »Für mich sollte dieser [Keller] gefährlich werden«, erinnerte er sich. »Intelligent wie er war, hatte er herausgefunden, dass ich ihm seinerzeit seine ehrgeizigen Pläne durchkreuzt und den Erzabt Walzer rehabilitiert hatte. Jedenfalls sann er auf Rache.«[5]

Der Mönch setzte seine Spionagetätigkeit für Hartl fort. In Palästina schleuste er sich in das Umfeld des antisemitisch eingestellten Großmuftis von Jerusalem ein. Nach seiner Rückkehr nach Deutschland 1937 erstattete er auch für die Niederlassung der Abwehr in Stuttgart Bericht. »Es gehörte zu seiner Gewohnheit, seine Geheimdiensttätigkeit dadurch zu tarnen«, erinnerte sich Hartl, »dass er sich als Sammler von fotografischen Kopien mittelalterlicher Handschriften ausgab.« Im November hielt er sich in der Schweiz auf und obervierte dort den Berliner Anwalt Alfred Etscheit, der mit Müller befreundet war.[6]

Etscheit war ein eher unbedeutender, aber ernsthaft arbeitender Agent des Widerstands. Als häufiger Gast bei General Halder zu Hause hatte er Müllers Eintritt in die Kabale Vorschub geleistet. Canaris hatte ihn in die Schweiz geschickt, um getarnt als Mitglied einer Militärkommission, die Milch für deutsche Kinder kaufen sollte, alliierte Diplomaten auszuhorchen, wobei er wohl nicht zufällig auf Keller stieß. Während einer fröhlichen Nacht mit Weinbrand und Zigarren entschlüpfte Etscheit, dass der Krieg bald vorüber sein würde, da gewisse Generäle einen Staatsstreich planten. Sie hätten bereits einen Emissär zum Vatikan geschickt, um über den Papst Friedensgespräche anzuknüpfen.[7]

Einem Knüller auf der Spur, eilte Keller nach Rom. Als er Kontaktleute unter Benediktinern befragte, erfuhr er, dass sein Erzfeind Müller, »Ochsensepp«, die Vatikanstadt in den letzten Wochen mehrmals besucht habe. Gerüchten zufolge sollte er Verbindungen zu regimekritischen Generälen haben. Keller zeigte allerdings so großes Interesse an Müller, dass ein Pater, ein Professor an der Benediktiner-Universität in San Anselmo, Verdacht schöpfte. Als Müller das nächste Mal in Rom war, setzten ihn die Benediktiner über die Nachforschungen in Kenntnis.

Bis dahin hatte Pius bereits aus anderer Quelle von Kellers Machenschaften erfahren. Sein Nuntius in Bern, Monsignore Filippo Bernardini, erhielt einen Tipp von einem ehemaligen Mitbruder Kellers in Beuron – Carl Alexander Herzog von Württemberg, genannt Dom Odo. Voller ehrgeiziger Pläne, berief er sich auf persönliche Kontakte zu US-Präsident Roosevelt, ohne dass er dessen Namen richtig schreiben konnte. Dom Odo traf Keller zufällig in Bern und berichtete anschließend dem Nuntius von ihrem Gespräch. Am 22. November telegrafierte Bernardini Kardinal Maglione nach Rom:

Mit großer Umsicht reiche ich Eurer Eminenz folgende Informationen weiter: Die Person, die in Botschaft Nr. 5152 Eurer Eminenz vom letzten 18. August [Dom Odo] genannt wird, bittet mich inständig [Satz unvollständig], Sie zu informieren, dass ein ernsthaftes militärisches Komplott in Deutschland organisiert wird, um Hitler und den Nationalsozialismus zu stürzen und mit Großbritannien und Frankeich Frieden zu schließen. Vorsichtshalber bringe ich die mir mitgeteilten Namen und Einzelheiten nicht zu Papier.[8]

Keller war bereits nach Deutschland zurückgekehrt und unterrichtete seine Betreuer. Weil der Fall Verbindungen zum Ausland hatte, landete sein Bericht im Hauptquartier der Abwehr. Als Müller wieder in Berlin war, zeigte ihm Oster Kellers Meldung.

»Wir haben damit gerechnet, dass man aus allen möglichen Richtungen gegen Sie schießen wird«, erinnerte sich Müller an Osters Worte, »aber dass wir Sie auch noch gegen katholische Geistliche abschirmen müssen, darauf waren wir nicht gefasst.« Und, noch schlimmer, hatte Keller einen zweiten Bericht für Hartl angefertigt, in dem er behauptete, Müller habe Zugang zu den päpstlichen Appartements. Es sei davon auszugehen, dass er als geheimdienstlicher Kurier für den Papst tätig sei. Der Bericht hatte so großen Wirbel ausgelöst, dass SD-Chef Heydrich den Mönch zur persönlichen Berichterstattung nach Berlin beordert und angeblich eine Bemerkung gemacht hatte, wonach Müller binnen Tagen verhaftet würde. Oster ermahnte Müller, Rom so lange zu meiden, bis die Abwehr die Sicherheitslücke geschlossen hätte. Am besten wäre, wenn sie Canaris aufsuchten.[9]

Während Müller das Schlimmste befürchtete, streichelte der Vizeadmiral nur seine Hunde. Er werde sich um ihre SS-Freude schon kümmern, sagte er. Müller verstand zunächst nicht, was Canaris von ihm wollte, als er ihm sagte, er solle sich hinsetzen und schreiben, was er ihm diktiere: einen angeblichen »Geheimdienstbericht aus dem Vatikan« mit Einzelheiten zu Plänen, »kurz vor dem Krieg« einen Militärputsch durchzuführen. Sich auf Kellers Bericht beziehend, diktierte Canaris eine Warnung, wonach einige Generäle den Führer stürzen wollten. Quellen im Vatikan, so fuhr er fort, wüssten nichts zum Umfang der Verschwörung, aber der Name General Werner von Fritsch sei genannt worden. (Fritsch war im Polenfeldzug gefallen und war damit nicht in Gefahr.) Canaris wies Müller an, zudem General Walter von Reichenau zu nennen, einen notorischen Hitler-Unterstützer. Als Müller einwandte, dass sich Reichenau nie gegen Hitler positionieren würde, antwortete Canaris, dies sei ja gerade der Punkt: Hitler werde sich hinter Reichenau stellen und den Bericht zurückweisen – und damit Kellers Vorwürfe diskreditieren.[10]

Einige Tage später erkundigte sich Müller nach dem gefälschten Bericht. Canaris erzählte ihm, dass er Hitler »den Bericht eines besonders verlässlichen Agenten im Vatikan« vorgelegt habe. Als der Führer Reichenaus Namen las, fegte er das Papier mit dem Ausruf »Schmarrn« beiseite. Daraufhin suchte Canaris Heydrich zu Hause auf. »Ich habe gedacht«, sagte ihm Canaris mit bedrückter Miene, »ich bringe dem Führer da etwas Besonderes. Mein Hauptinformant im Vatikan, Dr. Josef Müller – Sie mögen ihn zwar nicht leiden –, hat einen Bericht über einen Militärputsch verfasst. Aber der Führer hat den Bericht zu Boden geworfen.«[11]

Für den Augenblick hatten die Verschwörer eine Katastrophe abgewendet. Aber der Schreck saß ihnen in den Gliedern. Eine Schweizer Zeitung meldete, Halder und andere Generäle würden Hitler demnächst entmachten. Müller hielt sich im Dezember die meiste Zeit aus Rom fern. Die Verschwörung lag auf Eis.[12]

Bruder Keller erhielt den Druck aufrecht. Mit Hartls Unterstützung schickte er mit Damasus Zähringer einen weiteren Benediktiner nach Rom. Zähringer fragte Pater Leiber nach Müllers Tätigkeit aus und versuchte sogar, Schwester Pascalina Lehnert, Pius' Haushälterin, zu entlocken, ob Müller in der Privatwohnung des Papstes verkehre. Pascalina antwortete, dass sie über die Besucher des Papstes keine Auskunft geben könne.[13]

Unbeirrt schickte Keller einen zweiten Spion an den Heiligen Stuhl. Der in Schweden lebende deutsche Journalist Gabriel Ascher, ein jüdischer Konvertit zum Katholizismus, war unter Hartls nationalsozialistischen Einfluss und Kontrolle geraten. Ascher gelang es, sich bei Monsignore Kaas einzuführen, den Keller verdächtigte, dass er als Müllers Kanal zu Pius diente. Aber misstrauisch ließ Kaas Ascher abblitzen.[14]

Daraufhin schickte Hartl Keller persönlich nach Rom. Müllers Kontaktleute beobachteten, wie der Mönch in der Birreria Dreher, einer Schenke, in der Mussolinis deutsche Verbündete verkehrten, mehr trank, als er vertrug. Um ihn aus der Spur zu bringen, ließen zwei Benediktiner verlauten, dass sie Müller wegen dessen »nazifreundlichen Ansichten« misstrauten. Am Ende manövrierte sich Keller ins Abseits, indem er mit seinen Verbindungen zum deutschen Geheimdienst allzu offen prahlte. Canaris meldete seine Indiskretion an Heydrich, der Keller nach Paris versetzte, wo ihn zu Müllers nachrichtendienstlichen Aktivitäten keinerlei weitere Informationen erreichten.[15]

Doch Heydrich blieb misstrauisch. An einem Abend bestellte er seinen Mitarbeiter Walter Schellenberg zu sich und bedeutete ihm, sich zu setzen. »Danach blieb er noch hinter seinem Schreibtisch sitzen«, erinnerte sich Schellenberg. In seiner hohen, näselnden Stimme begann Heydrich das Gespräch mit der Frage: »Wie weit ist es mit den Ermittlungen gegen die Abwehrleute in München – [...] Josef Müller – [...] und die anderen? Es ist doch ziemlich klar, dass der ganze Kreis einschließlich von Hassels [sic] das Friedensangebot über den Vatikan gestartet hat?«[16]

Schellenberg wusste nur, was Keller berichtet hatte: Müller habe direkten Zugang zu den höchsten Ebenen der Vatikanhierarchie. Er sei »ein sehr kluger Kopf, dem man zwar nicht ganz trauen könne, dessen Berichte aber nicht uninteressant seien«.

Heydrich nickte nachdenklich. »Sehen Sie zu, dass dieser ganze Kreis unter schärfster Beobachtung bleibt.« Dieses Dossier trug nach der Farbe des Priesterrocks den

Namen Schwarze Kapelle, angelehnt an die »Rote Kapelle«, einen Fahndungs- und Sammelbegriff von Gestapo und Funkabwehr für Netzwerke mit Spionagekontakte zur Sowjetunion. Die Schwarze Kapelle wurde zu einer SS-Metapher für Verrat, der vom Vatikan ausging. Heydrich sollte seine »Munitionskiste« im Zusammenhang mit der Schwarzen Kapelle in der Reserve behalten, bis der richtige Augenblick kommen würde, um den vernichtenden Schlag auszuführen.[17]

KAPITEL 8

Absolute Geheimhaltung

Als die Gefahr einer Entdeckung zu schwinden schien, hauchte Pius den Aktivitäten frisches Leben ein. Ende 1939 begann er seine Karten gegenüber London aufzudecken. Am 1. Dezember aß der britische Botschafter im Vatikan D'Arcy Osborne mit Monsignore Kaas zu Mittag und telegrafierte anschließend nach London, dass eine Verschwörung im Gang sei, um Hitler zu beseitigen, und vermittelt, über den Papst einen Friedensschluss anzustreben.

Kaas sagte, ein Vertreter deutscher Militärkreise habe sich an ihn gewandt. Dieser Agent, den er offenbar kannte und dem er vertraute, habe gebeten, den Vatikan als Vermittler zu nutzen, um einen »gerechten und ehrenvollen« Frieden zu sichern. Wenn Deutschland eine anständige Behandlung garantiert würde, »würden die Verschwörer anschließend vom NS-Regime die Kontrolle über das Land übernehmen«.

Pius würde die Vorschläge der Verschwörer »stets dankbar begrüßen«, vom Vatikan aber größte Vorsicht verlangen und eine direkte politische Einmischung vermeiden. Wie Gasparris Telegramm 1923 nach München brachte der Kommentar, den D'Arcy Osborne jetzt nach London übermittelte, ein wenig Licht in die päpstliche Geheimpolitik: »Dies ist die übliche Zusicherung, dass der Vatikan einem unpolitischen Grundsatz folgt. In der Praxis, so meine ich, könnte dieser jederzeit überwunden werden, solange von Unparteilichkeit nicht *offensichtlich* [Hervorhebung hinzugefügt] abgewichen wird.«

Kaas teilte dem Botschafter daraufhin seine eigenen Ansichten mit. Er hielt den Vorschlag zu Friedensgesprächen für verfrüht. Entsprechende Verhandlungen würden abschließende Garantien dafür voraussetzen, dass die Verschwörer nicht nur die Absicht, sondern auch die Fähigkeit besäßen, Hitler zu beseitigen. Wie mit Hitler ihren Vorschlägen zufolge zu verfahren sei, sei immer noch unklar.

Auch D'Arcy Osborne erschien der Plan »nebulös«. Vor möglichen fruchtbaren Gesprächen brauche London auf jeden Fall die Zusicherung, dass Deutschland von seiner gegenwärtigen räuberischen Politik abrücke. »Zugleich habe ich die Möglichkeit, eventuell Kontakte über den Vatikan oder zumindest über vatikanische Kreise aufzunehmen, nicht ausgeschlossen«, erinnerte sich später D'Arcy Osborne. Er hoffte, Kaas würde ihn über sämtliche weitere Kontakte zu den Verschwörern auf dem Laufenden halten. Als er Kaas fragte, ob er einen Bericht zu ihrem Gespräch nach London übermitteln könne, stimmte dieser zu, »solange Geheimhaltung sorgfältig gewahrt« bleibe.[1]

Am 8. Januar erfuhr Monsignore Kaas, dass Müller wieder in Rom war. Er setzte am selben Tag D'Arcy Osborne darüber in Kenntnis und wiederholte »die Bereitschaft des Vatikans, als Vermittler aufzutreten«. Die Planungen zum Putsch erschienen erneut dringend geboten, da der NS-Arbeiterführer Robert Ley bei einem Aufenthalt in Rom vor Kurzem damit geprahlt hatte, dass Hitler einen Großangriff starten würde.²

Drei Tage später rief Pius Osborne zu sich. »Er sagte mir, dass er den Besuch eines deutschen Vertreters erhalten habe«, schrieb Osborne nach London. Dieser habe für deutsche Heereschefs gesprochen. Die Namen wolle der Papst lieber geheim halten. Er fühle sich moralisch verpflichtet, weiterzugeben, was er erfahren habe. »Er hatte jedenfalls das Gefühl gehabt, sein Gewissen erleichtern zu müssen und mich rufen zu lassen«, schrieb Osborne. »Eine große deutsche Offensive sei bis ins kleinste Detail für Mitte Februar oder möglicherweise früher vorbereitet«, gab Osborne Pius' Worte wieder. Über die Niederlande geführt, werde sie »gewaltsam, bitter und äußerst skrupellos sein«.³

Aber sie könne verhindert werden. Wenn den Generälen ein gerechter Frieden mit Großbritannien garantiert würde – Frankreich erwähnten sie nicht –, würden sie das gegenwärtige deutsche Regime durch eine »verhandlungsfähige Regierung« ersetzen. Der Anschluss Österreichs müsse unangetastet bleiben, aber der Wiederherstellung Polens und der Tschechoslowakei würden sie zustimmen. Auch würden sie sich mit Russland »befassen«, worunter D'Arcy Osborne zumindest einen anvisierten Bruch des Hitler-Stalin-Pakts verstand.⁴

Osborne blieb skeptisch. Die vagen Pläne erinnerten ihn an den Venlo-Zwischenfall. »Seine Heiligkeit sagte, dass er für den guten Glauben seines Gesprächspartners […] bürgen könne«, schrieb er, nicht aber für dessen Auftraggeber. Noch weniger konnte er garantieren, dass die Militärs den angekündigten Regierungswechsel auch herbeiführen und, falls erfolgreich, mehr Vertrauen verdienen würden als Hitler.⁵

Und doch sprach Pius' Vorgehen dafür, dass er den Verschwörern glaubte. Er versicherte D'Arcy Osborne, dass die deutschen Auftraggeber der Nazipartei in keiner Weise verbunden seien. Sollte London dem Papst eine Botschaft für die deutschen Verschwörer zukommen lassen wollen, könne Osborne ihn jederzeit um ein Treffen bitten. Zudem bat er ihn, die Sache »als streng geheim zu behandeln. Falls irgendetwas davon bekannt würde, wäre das Leben der deutschen Generäle verwirkt.«[6]

D'Arcy Osborne versprach Diskretion. Von der Audienz würde er nur in einem vertraulichen Schreiben Außenminister Lord Halifax berichten, versendet in einem Postsack, damit ihn kein Chiffrierbeamter oder Stenograf zu Gesicht bekäme. Osborne sollte es eigenhändig tippen und keine Kopie verwahren.[7]

Obwohl Pius diskret vorging, hielt er mit Hitlers Angriffsplänen nicht hinter dem Berg. In der ersten Januarwoche 1940 machte sich unter den westlichen Diplomaten in Rom allgemein Angst breit, als sie von Mitarbeitern des Papstes vor einer deutschen Offensive gewarnt wurden, die Hitler soeben auf den 14. des Monats verschoben hatte. Am 10. warnte ein »italienischer Prälat« den belgischen Gesandten am Heiligen Stuhl, Adrien Nieuwenhuys, dass die Deutschen demnächst im Westen zuschlagen würden. Nieuwenhuys rief am nächsten Tag im Vatikan an und befragte dazu den Pro-Staatssekretär Giovanni Montini, den späteren Papst Paul VI.[8]

Montini beschränkte sich zunächst auf Allgemeinheiten. Auf Drängen des Belgiers hin gab er dann aber nach: »Wir haben tatsächlich etwas gehört«, sagte er. Wegen der Sensibilität der Quelle ersuchte er den Botschafter dringend, die Sache an höherer Stelle zu besprechen. Dem Ratschlag folgend, suchte Nieuwenhuys den Kardinalstaatssekretär Luigi Maglione auf. Vorsichtig deutete dieser an, dass ein deutscher Angriff drohe, schrieb diese Ansicht aber eher privaten Vermutungen als Geheimagenten zu. Nieuwenhuys und der französische Botschafter am Heiligen Stuhl, François Charles-Roux, argwöhnten, dass Pius am 9. oder 10. Januar einen speziellen Bericht erhalten habe, aber Vorsicht walten lasse, um eine deutsche Quelle zu schützen.[9]

Charles-Roux verlegte sich auf diplomatisches Schnüffeln. Am 16. Januar suchte er Domenico Tardini, den Untersekretär für außerordentliche kirchliche Angelegenheiten, auf, der eine klare Aussage dazu vermied, dass geheimdienstliche Informationen vorlagen. Tardini verwies lediglich auf Gerüchte aus Berlin: Hitler stecke in einer Zwangslage, weil sein Ansehen verlange, dass er im Frühjahr oder schon vorher gegen die Alliierten einen Schlag ausführe. Tardinis Ausflüchte bestärkten Charles-Roux nur in der Überzeugung, dass der Papst Informationen aus einer geheimen Zelle in Deutschland besaß.[10]

Tatsächlich hatte Pius die Warnung bereits weitergegeben, die Quelle aber geschützt: Am 9. Januar wies Kardinal Maglione den päpstlichen Nuntius in Brüssel, Monsignore Clemente Micara, an, die Belgier vor einem bevorstehenden Angriff zu warnen. Sechs Tage später schickte er eine ähnliche Botschaft an den päpstlichen Vertreter in Den Haag, Monsignore Paolo Giobbe, mit der Aufforderung, den Holländern eine Warnung zukommen zu lassen.[11]

Als Ablenkungsmanöver entschied sich Pius zu einem öffentlichen Protest im selben Monat. In Botschaften für Radio Vatikan äußerte er sich schriftlich über neue Einzelheiten zu Gräueltaten in Polen. Als sich die polnischen Geistlichen beschwerten, dass sie wegen solcher Sendungen noch schärfer verfolgt würden, verlegte er sich wieder auf öffentliches Schweigen und Geheimaktionen.[12]

Der Papst ging erneut als Agent der Verschwörer auf die Briten zu. Am 7. Februar rief er D'Arcy Osborne zu einer weiteren Audienz zu sich. Der Vatikan hatte ausgefeilte neue Maßnahmen zur Geheimhaltung angeordnet. »Alles war diesmal sehr Philipps Oppenheim«, schrieb der Gesandte später und spielte damit auf einen damals sehr bekannten Schriftsteller von Spionageromanen an. Der Maestro di Camera des Papstes, der Chef seines Privathaushalts, suchte D'Arcy Osborne in seiner Wohnung auf und bat ihn, um 0 Uhr 30 in sein Büro im Vatikan zu kommen, von wo aus ihn dann ein Mittelsmann zu den päpstlichen Gemächern führen werde. Dort würde er ihn erwarten und diskret zum Papst geleiten. D'Arcy Osborne solle sich nicht für eine Audienz kleiden. Sein Besuch im Vatikan werde weder bekannt gemacht noch offiziell registriert. Auf eventuelle Fragen hin solle er behaupten, er habe den Maestro besucht. Um dieser Lüge Substanz zu geben, könne Osborne ihn etwas fragen, was London wahrscheinlich wissen wolle.

Zur verabredeten Stunde wies sich Osborne gegenüber einem Nobelgardisten aus. Der Maestro kam ihm über einen dicken Teppich schweigend entgegen. Er bedeutete Osborne, es ihm gleichzutun, und machte in einem angrenzenden Türdurchgang einen Kniefall. D'Arcy Osborne trat in ein mit Büchern ausgekleidetes Eckzimmer ein, dessen drei große Fenster auf den Petersplatz hinausblickten.

Seine Heiligkeit saß an einem eichenen Schreibtisch, auf dem rechts und links eine weiße Schreibmaschine und ein weißes Telefon standen. Beim Gespräch blickte er auf vier Seiten deutscher maschinengeschriebener Notizen.

»Der Papst sagte mir, dass die ›vertrauenswürdigen Mittelsmänner‹ der deutschen Militärkreise erneut auf ihn zugekommen seien«, berichtete später D'Arcy Osborne. »Ich drängte darauf, ihre Identität zu erfahren, aber er wollte keine Namen nennen. Er sagte nur mehrfach, dass ein gut bekannter und bedeutender General beteiligt sei. Den Namen behalte er für sich, weil er nicht für den Tod des Mannes verantwortlich sein wolle, falls dieser bekannt werden sollte. Aber er versicherte mir, dass er von ausreichend großer Bedeutung sei, um sehr ernst genommen zu werden.«

Um die Wichtigkeit des Mittelsmanns hervorzuheben, kam Pius im Einzelnen auf einen mysteriösen Zwischenfall zu sprechen. Am nebligen Morgen des 10. Januar legten zwei orientierungslose Offiziere der deutschen Luftwaffe auf einem Feld in Belgien eine Bruchlandung hin. Einer hatte Geheimunterlagen bei sich, von denen er nur einen Teil vernichten konnte. Belgische Beamte stellten Pläne für einen deutschen Angriff sicher, der über die Niederlande erfolgen sollte. Alliierte Befehlshaber argwöhnten eine Finte der Deutschen. Und Osborne hatte die Episode für eine Inszenierung gehalten, um Druck auf Belgien auszuüben.[13]

Und nun bezeichnete der Agent der Verschwörer diese Pläne als echt. Trotz des Lecks denke Hitler gar nicht daran, die Invasion abzublasen. Erst ein extremer Kälteeinbruch bewog ihn zu einer Verschiebung. Er werde im Frühjahr angreifen, warnte der Papst. Hitler brüste sich damit, »bis zum Sommer im Pariser Louvre zu sein, wo er einen besseren Platz für die Venus von Milo suchen werde«.[14]

Damit kam Pius auf den entscheidenden Punkt. »Ein Teil der Armee hätte gerne einen Wechsel der Regierung, um Hitler loszuwerden.« Das Reich würde zunächst zwei Regierungen bekommen und wahrscheinlich einen Bürgerkrieg erleben. Die hitlerfeindliche Gruppe würde eine Militärdiktatur errichten und sie später durch einen demokratischen Staat ersetzen. Sobald das neue Regime mit Autorität auftreten könne, würde es Friedensverhandlungen einleiten. Die Unterstützer des Plans wollten wissen, ob »der weitere Bestand des Reichs plus Österreich als Basis« garantiert werden könne.[15]

D'Arcy Osborne blieb skeptisch. Er teilte Pius mit, dass mit dem neuen Ansatz keiner der alten Kritikpunkte ausgeräumt sei. Es fehlten Garantien für die Echtheit der Pläne, für einen Erfolg und auch dafür, dass die neue deutsche Regierung vertrauenswürdiger oder weniger aggressiv auftreten würde. Die entscheidende Frage – ob die Verschwörer die Gespräche vor dem Staatsstreich beginnen wollten – erschien undurchsichtig.

Pius widersprach dem nicht. Das Vorhaben lief bestenfalls darauf hinaus, ein wenig Hoffnung zu schaffen.

Wieder unterstrich der Papst die Notwendigkeit äußerster Geheimhaltung. Er bestand darauf, dass D'Arcy Osborne nichts zu Papier bringen würde außer einem Bericht für London. Diesen sollte er persönlich tippen und keine Abschrift anfertigen. Pius bat zudem darum, dass der britische Premierminister Neville Chamberlain die Franzosen nur mündlich einweihen würde. Nicht einmal sein eigener Staatssekretär dürfe etwas erfahren. Wenn die Briten Mitteilungen an die Verschwörer hätten, solle Osborne wieder Kontakt zum Maestro di Camera aufnehmen, um erneut so zu verfahren wie in dieser Nacht.

Pius nahm die Verschwörungspläne sehr ernst. »Ich

denke, dass der dringende Nachdruck, den Seine Heiligkeit auf die umfassendste Geheimhaltung legte, als Maßnahme seiner persönlichen Überzeugung entspringt, dass seine Informanten glaubwürdig sind«, schrieb Osborne. Pius hatte sich der Unterstützung so fest verschrieben, dass er geradezu aufdringlich wurde. Er fragte sogar, ob nicht Lord Halifax persönlich dafür garantieren könne, dass die territoriale Integrität des Deutschen Reichs erhalten bliebe: »Er ließ nur zögernd von dieser Vorstellung ab.«

Das leidenschaftliche Engagement des Papstes tat Wirkung. »Ich hatte den Eindruck«, schrieb D'Arcy Osborne, »dass die deutsche Initiative bedeutender und aufrichtiger war, als ich geglaubt hatte.« Pius habe für den Staatsstreich so eifrig geworben, dachte Osborne, dass London wahrscheinlich reagieren musste.[16]

Der Appell des Papstes fand auf den höchsten Ebenen in London Gehör. Lord Halifax schickte eine Abschrift von Osbornes Bericht an König Georg VI. Seine Majestät empfand ebenso, dass in Deutschland etwas im Schwange war: Zwei Wochen zuvor hatte er über seine Cousine, die ehemalige Königin Maria von Jugoslawien, von einer Verschwörung mit dem Ziel erfahren, »Hitler umzulegen«. Am 15. Februar brachte Chamberlain rasch eine Leitlinie für künftige Kontakte über den Papst zu Papier: »G.B. [Großbritannien] wäre bereit, alle geforderten Bedingungen zu diskutieren«, schrieb der Premierminister, »falls überzeugt, dass Geschäft gemeint war.«[17]

Beim Warten auf eine förmliche Antwort hakte Pius in der Angelegenheit erneut nach. Diesmal nutzte er einen offiziellen Ritus für eine verdeckte Aktion. Am 16. Februar besuchten Lord Halifax' Frau und Sohn die Ewige Stadt. Pius gewährte ihnen eine Audienz, an der auch D'Arcy

Osborne teilnahm. Der Heilige Vater »zog mich am Ende beiseite«, schrieb Osborne, »und teilte mir mit, dass die in meinem vorangegangenen Brief erwähnten deutschen Militärkreise ihre Absicht oder ihren Wunsch bestätigt hätten, einen Regimewechsel herbeizuführen«. Aber selbst für den Fall, dass die Regierung ausgewechselt würde, glaubte Osborne nicht daran, dass die Briten den deutschen Militärapparat intakt lassen könnten. Und falls die Verschwörer tatsächlich auf einen solchen Wechsel hinarbeiteten, warum kamen sie dann »nicht voran«? Pius erwiderte, dass sie auf britische Garantien warteten, brach dann aber das Gespräch ab, weil Lady Halifax wartete. Immerhin löste Osborne sein Versprechen ein und leitete weiter, was ihm Pius mitgeteilt hatte.[18]

Am nächsten Tag gab Halifax D'Arcy Osborne grünes Licht: »Ich habe über Ihren Brief [vom 7. Februar] nachgedacht und ihn mit dem Premierminister diskutiert.« Dieser Auftakt zeigte, dass London die Verschwörung inzwischen ernst nahm. Als ein noch sichereres Anzeichen dafür, dass die Briten den Plan billigten, schlugen sie vor, den Franzosen keinerlei Bericht über die vergangenen Vorgänge zu erstatten.

Halifax nannte den persönlichen Einsatz des Papstes als den Grund dafür, warum er die Kontakte fortsetzen wollte. »Mit Blick auf die Bedeutung, die Seine Heiligkeit den Avancen ihm gegenüber beimisst, glauben wir, dass Sie erneut über den Kanal, der Ihnen angegeben wurde, Kontakt aufnehmen und sie auf unsere Reaktion hinweisen sollten.« Wenn die Auftraggeber in Deutschland die Absicht und die Fähigkeit hätten, das Versprochene durchzuführen, würde die Regierung Seiner Majestät all ihre möglichen Gesuche erwägen. Halifax forderte die Verschwörer auf, ihre Vorstellungen zu konkretisieren, und schlug vor, über den Papst Gedanken mit dem deutschen Widerstand auszutauschen.[19]

In der letzten Februarwoche übermittelte D'Arcy Osborne den Deutschen die britische Antwort. »Heute war O – gemeint Osborne – beim Chef (Papst) und hat ihm etwas mitgeteilt, was Sie bewegen wird, sich schnell nach Hause zu begeben«, schrieb Pater Leiber auf eine Visitenkarte und schickte sie in Josef Müllers Hotel. »Wir müssen uns heute noch sprechen.« Als sie sich am selben Abend trafen, flüsterte der Jesuit: »Es geht voran.«[20]

KAPITEL 9

Der X-Bericht

Nach Monaten der Diplomatie über inoffizielle Kanäle hatte Pius zwischen den inneren und den äußeren Feinden des Dritten Reichs Kontakt hergestellt. Im März 1940 moderierte er ihre Verhandlungen. Dieses Hin und Her vollzog sich in einer angespannten Atmosphäre, weil Hitler jeden Augenblick im Westen angreifen konnte.[1]

Der Papst richtete eine komplizierte Kommunikationskette ein. Oster schickte Fragen, die mit Ja oder Nein beantwortet werden mussten, an Müller, der sie an Pius weiterreichte. Pius leitete sie an D'Arcy Osborne weiter, der sie nach London telegrafierte. Und die Antworten der Briten gingen über die gleichen Etappen in Gegenrichtung entsprechend ihren Empfängern zu. Der Vatikan blieb der Kreuzungspunkt in der Verschwörung zur Ermordung Hitlers: Tatsächlich führten alle Wege nach Rom, gingen über jenen Schreibtisch, der mit einem einfachen Kruzifix geschmückt war und von dem aus man auf den Brunnen auf dem Petersplatz hinabblicken konnte.[2]

Als Verbindungsleute stützte sich der Papst auf seine engsten Mitarbeiter. Pater Leiber führte den deutschen Kanal und traf sich dazu mit Müller auf dem Dach des Jesuitenkollegs oder in verschwiegenen römischen Kirchen. Die Botschaften übermittelte er ihm üblicherweise mündlich. Wenn er dem Papst allerdings erst spät am Abend begegnete und Müller schon am nächsten Tag abreisen musste, hinterlegte er in dessen Hotel Aufzeichnungen auf Blockpapier mit den Initialen »R. L.« (Robert Leiber), ein Vorgehen, das ihm nicht riskant erschien. In den meisten Fällen konnte der Jesuit die Antworten der Briten unter den durchnummerierten Überschriften zu den deutschen Fragen zusammenfassen. Wenn Müller die Mitteilungen gelesen hatte, verbrannte er die Blätter.[3]

Monsignore Kaas orchestrierte die britische Seite. Da seine Privatwohnung im Vatikan an die des Botschafters D'Arcy Osborne an den Vatikanischen Gärten angrenzte, konnten sie sich treffen, ohne eine Entdeckung fürchten zu müssen. Ende Februar 1940 hatten sie schließlich direkte Gespräche aufgenommen.

D'Arcy Osborne hielt eine Überlegung von Kaas für wichtig: Sollten die Verschwörer nach der Beseitigung Hitlers erniedrigende Friedensbedingungen akzeptieren, würden sie in eine prekäre Lage geraten. Deshalb hielt der britische Gesandte fest: »Die Beseitigung des *furor germanicus* der Hitler-Herrschaft wird insbesondere unter der jüngeren und ungefestigten Generation ein geistiges Vakuum hinterlassen, das vermieden werden muss.« Als alternatives Ordnungsprinzip schlug der Vatikan ein Europa, das sich auf seine gemeinsamen christlichen Wurzeln besinnt, vor. Eine wirtschaftliche Föderation, so argumentierte Kaas, würde Autarkie, die Verschärfung von patriotischen Auswüchsen, Aggressivität und Krieg vermeiden.[4]

Manche in London blieben skeptisch. Am 28. Februar wetterte Alexander Cadogan, Unterstaatssekretär im Foreign Office, gegen die »lächerliche abgeschmackte Geschichte einer deutschen Opposition, die angeblich bereit ist, Hitler zu stürzen, wenn wir garantieren, keinen ›Vorteil daraus zu schlagen‹«. Diese Geschichte höre er nun zum »hundertsten Mal«. Vier Tage später warnte das Foreign Office vor einem neuerlichen Venlo: »Wir haben Grund zur Annahme, dass die Gestapo Mgr. Kaas in der Hand hat.« London schickte D'Arcy Osborne eine streng geheime Warnung zu, wonach der Monsignore über deutsche Seminaristen in Rom unter NS-Einfluss geraten sein könne.[5]

»Ich kenne Mgr. Kaas ziemlich gut«, gab der Gesandte zurück, »und es bestehen kaum Zweifel daran, dass er ein entschiedener Gegner der Nazis ist.« D'Arcy Osborne sah es so, dass Kaas als Domherr des Petersdoms zu beschäftigt sei, um mit deutschen Seminaristen Umgang zu pflegen, und hielt es zudem für unwahrscheinlich, dass solche Studenten einer Spionagetätigkeit nachgingen. »Sie kleiden sich von Kopf bis Fuß in möglichst leuchtendes Scharlachrot, was der Arbeit von Geheimagenten eher unzuträglich ist.«[6]

Pius erhielt die abschließenden Forderungen aus London am 10. oder 11. März. Die Bedingungen, die die Briten stellten, um mit einem Deutschland nach Hitler zu verhandeln, beinhalteten als Conditio sine qua non: »die Beseitigung des nationalsozialistischen Regimes«. Leiber überreichte Müller ein Blatt mit einer Zusammenfassung des Vatikans auf Blockpapier mit dem Wasserzeichen »P. M.« für Pontifex Maximus und oben links dem Fisch als Symbol des ehemaligen Fischers Petrus.[7]

Leiber erwartete von Müller, dass er dieses Papier verbrennen würde, nachdem er sich auf ihm codierte Stichworte notiert hatte. Dagegen meinte Müller, der ganze Plan hinge möglicherweise davon ab, wie die britischen Bedingungen in Deutschland aufgefasst würden. In der Überzeugung, die Welt stehe womöglich am Rande des Abgrunds, beschloss er kurzerhand, das Dokument mit dem Wasserzeichen aufzubewahren. Um den 14. März nahm er die Aufzeichnungen des Papstes mit Leibers Visitenkarte ins Hauptquartier der Abwehr mit und löste unter den Verschwörern Jubel aus. Müller sah diesen Augenblick als Höhepunkt seiner geheimen Zusammenarbeit mit dem Vatikan an.[8]

Seine Zettel seien ihm sehr nützlich gewesen, teilte Müller Leiber mit, als er beim nächsten Mal in Rom war. Der Jesuit geriet aus der Fassung: Müller habe doch versprochen, dass er sie vernichten würde, protestierte er und verlangte ihre Herausgabe. Müller sagte, er habe sie weitergereicht und komme nicht mehr an sie heran. Dank dieses Materials sei er jetzt zuversichtlicher, was die Wirkung in Berlin angehe: Die Ergebnisse der Vermittlung würden für Deutschland als besonders günstig erachtet. Der Staatsstreich könne schon Mitte März stattfinden. Müllers Optimismus beruhigte Leiber. Der Papst und die wenigen Eingeweihten im Vatikan richteten sich auf Abwarten ein.[9]

Die Verschwörer bereiteten ein abschließendes Aktionspaket für die Generäle vor. Pater Leibers einzelnes Blatt und die mündliche Präsentation würden kaum genügen, um die entscheidenden Schritte einzuleiten. Für einen endgültigen Versuch, das Militär zur Meuterei zu bewegen, brauchte es einen abschließenden Bericht, der die gesamte Operation abdeckte.

Das Papier dazu entstand in einer fieberhaft durchgearbeiteten Nacht. Müller vergrub sich im Haus von Osters Mitarbeiter Hans von Dohnanyi. Im Gästeschlafzimmer stand ein Bett, das normalerweise für Dohnanyis Schwager, den evangelischen Pastor Dietrich Bonhoeffer, bereitstand. Müller legte darauf die Ergebnisse der Manöver des Papstes aus: neben Pater Leibers Papier seine eigenen codierten Aufzeichnungen, die er in Gabelsberger-Kurzschrift auf Küchenpapier angefertigt hatte, und einen fingerdicken Stapel an Blättern mit Dohnanyis Notizen. Dohnanyi diktierte seiner Frau bis tief in die Nacht ein Memorandum in die Schreibmaschine. Müller las am nächsten Morgen das Ergebnis durch – rund ein Dutzend maschinengeschriebene Seiten.[10]

Auf dem Dokument war aus Sicherheitsgründen auf eine Überschrift, das Datum und eine Unterschrift verzichtet worden. Müller tauchte nur als »Herr X« auf, weshalb das Memorandum unter den Verschwörern als der »X-Bericht« bekannt wurde. Er umriss die britischen Bedingungen für Friedensgespräche mit dem »anständigen Deutschland«. Derer gab es sieben: (1) die Absetzung Hitlers; (2) ein »Rechtsstaat« in Deutschland; (3) kein Krieg im Westen; (4) Österreich bleibt deutsch; (5) Polen wird befreit; (6) andere Gebiete bestimmen per Volksentscheid über ihre Zugehörigkeit und (7) ein Waffenstillstand durch den Papst. Die unterschwellige Botschaft dieser Protokolle wurde später zum Gegenstand von Streit: So sollte Moskau unterstellen, dass der Bericht zwischen dem Vatikan, England und Deutschland eine Übereinkunft beinhaltete, die den Weg für einen Angriff auf die Sowjetunion freimachte. Aber alle, die ihn zu Gesicht bekamen, stimmten in einem Punkt überein: Der Papst war, wie ein Leser es nannte, »erstaunlich weit gegangen«, um die Verschwörer zu unterstützen. Pius hatte London stark dazu gedrängt, mit den Verschwörern in Kontakt zu treten, und den britischen Bedingungen mit seiner Autorität Nachdruck verliehen. Er hatte maßgeblich dafür gesorgt, dass die Pläne bis an den Rand der Umsetzung herangereift waren.¹¹

Aber Ende März war Hitler immer noch am Leben. Am 27. traf D'Arcy Osborne mit Kaas zusammen, dessen »deutsche Militärkontakte ihre Friedenspläne für den Augenblick aufgegeben zu haben« schienen, vermerkte der Gesandte. Ein entmutigter Kaas bezeichnete seine Landsleute als zu gefügig, um eine Revolte zu organisieren.¹²

Drei Tage später rief der Papst D'Arcy Osborne zu sich. Als der Gesandte fragte, ob Seine Heiligkeit etwas von den Verschwörern gehört habe, antwortete der Pontifex, seitdem er vor rund 20 Tagen die endgültigen britischen Friedensbedingungen übermittelt habe, sei bei ihm keine weitere Nachricht eingetroffen. Er habe den Eindruck, sagte Pius, dass London allmählich die Hoffnung verliere. Osborne räumte ein, dass jetzt nur noch Hitlers Beseitigung »das Vertrauen in die deutschen Auftraggeber« sichern könne. Dennoch betonte er, dass London die Botschaft, die über die Kanäle des Vatikans übermittelt würde, »mit Interesse aufnehmen und mit Respekt behandeln« würde. D'Arcy Osborne spürte, dass Pius »sehr enttäuscht« war.¹³

Während des Treffens erhielt Osborne eine Nachricht von Halifax. Er reichte sie an Pius weiter, der »sehr erfreut« reagierte und Osborne bat, seine besten Wünsche und seinen Dank zu übermitteln. Diese Mitteilung, die auf Bitten des Vatikans wahrscheinlich später vernichtet wurde, bekundete wohl nur erneut die Bereitschaft Londons, nach Hitlers Tod mit dem deutschen Militär zu verhandeln. Eine solche Versicherung ging den Verschwörern über Müller drei Tage später zu.¹⁴

An diesem entscheidenden Punkt zauderten einige der Mitverschworenen. Heeresstabschef Halder meinte, er könne »als Christ« keinen Unbewaffneten erschießen. Um die Bedenken zu zerstreuen, bat Müller den ehemaligen sächsischen Kronprinzen Georg von Sachsen, inzwischen Priester und Jesuit, mit Halder zu reden. Georg von Sachsen, von dem bekannt war, dass er im Angesicht der geweihten Hostie die Hacken zusammenschlug, unterstrich das christliche Anrecht, gegen Unrecht aufzubegehren, und stärkte dem General anscheinend das Rückgrat. Nachdem er sich ersten Versuchen widersetzt hatte, stimmte Halder schließlich zu, den X-Bericht zu lesen.[15]

Ein Hindernis stellte allerdings die Frage dar, wer diesen Text überbringen und erläutern sollte. Die Wahl der Verschwörer fiel zunächst auf Ulrich von Hassell, den ehemaligen deutschen Botschafter in Rom, der schon vor Ausbruch des Kriegs von den Plänen zu einem Staatsstreich erfahren hatte. Am 19. März, so schrieb Hassell in sein Tagebuch, hätten Oster und Dohnanyi ihm »außerordentlich interessante Papiere über Gespräche eines Vertrauensmanns des Papstes« vorgelesen. »Voraussetzung für das Ganze ist natürlich eine Regimeänderung und Bekenntnis zur christlichen Sittlichkeit.« Allerdings geriet Hassell ins Visier der SS und schied deswegen für die Verschwörer aus.[16]

Stattdessen fiel die Aufgabe, auf Halder Einfluss auszuüben, General Georg Thomas zu. Thomas überbrachte ihm die Dokumente am 4. April. Das Paket enthielt inzwischen eine Erklärung vom Vatikan, wonach die Briten noch immer an ihren Bedingungen festhielten, sowie eine Mitteilung Dohnanyis, der darin die Notwendigkeit hervorhob, die Wehrmacht nicht mit den Verbrechen der SS in Verbindung zu bringen.[17]

Das Material weckte Halders Interesse, stürzte ihn aber auch in Verwirrung. Der Bericht erschien ihm umständlich und in den zentralen Punkten als vage. Er sah sich außerstande, die Glaubwürdigkeit der beteiligten deutschen Akteure einzuschätzen, da weder sie noch »Herr X« als Verbindungsmann des Vatikans identifiziert wurden.[18]

Immerhin war Halder der Ansicht, dass der X-Bericht eine Anhörung verdiene. Er brachte das Paket zu seinem Vorgesetzten, dem Oberbefehlshaber des Heeres, Walther von Brauchitsch, und bat ihn, es über Nacht durchzulesen.

Am nächsten Morgen wurde Halder von seinem Chef schlecht gelaunt empfangen. »Sie hätten mir das nicht vorlegen sollen«, sagte Brauchitsch und reichte ihm die Unterlagen zurück. »Wir stehen im Krieg; dass man im Frieden mit einer ausländischen Macht Verbindungen anknüpft, darüber lässt sich reden. Im Krieg ist das für einen Soldaten unmöglich.« Er deutete auf den X-Bericht: »Was hier geschieht, ist glatter Landesverrat.« Wie sich Halder erinnerte, stellte er »sodann die Forderung [...], den Mann, der dieses Papier überbracht hat [festnehmen zu lassen]. Ich habe ihm damals geantwortet, ›Wenn einer verhaftet werden soll, dann bitte verhaften Sie mich!‹«[19]

Brauchitsch wurde still und nachdenklich. Er blickte auf den X-Bericht und seufzte: »Was soll ich mit diesem Fetzen ohne Datum und Unterschrift?« Besorgt beschlossen er und Halder schließlich, sich mit dem Material des Vatikans weitere zehn Tage zu befassen. In diesem Zeitraum änderten sich die Aussichten für ein Handeln dramatisch.[20]

Hitler hatte seit einigen Monaten einen Einmarsch nach Norwegen geplant. Da er, insbesondere nach einer Invasion Frankreichs, von einem langen Krieg gegen die Alliierten ausging, wollte er sich vor den Engländern skandinavisches Metall und andere strategisch wichtige Ressourcen sichern. Die sich anbahnende norwegische Krise eröffnete den Planern des Staatsstreichs eine neue Gelegenheit: Eine Warnung an die Alliierten konnte sie dazu bewegen, die Kampfstärke ihrer Marine zu demonstrieren, und so Hitler abschrecken oder ihm sogar eine Niederlage beibringen. Folglich informierte »Ochsensepp« in einem gesicherten Telefonanruf bei Monsignore Johannes Schönhöffer den Papst über Hitlers Pläne. Ende März warnte Kaas D'Arcy Osborne vor einem möglichen deutschen Angriff auf Norwegen. Osborne leitete die Information nach London weiter. Aber die Engländer reagierten – nach einer hitzigen Debatte im britischen Unterhaus – erst am 8. April militärisch, als Hitler bereits zuschlug.[21]

Im Hauptquartier der Abwehr studierten Josef Müller und andere eine Karte der Nordsee. Sie schlossen untereinander Wetten ab, wo die britische Flotte deutsche Schiffe versenken würde. Allerdings prophezeite Canaris, dass die Briten ihre Flotte erst aufs Spiel setzen würden, wenn sich die Lage existenziell kritisch zuspitzte. Die Ereignisse gaben ihm recht. Eine massive Reaktion der Briten blieb aus.[22]

Hitlers Popularität wuchs. Altgediente Generäle, die ihn als kleinen Gefreiten und Bohemien abgetan hatten, begannen ihr Urteil zu revidieren. Halder verlor die Nerven. Mitte April gab er den X-Bericht kommentarlos an General Thomas zurück.

Um diese Zeit reiste Müller entmutigt einmal mehr nach Rom. Den Generälen, so sagte er, fehle der Wille zu einem Staatsstreich. Alles habe bereitgestanden, teilte er Pater Leiber mit. Er habe vor ein paar Tagen um fünf Uhr an seinem Schreibtisch gesessen und auf einen Anruf gewartet. Der aber sei ausgeblieben.[23]

Die Nachrichten waren für Pius eine neuerliche Enttäuschung. Monate geheimer Bemühungen hatten zu nichts geführt. Aber in den letzten Tagen, bevor Hitler im Westen schließlich angriff, riskierten die Verschwörer tapfer eine neue Mission, um das Vertrauen der Briten zurückzugewinnen.[24]

KAPITEL 10

Warnungen an den Westen

Hitler hatte für seinen Westfeldzug schließlich einen Termin festgesetzt. Als die heimlichen Nazigegner Ende April 1940 erfuhren, dass der Angriff Anfang Mai stattfinden würde, fühlten sie sich auch diesmal verpflichtet, den Opfern der bevorstehenden Aggression über den Papst eine Warnung zukommen zu lassen.[1]

Aber jetzt stand offenbar deutlich mehr auf dem Spiel. Weil die Intrigen des Vatikans bislang zu keinem Staatsstreich geführt hatten, mussten die Verschwörer einen Beleg liefern, dass sie auf Treu und Glauben handelten. Wenn sie für den übertriebenen Optimismus, den sie geweckt hatten, keine Entschädigung lieferten, würde London davon ausgehen, dass sie in Wahrheit Naziagenten seien. Dann würden vielleicht nicht nur die Briten, sondern auch der Papst die Kanäle des Vatikans schließen. Wenn sie aber stattdessen die Alliierten wirkungsvoll vor Hitlers Kriegsplänen warnten, würde wenigstens die Verbindung über den Papst mit Blick auf einen künftigen Staatsstreich aufrechterhalten bleiben. Canaris sah die Notwendigkeit für eine rettende römische Mission. Wie sein Mitarbeiter Dohnanyi es fasste: »Wir müssen mit sauberen Händen dastehen.«[2]

Am 1. Mai traf Müller in Rom ein. Angeblich in kirchlichen Angelegenheiten war er mit Corbinian Hofmeister, dem Abt des Klosters Metten, unterwegs. Die Gruppe um Canaris hatte die Botschaft, die Müller Pater Leiber für den Papst übermittelte, sorgfältig ausformuliert. »Die Besprechungen können nicht mehr mit Aussicht auf Erfolg fortgesetzt werden«, lautete der Text nach Müllers Erinnerung. »Hitler wird angreifen, und der Angriff steht dicht bevor.«[3]

Nachdem Müller Leiber die Mitteilung überbracht hatte, eilte er zu einer anderen Adresse. Er wollte seinen engen belgischen Freund Hubert Noots, den in Rom ansässigen Generalabt der Prämonstratenser, über die Gefahr in Kenntnis setzen, die seinem Land bevorstand. Zwei Tage später gab Müller Noots eine noch detailliertere Darstellung und verließ am 4. Mai Rom mit dem Flugzeug.

Während eines Zwischenstopps in Venedig packte ihn eine Art Verfolgungswahn. In einer Ahnung, wie tief er sich durch den Verrat der Kriegspläne in Gefahr begeben hatte, versuchte er seine Spuren zu verwischen. In Venedig, wo er in der NS-Zeit mehrere Hundert Mal Station machte, hatte er mit Zigarren und anderen Gaben die Freundschaft eines Zollbeamten gewonnen. Von ihm borgte er sich nun einen offiziellen Gummistempel aus und benutzte ihn dazu, in seinem Reisepass die Daten seiner italienischen Ein- und Ausreisestempel unkenntlich zu machen.[4]

Derweil verlegte Hitler nochmals mehrfach das Datum für den Angriff. Am 1. Mai legte er es auf den 5. fest, verschob es am 3. auf den 6., am 4. auf den 7. und am 5. auf den 8. Mai. Mit der sich stetig verändernden Lage sah Canaris die Notwendigkeit, den Papst auf dem Laufenden zu halten. Aber am 4. oder 5. Mai war Müller bereits wieder in Berlin, sodass es kaum Sinn ergab, ihn sofort wieder loszuschicken, um ein paar Worte zu übermitteln – schon deshalb nicht, weil ein anderer Agent der Abwehr, Wilhelm Schmidhuber, gerade auf dem Sprung nach Rom war. Müller gab ihm für Leiber eine Mitteilung mit, in der nur das anberaumte Datum der Offensive – der 8. Mai – genannt wurde. Sollte sich der Termin erneut ändern, würde Müller Schmidhuber im Hotel Albergo Flora anrufen. Da beide im Vorstand des Bankhauses Eidenschink saßen, sollte Müller angebliche Termine für Vorstandssitzungen als Code nutzen, um neue Daten für den Angriff zu übermitteln.[5]

Schmidhuber flog nach Rom und informierte am 6. Mai Leiber. Am 7. und 8. Mail erhielt er Anrufe von Müller mit einem neuen Termin für die »Vorstandssitzung«. Pater Leiber unterrichtete in beiden Fällen daraufhin den Papst.[6]

Pius reagierte rasch. Wie aus einer Bemerkung gegenüber einem Mitarbeiter hervorging, nahm er die neuesten Informationen auf Anhieb ernst, weil sich die Warnung vor einem Angriff auf Norwegen als richtig erwiesen hatte. Da erneut neutrales Gebiet verletzt werden sollte, war seine Empörung besonders groß. Pius wies Kardinalstaatssekretär Luigi Maglione daher an, die päpstlichen Vertreter in Den Haag und Brüssel in Telegrammen zu warnen. Um seinen Warnungen größeres Gewicht zu geben, gab der Papst die düstere Ankündigung noch am selben Tag in einer Privataudienz über die mit dem italienischen Kronprinzen verheiratete belgische Prinzessin Marie José weiter.[7]

Delikater war seine Warnung an die alliierten Mächte. Da sie dem Deutschen Reich den Krieg erklärt hatten, konnte der Vatikan einen solchen Hinweis nicht als humanitäre Geste deklarieren. Hitlers Pläne offiziell an Paris oder London zu verraten hätte eine Parteinahme im Krieg bedeutet.

Für diese heikle Aufgabe wählte Pius XII. einen Mitarbeiter aus, der später selbst Papst werden sollte. Am 7. Mai sprach Monsignore Montini, der nachmalige Paul VI., eindringlich mit D'Arcy Osborne und den französischen Diplomaten Jean Rivière. Noch vor Ende der Woche, so erklärte er, werde Deutschland in die Niederlande einmarschieren. Montini lieferte Informationen zur erwarteten Taktik der Operationen, bei der Fallschirmspringer und Sabotage zum Einsatz kommen sollten.[8]

Pater Leiber öffnete einen weiteren Kanal für die Warnung, indem er dem Jesuitenpater Theodor Monnens, einem belgischen Kollegen an der Gregoriana, einen Tipp gab. Monnens eilte schnurstracks zum belgischen Botschafter Adrien Nieuwenhuys, der seinerseits bereits von Generalabt Noots alarmiert worden war. Der aufmerksam gewordene Botschafter verschickte ein chiffriertes Telegramm, in dem er Brüssel vor einem Angriff in der nächsten Woche warnte. Als der belgische Außenminister nähere Einzelheiten verlangte, schickte ihm Nieuwenhuys an jenem Tag, an dem Josef Müller in Venedig die Reisedaten in seinem Pass unkenntlich machte, einen ausführlicheren Bericht nach Brüssel. Der habe »von einer Person, die ihre Informationen vom Generalstab erhalten haben müsse«, einen Tipp bekommen.[9]

Der Betreffende, der Berlin am 29. April verließ, traf am 1. Mai in Rom ein und führte Freitagabend (3. Mai) ein neues, mehrstündiges Gespräch mit unserem Landsmann [Noots], und der bestätigte, der Kanzler [Hitler] habe sich unwiderruflich zum Einmarsch in Holland und Belgien entschlossen, und seines Erachtens werde das Signal zum Angriff sehr bald gegeben werden, und zwar [...] ohne Kriegserklärung. Er fügte hinzu, dass der Krieg mit allen Mitteln geführt werde: Gas, Bakterien, totale Ausplünderung einschließlich Bankdepots. [...] Soweit äußere Aspekte ein Urteil zulassen, fällt es mir schwer zu glauben, dass diese Entwicklung bald bevorsteht.[10]

Die Empfänger schlugen den Alarm aus dem Vatikan vollständig in den Wind. »Ich schenke ihren [gemeint sind die Verschwörer] gegenwärtigen Vorhersagen keinen besonderen Glauben«, notierte D'Arcy Osborne, als er die Warnung des Papstes in einem Telegramm übermittelte. »Ähnliche Erwartungen hatten sie schon früher gehegt.« So hatte sich Osborne selbst am 19. März auf einen Angriff binnen knapp einem Monat gefasst gemacht. Nach Pius' Geheimdienstinformationen sollte der Angriff Mitte April erfolgen. Nach sechs Monaten der Ränke des Vatikans legte Lord Halifax die Warnungen im Mai offenbar als einen weiteren Fehlalarm gedanklich ad acta.[11]

Am 10. Mai marschierte Hitler in Holland und Belgien ein und rückte ins Nachbarland vor. Nach fünf Tagen sah sich Frankreich geschlagen. Die Alliierten begannen einen fünfwöchigen Rückzug, der in der britischen Evakuierung bei Dünkirchen gipfeln und damit enden sollte, dass Mitte Juni die Hakenkreuzfahne auf dem Eiffelturm flatterte.

Als Pius vom Einmarsch erfuhr, bereitete er einen Protest vor. Kardinal Maglione entwarf eine kurze Erklärung, die noch am selben Abend unter Pius' Namen im *L'Osservatore Romano,* der Tageszeitung des Apostolischen Stuhls, erscheinen konnte. Pius wies sie als zu milde zurück. Ein zweiter Entwurf Magliones fiel dem gleichen Verdikt zum

Opfer. Um 20 Uhr war die Abgabefrist für ein Erscheinen in der Spätausgabe fast verstrichen. Schließlich verfasste der Papst in einem direkteren Schritt kurze Botschaften, in denen er den Herrscherhäusern der eroberten Staaten seine Anteilnahme ausdrückte und die »Grausamkeiten« der Invasion als »gegen jedes Recht« verurteilte. Er gab Anweisung, die Botschaften in der nächsten Ausgabe der Zeitung zu drucken. Nachdem er sie auf seiner weißen Olivetti-Schreibmaschine getippt hatte, korrigierte er sie selbst und fälschte wegen der späten Stunde Maglionis Gegenzeichnung.[12]

Die Botschaften provozierten eine Gegenreaktion der Achsenmächte. Wohl von Berlin angestachelt, versuchte Mussolini den Papst einzuschüchtern. Eine Audienz, die Pius dem italienischen Gesandten Dino Alfieri gab, verlief in einer zum Zerreißen gespannten Atmosphäre. Mussolini, so sagte Alfieri, sehe nicht nur die Mitteilung selbst, sondern auch ihre Veröffentlichung im Blatt des Vatikans als »eine gegen seine Politik gerichtete Geste« an. Im Hauptquartier der Faschisten sei der Zorn so groß, dass er nicht ausschließen könne, dass »etwas Ernstliches geschieht«. Pius entgegnete auf die verdeckte Drohung, dass er keine Angst habe, »in ein Konzentrationslager gebracht zu werden oder in feindliche Hände zu fallen«.[13]

Und er äußerte seinerseits eine Warnung: Als Papst müsse er »auch gegen das reden, was in Polen geschieht«, so erinnerte sich ein Mitarbeiter an seine Worte. »Wir würden derlei Taten gerne flammende Worte entgegensetzen. Das Einzige, was Uns am Reden hindert, ist die Furcht davor, das schwere Los der Opfer zu verschlimmern.«[14]

Durch Hitlers Sieg war der Vatikan zu einer Insel im Meer der Achsenmächte geworden. Als im Juni Italien auf deutscher Seite in den Krieg eintrat, bot Pius in seinem

Stadtstaat alliierten Diplomaten eine Zuflucht. D'Arcy Osborne fühlte sich dort »wie ein gefangenes Tier«. Mussolini sah den Heiligen Stuhl mit seinem Diplomaten-Gehege als eine »Höhle von Spionen« *(un covo di spie)* an. Er könne sie jederzeit ausheben, prahlte er. Müller warnte Pater Leiber vor einem SS-Komplott, um den Papst in Schutzhaft zu nehmen. Nachdem der *L'Osservatore Romano* die Botschaft des Papstes an die überrannten neutralen Staaten abgedruckt hatte, verprügelten faschistische Schläger Zeitungsburschen und warfen die Blätter in den Trevi-Brunnen.[15]

Pius verschärfte die Sicherheitsmaßnahmen. Die Polizei des Vatikans bildete eine in Zivil agierende Spezialabteilung für Gegenspionage. Die Schweizergarde trat nach wie vor mit Federbusch-Hut und antikem Degen auf, hielt aber eingelagerte Gasmasken und Maschinenpistolen bereit. Die Ingenieure des Vatikans bauten Luftschutzbunker und panzerten einen Raum, um seltene Bücher und Handschriften vor der Zerstörung zu bewahren.[16]

Im Vatikan sorgten Pius' Verbindungen zum deutschen Widerstand für wachsende Besorgnis. Pater Leibers geheime Aktionen versetzten Jesuiten an höherer Stelle in Panik. Der Generalobere des Ordens, Wladimir Lédochowski, beschwerte sich, Leiber bringe mit seiner »nebulösen und dubiosen Intrige« die Jesuiten im Reich in Gefahr. Pius verlegte daraufhin dessen Treffen mit Müller in ein Vorstadtpfarrhaus. Aus römischen Kaminen stieg der Rauch verbrannter Unterlagen auf, die Müllers Kontakte verbrannten. Als Leiber und später auch Monsignore Kaas vorschlugen, Pius solle zu den Verschwörern sämtliche Verbindungen kappen, handelten sie sich eine scharfe Zurechtweisung ein, sich um ihre eigenen Angelegenheiten zu kümmern.[17]

Pius stellte nachdrücklich klar, dass er um die eigene Sicherheit nicht fürchte. Wohl mit einer Anspielung auf die Kommunisten, die 1919 die Münchner Nuntiatur geplündert hatten, teilte er Alfieri mit: »Als das erste Mal ein Revolver auf Uns gerichtet wurde, hatten Wir keine Furcht und werden bei einem zweiten Mal auch keine haben.« In den Monaten danach, als Pius wegen seines Widerstands erneut ins Fadenkreuz der SS geriet, sollte er allerdings erkennen, wie gefährlich seine Position geworden war.[18]

KAPITEL 11

Die braunen Vögel

Ein SS-Offizier nannte es den »bedeutendsten Fall von Hochverrat im Krieg«. Josef Müller erfuhr von seiner Entdeckung am 17. Mai 1940, als er über das noch als abhörsicher geltende A-Netz der Abwehr in München in einem Anruf eine Warnung erhielt. Ein Vertrauter von Canaris wies ihn an, sofort nach Berlin zu kommen. Um seine Bewegungen zu verschleiern, sollte er anstatt mit Zug oder Flugzeug im Auto reisen.[1]

Müller rief Monsignore Johannes Neuhäusler an und verabredete sich mit ihm im Münchner Englischen Garten. »Giovanni«, sprach er den Freund mit dessen italienischem Spitznamen an, »ich glaube, dass ich verloren bin.« Er bat den Priester, sich um seine Familie, insbesondere um seine Tochter zu kümmern: Sorge bereitete ihm, dass das Kind eines verurteilten Verräters ein schweres Leben vor sich haben würde.[2]

In Berlin suchte Müller Hans Oster in dessen Wohnung auf. Der Chef der Abwehrabteilung Z blickte ihn tief besorgt an: »Erinnerst du dich«, so formulierte er laut Müllers späterer Erinnerung, »was wir uns versprochen haben? Wenn einer von uns platzt, geht er allein an den Galgen.« Als Müller sagte, dass er sich selbstverständlich daran halten werde, erwiderte Oster: »Jetzt sind wir beide in die Scheiße geraten.« Weiter ins Detail gehen wollte er nicht. »Aber Kopf hoch«, sagte er, »der liebe Gott wird uns helfen.«[3]

Müller ging ins Hauptquartier der Abwehr und traf auf Canaris. Der Admiral war gerade auf dem Weg in die tägliche Besprechung der Abteilungsleiter. Müller bemerkte sofort, dass Canaris erregt war. Er flüsterte ihm zischend zu. »*Die Braunen Vögel!*« »Do (Dohnanyi) soll dich *Die Braunen Vögel* lesen lassen.« Noch verwirrter reagierte Müller, als ihn Canaris mit zusammengekniffenen Augen fragte: »Bist du das?« Müller erwiderte: »Was soll ich denn sein?« Canaris ließ ihn stehen, ohne die Frage zu beantworten.[4]

Im Büro von Osters Stellvertreter Hans von Dohnanyi erfuhr Müller schließlich, worum es ging. Jahre zuvor, so erklärte dieser, hatte Luftwaffenchef Hermann von Göring das Forschungsamt der Luftwaffe eingerichtet, um ausländische Nachrichten zu lesen. Das Amt fing Botschaften ab, entschlüsselte sie und leitete sie an die jeweils zuständige Abteilung weiter. Weil die Klartexte auf braunem Papier mit Reichsadler zirkulierten, nannten sie die Beschäftigten der Abwehr »Braune Vögel«.

Das Amt hatte zwei Telegramme des belgischen Gesandten am Heiligen Stuhl, Adrien Nieuwenhuys, dechiffriert. Am 2. und 4. Mai verschickt, enthielten sie Einzelheiten zu Hitlers Kriegsplänen. In einer wurde als Quelle für die Warnung ein belgischer »Landsmann« genannt, der von einer »Person« einen Tipp erhalten haben sollte, die am 29. April Berlin verlassen haben und am 1. Mai in Rom eingetroffen sein sollte.[5]

»Also, bist du es oder bist du es nicht?«, fragte Canaris, als er zurückkehrte. Müller antwortete monoton: »Admiral, ich weiß es nicht!« Canaris sagte: »Geh, das muss man doch wissen!« Dann legte er Müller die Hand auf die Schulter, lobte seine Haltung inmitten des Chaos und fragte ihn, ob er bereit sei, einen weiteren Auftrag zu übernehmen. Müller antwortete, es komme darauf an, wie dieser aussehe. »Du wirst sofort nach Rom fliegen, mit der nächsten Maschine«, sagte Canaris. Seine offizielle Anweisung laute, vor Ort die undichte Stelle zu ermitteln.

Müller musste sofort aufbrechen. Sobald sein Flugzeug abhob, würde Canaris eine Jagd nach der »Person« eröffnen und für alle Reisenden nach Italien verschärfte Grenzkontrollen durchführen lassen: »Ich muss das übernehmen«, sagte er, »bevor Heydrich die Hand darauf legt.« In Rom sollte Müller das Hauptquartier der Abwehr aufsuchen. Dort würde ihn der zuständige Oberst mit dem Befehl erwarten, ihn zu unterstützen. Die gesamten Ermittlungen lägen in Müllers Verantwortung. Sollte Hitler Nachforschungen zu der undichten Stelle verlangen, musste ihm Canaris nur noch versichern, dass er den richtigen Mann bereits eingesetzt habe – einen gewissen Josef Müller mit unvergleichlichen Verbindungen zum Vatikan. Wie Müller später sagte: »Der Admiral hatte mich zu meinem eigenen Untersuchungsführer gemacht.«[6]

Wieder flog Müller nach Rom. Er suchte zunächst Pater Leiber auf und teilt ihm den Sachstand mit. Beide kamen überein, dass der Urheber des Telegramms, der belgische Botschafter Nieuwenhuys, vorübergehend in einem der zahllosen Räume des Apostolischen Palastes untertauchen müsse. Zudem mussten Müller und Leiber eine Möglichkeit finden, von Generalabt Noots, der Müllers Warnung an Nieuwenhuys übermittelt hatte, als möglichem Übermittler der Warnung abzulenken. Müller sollte nach Einbruch der Dunkelheit Noots unbemerkt in seinem Haus aufsuchen.

Als Nächstes ging Müller zum Büro der Abwehr und verlangte dort von Oberst Otto Helfferich, ihm die Akte zu den bisherigen Untersuchungen zu der undichten Stelle auszuhändigen. Zu Müllers Erleichterung enthielt sie nichts Dringliches. Auf Nachfrage erhielt er eine Liste der V-Leute von Abwehr und SS, die im Vatikan spionierten. Da er wusste, dass sich seine Freunde um ihn sorgten, und um Oberst Helfferich mit der Bedeutung seiner Mission zu beeindrucken, telefonierte Müller in dessen Beisein mit Canaris und teilte ihm mit, dass Helfferich gute Ermittlungen eingeleitet habe. Sie hätten eine »sehr zufriedenstellende Unterhaltung« geführt. Helfferich, ein lässiger Typ, schien darüber erfreut, dass Müller die Zusatzarbeit übernommen hatte. Folglich stellte Müller den Apparat der örtlichen Abwehr dazu ab, seine Mission voranzubringen: die Fahndung nach ihm selbst.[7]

Alles lief gut. Müller suchte Noots auf und legte ihm dringend nahe, sich unauffällig zu verhalten. Am selben Abend traf er sich mit Leiber und überreichte ihm die unverhofft erworbene Liste mit den NS-Spionen. Auf ihr standen Kellers Freund von den Benediktinern, Damasus Zähringer, sowie Gabriel Ascher, der jüdische Konvertit zum Katholizismus, und Pater Joachim Birkner, Hartls Maulwurf im vatikanischen Geheimarchiv.[8]

Am darauffolgenden Morgen traf Müller auf einen strahlenden Leiber: »[I]ch habe mir etwas ausgedacht«, sagte ihm der Jesuit mit schelmischem Lächeln. Ein Jesuitenpater, ein Belgier, sei in den Kongo abgereist und damit weit außer Reichweite. Warum nicht alles auf ihn als den »Landsmann« schieben, den Nieuwenhuys erwähnt habe? Das müsse doch den Verdacht von Noots ablenken.[9]

Damit hatte Müller eine glaubhafte Geschichte für Berlin. Ein anderer sollte für Noots die Rolle des belgischen »Landsmanns« übernehmen. Hochzufrieden suchte Müller erneut Oberst Helfferich auf. Er habe über seine Verbindungen im Vatikan erfahren, dass der belgische Jesuit Theodor Monnens aus Rom geflohen und untergetaucht sei. Er sei eindeutig der belgische »Landsmann«, der in dem einen abgefangenen Telegramm erwähnt worden war.

Damit war das Problem freilich nur halb gelöst. Müller musste noch jemanden finden, der seine Rolle als die »Person« übernahm, die diesen »Landsmann« gewarnt hatte. Hier half ihm Generalabt Noots dabei, eine Legende zu stricken, die auf Vorurteilen der Nazis aufbaute. SS-Chef Heinrich Himmler hasste den deutschen Außenminister Joachim von Ribbentrop und hegte zudem eine Abneigung gegen den italienischen Außenminister Galeazzo Ciano. Berichten zufolge sollte Ciano in höheren Kreisen in Rom einen Spionagering betreiben. Müller würde es so darstellen, dass Cianos Agenten die Kriegspläne Ribbentrops 35-köpfiger Reiseentourage entlockt hätten, die Rechts- und Wirtschaftsexperten, zwei Frisöre, einen Masseur, einen Arzt und einen Turntrainer umfasste. Von Ciano sollte der Tipp zur belgischen Kronprinzessin Marie José gelangt sein, die sich in seinen Kreisen bewegte. Und die Prinzessin konnte den Hinweis an den belgischen Jesuiten Monnens weitergereicht haben.[10]

Aber noch war die Gefahr nicht gebannt. Oberst Joachim Rohleder, der in der Abwehr für Gegenspionage zuständig war, hatte von den abgefangenen Mitteilungen erfahren. Und er war kein Teilnehmer an Canaris' Ränkespiel. Er war die Liste von drei Dutzend Personen durchgegangen, die zur fraglichen Zeit die Grenze nach Italien passiert hatten, und auf den Namen Josef Müller gestoßen.[11]

Rohleder beschloss, auf Müller einen Agenten anzusetzen. Er erfuhr, dass Gabriel Ascher Hermann Keller darin unterstützt hatte, über Müller Informationen zu sammeln. Da Ascher nach wie vor Freunde an höherer Stelle am Heiligen Stuhl hatte, stattete ihn Rohleder mit Geld aus und schickte ihn nach Rom.[12]

Zwei Wochen später kehrte Ascher mit einem schwer belastenden Bericht zurück. Er enthielt Einzelheiten, die Rohleder als Beweise gegen Müller ansah, die von einer »bestechenden logischen Schlüssigkeit« seien. Ascher führte eine eindrucksvolle Liste mutmaßlicher Agenten an, darunter Priester in Mailand und Genua sowie eine Persönlichkeit im Vatikan, die Pater Leiber kannte. Mit diesem Material gewappnet, suchte Rohleder Oster auf. Oster tat Aschers Behauptungen als schäbigen Klatsch einer rivalisierenden Gruppe von Geistlichen ab, die Müller seine Verbindungen zum Vatikan neideten. Als sich Rohleder daraufhin an Canaris wandte, bezeichnete der diese Vorwürfe als »nicht einleuchtend«.[13]

Erneut beorderten die Verschwörer Müller nach Berlin. In einem verschwiegenen Lokal am Anhalter Bahnhof führte Müller eine vertrauliche Unterredung mit Hans Dohnanyi, der ihm Aschers Bericht und die sich ergebenden Anschuldigungen Rohleders zeigte. Das Protokoll verlangte, dass Müller eine Gegendarstellung unterzeichnete und beeidete. Er suchte die Kanzlei des befreundeten Anwalts Max Dorn auf, der ihm einen Gefallen schuldete. Müller diktierte Dorn die Stellungnahme für Canaris in die Schreibmaschine.[14]

Der Admiral rief Rohleder zu sich. Nachdem er alle Aspekte bedacht habe, so sagte er, halte er es für ratsam, die ganze Angelegenheit fallen zu lassen und Ascher abzuservieren. Der Oberst protestierte dagegen und kritisierte insbesondere, dass Oster Müller weiterhin einsetzte. Da Canaris an seinem Standpunkt festhielt, blieb ihm jedoch keine andere Möglichkeit, als zu gehorchen.

Das Beinahe-Desaster brachte Pius ins Grübeln. Über Müller ersuchte er die Verschwörer eindringlich, sämtliche Unterlagen zu vernichten, die den Vatikan mit ihren Plänen in Verbindung brachten. Aber der im Ruhestand befindliche Generaloberst Ludwig Beck sperrte sich dagegen, Unterlagen des Widerstands zu verbrennen, die sein Protegé Oster in einem Tresor in Zossen verwahrte. Beck wollte für die Nachwelt Beweise aufbewahren, dass es ein anständiges Deutschland gab. Müller protestierte über Oster, dass die Papiere die Verschwörer in Rom und in Deutschland in Gefahr brächten. Er verlangte von Oster, auf Ehrenwort zu versprechen, Leibers Unterlagen zu vernichten. In Müllers Gegenwart befahl Oster einem Untergebenen, die Vernichtung zu erledigen. Erst später stellte Müller fest, dass Oster sein Ehrenwort in Wahrheit nicht gegeben hatte.[15]

Hitlers Sieg im Westen demoralisierte seine äußeren wie inneren Feinde. Die Verschwörer retteten ihre Ehre, verpassten aber eine wichtige Gelegenheit. Anstatt Hitler anzugreifen, hatte die Wehrmacht die Alliierten attackiert – zuerst im Norden und dann im Westen. Das britische Kabinett, jetzt unter Winston Churchill, wollte die Verhandlungen nur dann fortsetzen, wenn die Deutschen Hitler beseitigt hätten. Die siegestrunkenen deutschen Massen standen weiter hinter dem Führer. Die Schlacht um England versauerte Churchill den bloßen Gedanken an ein »anständiges Deutschland«. Gegenüber dem deutschen Widerstand befahl er: »Unsere Haltung [...] muss absolute Stille sein.«[16]

Pius hielt dennoch den Kanal offen. Obwohl er die Briten nicht zu einer Verlängerung ihrer Zusagen bewegen konnte, hielt er mit den deutschen Verschwörern Kontakt. Müller führte seine Mission im Vatikan fort und stellte den Widerstand als eine glückliche Wendung des Schicksalsrads dar. Wohl schon im September 1940 informierte er Myron Taylor, Roosevelts persönlichen Gesandten bei Pius, im Grundsatz über die Verschwörung.[17]

Da Leiber im Visier der SS stand, kam Müller nun häufiger mit Kaas zusammen. Wegen der zunehmenden Überwachung nach der Eroberung Frankreichs trafen sie sich in der vatikanischen Krypta, wo die Ausgrabungen für das Petrusgrab weiterliefen. Müller stieg die Treppen hinab, passierte einen engen Durchgang durch die Fundamente des Petersdoms und trat so im Nu in das Rom des 2. und 3. Jahrhunderts ein. Unwillkürlich sah er in den Wandmosaiken Anspielungen auf sein Leben und seine Mission. Angeschirrt an einen Karren, der mit Weintrauben beladen war, warteten in einer ländlichen Szene zwei Ochsen auf ihren Herrn. Im Kreuzgewölbe erinnerte ein rot-weiß-blaues Emblem an den britischen Union Jack. Unter ihm hatte der befreite Sklave Flavius Agricola einen Spruch einmeißeln lassen: »Wenn der Tod kommt, verzehren Erde und Feuer alles.« Unweit davon stürzte in einer Darstellung Jonas aus einem Schiff in das Maul eines Wals. Hinten im Gewölbe, direkt unter dem Hochaltar der Basilika, prangte der Schriftzug *Petr[os] en(i),* »Petrus ist hier«.[18]

Im Sommer 1940 erfuhr Josef Müller mehr über die Führungsriege der Verschwörer. Mehrfach traf er sich mit Generaloberst a. D. Beck. Als der politische Agent, dem der Papst am meisten vertraute, hatte er so direkten Kontakt zu dem Mann, der das anständige Deutschland nach Ende der Ära Hitler regieren sollte. In langen Gesprächen gewann Müller Beck für den Gedanken einer »europäische[n] Wirtschaftseinheit als grundlegenden Schritt zu einem geeinten Europa, das den übertriebenen Nationalismus und den Krieg zwischen den einzelnen Staaten schlicht unmöglich machen würde«. Dieser Gedanke wurde zu einem unverzichtbaren Bestandteil der Pläne der Widerständler für das Europa nach Hitler.[19]

Als Zweites erkannten Müller und Beck die Notwendigkeit, den Widerstand deutlicher ökumenisch auszurichten. Potenzielle Verbündete in Deutschland nahmen den Putschplan wegen seiner Akteure als Vorhaben der katholischen Zentrumspartei wahr. Und da der Papst der Verschwörung als Mittelsmann gedient hatte, sahen es angehende Unterstützer im Ausland als Projekt des Vatikans an. Wie Müller berichtete, wollte Beck diese vorherrschend katholische »Resonanz« unter »Kontrolle« bekommen.

Daher kam ihm das bereits bestehende widerständische Engagement des evangelischen Theologen Dietrich Bonhoeffer, dessen Schwester Christine mit Hans von Dohnanyi verheiratet war, gerade recht. Durch seinen Schwager hatte Bonhoeffer in Umrissen von dem Plan erfahren. Er trat in das Münchner Büro der Abwehr ein, wo er Müller als seinem Betreuer unterstellt wurde. Von November 1940 bis Februar 1941 hielt sich Bonhoeffer auf Müllers Idee hin im Benediktinerkloster Ettal versteckt, am Rande der Bayerischen Alpen und außerhalb der Reichweite der Gestapo.[20]

Im Schatten der Berge gelegen, wurde die Abtei nur nachmittags von der Sonne gestreift. Pater Johannes Albrecht – ein meisterhafter Bierbrauer in schwarzer Kutte mit Kapuze – gab Bonhoeffer einen Schlüssel zur Bibliothek. Bonhoeffer brachte den Großteil seiner Vormittage damit zu, seine *Ethik* zu verfassen, eine Verschmelzung katholischer und protestantischer Prinzipien.[21]

Um diese Zeit beschäftigte sich Bonhoeffer intensiv mit dem Tyrannenmord. Der Jesuitenpater Rupert Mayer, der damals in Ettal wohnte, mag Bonhoeffer ermuntert haben, die Rahmenbedingungen für eine Einschränkung des fünften Gebots und die Abkehr von Römer 13 zu durchdenken. Aus der Zeit von Bonhoeffers Aufenthalt in Ettal stammt jedenfalls der erste überlieferte Hinweis darauf, dass seine Position sich wandelte. Müllers geheimdienstliche Kontakte zur katholischen Kirche, Abt Hofmeister und Monsignore Neuhäusler wurden zu engsten neuen Gefährten des Pastors. Bonhoeffer durchdachte katholische Themen wie die »Einheit der Christenheit«.[22]

Zu Weihnachten 1940 versammelten sich christliche Agenten des Widerstands in Ettal, um ihren nächsten Schritt zu planen. Im privaten Speisezimmer des Abts diskutierten sie die halbe Nacht hindurch am Kamin: Müller, Dohnanyi, Pater Mayer, Pater Albrecht und Pastor Bonhoeffer – neben Schmidhuber und Hauptmann Johann-Heinrich Ickhardt von der Münchner Abwehr. Laut einigen Berichten hatte der Vatikan auch drei Prälaten zu dem Treffen geschickt, darunter Leiber und wahrscheinlich den Jesuitenpater Ivo Zeiger, den Rektor des Collegium Germanicum in Rom.[23]

Bei lieblichem fränkischem Eiswein nahmen ihre Gespräche eine nüchterne Wendung. Sie fragten sich, ob der Papst die Kontakte zu den Briten wiederanknüpfen könne. Die Jesuiten hofften es, wohingegen Müller seine Freunde vor zu großen Erwartungen warnte. Das Umfeld insgesamt hatte sich verändert. Da Italien seit Juni 1940 auf deutscher Seite im Krieg stand und sich die Briten mit den Deutschen Schlachten lieferten, war die Zeit der

Worte vorüber. Anständige Deutsche mussten jetzt handeln. Wenn sie aktiv würden, erhielten sie die Unterstützung des Papstes, wenn nicht, wäre jede Hilfe durch ihn sinnlos.

Martin Bormann, der NSDAP-Reichsleiter und Stabsleiter von Rudolf Heß, dem Stellvertreter des Führers, würde zwar erst Mitte Januar 1941 per Geheimerlass den »Klostersturm« starten, bei dem systematisch kirchliches Eigentum beschlagnahmt, Kruzifixe aus Schulen entfernt und Kirchenglocken zur Herstellung von Kugeln eingeschmolzen werden würden – doch antikirchliche Tendenzen wurden bereits vorher zunehmend sichtbar. Pater Albrecht teilte die wachsende Besorgnis des Papstes über die Vorgänge, die »einem Todesurteil gegen die katholische Kirche in Deutschland gleichkommen«.[24]

Als sich die Priester zur Nacht zurückzogen, erwogen die Spione ihre Möglichkeiten. Sie mussten weiter versuchen, Kontakte zu den Alliierten zu knüpfen. Allerdings stimmten alle darin überein, dass der eigentliche Anschub des Widerstands aus Deutschland kommen musste. Müller hatte bereits mit Bonhoeffer diskutiert, wie kleine Gemeinschaften aus engagierten Christen aufgebaut werden sollten. Dohnanyi würde nach einem Weg suchen, um christliche Zellen mit Arbeiter- und Militärkreisen zu einer kampfbereiten Widerstandsbewegung zu verbinden.[25]

Im ländlichen Bayern flackerten bereits Revolten auf. Als die Partei im April 1941 Kruzifixe aus Schulen entfernen ließ, schritten Gläubige in einer Welle des zivilen Ungehorsams zur Tat – so, wie das auch schon 1936 im Münsterland der Fall gewesen war. In vielen Fällen zogen die Protestierenden in einem Marsch los, um nach einer Messe für einen gefallenen Soldaten ein Kruzifix zu ersetzen. Im Dorf Velburg drangen 500 Menschen in das Haus des Bürgermeisters ein, der dort beschlagnahmte Kruzifixe verwahrte. Als er nach seiner Pistole griff, rangen sie ihn nieder und zwangen seine Frau, die Schlüssel zum Schulgebäude herauszugeben. In anderen Dörfern trommelten Frauen ihre Männer zusammen und veranstalteten auf öffentlichen Plätzen einen Auflauf. Angesichts dieser Front des psychologischen Widerstands und einer quasirevolutionären Stimmung ließ die bayerische Regierung die Kruzifixe ab August wieder anbringen.[26]

Unbewaffnete Frauen und Männer hatten die nationalsozialistischen Welteroberer zum Nachgeben gezwungen. Inspiriert durch die Gegenwehr und beschämt ob eigener Zweifel, fühlten sich die Verschwörer ermutigt, direkt in Deutschland tätig zu werden.

Aber ein Guerillakrieg war kein Spiel für alte Männer. »Alte Leute lassen lieber alles gehen, wie es eben geht, und wollen am liebsten allen unliebsamen Dingen aus dem Wege gehen«, schrieb im gleichen Monat ein junger Priester aus Passau dem 81-jährigen Vorsitzenden der deutschen Bischöfe und fasste damit die aufflammende Stimmung zusammen. »Wie notwendig ist bestimmt in solch wichtigen und verantwortungsreichen Ämtern rasche Entschlossenheit und Tatkraft, ein energisches und unerschrockenes Eingreifen, Mut selbst bis zur Bereitschaft zum Tode.« In eben diesem Geist verbündeten sich, als sich der Handlungsdruck der Katholiken vom Vatikan auf die Kirche in Deutschland verlagerte, die Gesprächspartner von Ettal mit einem Kreis aus jüngeren und zumeist mutigeren Priestern, um eine neue Runde des Widerstands gegen Hitler einzuleiten.[27]

KAPITEL 12

Das Eisen schmieden

Als der Abwehroffizier und gläubige Protestant Helmuth James von Moltke im August 1940 durch den besetzten Westen reiste, wirkte Frankreich auf ihn, als habe »in [...] Abständen eine Faust hineingeschlagen«. Beim Inspizieren der Maginot-Linie beklagte er sich über »diese Geldverschwendung, diese Landverschwendung« für die Wachposten, Barrikaden, Panzersperren, Blockhäuser und Kasernen, die sich von Belgien bis zur Schweiz hinzogen. »Dieses ganze Gebiet«, schrieb er seiner Frau Freya, »ist einfach ein Distel- und sonstiges Unkraut-Samenzuchtgebiet, und der Wind, der gerade darüber hinwegfegte, trug ganze Ladungen ausgereiften Distelsamens mit sich, dadurch Land verpestend.« Bei diesem Anblick von Dornen sinnierte Moltke: »Ein solches Verteidigungssystem ist unorganisch und krankhaft. Wenn es nicht gelingt, ohne solche Dinge auszukommen, innerhalb Europas meine ich, dann verdienen wir es nicht besser.«[1]

Seine Melancholie wuchs, als er sich unter die Franzosen mischte. Er empfand sie als »widerlich freundlich«. Im Vertrauen auf ihre Befestigungsanlagen hätten sie es unterlassen, die geistigen Eigenschaften zu pflegen, die für den Kampf notwendig seien. In einer Beschreibung des »sittlichen Debakels« beklagte Moltke, dass Französinnen »geradezu anstünden, um einen deutschen Soldaten in ihr Bett zu ziehen, und zwar aus dem Gefühl heraus, dass er ja der Stärkere sei und dass es mit dem Stärkeren vergnüglicher ist«. Derweil seien die französischen Soldaten zu »uniformierten Flüchtlingen« geworden, die sich unmöglich aufführten. »Habe man ein Flugzeug kommen hören, so seien diese mit Geschrei aus ihren Gefährten gesprungen, hätten Frauen, Kinder, Greise und ihre eigenen Mädchen beiseite stoßend, sich einen Weg durch den Flüchtlingsstrom gebahnt und sich auf dem Feld in Deckung gebracht.«[2]

Moltke zog daraus die Lehre, dass »der totalitäre Krieg [...] eine Wiederholung der innenpolitischen Entwicklung zu sein« scheine. »Er lässt die materiellen Werte intakt und zerstört Menschen. Das spürt man überall. Würde er die materiellen Werte zerstören, so wüssten die Menschen, deren Denkfähigkeit ja meist durch die fassbaren Vorstellungen begrenzt [ist], wogegen sie sich wehren und wie sich wehren sollten. Aber so findet die Zerstörung ihres Innern keinen Niederschlag in der Welt der Vorstellungen, der Sachen, der Materie. Damit übersteigt der Prozess ihr Fassungsvermögen und sie wissen nicht, was sie dagegen tun und wie sie sich regenerieren sollen.«[3]

Nach der Rückkehr nach Berlin begann Moltke auf einen Regimewechsel hinzuarbeiten. Am 14. August traf er sich erstmals mit Hans von Dohnanyi, der in der Abwehr als Leiter des Referats Berichterstattung tätig war und damals einen Text über das Recht vorbereitete, unmoralische Befehle zu verweigern. Moltke ging zunächst umsichtig vor, rekrutierte einzeln zuverlässige Freunde und baute einen Kreis auf, der bis Ende 1941 den deutschen Widerstand veränderte. Den Kampf gegen Hitler sah er nicht vornehmlich als eine militärische oder politische, sondern als eine ethische Angelegenheit: Der Aufenthalt in Frankreich hatte ihn zur Überzeugung gebracht, dass der Widerstand gegen die Tyrannei davon abhing, »wie man das Bild des Menschen wieder in die Brust unserer Landsleute einpflanzen kann«.[4]

Die Suche nach einem neuen Menschenbild führte den Protestanten zu Kontakten in der katholischen Kirche. Moltke kannte und mochte Josef Müller als einen Freund, hatte schlaflose Nächte wegen dessen Mission am Vatikan und sah einen »Silberstreif am Horizont«, als sich Hitlers Feinde mit dem Papst verbündeten. Auf der Suche nach einer spirituellen Basis für ein Regime nach Hitler entdeckte Moltke, dass die sozialen Enzykliken des Papstes nicht nur ein zusammenhängendes Programm boten, sondern ihn selbst auch mit einer tiefen inneren Ruhe erfüllten. Als er sich für sein Vorhaben nach Mitstreitern umschaute, musste er allerdings feststellen, dass sich die führenden protestantischen Geistlichen dem Widerstand noch immer verweigerten. »Während [der Münsteraner Bischof Clemens von] Galen und der Bischof von Trier [Franz Rudolf Bornewasser] tapfer Opposition gepredigt haben«, vermerkte einer von Moltkes protestantischen Kontakten, »gibt es auf der evangelischen Seite keine Führung.« Bei einem Abendessen am 28. September 1941 mit Generaloberst Beck drängte Moltke – mit Zustimmung Becks – deswegen zum »Schmieden des Eisens«.[5]

Am 13. Oktober 1941 trat ein jesuitischer Priester ins Hauptquartier der Abwehr in Berlin. Der kleine und gedrungene Pater Augustinus Rösch, Sohn eines Lokomotivführers, hatte im Ersten Weltkrieg gekämpft. Im Sperrfeuer der Artillerie war er für eine Zeit lang lebendig begraben worden. Seither zitterten und zuckten seine Glieder, als versuche er, sich noch immer aus dem Boden zu scharren. Rastlos, wirbelnd geschäftig und immer aktiv hatte er ein Gespür dafür, wie man Netze spinnt und Bündnisse schmiedet. Pater Leiber pries ihn als den »stärkste[n] Mann des Katholizismus in Deutschland«. Auf seinen Schultern ruhte die Bürde, den süddeutschen Jesuiten in einer Zeit der Verfolgung Führung zu geben.[6]

Pater Rösch war nach Berlin gereist, um einen guten Freund zu besuchen. Ludwig von und zu Guttenberg, der ehemalige Herausgeber der verbotenen katholisch-monarchistischen Zeitschrift *Weiße Blätter,* hatte sich dem militärischen Geheimdienst angeschlossen und erfüllte dort wie sein enger Freund Josef Müller Missionen für Osters Widerstandsgruppe. Als Pater Rösch jetzt in der Stadt Militärbüros aufsuchte, um angeblich den Status der Feldgeistlichen zu erörtern, machte Guttenberg ihm den Vorschlag, ihn einem weiteren Mitglied des Widerstands vorzustellen.[7]

Guttenberg setzte auf ausgeklügelte Sicherheitsvorkehrungen. Auf dem Weg zum Treffpunkt musste Rösch ihm im Abstand von rund 50 Metern folgen. Wenn er an einem Gartentor stehen blieb und sich eine Zigarette anzündete, sollte der Priester das nächste Gartentor passieren, um eine große Garage herumgehen und auf der Rückseite eine Treppe nach oben steigen. Über der Garage liege eine versteckte Wohnung, sagte Guttenberg. »Da läuten Sie an, und mein Name ist Stichwort.« Rösch folgte den Anweisungen. Wie er sich erinnerte, »musste [er] ein wenig suchen, die Treppe zu finden«. Er eilte nach oben und klingelte.[8]

Helmuth von Moltke öffnete die Tür und führte Rösch freundlich in einen großen Raum, der nur mit einer

»prächtige[n] Bibliothek« ausgestattet war. An einer Wand hing ein bekanntes Propagandaplakat der Wehrmacht mit der Überschrift: »Feind hört mit.«[9]

Guttenberg stieß zu ihnen. Moltke setzte seine Gäste an einen polierten Holztisch und verschwand. Er kehrte mit Tassen und Tellern, Kaffee, Brötchen, einem Alkoholstövchen und Teig in einer Schüssel zurück. Während Moltke Apfelpfannkuchen buk, prophezeite Guttenberg, dass die Schikanen gegen die Kirche bald noch heftiger würden, da es so aussah, als wäre der Krieg fast gewonnen. Moltke unterbrach ihn mit einem Einwand. »Es ist für Deutschland furchtbar: Aber der Krieg ist bereits für uns verloren […] wenn es nicht gelingt, Hitler die Führung aus der Hand zu nehmen.«[10]

Moltke umriss seine persönlichen Pläne für einen Staatsstreich. »Die Militärs sollen […] Waffenstillstand und Frieden machen […]; dann kann es noch einen erträglichen Frieden und die Rettung Europas geben«, so Röschs Erinnerungen.[11]

Moltke hatte ehrgeizige Vorstellungen: Rösch sollte die katholische Kirche in die Planungen einbeziehen, wie eine staatliche Ordnung nach der Naziära aussehen musste. Wenn es dem Militär gelänge, Hitler abzusetzen, müsste die öffentliche Sicherheit durch eine provisorische Regierung gewährleistet werden, die auf der christlichen Soziallehre aufbauen sollte: »Aber für diesen Fall müssen wir als Christen überlegen und planen und vorbereiten, wie wir wieder aufbauen können. […] Wir müssen kämpfen, alles tun, um zu retten, was zu retten ist«, so Moltke laut Röschs Erinnerung. Tief beeindruckt, sollte Rösch diese Worte später oft wiederholen. »Und nun frage ich Sie, P. Provinzial: Sie sind dazu bereit? […] Wollen Sie dazu mitarbeiten?«[12]

Rösch bat sich Bedenkzeit aus. Eine sofortige Zusage war nicht möglich, da Moltke »gerade von der katholischen Kirche eine große Hilfe erwartet[e]«. Wegen der von Moltke gepriesenen hierarchischen Struktur musste der Jesuitenprovinzial zunächst Rom konsultieren. Da Moltke oft nach München reiste, kamen sie überein, ihr Gespräch dort fortzusetzen. Beim Hinausgeleiten verabschiedete Moltke seine Gäste mit einem »Guten Tag«, worauf Rösch mit »Grüß Gott« antwortete. Laut Rösch gefiel dieser Gruß Moltke so gut, dass er sagte: »Von jetzt an werde ich auch immer ›Grüß Gott‹ sagen.« Die Worte besiegelten das Bündnis zwischen Graf Moltke und Pater Rösch und markierten zugleich den offiziellen Eintritt der katholischen Kirche in eine zweite Runde an Verschwörungen, die während des Kriegs gegen Hitler betrieben wurden.[13]

Herauskristallisiert hatten sich diese bereits vor dem 22. Juni 1941, als drei Millionen Soldaten der Achsenmächte in Stalins Reich eingefallen waren. Canaris hatte den Vatikan auf die anstehende Operation Barbarossa, wie Hitler sie nannte, mehrfach aufmerksam gemacht. Pater Leiber erinnerte sich an die Warnung sehr genau. In deren Planungsphase Ende 1940 hatte er mehrfach aktualisierte Informationen erhalten und dem Papst in allen Fällen versichert, dass Canaris deren Quelle war.[14]

Ende April 1941 traf eine alarmierende Nachricht ein. Josef Müller suchte das Hauptquartier der Abwehr auf, wo ihn Oster über Hitlers »verbrecherische Befehle« zum Ostfeldzug in Kenntnis setzte. Ein wichtiger Satz in den Hinweisen lautete, dass im Kampf gegen den Bolschewismus nicht davon ausgegangen werden könne, dass sich das Verhalten des Feindes an den Grundsätzen von Menschlichkeit und internationalem Recht ausrichten werde. Wesentliche Bestimmungen waren nach Müller: »Politische Kommissare« hätten »barbarische« und »asiatische« Methoden der Kriegsführung eingeführt und seien deswegen mit äußerster Härte zu bekämpfen. Sie seien grundsätzlich auf der Stelle zu erschießen, ohne Rücksicht darauf, ob sie während der Operationen in Gefangenschaft gerieten oder Widerstand leisteten. Partisanen und verdächtige zivile Unterstützer – laut Parteijargon hauptsächlich Juden – seien auf der Stelle zu liquidieren.[15]

Mit dieser Information gingen Oster und Müller zu Canaris. Die Hunde des alten Mannes bellten sie an, als Canaris, der auf der Terrasse über dem Tiergarten Vögel gefüttert hatte, zu ihnen hereintrat. Er winkte Müller zu einem Sessel und sackte selbst in einem abgewetzten Lehnstuhl zusammen. Besorgt, dass sie der frisch entworfene Kommissarbefehl für immer ins Verderben reißen würde, bat Canaris Müller, über Pius einen Frieden in den »alten Formulierungen« anzustreben, also gemäß den britischen Bedingungen vom März 1940. Während Canaris seine Dackel tätschelte, sagte er voraus: »Im Gegensatz zu den Fantasten«, die meinten, Russland werde binnen sechs Wochen in die Knie gezwungen, werde Hitler wie einst Napoleon dort dem Untergang entgegensehen.[16]

Hitler verkroch sich in seinem Bunker. Kaum hatte der Russlandfeldzug begonnen, verließ er nur noch selten die Wolfsschanze, seinen Kommandoposten bei Rastenburg in Ostpreußen. Durch Sperrkreise gegen die übrige Welt abgeschirmt, bot er so potenziellen Attentätern nur noch auf Reisen eine Chance zum Handeln.[17]

Oster hatte geplant, ihn während einer Siegesparade in Paris erschießen zu lassen. Aber als Hitler dort am 23. Juni 1940 eingetroffen war, besuchte er den Louvre und verzichtete auf die Abnahme der Parade. Vor einem anderen Aufmarsch deutscher Divisionen über die Champs-Élysées im Mai 1941 planten Verschwörer rund um Erwin von Witzleben, Hitler auf dem Podium zu erschießen, während ein Dritter von einem Hotelbalkon eine Bombe herabwerfen sollte. Aber als der Termin näher rückte, sagte Hitler seine Reise ab. Er blieb auf seinem bayerischen Berg, um den Russlandfeldzug zu planen. Erst später im Jahr 1941, als sich die ungeheure Tragweite dieses Kriegs abzeichnete, sollte eine neue Gruppe jüngerer Militärangehöriger beschließen, sich Hitler in den Weg zu stellen.[18]

Angeführt wurde die neue Verschwörung von Oberst Henning von Tresckow, Offizier einer Operationsabteilung an der Ostfront. Von Tresckow teilte offenbar die Ansicht Friedrich Olbrichts, die Wehrmacht sei nur ein »Windhauch in den russischen Steppen« und daher die deutsche Niederlage so »sicher wie das Amen in der Kirche«. Er glaubte zugleich, so teilte er einem Stellvertreter mit, dass Hitlers Verbrechen in Hunderten von Jahren auf Deutschland lasten würden. Dabei werde man »nicht Hitler allein die Schuld geben, sondern Ihnen und mir, Ihrer Frau und meiner Frau, Ihren Kindern und meinen Kindern, dieser Frau, die gerade über die Straße geht, und dem Jungen, der da Ball spielt«. Im September 1941, gleich nachdem die Nazis damit begonnen hatten, Juden auch im Deutschen Reich zu zwingen, den Stern zu tragen, schickte Tresckow einen Emissär zur Gruppe um Canaris.[19]

Canaris verbündete sich mit Tresckow, befürchtete aber nach einem Sturz Hitlers den Ausbruch eines Bürgerkriegs. Tresckow stimmte ihm zu, dass sie folglich Vorkehrungen treffen mussten, um so, »wie man [in] einem Chaos steuert«, das Machtvakuum zu füllen. Vor der Beseitigung des Diktators mussten sie militärische, zivile und religiöse »Kristallisationspunkte« finden, um die politischen Voraussetzungen für einen Staatsstreich zu schaffen.[20]

Gerade zu der Zeit hatte Moltke zu diesem Zweck Pater Rösch die Hand gereicht. Wie seine Briefe zeigen, glaubte er zu Recht daran, dass der Jesuitenprovinzial mit dem Vatikan auf bestem Fuß stand. Eher unklar ist, ob Moltke wusste, dass Rösch mehr einbringen würde als die katholischen Anschauungen zu Kirche und Staat. Jedenfalls stellte Rösch einen kompletten kirchlichen Spionagedienst bereit, der leicht in den Dienst der Sache von Hitlers Beseitigung gestellt werden konnte.

KAPITEL 13

Der Ausschuss

Die Ursprünge des jesuitischen Spionagenetzes – und seiner Verbindungen zu Pacelli – gingen auf die frühen Jahre des Dritten Reichs zurück. Der Apparat hatte sich aus Josef Müllers Münchner Umschlagstelle für geheimdienstliche Informationen entwickelt. Pater Rösch, der sich mit der SS täglich Duelle um die Vorrechte der Kirche lieferte, hatte Müller mit Hinweisen zu Plänen der Nazis versorgt, der sie daraufhin nach Rom weitergeleitet hatte. Ein sicherer Geheimkanal zwischen Pius und religiösen Orden im Reich bestand folglich schon um die Weihnachtszeit 1940, als sich das Zentrum des katholischen Widerstands gegen die NS-Herrschaft von Rom nach Deutschland verlagerte.[1]

Mit dieser Verlagerung hätte sich Pius eigentlich verstärkt auf die Berliner Nuntiatur stützen müssen. Er empfand allerdings die Haltung seines Berliner Vertreters, Cesare Orsenigo, gegenüber dem Nationalsozialismus als zu konziliant. Als Alternative blieben: die deutschen Zweige katholischer Orden wie der Jesuiten, Dominikaner oder Benediktiner. Sie boten sich als päpstliche Vertreter an. Statt den lokalen Bischöfen waren sie ihren Ordensführern in Rom unterstellt, die ihrerseits nur dem Papst

Rechenschaft schuldeten. Als »Feinden des Reichs« drohte ihnen die Deportation in den Osten. Aus diesen Orden ging ein jüngeres und streitbareres Korps an Geistlichen hervor, die den *Aufforderungen zum Heldentum,* wie es der Vatikan im Titel einer Schrift zum Martyrium nannte, Folge leisten wollten.²

Auf der Superiorenkonferenz in Berlin am 26. Mai 1941, die offiziell die Selbstauflösung beschloss, gelobten sie folglich, »vor dem Gewissen, vor dem Volke, vor der Geschichte, der Kirche und Herrgott [zu] bestehen und die katholische Ehre [zu] wahren«. In diesem Geist bildete sich eine nur inoffiziell existente sieben Mann starke Gruppe, die einem »kirchlichen Nachrichtenwesen« als Anlaufstelle diente. Untereinander nannten sie sich »Ausschuss für Ordensangelegenheiten« oder einfach nur »der Ausschuss«.³

Pater Rösch diente als treibende Kraft. Auf Reisen durch Deutschland organisierte er einen Kurierdienst zwischen den Bischöfen, übermittelte Warnungen, gab Ratschläge zur Gefahrenabwehr und baute eine Gruppe Gleichgesinnter auf. Sekretärinnen, Telefonvermittlerinnen, staatliche Bedienstete, Offiziere und sogar Gestapo-Leute gaben Hinweise zu den Plänen der Nazis. Sämtliche gewonnenen Informationen liefen im Münchner Provinzialat der Jesuiten zusammen. Nachdem Rösch Kontakt zu Moltke aufgenommen hatte, arbeiteten seine Priester eng mit den militärischen Verschwörern zusammen.⁴

Die Mitglieder des Ausschusses nutzten Tarnungen und Verkleidungen. Spezielle Dispense ermöglichten ihnen unter Aussetzung der Ordensregel, Zivilkleidung zu tragen und zivil zu leben. Der dominikanische Kurier Pater Odilo Braun verbarg seinen Priesterrock unter einem hellen Kittel, während sich die Jesuiten in schwarzgraue Wollmäntel hüllten. Manche Agenten unterhielten eine geheime Zweitwohnung. So nutzte Braun im Haus einer Berliner Freundin ein Zimmer, in dem er seine Unterlagen versteckte. Um nicht aufzufliegen, tarnten sie sich schauspielerisch geschickt wie der jesuitische Kurier Pater Lothar König und Brauns Sekretärin Anne Vogelsberg, die wie ein Liebespaar unter einem Schirm an einem Berliner Bahnhof entlangspazierten, um die Überwachung der Gestapo ins Leere laufen zu lassen. Oder Vogelsberg löste eine Bahnfahrkarte und besetzte im wartenden Zug einen Platz für einen Priester des Ausschusses, der sich selbst nur eine Bahnsteigkarte kaufte, um nicht unter eigenem Namen zu reisen. Wenn der Priester kurz vor der Abfahrt zustieg, verließ Vogelsberg den Zug wieder und tauschte mit ihm im Gang im Vorbeigehen die Karten aus. Briefwechsel und Telefonate zwischen den Priestern des Ausschusses erfolgten unter Codenamen. So hieß Bischof Johannes Dietz »Tante Johanna«.[5]

Rösch legte die Strategie fest, überließ taktische Operationen aber zumeist einem Helfer. Sein Sekretär und Kurier Pater König fungierte als bedeutender Verbindungsmann zwischen Widerstandsgruppen quer durch das Reich. Als König Mitte 1941 an Magenkrebs erkrankte, dachte er gar nicht daran, sich getreu Röschs Appell im Pfarrhaus zu schonen. Selbst in diesem Jahr legte er in seiner Arbeit für den Ausschuss Tausende Kilometer, gewöhnlich in Nachtzügen, zurück. Hinter seiner sanftmütigen und beschwichtigenden Art verbarg er höchst unpriesterliche Antriebe. Als ihn einmal beim Steuern eines Lastwagens Hitlers Kolonne überholte, war er wie elektrisiert beim Gedanken, wie viel Unheil er verhüten würde, wenn er Hitler nur überrollen könnte.[6]

Pater Rösch hatte für den Papst seine Fühler bereits

nach den militärischen Verschwörern ausgestreckt. Schon im April 1941 hatten er und seine Münchner Jesuiten direkte Kontakte zum in Opposition gegangenen Generalstabschef des Heeres Franz Halder aufgenommen. Wie Halder sich 1966 erinnerte, diskutierten sie bei Besuchen über Hitlers mögliche Beseitigung und die verfügbaren militärischen Methoden dazu. Stets wankelmütig, erklärte er, dass er all ihren Plänen zustimme, ihm aber die Hände gebunden seien. Keiner in seinem Umfeld werde kooperieren. »Nach dieser enttäuschenden Feststellung«, so Halder später, »wurde über die Mittel gesprochen, die der katholischen Kirche zum Kampf gegen Hitler zur Verfügung stünden. [...] Mir ist das in Erinnerung geblieben, weil ich mir nicht vorstellen konnte, wie diese hohe kirchliche Behörde gegen den durch die bisherigen militärischen Erfolge auf eine Gipfelhöhe gehobenen Diktator wirksam werden könnte.«[7]

Im April 1942 rekrutierte der Ausschuss seinen charismatischsten und wichtigsten Agenten – den Jesuitenpriester Alfred Delp, der in Zivil mit Anzug und Krawatte etwas eulenhaft und zerknittert daherkam, fast immer eine Zigarre in der Hand hielt und eine Rauchschwade um den Kopf hängen hatte. Im Widerstand entwickelte er sich zu einer Art Volkstribun. Gemeindemitglieder stenografierten seine Predigten mit und brachten sie auf Zetteln, zusammengefaltet auf Fingerhutgröße, anschließend heimlich in Umlauf.[8]

Delp war ein freidenkender Geist. Wegen seiner protestantischen Wurzeln und politischen Interessen vertrat er unter bayerischen Jesuiten einzigartige Anschauungen. In seinem ersten Buch machte er die Christen Luther und Kant für eine »völlige Auflösung der menschlichen Persönlichkeit« verantwortlich. Dahingegen habe der Atheist Nietzsche dem Christentum neue Entwicklungswege eröffnet. So vertrat Delp beispielsweise die Ansicht, dass die Kirchen irrigerweise zu einer »kollektivistischen« Auffassung von Demokratie ermuntert hätten. Er setzte sich bohrend mit Fragen und Theorien auseinander und stürzte sich begeistert in Debatten. Häufig thematisierte er Petrus, in dem er eine Kombination aus Ungestüm, Schwäche und leidenschaftlichem Vertrauen sah, Eigenschaften, die ihn selbst charakterisierten und seinen jesuitischen Oberen einiges Kopfzerbrechen bereiteten.[9]

Mit seiner streitsüchtigen Art stieß er so manche Ordenskollegen vor den Kopf. Selbst Freunde empfanden ihn als schwierig. Seine Mutter solle keine »frommen Legenden« über ihn erzählen, schrieb er einem Freund. Er sei ein ungezogener Bengel gewesen. Als das Provinzialat aus nicht überlieferten Gründen das Ablegen seiner ewigen Gelübde verschob, wurde über Freundschaften zu Frauen getuschelt. Als ein seltener Querdenker im straff organisierten Jesuitenorden drängte er seine zivilen Kontakte zu Aktionen gegen Hitler.

Der Ausschuss für Ordensangelegenheiten hielt engen Kontakt zum Vatikan – mit Josef Müller als seinem wichtigsten Bindeglied. Sechs der sieben Geistlichen des Ausschusses nutzten ihn seit Mitte der 1930er-Jahre als Kurier. Die meisten Mitglieder der Gruppe unterhielten eigene Verbindungen nach Rom. Pater Rösch setzte häufig auf seinen Jesuitenkollegen Pater Leiber als inoffiziellen Kanal zum Papst. Auf diesen Wegen erfuhr der Vatikan denn auch vom Wirken des Ausschusses. Pater Rösch nahm Moltkes Kooperationsangebot vom Dezember 1941 erst an, nachdem er »mit ernsten Leuten gesprochen« hatte.

Moltke zeigte sich wiederholt brieflich begeistert von Rösch, einmal, 1943, verwies er auf ein in Rom gesungenes »großes Loblied auf Rösch«. Rösch sei »der stärkste Mann des Katholizismus in Deutschland«.[10]

Pius interessierte sich stark für die Arbeit des Ausschusses. Am 30. September 1941, zwei Tage nachdem General Beck gebilligt hatte, dass Moltke »das Eisen schmiedete«, forderte Pius, eine »Gesinnungs- und Tateinheit« des Episkopats in der Sache der Katholiken gegen den Nationalsozialismus anzustreben. Da das Bündnis um Tresckow und Beck den Ausschuss soeben aufgefordert hatte, in deren Projekt einzusteigen, kam dieser päpstlichen Direktive entscheidende Bedeutung zu. Den späteren Ereignissen nach zu urteilen, legte der Papst mit seinem Schreiben Röschs Ausschuss jedenfalls keine Steine in den Weg, um Ränke zu Hitlers Beseitigung zu schmieden.[11]

Pater Rösch und Helmuth Moltke bildeten ein gutes Team. Nach einem ruhigen Start 1941 sorgten sie binnen 18 Monaten dafür, dass die Ereignisse auf einen dramatischen Höhepunkt zustrebten. In dieser Zeit wurde die zweite Verschwörung gegen Hitler weiter und schneller vorangetrieben, als es bei der ersten der Fall gewesen war. Ohne Röschs Geheimdienst hätte wohl Stillstand geherrscht.

Der Ausschuss wurde zur Planungsstelle der Verschwörer für die Zeit nach dem Krieg. Moltke beschloss, einflussreiche gesellschaftliche Visionäre auf seinem Landgut in Kreisau zu versammeln, um dort ein politisches Programm auszuformulieren. Pater Rösch erklärte sich bereit, den Dialog zu moderieren und ähnlich wie einst Alexander Hamilton während der amerikanischen Revolution unter den Meinungen einen Konsens herauszudestillieren.

Moltke, der sich mit den »Federalist Papers« eingehend auseinandergesetzt hatte, ermunterte dazu, diese Parallele zu ziehen.[12]

Rösch setzte sich die ambitionierte Aufgabe, im Vorfeld zu allen Fragen ein Einvernehmen zu vermitteln. Da Telefon- oder Briefkontakte aus Sicherheitsgründen ausschieden, trat Röschs Sekretär Pater König als wichtigster Agent auf, der bei Nacht und Nebel verschwand und wiederauftauchte, ohne je zu verraten, wohin er ging und woher er kam. Mit seiner Maxime, es gebe nichts, was er nicht vermochte, versuchte er, Zuversicht zu verbreiten.[13]

Pater König eröffnete eine neue Widerstandsfront, die erstmals Hoffnung weckte, dass sie für einen Staatsstreich massenhaft Unterstützung mobilisieren könnte. Zum Ende des Monats Oktober hatte König die Netzwerke in Berlin und München mit Führern der verbotenen katholischen Arbeiterbewegung in Stuttgart und Köln zusammengebracht. Und diese Arbeiterführer warben ihrerseits Schlüsselfiguren aus der verbotenen katholischen Zentrumspartei an.[14]

Die Planungen verliefen so glatt, dass Beck und Canaris im November zustimmten, US-Präsident Roosevelt ein Angebot zu unterbreiten. Als Kanal nutzten die Verschwörer Louis Lochner, den Chef des Büros der Associated Press in Berlin. Lochner, der in der Wohnung eines Anhängers der Zentrumspartei ein Dutzend Führer des Widerstands traf, erlebte diese Verschwörung geradezu als ein geselliges Beisammensein. Der katholische Arbeiterführer Jakob Kaiser fiel ihm als Leitfigur auf. Die Verschwörer übermittelten Lochner einen Geheimcode für Funksprüche zwischen Roosevelt und General Beck. Lochner erklärte sich bereit, über Weihnachten das Weiße Haus zu kontaktieren.[15]

Bis Dezember war die Dynamik in eine entscheidende Phase getreten. Beunruhigt über die Judenverfolgung, bat Heeresoberbefehlshaber Walther von Brauchitsch immer wieder Widerstandsführer zum Tee. Hasso von Etzdorf, der Vertreter des Auswärtigen Amts beim Oberkommando des Heeres, beschrieb eine spannungsgeladene Szene, die sich am ersten Weihnachten während des Russlandfeldzugs abspielte. In einer Ansprache an Offiziere, Wohlfahrtsorganisationen und Männer aus dem Hauptquartier hatte Brauchitsch auf den Weihnachtsbaum in der Mitte des Appellplatzes gedeutet und erklärt: »Zwischen diesen beiden Symbolen werdet ihr euch entscheiden müssen: den lodernden Flammen des Sonnwendfeuers und dem strahlenden Weihnachtsbaum. Ich habe mich für das Symbol des Christentums entschieden.« Abschließend forderte er seine Zuhörer auf, an denjenigen zu denken, auf dessen Schultern die gesamte Verantwortung ruhe. Die Anspielung wurde verstanden: Rufe wie »empörend« oder »der Mann [Hitler] gehört an die Wand gestellt« wurden laut.[16]

Die Vorbedingungen für einen Staatsstreich passten so gut zusammen, dass Müller Charlotte Respondek, eine katholische Agentin aus der Laienschaft, zu Pater Leiber nach Rom entsandte. Oster beorderte daraufhin Müller nach Berlin, um die Rolle des Vatikans beim Regimewechsel zu koordinieren. Müller traf am Abend des 7. Dezember 1941 ein. Laut einem schlecht dokumentierten, aber durchaus glaubhaften Bericht hatte das Ehepaar Dohnanyi einen Opernabend geplant und ließ ihm kurzerhand ebenfalls einen Platz reservieren. Als sie den Saal in der Pause verließen, trafen sie im Vorraum auf Oster. Der Oberst schlug vor, für einen Augenblick ins Freie zu gehen. Draußen, wo Spazierwege durch kahle Rosensträucher führten, teilte er mit, dass er soeben die Nachricht eines Boten der Abwehr erhalten habe: Die Japaner hätten die US-Flotte in Pearl Harbour bombardiert.[17]

Amerikas Kriegseintritt beschwor Hitlers Untergang herauf und rettete ihn zugleich. Auf lange Sicht, so erkannten Pius' Berater jetzt, war der Krieg für die Achsenmächte nicht mehr zu gewinnen. Aber für den Augenblick hatte auch der deutsche Widerstand keinerlei Aussichten auf einen Sieg. Angesichts von Hitlers Kriegserklärung am 11. Dezember, so erinnerte sich Lochner später, wiesen die Vertreter des Weißen Hauses seine Avance als »höchst peinlich« zurück.[18]

Die Weihnachts-Verschwörung stürzte in sich zusammen: Nachdem der Widerstand ins Taumeln geraten war, erlitt er am 19. Dezember einen weiteren Schlag: Hitler machte den zunehmend gegnerischen Brauchitsch für die ins Stocken geratene Offensive auf Moskau verantwortlich und entließ ihn. Diese Rückschläge lähmten die Verschwörer allerdings nur kurz. Sie schöpften in den nächsten Monaten neuen Mut, weil Pater Rösch wieder das »Bild des Menschen« in ihre Herzen pflanzte.[19]

Vom 22. bis zum 25. Mai 1942 trafen sie auf Moltkes schlesischem Landgut in Kreisau zu einer ersten Tagung zusammen. Drei Tage lang lebten sie in der von ihnen angestrebten neuen Welt. An die idyllische Kulisse sollten sich Moltkes ein Dutzend Gäste später mit einhelliger Wehmut zurückerinnern: Flieder in der Sonne, Schafe und Zuckerrübenfelder, Gespräche am Feuer bis tief in die Nacht. Pater Rösch bereitete sie auf ihre Rolle vor. Auf der Grundlage seiner Erfahrungen in mehr als 100 Auseinandersetzungen mit der Gestapo unterwies er sie, wie man Verhören standhielt. Mit seiner Äußerung, dass man dazu aber unbedingt »einen Schutzengel brauche«, gab er den frühchristlichen Ton vor, der durch dieses Wochenende schwang – eine Widerspiegelung des Ethos der Katakomben, die verjüngende Reinheit einer Rückbesinnung auf die Wurzeln. Moltkes Frau schrieb über Pater Rösch: »Wir fühlten uns doch ihm gegenüber noch mehr als sehr jung.«[20]

Rösch war zu erfahren und diskret, um anzudeuten, dass er als Vertreter des Papstes fungierte. Dennoch koordinierte und billigte der Vatikan im Vorfeld die Kreisauer Agenda, wie Helmuth Moltkes heimliche Aufzeichnungen zeigen. Am 8. Mai stieß »ein Mann von Rösch, der Verschiedenes wissen wollte« und der »von Besprechungen beim Papst« kam, zu ihnen, so vermerkte Moltke. »[E]ine der Hauptfragen aus Rom war: ›Was kann man zur Frage der Wirtschaftsordnung sagen‹?« Moltke führte mit dem Gesandten aus dem Vatikan, den er ausschließlich als »den fremden Mann« bezeichnete, einen ganzen Tag lang von morgens bis Mitternacht Gespräche. Der Fremde stellte ihm als Mittelsmann Fragen für den Berliner Bischof Konrad Graf von Preysing zu einer möglichen Ordnung nach Hitler. Und Preysing übermittelte seine Antworten wiederum über Moltke dem Papst. Am Ende seien sie »ein[en] guten Teil vorangekommen«, so Moltke: »P[reysing] war sichtlich befriedigt und ich auch.« Das Resümee, das aus der Kreisauer Tagung hervorging, hielt streng an der katholischen Soziallehre fest, wie sie Pius XI. 1931 in der Enzyklika *Quadragesimo anno* dargelegt hatte. Moltke kannte sie seit langer Zeit.[21]

Als Rösch das Schriftstück verlas, zeigte sich die Versammlung tief beeindruckt. Einen Großteil des Denkens seit dem 14. Jahrhundert zurückweisend, prangerte es die »Staatsvergötterung« an und beklagte die fortschreitende Ausweitung der Staatsgewalt zum Würgegriff eines Python, dem es gelungen sei, den gesamten Menschen zu vereinnahmen. Im Gegensatz zu diesem Ungeheuer schlug man einen kommunitären Lokalismus vor, »die größtmögliche Anzahl an möglichst kleinen Gemeinschaften«. Die »Christenschaft« müsse zum Grundbaustein oder Atom dieser neuen Ordnung werden. Deutschland müsse zur Theorie des »organischen Staates« zurückkehren, die mit Karl dem Großen untergegangen sei. Rösch überzeugte den protestantischen Widerstand und die sozialistischen Gewerkschaftsführer, dass dieses Modell für Deutschlands Zukunft tauge. Er vermittelte die Vision eines neuen Christentums, das eher auf der Sozialdemokratie als auf militärisch-feudalen Fundamenten ruhte. Die Energie, die einst in eine Erklärung des Phänomens Hitler geflossen war, konnte sich jetzt in dessen Bekämpfung Bahn brechen.[22]

Rösch erinnerte an die katholische Sichtweise vom Tyrannenmord, nach der die Beseitigung eines Tyrannen keinen Bürgerkrieg auslösen dürfe, wie Thomas von Aquin hervorgehoben hatte. Der Kreisauer Kreis, der gerade dazu gegründet worden war, um Wirren in der Zeit nach Hitler zu verhüten, rechtfertigte entsprechend die Verschwörung. »Irgendwie war die Rede, dass wieder ein Anschlag auf Hitler gemacht geworden sei, von dem aber nichts in die Öffentlichkeit komme«, erinnerte sich Rösch.[23]

Die Verschwörer gelobten, als Brüder im Krieg und in Christo zu agieren. Als das Wochenende zu Ende ging, besiegelten sie ihr ehrenvolles Bündnis mit einem Geheimzeichen. Ebenso wie die Urchristen das Zeichen des Fischs an die Wände der römischen Katakomben gekritzelt hatten, sollte auch ihnen ein Symbol als Erkennungszeichen dienen: ein von einem Kreis umschlossenes Kreuz, der den Kreisauer Kreis als einen Freundeskreis darstellte, dessen Mitglieder sich gegenseitig ihr Leben in die Hände legten.

Während das Kreuz für ihren Glauben an Christus stand, bildeten Kreis und Kreuz, Freundschaft und Glaube zusammen ein Fadenkreuz, das sie auf ihren gemeinsamen Feind richteten.[24]

Die religiöse Begeisterung in Kreisau stärkte den Widerstandsgeist und gab der Verschwörung gewaltigen Auftrieb. Doch gerade als sich der Kreisauer Kreis formierte, fielen ihm die Verhältnisse in den Rücken. In Prag, jenseits des Eulengebirges, das Kreisau abschirmte, trugen sich Ereignisse zu, die der SS zum dritten Mal eine Spur lieferten, die von den Verschwörern zum Papst führte. Die Gruppe um Canaris, die schon zweimal knapp einer Entdeckung entgangen war, leistete sich jetzt Leichtsinnsfehler, derentwegen die Beteiligten in den Folterkellern der Gestapo landen und schließlich am Galgen enden sollten.

KAPITEL 14

Gespräche in der Krypta

Im Juli 1942 nahm Joseph Müller Dietrich Bonhoeffer nach Rom mit, um mit Mitarbeitern des Papstes Gespräche zu führen. Ein Dialog sollte die Kluft zwischen den Konfessionen überbrücken, damit die Christen ihren Kampf gegen Hitler koordinieren konnten. Müller führte Bonhoeffer bei Pater Leiber und Monsignore Kaas ein, die den Protestanten daraufhin in einer subtilen Missionierung in die Forschungen zum Petrusgrab einweihten.[1]

In Gesprächen in der Krypta des Petersdoms beschworen sie die Aussichten auf ein wiedervereinigtes Christentum. Bonhoeffer lauschte begeistert katholischen Unterweisungen zur Weltkirche, zu Christus, der in den aktuellen Ereignissen Gestalt annahm, und zum Platz der Kirche im Tal des Todes. Unbewusst da anknüpfend, wo die Kreisauer Gespräche geendet hatten, stimmten die Dialogpartner darin überein, dass die protestantisch-katholische Spaltung »über das hinweggegangen sei, was die Reformatoren eigentlich angestrebt hatten«. Pater Leiber gestand zu, dass »die katholische Kirche [...] durch den Verlust der nördlichen Gebiete hingegen eine gewisse Veränderung« dahingehend erfahren habe, »dass der Madonnenkult hochgesteigert wurde, und zwar nicht nur um der

Verehrung der Mutter Gottes willen, sondern auch aus der Grundeinstellung der Romanen zur Mutter-Kind-Verehrung«. Bonhoeffer räumte seinerseits ein, dass protestantische Fürsten die Reformation dazu ausgenutzt hätten, um Kirchengüter zu beschlagnahmen, und gab zu, dass sich katholische Priester als Junggesellen besser zu Kämpfern gegen Hitler eigneten, weil die Nazis nicht an Angehörigen Rache nehmen könnten.[2]

Müllers Bericht über diese Gespräche beeinflusste den kirchlichen Widerstand in Deutschland. Ein überarbeitetes Positionspapier des Ausschusses betonte, dass Katholiken nicht nur »für rein kirchlich-konfessionelle, kirchenrechtliche oder christlich-übernatürliche Belange, sondern vor allem für die Verteidigung des Menschen als Menschen« eintreten müssten. Pater Delp fasste die Worte als Aufruf zur Rettung nichtarischer Seelen auf. In der Tagesordnung für eine zweite Kreisauer Beratung, an der nun auch Delp teilnahm, wurde das Thema der Grundrechte aufgegriffen und in der vor Januar 1943 verfassten Schrift über die Befriedung Europas präzisiert: »Herstellung der menschlichen Grundrechte (bes. der Juden…).« Sein Münchner Pfarrhaus wurde zu einer Station für eine im Untergrund organisierte Fluchtroute in die Schweiz.[3]

Müller und andere in der Gruppe um Canaris leisteten ebenfalls einzelnen Juden Unterstützung. In den ersten Kriegsmonaten hatte sein Kreis in der Abwehr Rabbi Joseph Isaac Schneersohn, dem spirituellen Oberhaupt der Chabad-Bewegung, zur Flucht von Warschau nach Brooklyn verholfen. Und im September 1942 beteiligte sich Dietrich Bonhoeffer an einer unter dem Codenamen U-7 laufenden Spezialoperation der Abwehr, um 13 Juden in die Schweiz auszuschleusen. Canaris hatte Hans von Dohnanyi damit betraut, deren Flucht unter dem Vorwand zu überwachen, dass die Abwehr sie als Agenten, angeblich zur Infiltration in Amerika, nutzen könne. Müller und der Münchner Abwehragent Wilhelm Schmidhuber arrangierten für sie eine »Rattenlinie« und nutzten ein Netzwerk aus Klöstern, das sich von der Slowakei bis nach Italien erstreckte.[4]

Diese Rattenlinie konnte allerdings zu einem Fallstrick werden. Zu Pfingsten 1942 begannen deutsche Zollbeamte, das rettende Fluchtsystem aufzudecken, als ihnen auf einem Prager Bahnhof ein Devisenschwarzhändler ins Netz ging. Als Polizisten seine Aktentasche durchsuchten, stießen sie auf Edelsteine. Der Verdächtige gestand, dass Schmidhuber ihn gebeten hatte, die Steine und das Schwarzgeld für Finanztransaktionen mit Juden zu nutzen. Der Chefzollermittler rief einen Kollegen an und forderte ihn auf, Schmidhuber in München zu verhaften. Der Kollege sympathisierte allerdings mit dem Widerstand und warnte stattdessen Schmidhuber und Müller, die ihrerseits Canaris darüber informierten, dass eine Lawine auf sie zurollte.[5]

Bereits im Herbst 1941 hatte Pius selbst bei einer Generalaudienz mit rund 80 Personen, darunter deutschen Soldaten, auch einen im Exil lebenden Juden empfangen. Laut einem Bericht aus der Kriegszeit, der in der zionistischen *Palestine Post* erschien, hatte dieser Heinz Wisla, als der er später identifiziert wurde, den Heiligen Stuhl um Unterstützung für schiffbrüchige Juden gebeten, die Palästina erreichen wollten. Mit der Aufforderung, am nächsten Tag mit einem schriftlichen Bericht nochmals vorstellig zu werden, soll ihm Pius gesagt haben: »Du bist ein junger Jude. Ich weiß, was das bedeutet, und ich hoffe, dass du immer stolz darauf bist, ein Jude zu sein.«[6] Wohl aus Schuldgefühl oder Frustration soll er dem jüdischen Emissär gegenüber Stellung bezogen haben: »Mein Sohn, ob du mehr wert bist, das weiß nur der Herr, doch glaube mir: Du bist mindestens genauso viel wert wie jeder andere Mensch, der auf dieser unserer Erde lebt.« Laut Pressebericht beendete er die Audienz mit Wisla mit den Worten: »Geh mit dem Schutz des Herren.«

Pius hatte schon zu diesem Zeitpunkt ein schlechtes Gewissen gehabt, dass er seine Solidarität in der Öffentlichkeit nicht deutlicher kundgetan hatte. Als Pius am 10. Oktober 1941 den päpstlichen Diplomaten Angelo Roncalli, den künftigen Papst Johannes XXIII., empfangen hatte, hatte er die Sorge geäußert, dass sein »Schweigen zum Nationalsozialismus übel beurteilt« werden könnte.[7]

Dieses Gefühl verstärkte sich, und so fühlte sich Pius angesichts des Martyriums der Juden gewaltig unter Druck, seine Stimme zum Protest zu erheben. Am 20. Januar 1942 hatte SS-Spionage-Chef Reinhard Heydrich die Berliner Wannseekonferenz geleitet, um die Liquidierung des europäischen Judentums zu planen. Fünf Wochen später berichtete Pater Pirro Scavizzi, dass die Deutschen damit begonnen hätten, ganze Bevölkerungen zu vernichten. Als Militärkaplan des Malteserordens hatte er einen italienischen Lazarettzug durch die besetzten Gebiete Polens und Russlands begleitet. Von Gewissensbissen geplagte Offiziere hatten ihm dort von »Deportationen in Konzentrationslager« berichtet, »aus denen, wie sie sagen, nur wenige lebend herauskommen. [...] In diesen Lagern werden Tausende und Abertausende [...] ohne jedes Gerichtsverfahren vernichtet.« Nahe Auschwitz, so die Informanten des Kaplans, rieche man den ekelerregenden Gestank des Rauchs aus den Krematorien. Scavizzi erstellte einen Bericht für den Erzbischof in Krakau, den er dann aber auf

Anweisung vernichten sollte: Wenn er den Nazis in die Hände fiele, würden sie womöglich »sämtliche Bischöfe und vielleicht noch andere erschießen«. Der Priester fertigte aber insgeheim und nur für den Papst bestimmte eine handschriftliche Abschrift an. Als er ihm diese am 12. Mai in einer Audienz vorgelegt habe, so berichtete Scavizzi später, sei Pius zusammengebrochen und habe die Hände zum Himmel erhoben: »Ich sah ihn weinen wie ein Kind.«[8]

Hatte die Welt bis zu diesem Frühsommer über den Völkermord nur Gerüchte gehört, so lag Pius inzwischen ein ganzer Stapel an Berichten vor. Aus der Slowakei traf ein Telegramm von Nuntius Giuseppe Burzio ein, wonach in Polen 80 000 Juden verschwunden seien. Wie Angelo Rotta, der Nuntius in Budapest, schrieb, seien die slowakischen Juden »in einen sicheren Tod« gegangen. Gerhard Riegner, der Vertreter des Jüdischen Weltkongresses in Genf, berichtete dem Nuntius in Bern, dass Juden »mit Gas und tödlichen Injektionen« ermordet würden. Selbst Orsenigo, der den Achsenmächten freundlich gesinnte päpstliche Vertreter in Berlin, schenkte den »makabren Mutmaßungen« zu den Schicksalen der Deportierten Glauben und fügte hinzu: »Die Lage der Juden ist von jeglicher gut gemeinter Intervention ausgeschlossen.« Hollands Bischöfe gaben am 20. Juli gleichwohl eine öffentliche Verurteilung ab. Trotzdem deportierten die Nazis in großem Maßstab niederländische Juden und wegen des Protests am 2. August auch über 100 katholisch getaufte Juden.[9]

Das holländische Debakel setzte Pius unter Druck. Als Pater Leiber an einem Abend – wahrscheinlich Ende Juli oder Anfang August 1942 – in die Küche der päpstlichen Appartements trat, entdeckte er dort zwei Blätter mit Pius' markanter Schreibschrift – seinen bislang schärfsten Protest gegen die Judenverfolgung. Pius plante, ihn am selben Abend im *L'Osservatore Romano* zu veröffentlichen. Leiber erinnerte Seine Heiligkeit allerdings eindringlich an die Folgen des Hirtenbriefs der holländischen Bischöfe. Ein noch schärferer Protest, verfasst von einer noch prominenteren Figur, könne ein Vielfaches an Opfern heraufbeschwören. Es sei besser, wenn der Papst öffentlich Stillschweigen wahre und insgeheim gegen den Massenmord alles in seiner Macht Stehende unternehme. Zwei Zeitzeugen berichteten später, sie hätten Pius dabei beobachtet, wie er die Blätter in den Küchenherd geworfen und zugesehen habe, wie sie verbrannt seien.[10]

Einige Monate später protestierte Pius dann doch gegen den Völkermord. In seiner jährlichen Weihnachtsbotschaft prangerte er an, dass »viele Hunderttausend Unschuldige getötet oder der langsamen Vernichtung preisgegeben« würden, »zuweilen nur wegen ihrer Abstammung«. Anstatt »Jude« gebrauchte er den Ausdruck *stirpe* für »Abstammung«, »Stamm« oder »Geschlecht«, einen geläufigen italienischen Euphemismus für das »Judentum«. Auch wenn den Diplomaten der Alliierten Pius' Protest nicht weit genug ging, äußerten sie keinerlei Einwände dagegen – oder bemerkten wohl nicht einmal –, dass er den Ausdruck »Jude« vermieden hatte. Allerdings beklagten sie, wie es in Dokumenten des Vatikans heißt, dass er »die Nazis nicht [namentlich] genannt« habe.[11]

Die Nazis reagierten wie nach einer Nennung. Reichsaußenminister Ribbentrop telefonierte mit dem deutschen Botschafter Diego von Bergen in Rom. Wie es in einer geheimdienstlichen Auswertung der SS hieß, sei Pius' Text ein einziger anhaltender Angriff auf alles, für das der NS-Staat stehe. Er behaupte, dass Gott Menschen und Rassen unterschiedslos als derselben Rücksichten für würdig erachte. Hier spreche er eindeutig für die Juden. Er beschuldige praktisch das deutsche Volk, dass es an den Juden Unrecht begehe, und mache sich zum Sprachrohr der »jüdischen Kriegsverbrecher«. Der protestantische Pastor François de Beaulieu, ein Feldwebel und Funker in Zossen, wurde verhaftet, weil er illegal kursierende Abschriften von Pius' Weihnachtsbotschaft entgegen dem Befehl zur Vernichtung weiterverbreitet hatte. Ein Militärtribunal klagte ihn an, ein »umstürzlerisches und die Moral zersetzendes Dokument« unter die Leute gebracht zu haben. Er fühle sich »geistig von jüdischen Kreisen angezogen und hege den Juden gegenüber Sympathien«. Beaulieu, der dank des Eingreifens seiner Vorgesetzten der Todesstrafe entging, widersprach später Auffassungen, wonach sich Pius deutlicher hätte äußern müssen: Was hätte es genützt, wenn er sich aus Protest vor dem Vatikan selbst verbrannt hätte? Notwendig gewesen wäre vielmehr ein Aufstand sämtlicher Priester und protestantischer Pastoren in Deutschland.[12]

Ende 1942 erhielten Pläne für einen christlichen Aufstand Auftrieb. Die Einheit des Glaubens wurde zu einem Axiom des gemeinsamen Vorgehens, während die päpstliche Geheimpolitik in München, Köln und Berlin langsam vorankam. Die Gespräche in der Krypta weiteten den Aktionsradius des Ausschusses aus. »Für die Kirchen ergibt sich die bedeutsame, aus Verantwortung verpflichtende Möglichkeit, die innere Fühlung mit breiten, ihr entfremdeten Kreisen wiederzugewinnen«, schrieb Pater Delp. Unter Verweis auf gemeinsame Zielsetzung, in deren Interesse er ein Bündnis zwischen den Führern des katholischen und des sozialistischen Untergrunds vermittelt hatte, hob er hervor: »[Man] sollte versuchen, sich über [...] außerkirchliche Gemeinschaften aufeinander abzustimmen und für [den Erhalt der] Übereinstimmung wirksame Vorkehrungen zu treffen.«[13]

Während Delp diese Kräfte koordinierte, steckte Canaris in einem moralischen Dilemma. Wilhelm Schmidhubers sich auflösende Rattenlinie brachte ein Unternehmen in Gefahr, welches das Leben von Millionen Menschen retten konnte. Laut einigen Berichten drängte Oster Canaris dazu, Schmidhuber als zwielichtige Figur zu liquidieren, ehe er sie verraten würde. Canaris, den noch immer Erinnerungen an seine unrühmliche Rolle bei der Verschleierung der Tathergänge nach der Ermordung Rosa Luxemburgs und Karl Liebknechts verfolgten, lehnte dies ab. Derweil floh, von Panik gepackt, Schmidhuber nach Meran und tauchte in einem Hotel unter. Die italienische Polizei schickte ihn später in Handschellen nach München zurück.[14]

Die Uhr tickte. »Wenn es aber so abläuft, wie ich annehme, dann stehen uns 8 Wochen bevor, die so von Spannung erfüllt sein werden, wie selten, wie wohl in unserem Leben noch nie«, schrieb Moltke seiner Frau Freya am 5. November. »Es ist merkwürdig, wie plötzlich unendlich viele Dinge von einer Entscheidung abhängen. Das sind die wenigen Augenblicke, in denen ein Mann plötzlich in der Weltgeschichte wirklich zählen kann.«[15]

KAPITEL 15

Schießerei in der Kirche

Unmittelbar nach Pfingsten herrschte in Prag so große Stille, dass man fast meinte, die Vierspänner eines untergegangenen Zeitalters über die Pflasterstraßen rumpeln zu hören. Vor einer Woche war Admiral Canaris in die Stadt gereist und hatte auf Spaziergängen durch ihre ummauerten und gewundenen Straßen prachtvolle Kirchen mit gotischen Fialen an den Turmspitzen bewundert. Seine Agenten zeigten ihm die verborgene Stadt mit Kellerlokalen, die nur die Einheimischen kannten. Nach Karaffen mit Tokaierwein kleidete sich Prag in ein schaurig-schönes Gewand, wie sich ein jesuitischer Kontaktmann von Canaris erinnerte, »mit Schatten und Gespenstern«, versunken »in ihre geschichtlichen Erinnerungen«, mit Türmen, deren von Dunst umhüllte Silhouetten im Mondlicht glänzten. »Es war dies ein zauberhafter Anblick, denn da man von den golden glänzenden Kuppeln die Grundmauern nicht mehr sehen konnte, so schienen sie im Freien zu schweben, geheimnisvolle Hüllen eines heiligen Mysteriums.«[1]

Canaris hatte Prag zu einem Eiland seines verborgenen Archipels ausgebaut, zu einem Bollwerk des Widerstands, das er in fast zwei Jahren errichtet hatte und das die SS in nur einem Monat wieder zerstören sollte. Und doch sollten Hitlers im Verborgenen agierende Feinde im Protektorat Böhmen und Mähren unmittelbar vor ihrem Untergang einen erstaunlichen Triumph erzielen, hinter dem der Führer die heimliche Hand der katholischen Kirche erblicken wollte. Wie die schwebenden Kuppeln Prags erschienen die Ereignisse umso wundersamer, als der dahinter stehende Apparat ihrer Unterstützer nicht auszumachen war. Die Fakten hingen gleichsam in der Luft, weil ihre Hintergründe im sakralen Dunkel verborgen blieben.[2]

Reinhard Heydrich, Chef des Reichssicherheitshauptamts und stellvertretender Reichsprotektor in Böhmen und Mähren, hatte seinen Dienstsitz in Prag, wo er vom Hradschin aus neben dem Massenmord an den europäischen Juden auch einen NS-Feldzug gegen die katholische Kirche leitete. Am 18. Mai erhielt Heydrich Besuch von Canaris, um mit ihm eine Kompetenzaufteilung zwischen Abwehr, SD und Gestapo zu erörtern, Gespräche, aus denen das Abkommen der sogenannten Zehn Gebote hervorgehen sollte. Während des Treffens machte Heydrich ominöse Andeutungen zu den Geheiminformationen, die 1940 über den Vatikan ins Ausland gelangt sein sollten. Er hatte die Akte zur Schwarzen Kapelle keineswegs geschlossen.[3]

Fünf Tage später erfuhren Agenten des tschechischen Widerstands den Terminplan von Heydrichs Fahrten. Sie beschlossen, ihm auf seinem Weg zur Prager Burg in einem Vorort an einer Haarnadelkurve, an der sein Fahrer abbremsen musste, aufzulauern und ihn umzubringen.[4]

Am 27. Mai standen um 9 Uhr 30 zwei bullige Tschechen an der Straße: Jan Kubiš und Jozef Gabčík hielten unter ihren Regenmänteln Maschinenpistolen und Granaten versteckt. Ein dritter Mann kauerte hinter einer Hecke, um mit einem Spiegel das Signal zu geben, sobald Heydrichs Wagen sich näherte.[5]

Der Spiegel blitzte um 10 Uhr 31 auf. Als Heydrichs dunkelgrüner Mercedes in Sicht kam, trat Gabčík vor, um das Feuer zu eröffnen, scheiterte aber an einer Ladehemmung seiner MP. Kubiš schleuderte daraufhin eine Granate auf den Wagen. Verwundet taumelte Heydrich aus dem zertrümmerten Auto, zog seine Pistole, brach aber zusammen. An den Folgen seiner Verletzungen sollte er eine Woche später sterben.[6]

Die tschechischen Agenten tauchten in der Krypta der Prager Karl-Borromäus-Kirche unter. Sie schliefen in den Mauernischen, die für die Leichname der Mönche gedacht waren. Mitglieder des Untergrunds planten eine Flucht in die mährischen Berge, um anschließend nach England zu gelangen. Später wollten sie in der Kirche eine Gedenkstätte zu Ehren der Menschen errichten, die der Polizeiaktion der Gestapo nach dem Attentat auf Heydrich zum Opfer gefallen waren. Und keiner würde ahnen, dass sie in Särgen verschwunden waren.[7]

Aber sie wurden verraten. Wie sich der SS-Führer Kriminalrat Heinz Pannwitz erinnerte, stellten die Verhörbeamten vor Ata Moravec, einem Agenten im Unterstützernetz der Attentäter, »den abgetrennten Kopf seiner Mutter [auf], der sich in einem mit einer Flüssigkeit gefüllten Glasbehälter befand. Moravec brach zusammen und gestand, dass er Anweisung hatte, sich bei Gefahr in der Karl-Borromäus-Kirche zu verstecken.«[8]

Pannwitz ließ die Kirche von SS-Einheiten umzingeln und an jedem Kanaldeckel und auf jedem Dach der Umgebung Wachen postieren. In der Hoffnung, das gesamte Ausmaß der Verschwörung aufzudecken, befahl er den Sturmtruppen, alle Verdächtigen lebend zu fassen.

Am 18. Juni um 4 Uhr 15 stürmten die Deutschen in die Kirche: »Die Geistlichkeit wurde herbeigeholt«, erinnerte sich Pannwitz, »die bestritten, etwas von versteckten Agenten zu wissen.« Allerdings geriet Kaplan Vladimír Petřek in Verlegenheit, als er erklären sollte, warum an einem Kirchenfenster ein Eisengitter fehlte. Die Beamten schleppten ihn mit, während sie das halbdunkle Gotteshaus durchsuchten. Als sie das Kirchenschiff durchquert hatten, gerieten sie von der Chorempore herab unter Beschuss.[9]

Ein Kripobeamter wurde an der Hand getroffen. Infanterie der Waffen-SS erwiderte mit Maschinenpistolen das Feuer. Die in der Deckung festsitzenden Tschechen hatten keine Möglichkeit mehr, gezielte Schüsse abzugeben, und schleuderten eine Granate. Die Explosion setzte die Vorhänge des Altarraums in Brand. Die SS-Leute versuchten, auf die Empore zu stürmen, gerieten aber oben auf der schmalen Wendeltreppe ins Schussfeld der Schützen. Folglich warfen sie mehrere Granaten hinauf, so erinnerte sich Pannwitz, bis die Verteidiger »niedergekämpft« waren »und das Feuer langsam verstummte«. Anschließend stieg eine SS-Mannschaft mit Stahlhelmen vorsichtig die Stufen nach oben.[10]

Auf der Empore stießen sie auf drei Männer. Zwei waren tot, der dritte lag im Sterben: Kubiš, der die Granate auf Heydrichs Wagen geschleudert und ihn tödlich verletzt hatte. Versuche, den Attentäter im Leben zu halten, mussten nach 20 Minuten aufgegeben werden. »Der erste Kronzeuge war tot«, fasste es Pannwitz und sah darin einen »schweren Verlust«.[11]

Der Heckenschütze Gabčík war nicht unter den Toten. Noch hatten die Deutschen die Krypta nicht durchsucht. Kaplan Petřek musste einräumen, dass er in seiner Kirche sieben Männern Unterschlupf gewährt hatte, von denen sich vier unten im Grabgewölbe aufhielten. Sie hatten die Gebeine aus den Särgen geräumt und diese zu Schlafkojen umfunktioniert. Platzangst hatte die drei anderen veranlasst, sich auf der Empore Verstecke zu suchen. Petřek erläuterte kurz, wie die Krypta angelegt war, die nur einen Einstieg hatte. Unter einer Steinplatte brachte er die Falltür zum Vorschein, die ins Gewölbe hinabführte.[12]

Pannwitz forderte Petřek auf, die Männer an der Luke zum Herauskommen zu überreden. Die Tschechen machten deutlich, dass sie sich niemals ergeben würden. »Sie waren unten gut bewaffnet«, erinnerte sich Pannwitz, »jeder, der nur die Beine durch die Luke steckte, konnte schon abgeschossen werden.«[13]

Einem herbeibeorderten Trupp Feuerwehrleute erteilte Pannwitz die Anweisung, die Krypta unter Wasser zu setzen. Allerdings schleuderten die Tschechen die Schläuche durch die Luke zurück und feuerten mit Pistolen erbittert auf die SS. Eingesetztes Tränengas erwies sich als ebenso problematisch, weil es durch Bodenritzen entwich und die Beamten der Gestapo zum Rückzug zwang. Schließlich versuchte ein dreiköpfiges Sturmkommando, sich den Weg nach unten freizuschießen, brauchte aber rettende Verstärkung. Knietief im Wasser stehend, feuerten sie in die Sargnischen. Gabčík und seine Gefährten schossen so lange zurück, bis ihnen die Munition ausging. Mit der jeweils letzten Patrone erschossen sie einen Gefährten. Der letzte Übriggebliebene tötete sich selbst.[14]

Dass Geistliche den Mördern Unterschlupf gewährt hatten, brachte Hitler in Rage, wobei es für ihn kaum einen Unterschied machte, dass es sich anstatt um römisch-katholische um tschechische orthodoxe Priester handelte. Die unterschiedliche Bezeichnung erschien nur als gewiefte

Tarnung des Vatikans. Tatsächlich hatte der Papst ein geheimes *Motu proprio* ausgegeben, das es orthodoxen Priestern erlaubte, ihren Glaubensübertritt zum Katholizismus geheim zu halten. Als Vatikanexperte der SS behauptete Albrecht Hartl vom Reichssicherheitshauptamt, dass der Papst mithilfe eines Klosters am Duklapass in der Ostslowakei Operationen mit der tschechischen orthodoxen Kirche koordinierte. Laut Hartl hatte Pacelli seit den 1920er-Jahren ein größeres Projekt beaufsichtigt, um Mitteleuropa und den europäischen Teil Russlands mit Jesuiten zu unterwandern, die sich als orthodoxe Priester verkleideten. Einer, so Hartls Verdacht, sei Matěj Pavlík, der 1921 vom Katholizismus konvertiert war, um eine tschechische Nationalkirche zu gründen. Pavlík wahrte Rom gegenüber eine freundliche Haltung und hatte sich von seiner angestammten Kirche offenkundig aus pragmatischen Gründen getrennt: Er wollte tschechische Legionäre betreuen, die mit russischen Ehefrauen aus dem Ersten Weltkrieg zurückgekehrt waren. Als orthodoxer Bischof amtierte er dann in der Kirche, in der sich später Heydrichs Mörder versteckt hielten.[15]

Pavlík gestand seine Unterstützung der Verschwörer und wurde im selben Jahr hingerichtet – zusammen mit Kaplan Petřek. Unter dem gleichen Vorwurf liquidiert wurde zudem Robert Johannes Albrecht, ein deutscher Militärübersetzer in Prag, der seine heimliche Zugehörigkeit zu den Jesuiten gestanden hatte.[16]

»Man denke nur an die enge Zusammenarbeit der Kirche mit den Mördern Heydrichs«, teilte Hitler Martin Bormann mit. »Diese hätten nicht nur in einer Prager Vorstadtkirche Unterschlupf gefunden, sondern von den mit ihnen unter einer Decke steckenden Geistlichen sogar die

Möglichkeit erhalten, sich im Altarraum zu verschanzen.«[17]

Mordlustige Geistliche verfolgten Hitler in paranoiden Tagträumen. Am 16. November teilte er drei Offizieren mit, dass »man ihm nach dem Leben trachte; bisher habe er es aber seinen Häschern sauer gemacht«. Ein Offizier erinnerte sich so an seine Worte: »Das Traurige sei, dass dies nicht etwa fanatische Kommunisten seien, sondern in erster Linie Intelligenz, sogenannte Priester.«[18]

Im November 1942 begann Dr. Manfred Roeder, dienstaufsichtsführender Richter am Luftwaffenfeldgericht, den Abwehragenten Wilhelm Schmidhuber zu verhören. »Er behauptete, im Auftrag der Abwehrstelle München eine Reihe von Reisen nach Rom unternommen zu haben, die der Anknüpfung von Beziehungen zu maßgeblichen Angehörigen des Vatikans, vor allem deutschen Geistlichen, hätten dienen sollen«, sagte SS-Offizier Walter Huppenkothen nach dem Krieg aus.

Es habe die Absicht bestanden, derartige Beziehungen nicht allein zur Gewinnung von Nachrichten militärischen und allgemeinpolitischen Inhalts auszunutzen, sondern in erster Linie dadurch die Möglichkeit zu erhalten, mit Gegnerkreisen über den Vatikan Verbindung zu erhalten zur Feststellung etwaiger Friedensmöglichkeiten. Mit dieser Frage habe sich besonders der in ähnlicher Mission wie er selbst nach Rom entsandte Münchner Rechtsanwalt und Oberleutnant d. Res., Dr. Josef Müller zu befassen gehabt, der über besonders weitreichende Beziehungen im Vatikan verfügt habe. Er wisse, dass hinter dieser Tätigkeit eine »Generalsclique« stehe, deren Angehörige er namentlich nicht kenne.

Bearbeiter für diese Fragen sei in erster Linie der bei Oster sitzende Reichsgerichtsrat von Dohnanyi, der auch selbst mehrfach Reisen nach Rom gemacht habe und vor allem durch Müller mit maßgeblichen Persönlichkeiten des Vatikans in Verbindung gebracht worden sei. Alle diese Angaben machte Schmidhuber von sich aus, ohne dass ihm irgendwelche Vorhalte hätten gemacht werden können. [...] Trotzdem wurden sie zunächst nur sehr vorsichtig bewertet, weil bei der etwas haltlosen und charaktervoll wenig überzeugenden Persönlichkeit Schmidhubers damit gerechnet werden musste, dass er sie gemacht hatte, um durch Belastungen anderer, höher gestellter Persönlichkeiten sich selbst in dem gegen ihn zu erwartenden Strafverfahren eine günstige Position zu schaffen, zumal damit gerechnet werden musste, dass bei einer Untersuchung dieser Beschuldigungen u. a. auch Canaris in die Ermittlungen hätte eingeschlossen werden müssen.[19]

Angesichts von Canaris' Position mussten seine Feinde vorsichtig gegen ihn vorgehen. Um sich Einblick in die Geheimnisse der Büros der Abwehr zu verschaffen, die Canaris so erbittert hütete, brauchte Himmler die Genehmigung von General Wilhelm Keitel, dem Chef des Oberkommandos der Wehrmacht. Allein der Vorwurf unregelmäßiger Währungsgeschäfte würde da nicht genügen. Aber falls mehr hinter diesen stecke, so schwor Anklagevertreter Roeder, würde dies es ans Licht bringen. Er hatte den Ruf eines Bluthunds, den Hitler besonders schätzte.[20]

Am 27. November flog Dohnanyi nach Rom. Während seiner fortgesetzten Gespräche im Vatikan hatte er gehofft, die Unterstützung der Alliierten für eine Regierung nach

Hitler und insbesondere deren Zustimmung zu einer Liste von Landesverwesern zu gewinnen, die nach Hitlers Beseitigung übergangsweise die Verantwortung tragen sollten. Doch jetzt musste Dohnanyi die Berater des Papstes darüber informieren, dass mit Schmidhubers Verhaftung Osters Gruppe und deren Verbindungen zum Papst erneut ins Visier gerieten. Pater Leiber verlangte einmal mehr, dass die militärischen Verschwörer sämtliche Papiere im Zusammenhang mit Pius verbrennen sollten, insbesondere die päpstlichen Mitteilungen, in denen die Friedensbedingungen der Briten aufgeführt waren. »Die Dokumente sind vernichtet«, behauptete Dohnanyi laut einem Bericht – tatsächlich eine Lüge: Das Militär hatte die wichtigsten Dokumente lediglich eingelagert, in einem Keller im Hauptquartier des Oberkommandos des Heeres in Zossen.[21]

Während Dohnanyi in Rom weilte, sah sich Müller in München mit Fragen konfrontiert. Zu seinem Glück begegnete der Oberkriegsgerichtsrat Karl Sauermann dem Fall Schmidhuber mit Skepsis. Wie sich herausstellte, hatte sich Müller von Schmidhuber Geld geborgt, um slowakische Briefmarken zu kaufen, aber Müller konnte darlegen, dass sein Steckenpferd als Briefmarkensammler als Tarnung für Treffen mit Quellen der Abwehr diente. Als Sauermann andeutete, dass einige Offiziere um Canaris illoyal sein könnten, gab sich Müller empört: »Glauben Sie, er hätte den Admiral auf seinem Posten gelassen, wenn auch nur ein Hauch von Wahrheit daran gewesen wäre? Halten Sie den Führer für so naiv?«[22]

Nach der Befragung wurde Müller in München von Canaris aufgesucht. In der Eingangshalle des Hotels Regina, am Fuß der großen geschwungenen Treppe, spähte Müller durch den Durchgang in der Mitte in das Restaurant zu jenem Tisch, der für den Admiral und seine Begleiter reserviert war. Am Nachbartisch saßen drei SS-Leute und beobachteten die Tür. Müller erkannte Heydrichs Nachfolger, Höherer SS- und Polizeiführer Donau, späterer Leiter des Reichssicherheitshauptamts, und Ernst Kaltenbrunner – einen auffallend großen Mann mit einer langen Narbe auf der linken Wange.[23]

Müller ging auf Canaris' Zimmer nach oben. Canaris wirkte etwas durcheinander. Die Nachricht von Kaltenbrunners Anwesenheit schien ihn noch mehr aus der Ruhe zu bringen. Er klopfte die Wände nach Mikrofonen ab, hängte Bilder ab, erforschte die Wand dahinter und fuhr mit den Händen die Tisch- und Stuhlkanten nach. Scheinbar beruhigt, legte er seinen Mantel über das Telefon und erkundigte sich bei Müller nach seiner Vernehmung. Müller antwortete, dass er nach seiner Mission im Vatikan befragt worden sei, vor Sauermanns Eintreffen aber sämtliche Akten gesäubert habe. Die Suche habe nichts ergeben. Dennoch machte sich Canaris Sorgen wegen der Gelder, die von Dohnanyi für die U-7-Operation an Schmidhuber geflossen waren. Sie schienen in einer Falle zu sitzen. Der Admiral ließ sich in einen Stuhl fallen und grummelte zu sich selbst: »Diese ständige Anspannung.« Er schien mit den Nerven am Ende.[24]

Müller sah nur einen Ausweg. Canaris sollte Keitels Angebot überdenken, im militärischen Nachrichtendienst eine interne Polizeieinheit einzurichten, damit Canaris möglichen Verbrechen in seiner Dienststelle nachgehen konnte. Dies würde ihnen in den gegenwärtigen Schwierigkeiten sicher dabei helfen, die Ermittlungen zu steuern.[25]

Für Canaris kam dies nicht infrage. Der Fall Luxemburg und Liebknecht verfolgte ihn noch immer. Nach der

Ermordung der beiden Revolutionäre 1919 durch Freikorpssoldaten hatte er als Beisitzer des Kriegsgerichts gedient, das die Täter zu einer verblüffend milden Strafe verurteilt hatte. Manche verdächtigten ihn der Mittäterschaft an den Morden. Er wolle mit »Menschenjagd« nichts zu tun haben, teilte er Müller mit. Er schleppe aus »der alten Zeit« noch genug seelische Lasten mit sich herum. Er stand abrupt auf und schlug vor, dass sie zum Essen hintergingen.[26]

Angesichts der SS-Observierung schlug Müller vor, ein anderes Restaurant aufzusuchen. Canaris war dagegen. Sie müssten sich stets unerwartet verhalten. Wenn ein Scharfschütze jemanden ins Visier nehme, sagte er, müsse die Zielperson aus der Deckung kommen, um ihn zu verwirren. Als sie die Treppe hinabgingen, griff Canaris allerdings haltsuchend nach Müller. »Dieser Verbrecher«, sagte er mit lauter Stimme, »opfert noch Millionen von Menschen, nur um sein erbärmliches Leben zu verlängern.« Verblüfft bugsierte ihn Müller ins Zimmer zurück, damit er sich wieder beruhigte. Als sie erneut auf den Flur hinaustraten, schlang Canaris seinen Arm um ihn und sagte: »Meine Nerven, meine Nerven! Ich halte das nicht mehr aus.« Keiner konnte sich vorstellen, was er seit 1933 durchgestanden hatte. Er murmelte etwas von einer Schlinge, die sich zuziehe, und setzte eine Maske der Normalität auf. Gemeinsam stiegen sie zum Restaurant hinab, um bei einem Vier-Gänge-Menü dem Feind gegenüberzutreten.[27]

Canaris setzte sich und nickte Kaltenbrunner zu. Müller nahm neben ihm Platz. Alle redeten wie alte Freunde. Das surreale Abendessen erinnerte an ein Gespräch zwischen Griechen und Trojanern. Nach dem Ende war wieder Krieg. Die nächsten Monate über suchte Müller wieder den Vatikan mit einem Papst auf, der sich erneut aktiv am Widerstand beteiligte. Derweil beschleunigten die Verschwörer ihre Planungen, um Hitler zu vernichten, ehe er sie vernichten würde.[28]

KAPITEL 16

Zwei Cognacflaschen

»Los! Auf geht's! Wacht auf!« Diesen Appell lancierte Jesuitenpater Alfred Delp in seiner Adventpredigt 1942 und wiederholte ihn in seinem Alltag inzwischen so oft, als sei er zu seiner Devise geworden. Er habe sich nach einem Ruck gesehnt, der bis ins Herz, direkt in die Knochen gehe, erinnerte sich ein Gemeindemitglied, nach einem »plötzlichen Erwachen«, nach etwas, »das die Menschen zwingen würde, aufzuwachen und zur Besinnung zu kommen«.[1]

Die meiste Zeit des Jahres 1942 waren die Deutschen mit Hitler schlafgewandelt. Als die Wehrmacht in den Kaukasus vorstieß und Rommel auf Kairo vorrückte, schien der Führer unbesiegbar. Ab der zweiten Jahreshälfte änderte sich dann alles.[2]

Sowjetische Panzer kesselten bei Stalingrad die 6. Armee ein. Um die Weihnachtszeit berichtete die SS von Gerüchten über Unmut im Inneren. Inzwischen dämmerte es dem deutschen Normalbürger, dass ein Rückzug begonnen hatte, der an Deutschlands Grenzen nicht haltmachen würde.[3]

Die Verschwörer witterten ihre Chance. Generalmajor Trescow plante, Hitler ins Hauptquartier der Heeresgruppe Mitte in Smolensk zu locken, wo die Verschwörer das Terrain beherrschten und Rattenhubers Leibwache besser umgehen konnten. Tresckows Adjutant Fabian von Schlabrendorff besuchte Berlin, um sich mit Oster und Müller – und über sie und den Vatikan mit den Alliierten – zusammenzuschließen. Ein amerikanischer Spion, der Schlabrendorff während des Kriegs kennengelernt hatte, bezeichnete ihn als »hochintelligent«: Wenn er über Dinge rede, die ihn interessierten, flimmerten seine Augen »wie die einer Schlange«. Im bürgerlichen Leben Anwalt, verdiente sich Schlabrendorff im Widerstand den Decknamen »der Schläger«.[4]

Oster beorderte die Mitglieder des Widerstands in sein Büro und zog auf seiner Militärkarte einen Kreis um Stalingrad. Er schickte einen Emissär zu Tresckow, der von einer »Verhaftung« Hitlers redete, eine Beschönigung für den Mordanschlag, der bei dessen nächstem Besuch in Smolensk auf ihn verübt werden sollte. Als Tresckow wenig später in Berlin eintraf, versprach General Friedrich Olbricht, der Leiter des Allgemeinen Heeresamts, dass er eine geheime militärische Schattenorganisation mit der Fähigkeit aufbauen würde, die Macht zu übernehmen, sobald Hitler beseitigt wäre.[5]

Die zivilen Verschwörer scharten sich zusammen, um ihre Pläne auf den neuesten Stand zu bringen. Im Dezember trafen Josef Müller und Helmuth Moltke alle paar Tage die Münchner Jesuiten. Priester des Ausschusses sahen die Notwendigkeit, eine politische Koalition zu schmieden, um den sich vereinigenden Militärverschwörern Rückendeckung zu geben. In den Plänen für eine Machtübernahme hatte der zivile Widerstand allerdings ein entscheidendes Problem, wie Pater Delp ausführte.[6]

Es ging um Carl Friedrich Goerdeler, der als Reichskanzler für das nachfolgende anständige Deutschland vorgesehen war und dem es zugegebenermaßen weder an Mut noch an Charisma fehlte: Mit dem weichen grauen Hut, dem wogenden Mantel und gedrehten Gehstock wirkte er wie ein Wanderprediger und strahlte missionarischen Eifer aus. Goerdeler war 1937 als Bürgermeister von Leipzig zurückgetreten, nachdem die Nazis die Statue des jüdischen Komponisten Felix Mendelssohn Bartholdy zerstört hatten. 1939 hatte er Pacelli sogar schriftlich gebeten, dabei zu helfen, Hitler und Mussolini zu stürzen.[7]

Als Reichskanzler des anständigen Deutschlands hatte er allerdings schlechte Karten. Ehemalige Führer verbotener Gewerkschaften und Parteien sahen ihn als Reaktionär an. Und viele betrachteten ihn als Sicherheitsrisiko. Als Goerdeler sich dem Berliner Bischof Konrad Graf von Preysing vorstellte, äußerte dieser beim Händeschütteln, dass die Naziherrschaft selbstverständlich ausgelöscht werden müsse. Von ähnlichen Begegnungen berichteten der Münchner Kardinal Faulhaber und der Wiener Kardinal Theodor Innitzer. Müller bezweifelte, dass Goerdeler ausreichend diskret auftreten würde, um die gemeinsamen Ziele zu erreichen. Moltke und Delp hatten deswegen versucht, Gewerkschaftsführer von Goerdelers Lager fernzuhalten.[8]

Trotzdem glaubte Delp, dass Goerdeler sich als nützlich und sogar entscheidend erweisen könnte. Der Kreisauer Kreis musste mit einer geeinten politischen Führung, der die Generäle vertrauen würden, ein deutliches Zeichen setzen. Da die Generäle Goerdeler als einem alten Konservativen Vertrauen entgegenbrachten, sollten ihn die Übrigen ebenfalls akzeptieren. Delp hatte zu hart daran gearbeitet, den Staatsstreich anzuschieben und Hitlers Tod herbeizuführen, um diese Chance verstreichen zu lassen.[9]

Folglich drängte er auf einen neuen Anlauf und hatte Erfolg. Die jüngere Faktion streckte die Hand nach Goerdelers Gruppe aus und bündelte zugleich Kräfte gegen ihn. Der Dominikanerpater Laurentius Siemer fungierte als Bindeglied zu Goerdeler, wobei er die katholische Arbeiterbewegung mit dessen Putschplänen koordinierte. Derweil handelte Delp einen Pakt mit den katholischen und sozialistischen Arbeiterführern aus und zwang Goerdeler so in ein Bündnis mit Kräften, die ein übermäßiges Gegengewicht zu ihm darstellten und ihn als Führer letztlich führen sollten.[10]

Aber wohin würden sie ihn führen? Delp beantwortete die Frage in einer Erklärung zu den deutschen Friedensidealen, in der er Lehren aufgriff, die Churchill und Roosevelt in ihrer Atlantik-Charta von 1941 vorgetragen hatten. »Die Kühnheit einer inneren Wendung Deutschlands« würde allein dann Frieden bringen, wenn die Alliierten nicht befürchteten, dass die »reaktionär-militaristischen Elemente« nach wie vor die Fäden zögen. Um dieses Misstrauen zu zerstreuen, müssten die Deutschen einen »gleichberechtigten Zusammenschluss aller europäischer Staaten« und die »menschlichen Grundrechte (bes. der Juden)« herstellen.[11]

Delp drang anschließend auf eine Atempause, um die zivilen Kräfte zu vereinen. Am 8. Januar 1943 traf Moltkes jüngerer Kreis auf Becks ältere Faktion in Berlin. Delp half bei der Organisation dieses Treffens, das im Haus des Kreisauer Verschwörers Peter Yorck von Wartenburg stattfand, ohne selbst daran teilzunehmen.[12]

Beck, der die Versammlung leitete, gab zunächst der älteren Faktion das Wort. Ulrich von Hassell, Deutschlands ehemaliger Botschafter in Rom, beklagte, dass man schon allzu lange abgewartet habe, sodass jetzt jede neue

Regierung zu einer »Liquidationskommission« werde. Goerdeler spendete Optimismus sowie fromme Aufmunterungen, wobei er strittige Fragen möglichst auszuklammern versuchte, um den Konsens nicht zu erschweren. Da ihm die Vorstellung eines Mordkomplotts oder eines Staatsstreichs zuwiderlief, schlug er mit Blick auf die gemeinsamen Pläne vor, unter der Annahme vorzugehen, dass er Hitler zum Rücktritt überreden könne.[13]

Moltke und seiner jüngeren Gruppe stieß Goerdelers Position als ausweichend und naiv auf. Sie verlangten eine kritische Diskussion realistischer Gedanken – zu Kirche und Staat, Kapitalismus und Sozialismus, Diktatur und Demokratie. Beim protestantischen Pastor Eugen Gerstenmaier rief Goerdelers »pädagogisierende Verschleierung des Gegensatzes«, wie er sie später nannte, scharfen Widerspruch hervor. Moltke stieß die Älteren mit einem hingemurmelten »Kerensky« vor den Kopf, ein – wie Moltke seiner Frau am nächsten Tag gestand – »lange im Köcher behaltener Giftpfeil«: Er wählte mit diesen Worten den indirekten Vergleich Goerdelers mit dem Chef der russischen Übergangsregierung 1917, den Lenin während der Russischen Revolution zunächst benutzt und dann gestürzt hatte.[14]

Ihre Geschlossenheit machte die jüngere Faktion furchtlos. Adam von Trott zu Solz, Mitarbeiter im Auswärtigen Amt, artikulierte Delps Aufruf zu einem vereinten Europa. Moltke drang auf eine Kooperation zwischen den Kirchen und Vereinigungen entlang der von Delp gezogenen Linien. Die jüngere Gruppe setzte sich durch. Wie Moltke vermerkte, »endete die Sache dramatisch und glücklicherweise nicht platt«. Die Teilnehmer ratifizierten Delps Erklärung der Ideale für eine vereinigte Zivilfront. Der Kreisauer Kreis und die Beck-Goerdeler-Gruppe würden im

Verbund mit den militärischen Verschwörern zusammenarbeiten. Bei gelber Erbsensuppe mit Brotscheiben mahnte Beck, dass sie die operative Stärke ihrer Kräfte einschätzen müssten. Alle stimmten darin überein, dass ein Staatsstreich in Bälde erfolgen müsse.[15]

Während die Jesuiten einen Konsens schmiedeten, bauten ihre militärischen Bundesgenossen Bomben. Tresckow beauftragte den Geheimdienstoffizier Freiherr von Gersdorff damit, Sprengstoff von der Ostfront zu beschaffen. Gersdorff besuchte die Depots der Abwehr und ließ sich die Sprengwirkung von Haftminen mit Plastiksprengstoff, sogenannten Clams, vorführen, die von britischen Kommandos beschlagnahmt worden waren. Sie funktionierten mit geräuschlosen Säurezündern knapp in der Größe von Taschenbibeln. Bei einer Testexplosion wurde der Turm eines sowjetischen Panzers abgerissen und ungefähr 20 Meter weggeschleudert.[16]

Nachdem Gersdorff zwei Paar Minen beschafft hatte, traf Tresckow Vorbereitungen, um sie in Hitlers Mercedes zu verstecken. Sollte der Anschlag scheitern, plante er, Hitlers Flugzeug mit einem Sprengstoffpaket zum Absturz zu bringen. Dazu mussten die Verschwörer Hitler nur zu einer Reise nach Smolensk bewegen.[17]

Tresckow kümmerte sich darum. Hitler habe überredet werden müssen, so erinnerte sich sein Adjutant später, sein Hauptquartier in Ostpreußen zu verlassen und das der Heeresgruppe Mitte aufzusuchen. Er habe an einen ihm unvertrauten Ort gelotst werden sollen, an dem die Verschwörer sich bestens auskannten, um so für die geplante »Initialzündung« die günstigsten Voraussetzungen zu schaffen.[18]

Im Februar fuhr Müller zu Becks Villa nach Berlin-Lichterfelde. Während sie redeten, tauchte Hans von Dohnanyi auf. Beck schickte ihn in den Garten mit der Begründung, dass er mit Müller privat sprechen wolle.[19] Während ihrer dreistündigen Unterredung äußerte Beck die Ansicht, dass die Forderung nach einer bedingungslosen Kapitulation, die die Alliierten am 23. Januar in Casablanca gestellt hatten, alles verändere. »Es war ja die Frage«, so erinnerte sich Müller später an das Gespräch, »lässt sich Casablanca abkaufen dadurch, dass wir einer Offensive zuvorkommen? [...] Der Umsturz muss vor der Invasion sein. Das war auch einer der Hauptgründe, warum mit dem Tresckow-Attentat gedrängt wurde.« Beck hatte Tresckows Plan gebilligt. Die Generäle, so versicherte er, fühlten sich aus moralischen Gründen zum Handeln verpflichtet: »Verlassen Sie sich darauf, ich habe jetzt den Finger auf dem Knopf, es wird endlich gehandelt.«[20]

Sie diskutierten darüber, wie sich über den Vatikan der Kontakt nach London wiederanknüpfen ließe. Müller hob hervor, dass die Erfolgsaussichten mit Blick auf eine Kooperation mit den Briten nach 1939/40 geschwunden seien. Aber Beck betraute Müller mit der Mission, Pius über den unmittelbar bevorstehenden Staatsstreich zu informieren – und ihn zu bitten, ihnen einmal mehr als ausländischer Geheimagent zu dienen.[21]

Die beiden nächsten Wochen verbrachte Müller in Rom. Einiges deutet darauf hin, dass er unmittelbar nach dem 9. Februar von Berlin aus abflog und nicht vor dem 22. zurückkehrte – nach seinem wohl längsten Romaufenthalt während des Kriegs. Neben seinem Auftrag, den Papst in die Putschpläne einzuweihen, führte er zwei weitere wichtige Aufträge aus.[22]

Der erste bestand darin, einen dringenden Lagebericht Pater Röschs zu überbringen. An Pater Leiber unter der Adresse des stellvertretenden Jesuitengenerals gerichtet, äußerte sich Rösch zum geplanten Vorgehen des Ausschusses gegen das Regime. Während der »schweren Entwicklungen [und] den drohenden Ereignissen«, mit denen »in den kommenden Wochen« zu rechnen sei, so der Pater, würden seine Jesuiten nicht nur den »Arbeitseinsatz« koordinieren, sondern auch als »Sturmtruppe des Papstes« fungieren. Sollten sie scheitern, so erwarte er, dass ihre Gruppe »das Judenschicksal«, die Deportation, ereilen würde. Er werde Pater Leiber auf dem Laufenden halten. Sollten die Pläne zu riskant erscheinen, »erbitte [er] umgekehrt durch ihn Bescheid«. Insgesamt, so gestand Rösch offenherzig, könne er eher mehr als weniger Führung aus Rom gebrauchen, vor allem weil »eingeweihte Kreise« zu »so Vielem und Furchtbarem [...] von den Juden« geschwiegen hätten.[23]

Beim zweiten Auftrag Müllers in Rom ging es um Atomwaffen. »Ich bekam damals einen eingehenden Bericht von jemandem, der beim Vatikan angestellt und in den USA war, über den Stand der dortigen Atomforschung«, sagte er später. »Ich habe mich darüber auch mit Canaris unterhalten. Wir sprachen beide über das Unglück, dass Hitler die Juden rausgeschmissen hat, sodass die ganze Forschung in der Technik und in der Chemie nach Amerika emigriert war; wir meinten damals: Da rächt sich Hitler an sich selbst.« Möglicherweise hatte Müller den »eingehenden Bericht« von einem der fünf Atomphysiker erhalten, die die Päpstliche Akademie der Wissenschaften berieten. Pius äußerte sich am 21. Februar persönlich in der Akademie so detailreich über die Möglichkeiten einer Atomexplosion, dass er mit seinen Vorahnungen Hartls

SS-Abteilung, die die Kirche bespitzelte, wie auch den britischen Geheimdienst erstaunt aufmerken ließ.[24]

Müllers Hauptgeschäft am Heiligen Stuhl drehte sich freilich um die Pläne für den bevorstehenden Staatsstreich. Er kontaktierte über Leiber und wahrscheinlich auch über Kaas den Papst: »Er [General Beck] erteilte mir den Auftrag, den Heiligen Vater von dem unmittelbar bevorstehenden Umsturz in Deutschland zu unterrichten und ihn zu bitten, erneut einen für das deutsche Volk tragbaren Frieden anzustreben«, sagte er Leiber, wie er sich später erinnerte. »Die Generäle fühlten sich zum Handeln verpflichtet und würden die Verbrecherbande beseitigen, die nicht nur Deutschland, sondern die ganze Welt ins Unglück gestürzt habe.« Das anständige Deutschland wolle den Papst in seine neuen Pläne für die Zeit nach dem Krieg einweihen, die Müller folgendermaßen zusammenfasste:

> Es sei notwendig, nach dem Sturz Hitlers in Deutschland für ein Jahr eine Militärdiktatur zu errichten, bis sich demokratische Gruppierungen gebildet hätten, wobei nicht mehr an die Parteien im alten Stil gedacht sei. Außerdem würden die deutschen Truppen vorübergehend in den besetzten Ländern stehen bleiben, bis es gelungen sei, mit den Widerstandsbewegungen Kontakt aufzunehmen, aus denen heraus sich die neuen ordnenden Gewalten bilden sollten. Dies habe nichts mit sogenannten Faustpfändern zu tun, vielmehr hätte Admiral Canaris exakte Informationen (zum Beispiel vom Polizeipräfekten in Paris), dass sich bei einem abrupten Abzug deutscher Truppen eine unkontrollierbare anarchistische Entwicklung anbahnen würde.

Müller weihte den Papst nicht nur in die Pläne der Verschwörer für die Nachkriegszeit, sondern auch in deren Vorbereitungen ein. Wie Leiber einem US-Spion im darauffolgenden Jahr mitteilte, ging die Verschwörung »unmittelbar aus dem Desaster bei Stalingrad« hervor:

[Verglichen mit den vorangegangenen Anstrengungen] erhielt es deutlich ernstere und weitreichendere Unterstützung. Sein Führer war General Ludwig Beck. Zu den beteiligten Zivilisten gehörten [...] sämtliche politischen Kräfte aus der Weimarer Republik außer der extremen Rechten und der extremen Linken. [Konrad] Adenauer, ehemaliger Bürgermeister von Köln vom Zentrum, lehnte einen Anschluss an die Bewegung ab, weil er meinte, dass das Naziregime die Bürde eines verlorenen Kriegs tragen müsse, ehe sich die Opposition an seinem Sturz versuchen solle. Die Schlüsselfigur in der Verschwörung sollten die Generäle an der Ostfront unter Führung des [Feld]Marschalls [Erich] von Manstein sein. Gleich nach der Niederlage von Stalingrad waren diese Generäle daran verzweifelt, die Front zusammenzuhalten.

Leiber glaubte nicht, dass die Generäle tatsächlich zur Tat schreiten würden, dankte aber Müller »in alter Freundschaft« für die Mitteilung und versprach sie weiterzuleiten.[25]

Pius antwortete prompt an drei Fronten. Erstens erteilte er den Verschwörern seinen Segen und betonte sogar, wie Müller sich erinnerte, dass sie moralisch im Recht seien, wenn sie Hitlers Flugzeug in die Luft zu sprengen würden, weil »wir unseren Kampf gegen diabolische Mächte haben führen müssen«. Müller konnte General Beck folglich versichern, dass es sich um »einen moralischen Notstand« handele, der einen Mordanschlag rechtfertige, um dem Volk »wieder zu seinem freien Willen« zu verhelfen, »den ihm der Schöpfer gegeben hat«.

Zweitens schmiedete Pius praktische Pläne, um die Regierung nach Hitler anzuerkennen. Um die Dinge zu beschleunigen, schlug er vor, das Agrément – die förmliche Zustimmung, einen vorgeschlagenen Gesandten zu empfangen – schon vor einem Putsch einzuholen. Im Fall eines Umsturzes solle Müller als Sondergesandter des Vatikans bei der neuen Regierung mit dem Titel und Status eines designierten Botschafters anerkannt werden. Dies werde der Welt zeigen, dass Deutschland einen Neubeginn in Angriff genommen habe. Danach solle das neue Regime Müller dazu nutzen, um Pius um eine Friedensvermittlung zu ersuchen.

Drittens würde Pius versuchen, einen Separatfrieden mit den westlichen Alliierten zu vermitteln. Auch wenn eine solche Vermittlung durch die Erklärung von Casablanca als unerwünscht erschien, stellte sich Pius der Politik einer bedingungslosen Kapitulation entgegen: »Dies würde keine Nation akzeptieren«, soll Pius laut Leibers Erinnerung gesagt haben. »Deutschland dies anzudrohen wird nur den Krieg verlängern.« Pius strebte aus vielen Gründen einen raschen Frieden an, auch deshalb, weil er einen sowjetischen Vorstoß nach Europa verhüten wollte. Er versicherte Müller, dass die Aussichten auf einen Frieden gut stünden, wenn Hitler vor einer alliierten Invasion gestürzt würde. Wohl aufgrund dieser Versicherung redete General Tresckow bald von Vereinbarungen mit den Westmächten über eine einseitige Kapitulation im Westen.[26]

Tatsächlich trafen die Briten mit Pius keine solche Übereinkunft. Monsignore Kaas kontaktierte zwar Botschafter D'Arcy Osborne, doch waren die Bedingungen des X-Berichts von 1940 nicht mehr im Angebot. Obwohl durch Roosevelts einseitige Erklärung von Casablanca in seinen Möglichkeiten eingeengt, hätte sich Churchill Müllers Vorschlägen gegenüber offen zeigen können, erhielt dazu aber keine Gelegenheit, weil Kim Philby, ein sowjetischer Spion im britischen Geheimdienst, diesen Vorschlag anstatt seinen Vorgesetzten in London seinen Führungsleuten in Moskau übermittelte.²⁷

Freundlicher – oder wenigstens überhaupt – wurden die Vorschläge in Washington aufgenommen. Spätestens am 11. Februar hatte Leiber Müllers Mitteilungen an den amerikanischen Jesuitenpater und Rektor der Gregoriana in Rom, Vincent McCormick, übermittelt, der sie an den US-Geschäftsträger Harold Tittmann im Vatikan weiterleitete. Über eine gesonderte Kette an Mittelsmännern, darunter den im Exil lebenden deutschen Jesuitenpater Friedrich Muckermann, stand Müller mit Allen Dulles, dem europäischen Chef des US-Nachrichtendienstes Office of Strategic Services (OSS), in Bern in Kontakt. In seinem Bericht des OSS aus der Nachkriegszeit zu Müller hieß es unumwunden: »Während des Kriegs gegen Deutschland war er unser Agent und Informant.« Trotz Roosevelts fehlender Bereitschaft zu Verhandlungen hielten Dulles und das OSS zu Müller nicht nur Verbindungen aufrecht, sondern deuteten auch grob an, dass Hitlers Tod die Erklärung von Casablanca sofort hinfällig machen würde.²⁸

Eben dies wollten die Generäle hören. »Es war beabsichtigt, dass eine britisch-amerikanische Invasion im Westen nicht auf Gegenwehr stoßen sollte; deutsche Truppen sollten aus dem Inneren des Reichs abgezogen und zur Verstärkung an die Ostfront geschickt werden«, erinnerte sich Oberst Alexander von Pfuhlstein. Während seine Brandenburger Elitedivision beim Staatsstreich die SS in Berlin liquidieren würde, sollten die Verschwörer »über den Vatikan zum Zweck, einen Waffenstillstand auszuhandeln, Kontakt mit Amerika und England aufnehmen«, sagte Pfuhlstein 1944 und fügte hinzu: »Ich glaube, dass der Vatikan als neutraler Boden für ein Treffen der beteiligten Diplomaten ausgewählt worden war.« Dass Pius bei den Verhandlungen darum bat, bei der Ernennung deutscher Bischöfe 15 Jahre lang freie Hand zu bekommen, gab dem wirklichkeitsfernen Szenario ein reales Gepräge. Obwohl Müller versuchte, keine zu hohen Erwartungen zu wecken, sah er in Roms Bereitschaft zur Vermittlung einen Ansporn für seine Freunde in »Deutschlands schwerster Zeit« an.[29]

Auch hatte Müller in Rom erreicht, dass der Papst die Führung übernahm, um die Rösch ersucht hatte. Als erwartete Pius, dass der Kontakt, wohl im Chaos nach einem Putsch, für eine Zeit lang abreißen würde, verschickte er im Februar einen Stapel Briefe an die deutschen Bischöfe und ließ für die nächsten sechs Wochen nichts mehr von sich hören. Am 24. Februar, noch vor der großen Stille, hatte er die Pläne des Ausschusses für »mannhaftes Eintreten«, wie Pater Odilo Braun sie genannt hatte, gutgeheißen. Pater Delp bemerkte um diese Zeit schalkhaft gegenüber Laienmitarbeitern, dass »noch kein Tyrann in seinem Bett gestorben [ist]. Dies ist nicht unsere Sorge.« Und er fügte hinzu: »Passt auf, der Pfiff kommt von der Arbeiterschaft.«[30]

Die Rolle des Papstes in der Verschwörung schuf freilich Probleme, hauptsächlich die Notwendigkeit, seine Beteiligung zu verschleiern. »Man konnte ja schlecht den Papst [zum] Mitwisser eines Attentats machen«, erinnerte sich Müller.

> [Deswegen] die zwischen Beck und mir formulierte Erklärung [...]. [W]ir haben genau besprochen, wie ich sie abfassen sollte, und da war ja alles schon vorbereitet darauf, dass für den Fall des Umsturzes der Papst [völlig unwissend erschien]. [...] Nun muss man sich vorstellen, wenn so etwas scheitert, was dann? Da kann der Papst nicht gleich im nächsten Moment irgendwie da in der Gegend [herumstehen] – das stellt sich wirklich ein Junge vor. [...] In dem Moment, wo es ums Ganze geht, [hängt vieles] von der Haltung des Papstes [ab].[31]

Da für Pius ein Sprecher benötigt wurde, suchte Müller den Bischof von Berlin auf. Wäre Preysing im Fall eines Umsturzes bereit, päpstlicher Legat zu werden? Preysing versprach, gewissenhaft jede Mission zu erfüllen, die Pius ihm anvertrauen würde, zeigte sich aber zwangsläufig skeptisch. »Die Generale zögern so lange, bis die Russen in Berlin stehen«, sagte er Müller, »dann werden sie vielleicht versuchen zu handeln.«[32]

Aber gerade zu der Zeit spielten sich Ereignisse ab, die Preysing widerlegen sollten.

Am 18. Februar 1943 verhaftete die Gestapo zwei Studenten in München. Hans Scholl und seine Schwester Sophie hatten eine Widerstandsgruppe angeführt, die als *Weiße Rose* bekannt werden sollte. Die Scholls druckten nachts im Holzschuppen hinter ihrer Wohnung Flugblätter mit Anklagen gegen Hitler, verfrachteten sie in Koffern mit der Eisenbahn in andere Städte, verteilten sie in Briefkästen oder streuten sie auf Straßen oder in Bahnhöfen aus. Bei einer Gelegenheit inspizierten Polizisten Sophies Gepäck, allerdings ohne die Pamphlete unter ihrer Unterwäsche zu entdecken.[33]

Die Geschwister Scholl wurden indes unvorsichtig. In tollkühner Auflehnung warf Sophie Handzettel von einer Galerie in den Lichthof der Universität München.[34] Vier Tage später traf Roland Freisler, Präsident des Volksgerichtshofs, aus Berlin ein, um die Scholls abzuurteilen. Sophie sagte aus, dass sie nur geschrieben hätten, was viele dächten, aber nicht zu sagen wagten. Freisler wisse doch so gut wie sie, dass Deutschland den Krieg nicht mehr gewinnen könne. Warum habe er nicht den Mut, dies einzugestehen? Freisler geriet in Rage: Offenbar sei die SS zu nachsichtig mit ihr umgesprungen. Sie hätten ihr jeden Knochen im Leib brechen sollen. Aber er werde schon für Gerechtigkeit sorgen. Sophie erklärte, Gottes Gerechtigkeit stehe über der staatlichen. Freisler antwortete in seiner Urteilsverkündung mit der Todesstrafe. Die Mutter der Geschwister Scholl schrie auf und brach im Gerichtssaal zusammen. Ihre Kinder wurden am selben Tag von der Gestapo enthauptet.[35]

Ihre Bewunderung für den katholischen Widerstand hatten die Scholls nicht verraten. Ganz zu Anfang ihrer Untergrundarbeit hatten sie eine Predigt von Bischof Clemens von Galen im Briefkasten vorgefunden, in der die Vergasung von Behinderten und psychisch Kranken angeprangert wurde. Daraufhin waren die beiden überzeugt, solche Informationen müssten vervielfältigt werden. Pater Delp hielt über einen Freund zu den Scholls Kontakt. Wahrscheinlich durch Josef Müller, der den Urheber Professor Kurt Huber kannte, ging das verhängnisvolle letzte Flugblatt auch Moltke zu. »Diese Weiße Rose, die hier mit den Vorgängen Scholl zusammenhing, wurde [...] mir oben in meiner Wohnung von [...] Prof. Huber [...] vorgelegt«, erinnerte sich Müller. »Ich habe dann [dieses Pamphlet], genauso wie andere Geschichten, mit nach Rom genommen.« Von dort aus seien sie »nach England gegangen und über den Londoner Sender hier hereingekommen«.[36]

Der Fall der Geschwister Scholl erschütterte die Verschwörer. Einige meinten, der Prozess sei von den Nazis als Drohung inszeniert worden. Warum sonst wäre ein Vorsitzender des Volksgerichtshofs eigens aus Berlin angereist?[37]

Zwei Wochen später, Anfang März 1943, schien Hitler den Verschwörern in die Falle zu gehen. Er hatte sich zu einer Visite in Smolensk bewegen lassen. Kavallerieoffiziere meldeten sich freiwillig mit dem Plan, ihn am Mittagstisch zu erschießen oder ihm auf seiner Fahrt durch die Wälder aus einem Hinterhalt aufzulauern. Letztlich beschloss Tresckow, Hitlers Maschine auf dem Heimflug zum Absturz zu bringen. Unter dem Vorwand einer Geheimdienstkonferenz flogen Canaris und Oster am 7. März mit einem Sprengstoffpaket nach Smolensk. Tresckows Adjutant Schlabrendorff schloss es in eine Kiste ein, zu der nur er den Schlüssel besaß.[38]

»Durch einen einfachen Druck auf den Hals des Zünders wurde eine kleine Flasche zerbrochen. Der Flasche entströmte eine ätzende Flüssigkeit«, erinnerte sich Schlabrendorff. Die Säure würde einen Draht zerfressen und daraufhin einen Schlagbolzen nach vorn schnappen und die Bombe zünden lassen. »[W]ir nahmen, um der Wirkung ganz sicher zu sein, nicht einen, sondern zwei Sprengkörper, und machten aus ihnen ein Paket, das seiner Form nach zwei Cognacflaschen glich.«[39]

Hitler sollte am Morgen des 13. März eintreffen. Alles verlief scheinbar nach Plan. Pater Röschs Ausschuss hatte in Berlin, München und Wien für den Coup den politischen Boden bereitet. General Olbricht teilte Schlabrendorff mit: »Wir sind fertig. Die ›Initialzündung‹ kann in Gang gesetzt werden.«⁴⁰

Am Freitag, den 12. März, feierte Pius in der Sixtinischen Kapelle den vierten Jahrestag seiner Krönung. An dem Staatsakt nahmen zahlreiche Mitglieder des römischen diplomatischen Korps teil. Der US-Geschäftsträger Harold Tittmann erinnerte sich, dass der britische und der amerikanische Vertreter am Heiligen Stuhl, Francis D'Arcy Osborne und Myron Taylor, vielsagende lächelnde Blicke austauschten. Tittmann führte dies auf die erfrischende Wirkung der Mussolini-Tochter Edda Ciano zurück, die mit strahlenden Augen, einem Zobelcape und »Locken, die wie Hörnchen von ihrer Stirn abstanden«, die Aufmerksamkeit auf sich lenkte. Später bot sich für das wissende Lächeln seiner Kollegen eine plausiblere Erklärung. Beide hatten Hinweise erhalten – D'Arcy Osborne durch Kaas und Taylor durch Müller –, dass eine Aktion gegen Hitler unmittelbar bevorstehe.⁴¹

Am darauffolgenden Tag, dem 13. März 1943, flog Hitler nach Smolensk. In feldgrauen SS-Uniformen brachten Hans Rattenhubers Leibwachen ihre Maschinenpistolen in Anschlag, als Hitlers Focke-Wulf »Condor« auf der Landebahn aufsetzte. Nachdem die Treppe herabgelassen war, schritt Hitler gebeugt und müde hinunter. Nach einer angespannten Sitzung mit seinen Generälen stieg er in sein Flugzeug zurück. Als Oberstleutnant Heinz Brandt Hitler an Bord folgte, hielt ihn Schlabrendorff auf der Treppe zurück.⁴²

Der Propeller, der den Schnee um sie herum aufwirbelte, dröhnte so laut, dass sie sich schreiend verständigen mussten. Schlabrendorff erinnerte ihn daran, dass er sich beim Essen zuvor freundlicherweise bereit erklärt hatte, ein Paket mit zwei Cognacflaschen für Oberst Hellmuth Stieff mitzunehmen.[43]

Schlabrendorff überreichte ihm das Sprengstoffpaket und wünschte eine sichere Reise. Als die Maschine abgehoben hatte, sah Schlabrendorff ihr nach, bis sie im rieselnden Schnee verschwand.[44]

KAPITEL 17

Baupläne für Siegfried

Josef Müller verbrachte den 13. März in einem Lokal nahe der Zentrale der Abwehr in Berlin und wartete auf das Stichwort, mit dem Hitlers Tod bekannt gegeben würde. Admiral Canaris' Dienstmaschine stand aufgetankt auf dem Flughafen Tempelhof bereit, um ihn auf schnellstem Weg nach Rom zu bringen. Wenn alles nach Plan verlief, würde er gleich nach der Ankunft im Vatikan Pius seine Legitimation als Sonderbeauftragter präsentieren und daraufhin eine Zusage empfangen, dass der Papst die neue Regierung nach dem Sturz des NS-Staats offiziell anerkenne. Stunden vergingen. Mit jedem weiteren Humpen Bier schwanden Müllers Hoffnungen. Das »erlösende Stichwort« kam niemals.[1]

In Smolensk saß Tresckow bei Schlabrendorff. Sie warteten darauf, dass eine der Jagdmaschinen, die Hitlers Flugzeug eskortierten, einen Notruf funken würde. Mit dem Zünder, der auf 30 Minuten eingestellt war, hätte die Bombe nach 80 bis 90 zurückgelegten Kilometern ungefähr über Minsk explodieren müssen. Aber erst drei Stunden später klingelte das Telefon. Hektisch nahm Tresckow den Hörer ab. Hitler war unversehrt in Rastenburg gelandet.[2]

Schlabrendorff rief in Berlin an und gab das Codewort für das Scheitern des Anschlagsversuchs durch. In Panik fiel ihm ein, dass sie das Paket sofort sicherstellen mussten, ehe es der ahnungslose General Stieff öffnen würde, um sich einen verdienten Schluck Cognac zu gönnen. Sie seien in einem Zustand beträchtlicher Erregung gewesen, erinnerte sich später Schlabrendorff. Nach fieberhaften Beratungen rief Tresckow Brandt an und bat ihn beiläufig unter dem Vorwand einer Verwechslung, das Paket bei sich zu behalten.

Am nächsten Morgen flog Schlabrendorff ins Hauptquartier des OKH Mauerwald in Ostpreußen und suchte Brandt auf. Nervös passierte er die Kontrollpunkte und sollte sich später daran erinnern, wie Hitlers Begleiter »nicht ahnend, was er in der Hand hielt, lächelnd die Bombe überreichte und dabei das Paket so heftig bewegte, dass ich befürchtete, die Bombe werde noch nachträglich explodieren, da ja die Zündung in Gang gesetzt war«.

Schlabrendorff fuhr anschließend mit dem Auto ins benachbarte Korschen, von wo am Abend sein Schlafwagenzug nach Berlin fuhr. »[I]ch [bestieg] das für mich bestellte Abteil, schloss die Tür hinter mir ab und öffnete mit einer Rasierklinge so vorsichtig wie möglich das Paket. Nachdem ich die Umhüllung entfernt hatte, konnte ich sehen, dass die beiden Sprengladungen unverändert waren. Sorgsam entschärfte ich die Bombe und nahm den Zünder heraus.«[3]

Die Säure hatte den Draht zerfressen. Der Schlagbolzen war auf das Zündhütchen katapultiert worden, aber ohne es zu entzünden. Durch einen dummen Zufall war die Bombe nicht losgegangen. Sie fühlte sich nass und kalt an. Vielleicht weil im Flugzeug die Heizung ausgefallen war oder weil der Gepäckraum nicht beheizt wurde, war der Zünder vereist.[4]

Einige Tage später erhielten die Verschwörer eine zweite Chance. Hitler ließ sich zum Heldengedenktag am 21. März in Berlin erbeutete sowjetische Waffen vorführen. Der Zufall wollte, dass der Verschwörer Oberst Freiherr Rudolf-Christoph von Gersdorff für die Feier zum Dienst abkommandiert wurde. Gersdorff gelobte, um den Preis seines eigenen Lebens einen Mordanschlag auf Hitler auszuführen.[5]

Er wollte sich mit ihm in die Luft sprengen: Seine Frau war verstorben und der Krieg verloren. Auf die Art hoffte er auf einen sinnvollen Tod. Dazu wollte er natürlich wissen, ob der Staatsstreich wie geplant ausgeführt würde. Tresckow teilte ihm mit, dass der Papst mit den Westmächten eine Übereinkunft für eine separate Kapitulation im Westen getroffen habe. Die Verschwörer hätten Pläne für eine demokratische Regierungsform erstellt.[6]

In der Nacht des 20. auf den 21. März weihte Tresckow Schlabrendorff in den Plan mit einem Code ein, der nur den Beteiligten bekannt war. Über Kontakte im Generalstab erfuhr Tresckow von Hitlers Zeitplan, der strengster Geheimhaltung unterlag, mit dem mehrfachen Hinweis, dass ihm die »Todesstrafe« drohe, sollte er Informationen weitergeben. Aus dem Gesagten schloss er, dass Hitler für seinen Besuch eine halbe Stunde veranschlagt hatte.

Früh am nächsten Morgen ging Schlabrendorff ins Hotel Eden zu dem »noch fest schlafenden Gersdorff […], weckte ihn und überreichte ihm auf nüchternen Magen die Bombe«.[7]

Gersdorff ging mit ihr in der Manteltasche zur Feier. Als Experte sollte er Hitler durch die Ausstellung führen und sie erläutern. Während Hitler durch Reihen von Kriegsversehrten ins Zeughausmuseum schritt, spielte eine Kapelle in der beflaggten Eingangshalle feierlich Musik. Gersdorff stellte den Zünder der Bombe – aus zwei verbundenen Haftminen – so ein, dass sie nach zehn Minuten detonieren sollte. Allerdings eilte Hitler durch die Ausstellung, fast ohne das sowjetische Kriegsgerät eines Blickes zu würdigen, und verließ sie nach drei Minuten wieder. Gersdorff eilte zur Toilette, zerstörte den Zünder und spülte ihn weg.[8]

Die Fehlschläge vom März 1943 frustrierten die Verschwörer. »Selbst König und Delp, die doch eigentlich kraft ihrer Disziplin das Warten gelernt haben müssten, werden unruhig«, schrieb Moltke, »und sehen nicht, dass Tal auch wieder durch eine Höhe abgelöst wird.« Nach 18 Monaten politischer Vorarbeiten wollten die Jesuiten vom Ausschuss für Ordensangelegenheiten nicht länger auf sich warten lassen – schon gar nicht, wenn sie eine Chance sahen, Hitler gewissermaßen in ihrem Hinterhof zu erwischen.[9]

Im Vorort Pullach, zehn Kilometer vor München, hatte Hitler unterirdische Bunker mit 30 Räumen und einem Ventilationssystem anlegen lassen, um sich vor Gasangriffen zu schützen. Dieses weitere Führerhauptquartier mit dem Decknamen »Siegfried« lag ganz in der Nähe des modernen geräumigen Berchmanskollegs der Jesuiten, das die Nazis zu beschlagnahmen versucht hatten. Um ihr Kolleg vor dem Zugriff der Partei zu schützen, hatten die Ordensmänner Josef Müller engagiert: Müller entledigte sich der Nazis, indem er mit der Wehrmacht einen Vertrag aushandelte, nach dem sie Teile des Geländes als Lazarett nutzen konnte. Doch damit waren die Streitigkeiten in

Pullach nicht zu Ende. Hitlers SS-Leibwache im Führerbunker Siegfried drohte mit einer Klage, weil das Abwasser der Jesuiten angeblich ihr Trinkwasser verseuchte. Pater Rösch betraute Müller einmal mehr damit, die Begehrlichkeiten der Partei abzuschmettern.[10]

Dann tauchte Hitler persönlich auf. Als er sich vom 9. bis zum 12. November zum ersten Mal im Hauptquartier Siegfried aufhielt, setzte angesichts der räumlichen Nähe bei den Verschwörern, die ihn ermorden wollten, ein kreatives und zweckgerichtetes Denken ein. Die Jesuiten besannen sich darauf, dass ihre Zielperson in ihrem Komplex eine Wohnung bezogen hatte. Pater Delp drang darauf, dass vom Militärdienst ausgeschlossene Priester in die Organisation Todt eintreten sollten, eine paramilitärische Bautruppe, die für die Instandhaltung der Führerbunker zuständig war. Dies gab ihnen eine Möglichkeit, im Führerhauptquartier Siegfried eine Bombe mit Zeitzünder zu legen. Delp fragte bei seinen militärischen Kontakten nach, ob sie ihn in diese Truppe einschleusen könnten.[11]

In Hitlers Sicherheitssystem war bereits eine Lücke aufgetaucht. Bei den Verhandlungen mit der SS wegen des Abwasserlecks erhielt Pater König Kopien der Baupläne für den Führerbunker Siegfried und reichte sie an Müller weiter. Über seine Bierbruderschaft mit Hans Rattenhuber, dem Chef von Hitlers Leibwache, kannte Müller streng geheime Einzelheiten zu den Vorgehensweisen in Hitlers Personenschutz, hatte aber nie eine gute Möglichkeit gesehen, Rattenhubers Leibwächter auszutricksen. Die Baupläne zum Schlupfwinkel Hitlers änderten nun alles: Belüftungs- und andere Schächte, Türen, Kanäle – überall lagen Möglichkeiten für einen Anschlag verborgen. Von Müller informiert, dachte Oster daran, Hitler durch einen als Luftangriff getarnten Anschlag zu beseitigen.

Bereits einige Monate zuvor, am 4. April 1943, allerdings versetzte ihnen die SS einen herben Schlag.[12]

Wilhelm Schmidhuber redete. Nach seiner Auslieferung durch Italien gefoltert, packte er Einzelheiten zur Operation U-7 aus, dem Plan der Verschwörer zur Rettung von Juden. Als Ergebnis stürmten Manfred Roeder, dienstaufsichtsführender Richter am Luftwaffenfeldgericht Berlin, und Kriminalsekretär Franz Sonderegger als Ermittler der SS in Osters Büro. Roeder zeigte seinen Durchsuchungsbefehl vor, verlangte von Dohnanyi, seine Schreibtischschubladen zu öffnen, und teilte ihm mit, dass er den Raum nach belastenden Unterlagen durchsuchen werde. Er schritt auf einen grünen Panzerschrank zu, der mit eingeprägten Schriftrollen verziert war, und verlangte die Schlüssel. Dohnanyi leugnete zunächst, dass er sie dabeihabe, gab sie dann aber widerstrebend heraus. Roeder zog Akten heraus und legte sie auf Dohnanyis Schreibtisch. Sie enthielten Codewörter für ausländische Geheimmissionen sowie Berichte über die Ausschleusung von Juden.[13]

Dohnanyi starrte auf einen Ordner mit der Beschriftung »Z Grau«. Er blickte vielsagend zu Oster hinüber, der am Schreibtisch stand und flüsterte: »Die Zettel, die Zettel.« Getarnt als »geheimdienstliches Material«, erklärten sie das Scheitern des Anschlagsversuchs vom 13. März. Begleitende Anmerkungen für General Beck enthielten die Mitteilung, dass Pastor Bonhoeffer am 9. April Müller nach Rom begleiten sollte, um die Verschwörung mit Pater Leiber zu diskutieren.[14]

Oster griff hinter sich, um die Papiere herauszuziehen. Roeder wandte sich um und beschrieb die Vorgänge später so: »Gemäß einem Einvernehmen zwischen Oster und Dohnanyi stand Oberst Oster dem Ermittlungsleiter gegenüber, verbarg die linke Hand hinter dem Rücken, entfernte die besagten Papiere und […] steckte sie unter seinen Anzug. Dabei wurde er von […] Sonderegger und dem Ermittlungsleiter beobachtet und sofort zur Rede gestellt.«[15]

Roeder verhaftete Dohnanyi. Oster kam fürs Erste mit Hausarrest davon. Canaris sah seine Tage als gezählt an. Die Verschwörer konnten nicht mehr von innen heraus zum Schlag gegen Hitler ausholen. Und jetzt hatten ihre Feinde auch noch einen schriftlichen Beweis für ihre über Müller laufenden Kontakte zum Papst.[16]

Als Müller von Dohnanyis Verhaftung erfuhr, eilte er sofort nach Hause. Gegen Mittag rief die Münchner Abwehr an. Etwas in Oberstleutnant Nikolaus Fichts tonloser Stimme sagte Müller, dass seine Stunde geschlagen habe.[17]

Er fragte, was ihm vorgeworfen würde. Ficht teilte ihm mit, dass der Untersuchungsführer für das Reichskriegsgericht, Oberkriegsgerichtsrat Dr. Manfred Roeder, Anweisungen zu seiner Verhaftung erteilt habe. Luftwaffenchef Hermann Göring und Wilhelm Keitel, Chef des Oberkommandos der Wehrmacht, hatten den Haftbefehl mit unterzeichnet. Der Vorwurf lautete auf Wehrkraftzersetzung. Das Belastungsmaterial umfasste Wilhelm Schmidhubers Aussagen, wonach Müller Juden mit gefälschten Papieren und Bargeld zur Flucht verholfen habe. Überdies war Müller laut der SS »verdächtig, an einer Generalverschwörung beteiligt zu sein, die Hitler stürzen wolle und mit den Westmächten in Verbindung stehe«.[18]

Um Zeit zu gewinnen, bat Müller um Erlaubnis, Canaris anzurufen. Er solle sein Glück versuchen, teilte ihm Ficht mit. Müller erreichte allerdings nur die Sekretärin

Frau Schwarte. »Bei uns ist ein Durcheinander«, schrie sie ganz aufgeregt ins Telefon, »die andern sind da!«[19]

Müller machte sich daran, den Schreibtisch in seinem Arbeitszimmer zu säubern. Seit mehr als einem halben Jahr, seit Schmidhubers Verhaftung, hatte das Damoklesschwert über ihren Köpfen geschwebt. Jetzt sauste es nieder. Er fragte sich, ob die Gestapo mehr wusste, als Schmidhuber ihnen verraten hatte. Waren den Behörden in Zossen Papiere in die Hände gefallen? Falls ja, hätte es keinem mehr genützt, wenn er sich die Zunge abgebissen hätte. Müller war klar, dass diese Akten ausreichend Belastungsmaterial enthielten, um alle an den Galgen zu bringen.

Entsetzt fiel ihm ein, dass er die erdrückendsten Beweise in seinem Schreibtisch nicht verschwinden lassen konnte: In einem verschlossenen Geheimfach lagen die Baupläne für Hitlers Hauptquartier in Pullach, den Führerbunker Siegfried, sowie Unterlagen mit Bezug zu seinen Missionen im Vatikan. Sicherheitshalber verwahrte er den Schlüssel zu diesem Geheimfach stets außer Haus, in einem Safe in seiner Kanzlei. Er bezweifelte, dass er dorthin gelangen und zurückkommen könnte, ehe die Staatsgewalt bei ihm eintraf. Seine Sekretärin Anni Haaser kannte die Safe-Kombination und hätte ihm die Schlüssel bringen können, aber weil er sie bereits angerufen hatte, war sie damit beschäftigt, Akten in der Kanzlei zu vernichten. An zwei Stellen gleichzeitig konnte sie ihm nicht helfen.[20]

Um sich fürs Gefängnis fertig zu machen, stopfte er 15 Taschentücher, sechs Anzugshemden, fünf Paar Socken, etwas Unterwäsche, zwei Taschenlexika, zwei Orangen, einen grauen Dreiteiler und eine grüne Krawatte in einen Reisekoffer.[21]

Er küsste seine Frau Maria und drückte sie an sich. Er

hatte stets versucht, sie aus seinen Geheimaktionen herauszuhalten, wusste aber aus Erfahrung, dass die Nazis für ihre Ziele auch unbeteiligte Angehörige bedrohten oder verhafteten.[22]

Er rief seine achtjährige Tochter Christa zu sich und ging mit ihr auf die Veranda vor seinem Arbeitszimmer, um den Kanarienvogel Hansi im Käfig zu füttern. Falls er länger als gewöhnlich in Berlin bleiben solle, so ermahnte er sie, dürfe sie nicht vergessen, den Vogel zu versorgen.[23]

Kriminalsekretär Franz Sonderegger tauchte vor der Eingangstür auf, ein schlanker Rheinländer mit hängenden Schultern und einem verrunzelten, mageren Gesicht. Als Müller die Treppe hinabstieg, brachte Sonderegger an der Tür zu seinem Arbeitszimmer ein Amtssiegel an.[24]

Auf der Treppe zum Eingang hielt ein Armeeoffizier Müller die Handschellen hin. Der Festgenommene kroch in den Fond der bereitstehenden dunklen Limousine. Er wandte sich nach hinten um und winkte mit seinen gefesselten Händen seiner Frau und seiner Tochter auf den Eingangsstufen zu. Sie sahen ihm nach, bis er verschwunden war.[25]

KAPITEL 18

Der Weiße Ritter

Am 7. April 1943 überquerte Hans Bernd Gisevius den Petersplatz. Der Offizier der Abwehr näherte sich der Wohnung von Monsignore Johannes Schönhöffer im Vatikan, einem engen Freund von Josef Müller. Gisevius verschaffte sich selbst Zutritt mit einem unter der Fußmatte deponierten Schlüssel und wartete im Flur. Angespannt starrte er aus dem Fenster. Plötzlich sah er »über den Hof etwas Schwarzes huschen, flink wie ein Wiesel, sodass ich die kleine, hagere Figur, verdeckt durch den großen, schwarzen Jesuitenhut, überhaupt nicht richtig ausmachen konnte«. Gisevius trat auf den Treppenabsatz und blickte eine Wendeltreppe hinab. Er sah den Hut größer werden, während er sich nach oben schraubte.[1]

Pater Leiber trat hustend ein. Der Jesuit berichtete, Pius sei neugierig wegen Müllers Schicksal und wolle »gern etwas Näheres darüber erfahren«. Leiber selbst fürchtete, dass die Erklärung der britischen Friedensbedingungen von 1940, die auf dem amtlichen Briefpapier des Papstes mit dem Wasserzeichen geschrieben war, Himmler in die Hände fallen könnte. Gisevius versprach, die Angelegenheit mit Beck zu besprechen. Was Müller anging, der in einem Militärgefängnis in München einsaß, so hing viel davon ab, ihn von der SS fernzuhalten. Die gegen ihn vorgebrachten Vorwürfe schienen ernst.[2]

Gisevius kehrte vom Vatikan zurück und informierte Admiral Canaris in Berlin. Pater Leiber hatte vorgeschlagen, dass die Verschwörer ihre künftigen Pläne über seinen Jesuitenkollegen in München, Pater Rösch, koordinierten. Nach dem Verlust Müllers pries Leiber Rösch als den »stärksten Mann des Katholizismus in Deutschland« an.[3]

Nach der Verhaftung des Kaders von Oster blieb den Verschwörern allerdings nicht viel anderes übrig, als erst einmal ihre Spuren zu verwischen. »Wie bei allen derben Zugriffen der Gestapo«, erinnerte sich Gisevius später, »erwies sich zunächst der psychologische Schock am lähmendsten. Monatelang ging alles in Deckung […] Es entstand gleichsam ein konspiratives Vakuum.«[4]

Aber noch am selben Tag, an dem sich Gisevius mit Pater Leiber traf, brachte das Blutbad in Nordafrika einen kriegerischen Katholiken hervor, auf dem fortan alle Hoffnungen ruhten. Nach Jahren der verpassten Gelegenheiten und gescheiterten Pläne sollte der deutsche Widerstand durch die Kraft eines Mannes endlich zur Tat schreiten.

Am 7. April mussten sich die deutschen Truppen in Tunesien gegen erbitterte Angriffe seitens der Alliierten zur Wehr setzen. Der Staub und der Rauch waren so dicht, dass die Panzerkommandanten beim Kampf in den Luken standen. Zu spät sahen sie die weißen Sterne auf den Tragflächen amerikanischer Flugzeuge. Oberstleutnant Claus von Stauffenberg hechtete aus seinem Kübelwagen in den Sand und presste den Kopf auf die Hände am Boden.[5]

Sanitäter entdeckten ein Kugelloch in der Windschutzscheibe des Kübelwagens und einen toten Leutnant auf der Rückbank. Stauffenberg lag ein paar Meter entfernt, bewusstlos; er blutete am Kopf und an den Händen. In einem Feldlazarett amputierten Ärzte seine rechte Hand und zwei Finger seiner linken. Dann entfernten sie sein linkes Auge.[6]

Stauffenbergs Kameraden im Divisionshauptquartier vermissten ihn. Geheime Mikrofone in Kriegsgefangenenlagern zeichneten einige Lobreden auf ihn im Krieg auf: Stauffenberg sei »das Idol« der kommenden deutschen Generation gewesen, ein »guter, aufrichtiger, christlicher und mutiger Mann«, der sich um seine Männer gekümmert habe. Wenn er einen Fehler hatte, so vielleicht den, dass er unvorstellbar indiskret gewesen sei, aber seine Kameraden hielten dies für einen Teil seiner Aufrichtigkeit. Schon bei der ersten Begegnung habe er einem das Herz ausgeschüttet, auf Anhieb.[7]

Später wurde er eine Art Kultfigur. Claus habe eine so intensive Ausstrahlung gehabt, erinnerte sich ein Freund von ihm, dass er auf jeden Einzelnen, der in seine Nähe kam, eine sehr starke Faszination ausgeübt habe. Selbst der mürrische General Halder gestand, dass er Stauffenberg als geradezu »magnetisch« anziehend empfand, während ein weniger zurückhaltender Verbündeter ihn so strahlend und stattlich »wie Alkibiades« nannte. Bei der Befragung seiner ehemaligen Komplizen im Jahr 1947 dokumentierte ein britischer Vernehmungsbeamter, dass ihre »Augen strahlten« und sie »allein von der Erinnerung bezaubert« schienen. Wohl kein Deutscher hatte in der NS-Zeit eine so hypnotische Wirkung auf seine Landsleute gehabt, von Hitler selbst einmal abgesehen. In Anbetracht dessen, was Stauffenberg später tat und wie berühmt er dadurch wurde, tendierten all jene, die ihn kannten, dazu, ihn mythisch zu verklären; dabei lag gerade in seinem Status als kontra-mythische Ikone der Schlüssel zu seinem Charisma. Man kann seine Ausstrahlung nicht begreifen, wenn man ihn nicht zum Beispiel in seiner weißen Sommeruniform sieht, ein Eisernes Kreuz an die Brust geheftet, gut gebaut und stark, »wie ein junger Kriegsgott«, wie ein Kollege sich erinnerte. Oder wie er bis spät in die Nacht mit unteren Offizieren zusammensaß, die linke Hand in der Hosentasche und ein Weinglas in der rechten, und Homers *Odyssee* übersetzte oder Hitler kritisierte.[8]

Die Judenverfolgung hatte ihn zum Feind Hitlers gemacht. Wie die meisten europäischen Adligen wurde Stauffenberg nach einer kosmopolitischen Botschaft erzogen; ein Bruder von ihm hatte eine jüdische Fliegerin geheiratet, deren Entlassung aus der Luftwaffe im Jahr 1936 den Antisemitismus zu einem Familienproblem machte. Stauffenbergs Kenntnis von der Shoah vertiefte zwar noch seinen Abscheu gegen den Nationalsozialismus, aber die Verfolgung der Juden hatte ihn schon Jahre vorher zum Gegner Hitlers gemacht. Die Reichspogromnacht war der Rubikon gewesen: Zwei Monate danach, im Januar 1939, ging Stauffenberg in den Wäldern um Wuppertal mit seinem Freund Rudolf Fahrner spazieren, einem Literaturprofessor mit wirrem, grauem Haar und leuchtenden Augen. Auf die Pogrome hatte er reagiert, indem er sich eine Axt schnappte und eine Hitler-Büste zerschmetterte. Als Fahrner fragte, ob die Wehrmacht das Niederbrennen der Synagogen einfach hinnehme, sprach Stauffenberg – zum ersten Mal – offen von einer Erhebung gegen das NS-Regime.[9]

Aber drei Jahre lang versäumte er es, auf den eigenen Ruf zu hören. Als sich die Gruppe um Canaris an ihn wandte, machte er Ausflüchte: Die Idee sei ja richtig, aber der Zeitpunkt falsch. Erst als er, von seinen Verwundungen behindert, die Chance zum Handeln verlor, schwor er sich zu handeln. Als die Ärzte in München sein Gipskorsett aufbrachen, trat ein neuer Mensch hervor. Stauffenberg sei zu der Überzeugung gelangt, dass Hitler tatsächlich von einer diabolischen Macht beherrscht werde, erinnerte sich Elisabeth, Baronin von und zu Guttenberg, die ihn Mitte Mai 1943 besuchte. Er war sich zumindest in seinem Kopf sicher, dass er mit der Ermordung Hitlers eine Kreatur beseitige, die wahrhaftig, an Körper und Seele, vom Teufel besessen sei.[10]

Sein Eifer war Bestandteil seines Glaubens. Wo Mitgefühl für Menschen eines anderen Glaubens ihn dazu bewegte, Hitler zu hassen, halfen ihm die Grundsätze seines eigenen Glaubens, sich gegen Hitler zu wehren. Stauffenberg war »persönlich konfessionell stark gebunden« und »gläubiger Katholik«, stellten SS-Ermittler fest. Und dass seine »kirchlichen Beziehungen in der Verschwörerclique eine *große Rolle* [Hervorhebung im Original] gespielt haben«. Dass er »ein Reaktionär« war, wie die Gestapo meldete, ging nicht nur aus dem goldenen Kreuz hervor, das er an einer schlichten Halskette trug. Seit dem Mittelalter waren Mitglieder der Familie Stauffenberg Patronatsherren oder Domherren in Schwaben; ein Vorfahr war Fürstbischof von Konstanz gewesen, ein anderer Fürstbischof von Bamberg. Mit neun Jahren erklärte er, dass es, wenn Luther nur ein bisschen mehr Geduld gehabt hätte, noch heute nur einen wahren Glauben gäbe. Schon ehe er sich dem deutschen Widerstand anschloss, trachtete er nicht nur danach, das Dritte Reich zu zerstören, sondern das Heilige Römische Reich wiederaufleben zu lassen.[11]

Stauffenberg sah alles durch eine Mittelalterbrille. Seine Hefte wimmelten nur vor Gedichten, die das Heilige Römische Reich priesen. Ganz ähnlich, wie die Briten damals ihren Gründungsmythos erneuerten und Churchill als den aus Avalon zurückgekehrten Artus präsentierten, träumte Stauffenberg davon, dass Kaiser Friedrich II., der nach der Legende in einem Berg schlief, wiedererwachte und Europa rettete. Wenn er Kadetten unterrichtete, mitten in den Ruinen einer Burg aus dem 10. Jahrhundert, dann sprach Stauffenberg nicht als ein geistiger Beobachter, sondern als ein authentischer Teilnehmer, aus der Vergangenheit zurückgerufen, um welthistorische Entscheidungen zu treffen. Physisch kämpfte er im Zweiten Weltkrieg, aber psychisch lebte er in der Tradition der *Civitas Dei* des Augustinus. In den Augen Stauffenbergs, wie auch für die Schüler von Pater Rösch in Kreisau, konnte die westliche Zivilisation nur gerettet werden, indem die Ideale wiederhergestellt wurden, die unter Karl dem Großen geprägt worden waren und die Zivilisation selbst hervorgebracht hatten. In dieser Beziehung gehörten bestimmte katholische Ideen zusammen und durften ebenso wenig infrage gestellt werden wie Juwelen in einer Kette: Humanismus, Klassizismus, Christentum, Aristokratie, Tyrannenmord.[12]

Ein Mitverschwörer erinnerte sich an folgende Aussage Stauffenbergs: Er sei Katholik, und in der katholischen Kirche sei es lange Tradition, dass Tyrannen ermordet werden dürfen. Um den Bruch des Treueeids zu begründen, berief er sich auf die Vorstellung eines vorrangigen Naturrechts: Als gläubiger Katholik, argumentierte er laut einem Offizier, sei er sogar verpflichtet, gegen diesen Eid zu handeln. Er rechtfertigte den Mord an Hitler, indem er auf Aquin verwies, aber er stützte sich dabei nicht nur auf seine persönliche Interpretation der Lehre; er zog auch kirchliche Autoritäten wie Bischof Preysing und Pater Delp vom Ausschuss für Ordensangelegenheiten zurate.[13]

Stauffenberg setzte sich kurz nach seinem schicksalsschweren Entschluss mit dem Ausschuss in Verbindung. Da er und die beiden Kleriker sich zu der Zeit in München aufhielten, war das recht einfach. Vermutlich nahm er noch während seines Aufenthalts im Krankenhaus Kontakt zu den Münchnern Jesuiten auf, und zwar über Baronin von und zu Guttenberg. Ihr Ehemann hatte Pater Rösch im Herbst 1941 mit Moltke bekannt gemacht; seither hatte sie wöchentliche Vorträge von Delp in ihrer Münchner Wohnung organisiert. Am 9. Mai hatte einer von Röschs Laienmitarbeitern, der Anwalt des Ausschusses Georg Angermaier, von Stauffenbergs Plänen erfahren. Angermaier hatte seinen Wohnsitz in Bamberg, genau wie Stauffenberg, und wusste von den Kontakten der Verschwörer zum Papst über Josef Müller.[14]

Am 7. April 1943, als Stauffenberg noch verwundet in Tunesien lag, hatte die SS Müllers Wohnung in München durchwühlt. SS-Ermittler Franz Sonderegger vermutete, dass Josef Müller sämtliche belastenden Unterlagen bereits beseitigt hatte. Dennoch führte er Müllers Frau Maria hoch in das Arbeitszimmer und hoffte, sie würde in ihrer Verzweiflung womöglich irgendwelche Verstecke verraten. Als das keinen Erfolg hatte, nahmen zwei Gestapo-Beamte sie in die Mangel. Sie versuchten, »von mir die Namen derjenigen Personen zu erfahren, die mit meinem Mann verkehrt hätten«, sagte sie später, indem die Beamten die Namen mutmaßlicher Nazigegner vorlasen und fragten, ob die betreffenden Personen jemals in Müllers Haus gewesen seien. Allerdings habe sie, Maria, »stets ausweichende Antworten« gegeben.[15]

Sonderegger untersuchte unterdessen den Schreibtisch mit einem Vergrößerungsglas. Er entdeckte die geheime Schublade, konnte sie jedoch nicht öffnen. Da er vermutete, dass sie wichtige Beweise für gegnerische Aktivitäten enthielt, nahm er sich vor, einen Schlosser zu holen. Er hatte die Absicht, die Suche später fortzusetzen, schloss die Tür zum Arbeitszimmer wieder und versiegelte sie.[16]

Als Sonderegger am nächsten Tag wiederkam, fand er das Siegel gebrochen vor. Da nur Müllers Tochter und Schwiegermutter im Haus geblieben waren, stellte er die Großmutter deswegen zur Rede. Sie sagte, dass ihr Kanarienvogel Hansi auf der Veranda ganz unruhig gewesen sei, und sie habe es Christa erlaubt, ihn zu füttern. Christa sei durch das Arbeitszimmer hinaus auf die Veranda gegangen, sei aber durch ein Fenster wieder hereingekommen. Sonderegger erklärte scharf, dass sie mit dem Brechen des Siegels ein Verbrechen begangen hätten, für das man sie auf der Stelle verhaften könne. »So«, gab die Großmutter laut Sonderegger spöttisch zurück, »jetzt haben Sie schon meine Tochter und meinen Schwiegersohn verhaftet, und jetzt wollen Sie auch mich noch einsperren und womöglich sogar noch die Christa. Dann können Sie unseren Kanarienvogel gleich mitverhaften!« Wenn die Widerspenstigkeit der Familie ein Indiz war, dachte Sonderegger damals, wie er sich später erinnerte, dann dürfte der »Ochsensepp« eine harte Nuss werden.[17]

Um die gleiche Zeit suchte Pater Albrecht von Ettal Müllers Büro auf. Seine Sekretärin Anni Haaser öffnete die Tür. SS-Ermittler Sonderegger hatte sie bereits unter Arrest gestellt, aber gezwungen, im Rahmen einer verdeckten Operation an ihrem Arbeitsplatz zu bleiben. In der Hoffnung, Müllers Kontaktpersonen zu identifizieren, hatte Sonderegger einen Gestapo-Agenten in dem Büro stationiert, der das Telefon mit »Dr. Müller« beantwortete, sobald es klingelte. Die Sekretärin hatte er angewiesen, alle Besucher hereinzulassen. Pater Albrecht war jedoch nicht im geistlichen Gewand gekommen, sondern in einem schlichten schwarzen Anzug. Sonderegger fragte ihn nach dem Grund seines Kommens. Der Pater improvisierte, da er einen Wink von Fräulein Haaser richtig interpretierte. Er sagte, er habe mit Herrn Doktor Müller über eine »Ehescheidung« sprechen wollen.[18]

Durch das Fenster des Polizeiwagens starrte Müller auf Berlin. Alles war düster, verdunkelt. Seine Häscher machten Scherze über die Funktionsweise der Guillotine, während er über sein Schicksal nachdachte. »Ich musste deshalb befürchten«, sagte er, »dass der Attentatsversuch Henning von Tresckows entdeckt worden war und dass sich die braunen Bluthunde dabei auch auf meine Spur gesetzt und von meinen letzten Kontakten mit dem Papst erfahren hatten.«[19]

Das Auto hielt vor dem Militärgefängnis an der Lehrter Straße an. Durch die Dunkelheit konnte er nur den grauen Festungsbau mit seinem Wachturm und vergitterten Fenstern sehen. Im Hof schlug ein eisernes Tor hinter dem Wagen zu. »Es ist Ihnen ab sofort verboten«, bellte ein Unteroffizier, »mit dem ›Deutschen Gruß‹ zu grüßen.« Zwei Wärter führten Müller über vergitterte Galerien, die über eiserne Wendeltreppen miteinander verbunden waren, und schoben ihn in Zelle Nr. 7 im Todestrakt.[20]

Die Zelle war knapp drei Meter lang und keine zwei Meter breit. In der vorderen linken Ecke diente ein brauner Kübel als Toilette. Die Fensteröffnung war mit Karton abgedeckt, weil das Glas durch die Luftangriffe gesplittert war. Deshalb drang in den Raum kein Tageslicht. Als Müller das Ohr an die Wand legte, vernahm er ein Schluchzen.[21]

An Müllers zweitem Tag in Berlin, um den 14. April, rief

ihn der Kommandant zu sich. Oberst Otto Maaß arbeitete für General Paul von Hase, einem Onkel Dietrich Bonhoeffers und Frau Dohnanyis sowie Stadtkommandant von Berlin. »Ich bringe Ihnen die Grüße«, sagte Maas mit freundlicher Stimme, »von Ihrem Chef und von Ihrem wirklichen Chef.« Er konnte damit nur Canaris und Beck meinen. Müller sah ihn an und fragte dann: »Herr Oberstleutnant, sind Sie bereit, mir ein echtes altes Offiziersehrenwort zu geben?« Maas nahm militärische Haltung an und hob die Hand. Müller sagte: »Dann grüßen Sie meinen Chef und meinen wirklichen Chef und teilen Sie ihnen mit, dass ich mein Ehrenwort halten werde!« Er hoffte, auf diese Weise seine Freunde zu beruhigen, dass er, wenn nötig, allein an den Galgen gehen werde.[22]

Am nächsten Morgen saß er Oberstkriegsgerichtsrat Roeder am Vernehmungstisch gegenüber. Roeder wollte Näheres über Müllers Missionen im Vatikan erfahren. »Sie werden auch noch Farbe bekennen wegen dieser Jesuiten in Rom.« Roeder erwähnte Pater Leiber und Monsignore Schönhöffer und befahl Müller, seine anderen Kontakte am Heiligen Stuhl zu nennen. Müller bestand darauf, dass lediglich der Abwehrchef Canaris ihm die Erlaubnis erteilen könne, deren Namen zu enthüllen.[23]

Roeder zog ein Blatt Papier aus seiner Aktentasche. Müller erkannte auf den ersten Blick, dass die SS die Pläne für Hitlers Bunker in Pullach gefunden hatte. »Woher haben Sie das? Was stellt das dar?«, fragte Roeder barsch. Müller erwiderte, er könne über die Siegfried-Blaupausen nicht sprechen, ohne das Privileg zwischen Anwalt und Mandant zu verletzen, und fügte in einem späteren Verhör noch hinzu: »Wenn ich Ihnen sage, wer die Schweigepflicht aufheben kann, dann habe ich mein Berufsgeheimnis bereits verletzt.« Damit gewann Müller zumindest ein bisschen Zeit, weil Roeder in diesem Fall die Abwehr hinzuziehen musste.[24]

Zwei Wochen später kamen die Pläne für den Bunker erneut zur Sprache. Der Kriegsgerichtsrat Erwin Noack hatte die Originale entdeckt mit einem Vermerk, dass die Stadt Pullach eine Kopie Pater Lothar König im jesuitischen Berchmanskolleg ausgehändigt habe. Kommissar Walther Möller, der Roeder vertrat, fing an zu schreien: »Wenn Sie jetzt nicht alles sagen, was wir von Ihnen wissen wollen...« Er machte eine Handbewegung, als wolle er einem den Kopf abschlagen. Noack warnte, dass sie ohnehin schon bald die Wahrheit erfahren würden, weil er persönlich Pater König in München vernehmen werde.[25]

Zurück in seiner Zelle, rief Müller nach dem katholischen Kaplan. Pater Heinrich Kreutzberg, der den Verurteilten half, sich auf den Tod vorzubereiten, war rasch zur Stelle. Müller hatte ihn zuerst gefürchtet, wie er gelernt hatte, Bruder Hermann Keller und alle Geistlichen mit Verbindungen zum Regime zu fürchten. Aber nachdem Müller Kreutzberg eine Botschaft für Bischof Preysings Generalvikar Maximilian Prange gegeben hatte und Kreutzberg ihm im Gegenzug eine Botschaft anvertraut hatte, die Preysings Hass auf die Nazis bestätigte, hatte Müller beschlossen, ihm zu vertrauen.[26]

Jetzt erzählte er Kreutzberg von den Bunkerplänen. Es bestand die Gefahr, dass König in dem Versuch, Müller zu schützen, sie alle zum Untergang verurteilte. Wenn Noack ihn in die Enge trieb, sollte König zugeben, dass er die Pläne während des Streits mit der SS um das Abwasser erhalten habe – und dass er sie an Müller weitergegeben habe, den Rechtsbeistand der Jesuiten in diesem Fall.[27]

Kreutzberg fuhr noch in derselben Nacht nach München, im gleichen Zuge wie Noack. Am nächsten Tag beeilte sich Kreutzberg, König zu warnen. Noack kam ins Pfarrhaus und erfuhr lediglich, dass König gerade eben mit dem Zug nach Berlin gefahren sei.[28]

Während Pater König mit der Bahn nach Norden fuhr, ließ der Papst Bischof Preysing eine geheime Nachricht zukommen. In den Wochen davor hatte der Heilige Stuhl eine weitere Flut an Berichten über das Schicksal der Juden erhalten. Pater Pietro Tacchi Venturi, der Verbindungsmann zu Mussolini, hatte versucht, kroatische Juden, die zum Katholizismus konvertiert waren, vor der Deportation zu retten, war aber gescheitert. Er sprach vom »ersten Schritt, der bekanntlich zu einem nicht mehr fernen, äußerst schwierigen Tod« führe. Kardinal Celso Constantini, der Propagandachef des Papstes, berichtete, er habe ein »Bild von Scharen von Juden gesehen, die, nachdem sie Gräben ausgehoben hatten, allesamt ermordet und in die Gräben geworfen wurden; es waren Frauen, Kinder, Alte, Männer. Ein kaltblütiges Massaker, ein Akt der Barbarei, der vergleichbar und noch größer ist als der der Bolschewiken.« Unterdessen zeigte sich Preysing laut Moltke »sehr unterrichtet über die neuesten Entwicklungen in der Judenfrage« und bat Rom, den Verfolgten zu helfen. »Wohl noch bitterer trifft uns gerade hier in Berlin die neue Welle von Judendeportationen«, schrieb Preysing am 6. März an Pius und wies darauf hin, dass unter den Opfern auch Katholiken jüdischer Abstammung seien. »Wäre es nicht möglich, dass Eure Heiligkeit noch einmal versuchten, für die vielen Unglücklichen-Unschuldigen einzutreten?«[29]

Die Antwort des Papstes bestätigte den Kurs, den er eingeschlagen hatte, seit er zum außenpolitischen Agenten der Verschwörer geworden war. »Den an Ort und Stelle tätigen Oberhirten überlassen Wir es abzuwägen«, schrieb er am 30. April an Preysing, »ob und bis zu welchem Grade die Gefahr von Vergeltungsmaßnahmen und Druckmitteln im Falle bischöflicher Kundgebungen... es ratsam erscheinen lassen... *ad maiora mala vitanda* [um größeres Übel zu verhindern] Zurückhaltung zu üben.« Er bedauerte es, dass die geheimen und gemäßigten Proteste der Bischöfe wirkungslos geblieben waren, aber er befahl ihnen nicht, sich energischer in der Öffentlichkeit zu Wort zu melden. Wo manche später seine »strikte Zentralisierung« bemängeln sollten, legte er genau die entgegengesetzte Neigung an den Tag. Statt Befehle zu erteilen, zählte er Wünsche auf.[30]

Er wünschte sich, dass der deutsche Klerus Preysings Beispiel folgte. »Nie ist es erlaubt, Angehörigen fremder Rassen die menschlichen Rechte zu nehmen«, hatte Preysing unlängst in einer Predigt verkündet und ausdrücklich betont, dass es »nie... erlaubt [ist], gegen irgendeinen solche Grausamkeiten zu verüben.« Pius rühmte nicht nur diese »klaren und offenen Worte«, sondern auch die Taten des Domherrn von Preysing, Bernhard Lichtenberg, der auf dem Weg in die sogenannte Schutzhaft ins Konzentrationslager starb, nachdem er in aller Öffentlichkeit für die Juden gebetet hatte. »Es hat Uns, um ein naheliegendes Beispiel zu nehmen, getröstet zu hören«, schrieb Pius, »dass die Katholiken, gerade auch die Berliner Katholiken, den sogenannten Nichtariern in ihrer Bedrängnis viel Liebe entgegengebracht haben.«[31]

Pius gestand, dass er sich ebenfalls gedrängt fühle, den Juden zu helfen – nicht mit Worten, sondern mit Taten. In Zusammenarbeit mit den »jüdischen Zentralen«, teilte er Preysing mit, habe der Vatikan »sehr hohe Summen... in amerikanischer Währung« von seinen Banken umgeleitet, um Juden bei der Flucht aus Europa zu helfen – eine enorme Aufgabe, welche die globale Koordination mit den »jüdischen Gemeinden von Bolivien, Costa Rica, Südafrika, Chile, [mit der] Union of Orthodox Rabbis of America and Canada, [dem] Großrabbiner von Zagreb« erfordere. Für Katholiken jüdischer Abstammung konnte Pius viel weniger tun, weil jüdische Fluchtorganisationen sie nicht annehmen würden: »So wie die augenblickliche Lage ist, können Wir ihnen leider keine andere wirksame Hilfe zukommen lassen als Unser Gebet.« Immerhin, so Pius, sehe er die Möglichkeit eines »guten Ausgangs« – nicht nur für die Verfolgten im NS-Europa, sondern für die Unschuldigen, die unnötig auf allen Seiten umkommen.[32]

»Die hemmungslos steigende sachliche Grausamkeit der Kriegstechnik macht den Gedanken an eine noch lange Dauer des gegenseitigen Mordens unerträglich«, schrieb Pius. »Es ist nicht Unsere Schuld, dass eine nach allen Seiten gleichmäßige Behandlung der Kriegsfrage Uns nötigt, jetzt, ... bei Vermittlungen umsichtig zu Werke zu gehen.« Über diese verdeckten Aktionen sagte der Papst kaum etwas in seinem Brief – vor allem weil Preysing, ein Mitglied des Ausschusses für Ordensangelegenheiten, bereits von den Intrigen durch Josef Müller wusste. Pius betonte jedoch, dass es für dieses diskrete Unterfangen »eines Höchstmaßes an Geduld und Selbsttäuschung bedurft [habe], um ... der auftauchenden diplomatischen Schwierigkeiten Herr zu werden«. Ferner sei dafür auch der Erfolg »der ausführenden Organe«, wie er sich nebulös ausdrückte, unabdingbar.[33]

Claus von Stauffenberg hatte gelernt, sich die Schuhe unter Zuhilfenahme der Zähne zu binden. Mit den Überresten seiner Hand schrieb er an Generalleutnant Friedrich Olbricht und sagte zu, sich in drei Monaten beim Allgemeinen Heeresamt in Berlin zu melden. Olbricht hatte zwei Monate zuvor Pläne geschmiedet, um Hitlers Flugzeug mit einer Bombe in die Luft zu sprengen. Stauffenberg freute sich auf »Möglichkeiten zu entscheidendem Eingreifen«. Als Stauffenberg im Juli aus dem Krankenhaus entlassen wurde, kam sein Gesicht seiner Frau ernst, fast bedrohlich vor.[34]

Die nächsten Wochen verbrachte er mit seinen beiden Brüdern in der Burg ihrer Vorfahren. Sie übersetzten den siebten Gesang der *Odyssee,* wobei Claus dessen Maxime prägte, nach dem Motto: »Dem Tapferen winkt das Glück.« Er stieg mit einem Gehstock auf Berge, und nach einiger Zeit ohne Stock.[35]

Am 19. Juli hatte er bereits Kontakt zu Moltkes Kreisauer Kreis aufgenommen. Über seinen Bruder Berthold, der dort mitwirkte, verinnerlichte Stauffenberg die Pläne für eine Schattenregierung, die unter der Leitung der Münchner Jesuiten erst vor Kurzem ihre endgültige Form erhalten hatte.[36]

Josef Müller kam sich vor, als wäre er in einen Sarg gesperrt worden, vor allem nachts, wenn auf den Fluren kein Mensch unterwegs war. Tagsüber ließen die Wärter ihn nicht zum Rundgang in den Hof, damit er keine Möglichkeit hatte, seine Version mit der von Hans von Dohnanyi abzustimmen.[37]

»Ist noch alles in der Schwebe«, schrieb Moltke am 20. Juni. Anfangs hatte es den Anschein, als würde die schützende Hand von Hitlers Leibwächter Hans Rattenhuber Müller vor dem Galgen bewahren. Aber es war zu einer »kleinen Verschlechterung« in dem Fall gekommen, die Moltke zu der Vorhersage veranlasste, dass womöglich »am Ende alles schiefgeht«. Oberstkriegsgerichtsrat Roeder hatte nicht nur den beim Sicherheitsdienst tätigen Beuroner Pater Hermann Keller verhört, sondern auch Canaris. Der Admiral räumte ein, dass er gegen eine Regel verstoßen habe: Abteilung Z war nicht befugt, eigene Agenten zu unterhalten. Er konnte lediglich lahm darauf hinweisen, dass »Dohnanyis infolge seiner Beziehungen zu römischen Kreisen [sich] überschneidende Beziehungen zu Müller … im Interesse des militärischen und militärpolitischen Nachrichtendienstes« gewesen seien.[38]

An diesem heiklen Punkt bekam Müller zwei unerwartete Helfer. Unteroffizier Herbert Milkau, ein ehemaliger Kommunist, las sich Müllers Akte durch. Als er erfuhr, dass der »Ochsensepp« einst den linken Flügel der Bayerischen Volkspartei angeführt hatte, erklärte er sich bereit, Botschaften zwischen ihm und Dohnanyi zu überbringen. Außerdem gab der Chef der Heeresrechtsabteilung Karl Sack, ein Freund von Canaris, Müller einen Tipp bezüglich der Verhörtaktik, die ihn erwartete: »Bisweilen war es so, dass ich besser auf ein Verhör vorbereitet war als die Untersuchungsführer.« Als Roeder behauptete, Oster habe ein volles Geständnis abgelegt, fiel Müller auf den Bluff nicht herein.[39]

Je weniger Fortschritte Roeder machte, desto wütender wurde er. Er wurde ausfällig und schaffte es nicht, seine Fragen logisch folgerichtig zu formulieren. Müller verwendete das gegen ihn und suchte nach Möglichkeiten, seinen Zorn zu reizen. Als Müller wie selbstverständlich über seine Tätigkeit in der Kanzlei eines jüdischen Anwalts Auskunft gab, platzte Roeder dermaßen der Kragen, dass er völlig den Faden verlor und das Verhör abbrechen musste.[40]

Roeders Tiraden wurden so geifernd, dass Sack Müller

drängte, eine Beschwerde einzureichen. Müller schrieb an General Keitel und warf Roeder vor, dass er die Wehrmacht in Verruf bringe, indem er Würdenträger des Vatikans verunglimpfe, und dass er die Schweigepflicht verletze, indem er einige Agenten Müllers – Leiber, Schönhöffer, Hofmeister – vor unbefugten Ohren namentlich genannt habe. Sack unterstützte das Gesuch und ließ durchblicken, dass Roeder beabsichtige, die Abwehr zu zerschlagen und auf diese Weise einen wichtigen Bestandteil der Streitkräfte der SS unterzuordnen.[41]

Die Beschwerden hatten tatsächlich Erfolg. Keitel wandte sich an Himmler, der laut einem SS-Zeugen nicht das geringste Interesse an der ganzen Affäre gehabt habe. Keitel wies Roeder an, seine Ermittlung auf nichtpolitische Anklagepunkte wie Verstöße gegen die Zollvorschriften zu beschränken. Die Anklagen wegen Hochverrats gegen Mitglieder der sogenannten Schwarzen Kapelle – Müller, Oster, Dohnanyi, Bonhoeffer und Schmidhuber – sollten bis auf Weiteres auf Eis gelegt werden. Keitels Befehl vom 26. Juli wies außerdem auf ein entscheidendes Ereignis hin, das einen Tag zuvor eingetroffen war und den Einsatz sämtlicher Kräfte der Abwehr erforderte.[42]

Mussolini war gestürzt worden. Das sei der erste Staatsstreich gewesen, den Müllers Vereinbarung vermittelt habe, sagte Dohnanyis Frau später. Obwohl Müller noch vor dem Erfolg seiner Arbeit inhaftiert worden war, sollten die Ergebnisse des Scheiterns des italienischen Faschismus ihn zuerst begeistern und dann alarmieren. »Gruppen, die auf die Beseitigung Hitlers hinarbeiteten, sind von den Entwicklungen in Italien, wo der Beweis erbracht wurde, dass man einen Diktator loswerden kann, stark ermuntert worden«, telegrafierte Allen Dulles nach Washington. In der Tat veranlasste Mussolinis Absetzung Beck, sich vom

Krankenbett zu erheben, Tresckow, schleunigst nach Berlin zu fahren, und Stauffenberg, die Anprobe einer Prothese abzusagen. Durch einen Ehrenpakt zwischen dem italienischen und deutschen Widerstand gab, laut Frau Dohnanyi, ein Putsch in dem einen Land den Parteien im anderen ein Zeichen, und der deutsche Widerstand sollte demgemäß mit einem vergleichbaren Schritt nachziehen. Aber während dieser Schritt in die Wege geleitet wurde, sowie als Folge der Niederlage Italiens, umstellten deutsche Truppen den Vatikan, und Hitler heckte einen Plan für die Entführung des Papstes aus.[43]

KAPITEL 19

Gefangener des Vatikans

»Der Schlund eines Vulkans hatte sich geöffnet«, erinnerte sich Kardinal Celso Constantini. Am 19. Juli 1943 saß er außerhalb von Rom in einem Zug, als dieser ruckartig anhielt. Der Kardinal sprang zusammen mit anderen Passagieren aus dem Waggon und fand sich in einer dichten Rauchwolke wieder. Er rang nach Luft und versuchte verzweifelt, etwas zu erkennen. Er stolperte über Telegrafendrähte, ein kaputtes Kinderbett und ein totes Pferd, während er den Weg in den Vatikan zurück ertastete. Dort erfuhr er, dass amerikanische Bomber bei ihren Angriffen über 1000 Menschen umgebracht und ehrwürdige Monumente dem Erdboden gleichgemacht hätten. Wie Constantini jammerte: »Selbst die Ruinen sind ruiniert worden.«[1]

Als Albrecht von Kessel am nächsten Tag in Rom eintraf, roch es nach verbranntem Gras und heißen Steinen. Offiziell war Kessel der neue Erste Sekretär in der deutschen Botschaft am Heiligen Stuhl; insgeheim war er der neue Josef Müller. Im kommenden Jahr sollte er die Verbindung zwischen Stauffenberg und dem Papst übernehmen. Als Rufe wie »Nieder mit Mussolini, es lebe der König, nieder mit Deutschland, es lebe der Friede!« unterhalb von Kessels Hotelzimmer ertönten, dachte er, der Angriff der Amerikaner verurteile nicht nur den Faschismus zum Untergang, sondern werde auch den Nationalsozialismus stürzen. Mit den Wirkungen hatte er recht, aber er irrte sich bezüglich der Ursache. Die Verschwörung, die in Kürze Mussolini absetzen sollte, war in Wirklichkeit Jahre zuvor geplant worden, und der Papst hatte mit ihr sympathisiert.[2]

»Das war ungefähr so«, sagte Müller. »Marschall [Pietro] Badoglio war Chef des italienischen Generalstabs gewesen und hatte sich energisch dem Angriff Italiens auf Griechenland widersetzt. Er galt als entschiedener Gegner Mussolinis und Hitlers…« Über eine Kontaktperson in der Vatikanischen Kongregation zur Verbreitung des Glaubens erfuhr Müller, dass Mussolini italienischen Offizieren eine Petition zuspielte, die dazu aufrief, Badoglio vor ein Kriegsgericht zu stellen. Mussolinis Manöver spornte Badoglio an, mit dem deutschen Widerstand Kontakt aufzunehmen. Wie Müller schilderte: »Ich [durfte] hoffen – ich drücke mich vorsichtig aus –, dass wir mit Badoglio zusammen handeln könnten.« Der Marschall erklärte sich bereit, Mussolini zu stürzen, sofern der König und der Papst ihn unterstützten. Müller handelte ein miteinander verknüpftes Abkommen zwischen den italienischen und deutschen Verschwörern aus: Wenn die eine Seite einen Staatsstreich inszenierte, sollte die andere diesem Beispiel folgen.[3]

Fast zwei Jahre lang zögerte Badoglio. Er hatte abgewartet, dass die Deutschen den ersten Schritt taten. Schließlich hatte ihn die amerikanische Invasion in Nordafrika im November 1942 zum Handeln gezwungen. Da die Alliierten nunmehr nur noch knapp 100 Meilen Seeweg von Sizilien trennten, wackelte Mussolinis Stuhl bereits erheblich.

Am 24. November schickte Badoglio die Prinzessin von Piemont, um mit dem Stellvertreter des Papstes Montini über einen Regimewechsel zu sprechen. Um die gleiche Zeit hatte sich Canaris im Münchner Hotel Regina mit Müller getroffen und ihn, nach ihrem surrealen Essen in Gegenwart von Kaltenbrunner, angewiesen, nach Möglichkeit »mit Badoglio einig zu werden«. Einen Monat danach, am 21. Dezember, schickte Badoglio heimlich seinen Neffen zu Kardinalstaatssekretär Maglione und bat um den Segen des Papstes für das Herantreten an Vittorio Emanuele III., den italienischen König. Im Zuge dieser Ränkespiele begannen alliierte Diplomaten, mit Badoglio über Friedensbedingungen zu sprechen. Wie Müller schreibt:

> Ende 1942 bekam ich eine Mitteilung, nicht von Leiber, sondern von einer [anderen] Seite, aber auch aus [dem] vatikanischen Bereich, dass eine namhafte italienische Persönlichkeit einen Friedensfühler ausgestreckt hatte, einen Vorschlag oder eine Rückfrage, wie die Friedensbedingungen für Italien aussehen würden im Falle eines italienischen Sonderfriedens... Die Antwort – und ich glaube, sie kam von Washington, nicht von London – war: 1. eine Bestimmung über Nordafrika, [Abtreten der] nordafrikanischen-italienischen Kolonien. 2. Pantelleria [italienische Insel in der Nähe von Tunesien] an England. 3. Eine Bestimmung wegen Albanien... 4. war für uns im gewissen Sinne aufregend. Es war dem Wortlaut [nach] ungefähr so formuliert: Südtirol zu einem neu zu bildenden [?] deutschen Südstaat. Das hat nicht nur uns beschäftigt, sondern wie ich Leiber das mitgeteilt habe, auch ihn – wir haben das auch nachprüfen lassen... Er hat sich auch an den Kopf gegriffen,

weil im Gegensatz zu allen unseren Abstimmungen mit England auf einmal die Teilung Deutschlands erschien. Ich bat Leiber zu versuchen, über seine Möglichkeiten festzustellen, wie die Vorstellung in Amerika ist, ob sie dort wesentlich abweicht, oder ob England die gleiche Vorstellung hat.

Die Aussicht einer Zerstückelung Deutschlands alarmierte die Verschwörer in Berlin. Über Pater Leiber war Müller immer noch bemüht, bezüglich der Bedingungen der Alliierten »ein endgültiges Ergebnis [zu] erzielen«, als er im April 1943 verhaftet wurde.[4]

Einen Monat später hielt Pius die Fäden von Badoglios Verschwörung selbst in den Händen. Während Roosevelt Italien in aller Öffentlichkeit riet, aus dem Pakt der Achsenmächte auszutreten, inszenierte sein persönlicher Bevollmächtigter beim Heiligen Vater, Myron Taylor, zusammen mit Pius eine parallele Geheimoperation. »Sie werden sich an Ihre ständige Verbindung zu Seiner Heiligkeit über Radio Vatikan von Washington aus erinnern«, wies Taylor später Roosevelt hin. »Die erste Vorbereitung für die Ausschaltung Mussolinis war der Tag, an dem ich Ihnen die geheime Nachricht überbrachte, als Antwort auf eine eigene [Botschaft] von mir bezüglich des Sturzes Mussolinis und des Rückzugs von Italien aus dem Krieg, was Sie als ›den ersten Bruch in der ganzen Achsen-Organisation‹ bezeichneten und mich über den [päpstlichen] Kanal erreichte.«[5]

Die Vorbereitungen des Vatikans für die »Ausschaltung« Mussolinis begannen am 12. Mai 1943. Maglione rief den italienischen Botschafter beim Heiligen Stuhl, Graf Ciano, zu sich und übergab ihm eine Verbalnote. Der Papst leide ebenso sehr *um* Italien wie *mit* Italien, sagte

Maglione, und werde »alles in seiner Macht Stehende« tun, um dem Land zu helfen. Auf diese Weise wollte der Papst Mussolini seine Einstellung mitteilen, ohne sich direkt einzumischen. Aber wie Peter Gumpel, der Beauftragte des Vatikans im Seligsprechungsprozess für Pacelli, 2014 glucksend zu Protokoll gab, sei dies natürlich »eine *diskrete* Möglichkeit« gewesen, sinngemäß zu sagen: »Können wir in irgendeiner Weise als Vermittler behilflich sein?« Als Ciano diesen Subtext verstand, sagte er abrupt: »Nun, der Duce wird deswegen gewiss nicht gehen.« Mussolini schwor, den Kampf fortzuführen, aber Pius hatte immerhin einen Kanal für weitere Gespräche geöffnet.[6]

Am 20. Mai schrieb Pius an Roosevelt und bat ihn, keine italienischen Städte zu bombardieren. Auch wenn er das nicht ausdrücklich sagte, betrachtete er Bombardements der Alliierten ebenso wie der Achsenmächte als terroristischen Akt; sie töteten Frauen und Kinder, in London genauso wie in Berlin, und zwar eher aus politischen als aus militärischen Gründen. Der Brief des Papstes enthüllte jedoch seine Einschätzung der Lage: Wenn er Roosevelt bat, mit Italien bei künftigen Friedensgesprächen gnädig zu verfahren, deutete er damit an, dass der Vatikan davon ausging, dass die Alliierten den Krieg gewinnen würden. Pius hatte sich diskret zwischen zwei entgegengesetzten Parteien positioniert, denen er die gleiche Frage stellte: »Wie kann ich behilflich sein?«[7]

Obwohl Pius gemeinsam mit Roosevelt am Sturz Mussolinis arbeitete, behauptete der Vatikan, dass er sich nicht aktiv an einer Verschwörung beteiligt habe. »Man muss sehr vorsichtig sein, wenn man von Beteiligung oder direktem Einfluss spricht«, sollte Pater Gumpel später erklären. »Weil es nicht Sache des Vatikans ist, sich so stark in die Angelegenheiten ausländischer Staaten einzumischen…

[Die vatikanische] Vorgehensweise ist sehr diskret ... Sie sind diplomatischer, und sie handeln behutsamer, um sich nicht selbst schweren Anklagen auszusetzen.« Die Lateranverträge von 1929 untersagten es dem Vatikan, sich in die italienische Außenpolitik einzumischen. Wie würde also Hitler reagieren, falls Italien über eine Intrige des Papstes aus dem Krieg ausscheiden würde? »Der Heilige Vater ist der Meinung, dass man etwas unternehmen muss«, erklärte Tardini, nachdem er eine verschlüsselte amerikanische Nachricht zum Regimewechsel erhalten hatte. »Er kann eine Intervention nicht zurückweisen, aber sie muss *segretissimamente* [streng geheim] geschehen.«[8]

Am 11. Juni erhielt Pius eine wichtige politische Nachricht. Von einem Informanten erfuhr er, dass Vittorio Emanuele III. heimlich zwei nichtfaschistische ehemalige italienische Politiker empfangen hatte. Die Tatsache, dass sogar der König, ein notorischer Müßiggänger, erkannte, dass er handeln musste, deutete darauf hin, dass sich der Status quo in Kürze ändern würde. Sechs Tage später wandte sich der Apostolische Nuntius in Italien an den König und teilte ihm mit, dass die Amerikaner kein Pardon kennen würden, wenn Rom nicht zuerst aus dem Krieg ausschied. Pius habe Informationen von der höchsten Ebene, von Roosevelt persönlich, was passieren würde. Der König schwankte immer noch, was er tun sollte.[9]

Einen Monat später, am 10. Juli, marschierten die Alliierten in Sizilien ein. Weder der Papst noch seine Mitarbeiter Maglione, Montini und Tardini wollten Italien im Krieg haben; deshalb arbeiteten sie noch intensiver darauf hin, das Land aus dem Konflikt herauszuführen. Der Papst arrangierte es so, dass er über die Beratungen des Großen Faschistischen Rates gegen Mussolini auf dem Laufenden gehalten wurde. Am 18. Juli schrieb Kardinal Constantini in sein Tagebuch: »Italien befindet sich am Rande des Abgrunds.«[10]

Als Rom am nächsten Tag bombardiert wurde, waren die Würfel gefallen. Italien hatte den Krieg verloren, und seine Führer überschritten die geheime Brücke, die Pius zum Frieden gebaut hatte. Sechs Tage später ließ der König Mussolini verhaften und ernannte Marschall Badoglio an seiner Stelle zum Regierungschef. Pius gab keine öffentliche Erklärung ab, aber ein amerikanischer Diplomat war der Meinung, dass er »überhaupt nicht unglücklich« wirkte. Den folgenden Monat über war Pius Gastgeber heimlicher Gespräche zwischen Badoglio und den Alliierten, die am 8. September zu einem Waffenstillstand führten. Als Reaktion beschloss Hitler, Italien zu besetzen und in Rom einzumarschieren.[11] Marschall Badoglio und Vittorio Emanuele flüchteten daraufhin am nächsten Tag bei Morgengrauen.

Am Morgen des 10. September warnte ein italienischer Offizier Monsignore Montini, dass eine Division deutscher Fallschirmspringer über die Via Aurelia auf den Vatikan vorrückte. Sie marschierten in schnurgeraden Formationen mit stampfenden Stiefeln und gingen um den Petersplatz in Stellung. Wie ein Augenzeuge noch genau wusste, gehörten dazu auch SS-Männer »mit glänzenden Schaftstiefeln, und das Emblem des Totenkopfs mit den gekreuzten Knochen prangte unheilvoll am Kragenspiegel«.[12]

Der Heilige Stuhl grenzte nunmehr unmittelbar an Hitlers Reich. Eine weiße Linie markierte die Grenze zwischen den Staaten unter Berninis Säulengängen. Auf der einen Seite standen deutsche Soldaten in schwarzen Stiefeln und Stahlhelm, die Karabiner über der Schulter und die Luger im Halfter. Auf der anderen Seite standen die päpstlichen Schweizergarden, im Wams mit Puffärmeln, federgeschmückten Hüten und weißen Handschuhen, die mittelalterliche Piken hielten.

Am 11. September um zehn Uhr morgens erhielt der Vatikan eine Botschaft, dass die Deutschen den Papst unter ihren »Schutz« stellen würden. Der Hinweis kam von Gesandtschaftsrat Albrecht von Kessel, der sagte, dass Hitler Pius die Schuld am Fall Italiens gebe, weil der Papst »lange telefonisch mit Roosevelt gesprochen« habe. Pater Leiber schickte sich an, die Akten des Papstes unter dem Marmorfußboden des Apostolischen Palastes zu verstecken. Wichtige Mitarbeiter im Staatssekretariat wurden angewiesen, ihre Koffer ständig bereitzuhalten, damit sie Pius begleiten konnten, falls SS-Kommandos ihn ergreifen und nach München bringen sollten.[13]

Hitler hatte zwei Stunden nachdem er von Mussolinis Sturz erfuhr, geschworen, in Italien einzumarschieren. Am 26. Juli um die Mittagszeit hatte Ribbentrops Verbindungsoffizier Walter Hewel gefragt, wie man bei irgendwelchen Plänen, das faschistische Rom wiederherzustellen, mit dem Heiligen Stuhl verfahren solle.

> HEWEL: Sollen wir nicht sagen, dass die Vatikan-Ausgänge besetzt werden?
> HITLER: Das ist ganz egal, ich gehe in den Vatikan sofort hinein. Glauben Sie, dass mich der Vatikan geniert? Der wird sofort gepackt. Da ist vor allen Dingen das ganze diplomatische Korps drin. Das ist mir wurscht. Das Pack ist da, das ganze Schweinepack holen wir heraus … Dann entschuldigen wir uns hinterher, das kann uns egal sein …
> HEWEL: Da werden wir Dokumente bekommen!

HITLER: Da? – Ja, da werden wir Dokumente kriegen, da holen wir was heraus an Verrat!¹⁴

Bei der nächsten abendlichen Konferenz hatten Hitlers Berater ihm jedoch allem Anschein nach diesen Schritt wieder ausgeredet. »Jedenfalls sind sich jetzt alle, auch der Führer, schon einig darüber, dass der Vatikan bei den von uns zu treffenden Maßnahmen ausgenommen werden muss«, hatte Goebbels in sein Tagebuch eingetragen nach einer Debatte, die »bis weit nach Mitternacht« gedauert hatte.

Der Führer hat die Absicht, einen großen Coup zu landen, und zwar so, dass eine Fallschirmdivision, die jetzt in Frankreich steht, rund um Rom landet. Diese Fallschirmdivision soll Rom besetzen und den König samt seiner Familie sowie Badoglio und Genossen verhaften und mit Flugzeugen nach Deutschland bringen... Aus den uns zugehenden Meldungen kann man entnehmen, dass der Vatikan eine fieberhafte diplomatische Tätigkeit entfaltet. Sicherlich steht er mit seinem großen weltumspannenden Apparat hinter der Aktion [gegen Mussolini]. Der Führer hatte zuerst die Absicht, bei der Inhaftnahme der verantwortlichen Männer in Rom auch den Vatikan mit in Anspruch zu nehmen; allerdings wenden sich Ribbentrop und ich strengstens dagegen. Ich glaube nicht, dass es notwendig ist, in den Vatikan einzubrechen, halte aber andererseits eine solche Maßnahme für außerordentlich verhängnisvoll in Bezug auf die Weltwirkung unserer Maßnahmen.¹⁵

Ein anderer Zeuge behauptete jedoch, dass Hitler den Plan wieder aus der Schublade geholt habe. Der SS- und

Polizeiführer in Italien Karl Wolff sagte, der Führer habe ihn im September zu sich gerufen, um ihm eine Aufgabe von »weltweiter Bedeutung« anzuvertrauen. Er wollte prüfen lassen, auf welche Weise Truppen den Vatikan besetzen, die Archive durchsuchen und den Papst samt der ganzen Kurie absetzen könnten, sodass sie auf keinen Fall den Alliierten in die Hände fielen. Anschließend würde Hitler entscheiden, ob man diese katholischen Würdenträger nach Deutschland bringen oder im neutralen Liechtenstein internieren solle. Er glaubte, die Einnahme des Vatikans würde sich als schwierig erweisen, und fragte Wolff, wie rasch er die Operation vorbereiten könne.[16]

Wolff sagte dem Vernehmen nach, er könne sich nicht auf den Tag genau festlegen, und versuchte, von dem Vorhaben abzuraten. Der Krieg habe seine SS-Verbände in Italien bis zum Äußersten beansprucht, und außerdem leiste der Papst womöglich Widerstand; möglicherweise müssten sie ihn töten. Nichtsdestotrotz messe er persönlich, so Hitler, der Operation außerordentlich hohe Bedeutung bei. Er befahl Wolff, die Angelegenheit zu prüfen und ihm Bericht zu erstatten.[17]

»Was wird in Deutschland geschehen? Hitlers Stunde ist nicht mehr fern«, überlegte Kardinal Constantini am gleichen Tag, als NS-Größen über Pius' Entführung diskutierten. Mussolinis Sturz bildete aus nationalsozialistischer Sicht den Höhepunkt einer Reihe von Rückschlägen, die mit der Kapitulation in Stalingrad begonnen und sich mit dem Verlust Tunesiens fortgesetzt hatte. Mitte Sommer 1943 mussten die Achsenmächte die Niederlage sowohl im Süden als auch im Osten hinnehmen. Das war der psychologische Moment für einen Aufstand.

Das wussten die Nazis auch. »Die Kenntnis von diesen Vorgängen könnte unter Umständen in Deutschland einige subversive Elemente auf den Plan rufen, die vielleicht glaubten, bei uns dasselbe fabrizieren zu können, was Badoglio und Genossen in Rom fabriziert haben«, notierte Goebbels nach der genannten Marathonsitzung Ende Juli. »Der Führer gibt Himmler den Auftrag, dafür zu sorgen, dass solche eventuell auftauchenden Gefahren mit den schärfsten Mitteln polizeilicher Art beantwortet werden.«

Canaris machte sich diese Befehle für sein Meisterstück zunutze. Hitler fürchtete einen Aufstand ausländischer Arbeiter in Deutschland. Am 31. Juli billigte die Wehrmacht deshalb Canaris' Plan zur Abwehr eines Aufstands mit dem Decknamen »Walküre«. Er bot die ideale Tarnung für Stauffenbergs Staatsstreich: Die designierten Bekämpfer einer Erhebung wären eben diejenigen, die sie ausführen würden.

Als der Herbst kam, griff Stauffenberg die Planung für eine Schattenregierung wiederum auf. Pater Delp schrieb neue Pläne für eine Dezentralisierung der Macht an lokale Berufsverbände und wurde zu Stauffenbergs Verbindungsmann zu katholischen Arbeiterführern im Untergrund in Köln. Moltke traf sich mit Delp und anderen Münchner Jesuiten in der St. Michael Kirche in München, um eine neue Landkarte des Nachkriegsdeutschlands zu entwerfen, die man den Alliierten vorlegen wollte. Peter Yorck von Wartenburg informierte Stauffenberg über die politische Planung der Jesuiten; und Yorck informierte wiederum die Jesuiten über Stauffenbergs Kontakte zu den Generälen.

Müller und Dohnanyi drängten in Notizen, die man aus ihren Gefängniszellen geschmuggelt hatte, zum Handeln. Dohnanyi hob die »moralische Pflicht« der Verschwörer gegenüber Badoglios Regierung hervor. Ungeduldig wartete Müller auf seine Rückkehr in den Vatikan, um Friedensgespräche mit den Alliierten zu koordinieren. Zudem würde ein franziskanischer Seminarist, Gereon Goldmann, Botschaften von Canaris an Albrecht von Kessel in Rom überbringen.

Himmler tappte vorläufig im Dunkeln, auch weil Roeders Ermittlung wegen Hochverrats ins Stocken geraten war. Später, nach dem Attentat vom Juli 1944, gelangte eine Gestapo-Untersuchung zu dem Schluss, dass Stauffenberg die »Uk[untauglich]-Stellung von Geistlichen zum Zwecke ihrer Verwendung als Verbindung zu kirchlichen Kreisen...beim Vatikan« genutzt habe. Die SS betonte, dass »zum *Papst* namentlich in Aussicht genommene Vertrauensleute geschickt werden [sollten], *Diplomaten mit besten Beziehungen, um die ersten Verbindungen aufzunehmen* [Hervorhebung im Original]«. Aber auch wenn Hitlers Geheimpolizei Stauffenbergs Emissäre in anderen Städten identifizierte, so konnten sie in Rom lediglich eine namentlich nicht genannte Person ermitteln, die mit dem Papst verhandelte.

Tatsächlich hatte Stauffenberg zwei Kontakte bei Pius in Rom. Der erste war Kessel, der zweite Abwehragent Paul Franken. Der vorgeblich als Lehrer an der deutschen Schule an der Via Nomentana arbeitende Franken pflegte Beziehungen zum Vatikan und hatte diskrete Kontakte zu britischen und amerikanischen Diplomaten geknüpft. Um seine Tätigkeit für den militärischen Nachrichtendienst zu tarnen, bekam Franken von der Deutschen Forschungsgesellschaft in Rom ein Stipendium, um die Berichte der päpstlichen Nuntiatur zu bearbeiten. In Wirklichkeit übernahm der katholische Franken Müllers Kontakte im Vatikan.[18]

Wie Müller hielt sich auch Franken bedeckt. Er mied

die Schlupfwinkel, wo man womöglich auf deutsche Agenten, die gegen den Vatikan arbeiteten, stoßen könnte: die Reichsbotschaft, die Gestapo-Räume und das deutsche kirchliche Kolleg. Stattdessen nutzte Franken Räumlichkeiten in einer Klinik, die von deutschen Nonnen betrieben wurde, den Grauen Schwestern. Zweimal in der Woche suchte Kaas die Klinik zur Behandlung einer Magenerkrankung auf, und bevor er ging, stattete er Franken immer einen freundschaftlichen Besuch ab. Sonntags kam Franken am Vormittag auf einen Kaffee zu Kaas in die Wohnung im Vatikan, häufig zusammen mit Pater Leiber.[19]

Bei diesen Treffen informierte Franken den Vatikan über Pläne, Hitler zu beseitigen. Im Herbst 1943 wusste Leiber bereits von Stauffenbergs Plänen. Ein amerikanischer Nachrichtenoffizier, der ihn im Jahr 1944 vernahm, meldete Leibers Kenntnis von einer Verschwörung »um September-Oktober 1943. Von dieser dritten Verschwörung erhielt Pater Leiber eine ... Skizze von einem Oberst, der für kulturelle Angelegenheiten in Rom zuständig ist. Der Anschlag sollte spätestens bis zum 15. Oktober stattfinden, hing allerdings von einer vorherigen Stabilisierung der sowjetischen Front ab. Das Fehlen einer solchen Stabilisierung hatte offenbar zur Folge, dass die Verschwörung abgesagt wurde.«[20]

Franken schilderte dem Vatikan die Überlegungen der Verschwörer. Wenn es General Olbrichts Ersatzheer gelang, Hitlers Kommunikationszentrum abzuriegeln, dann konnte sie nur noch ein massiver Gegenangriff seitens der SS aufhalten. Um das zu verhindern, mussten die Verschwörer blitzartig die SS entwaffnen. Regionale Militärbefehlshaber sollten lokale Parteiführer inhaftieren. Um die Geheimhaltung zu gewährleisten, würden nur ein oder zwei Männer den Plan Walküre bis ins kleinste Detail kennen. Generäle, die in der Stunde X noch nicht Bescheid wussten, würden im Hauptquartier in Berlin nachfragen, wo Stauffenberg ihre Anrufe entgegennehmen würde. Stauffenberg würde Josef Müller freilassen und nach Rom schicken, um den Papst zu bitten, nach Hitlers Tod zu einem weltweiten Waffenstillstand aufzurufen. Der Papst sollte wissen, dass sie es diesmal durchführen würden.[21]

Indem Franken diese Pläne an Rom weitergab, verschaffte er sich eine Atempause. Seine Ängste kamen bei einem Treffen im Oktober 1943 zum Ausbruch, als sich Pater Leiber schriftliche Notizen machte, um den Papst zu informieren. Franken warnte, dass Leibers Notizen sie noch alle an den Galgen bringen könnten. Am nächsten Tag versicherte ihm Leiber, dass Pius die Notizen, nachdem er sie gelesen hatte, an eine Kerze auf seinem Schreibtisch gehalten und gesagt habe: »Sie können ihm sagen, Sie sahen, wie der Papst die Seiten eigenhändig verbrannte.«[22]

Anfang Dezember rief Hitler den SS-Offizier Karl Wolff zu sich. Drei Monate waren vergangen, seit er Wolff gebeten hatte, einen Plan für die Ergreifung des Papstes auszuarbeiten. Hitler wollte eine klare Antwort: Warum hatte sich noch nichts getan?[23]

Wolff erwiderte, die Ergreifung des Papstes erfordere eine groß angelegte Operation. Sie könnte in Rom einen Rückschlag auslösen. Unter der deutschen Besatzung sei Italien bislang ruhig geblieben. Die Kirche bilde Italiens einzige unumstrittene Autorität. Eine Entführung des Papstes könne auch unter französischen und deutschen Katholiken Unruhe schüren. Das werde Berlin in der internationalen Meinung teuer zu stehen kommen.[24]

Hitler verschob daraufhin den Plan, zumindest bis es

ihm gelang, die italienische Front zu stabilisieren. Er wies Wolff an, sich bereitzuhalten, jederzeit zu handeln.[25]

Am 19. Januar 1944 rief Claus Stauffenberg in der Berliner Wohnung von Peter Yorck an, der als Verbindungsmann zu Pater Rösch und dem Ausschuss für Ordensangelegenheiten diente. Die SS hatte soeben Helmuth von Moltke verhaftet; jemand hatte unbedacht seinen Namen fallen lassen. Über seine Arbeit mit dem Ausschuss hatte sich Moltke mit Josef Müller getroffen und über dessen Verbindung zum Vatikan Bescheid gewusst. Stauffenberg konnte nur hoffen, dass Moltke lange genug durchhielt, bis die übrigen aus ihrer Gruppe handelten.[26]

Nach Moltkes Verhaftung verließen die Priester des Ausschusses den Kreis und schlossen sich Stauffenbergs Zelle an. Über Pater Röschs Jesuiten fing Stauffenberg an, seine Operationen mit Konrad Graf von Preysing, dem Bischof von Berlin, zu koordinieren. Stauffenberg traf Preysing mindestens einmal in diesem Frühjahr 1944 in Hermsdorf, dem Vernehmen nach über eine Stunde lang.[27]

Sie sprachen über die Notwendigkeit eines Regimewechsels und verwiesen zumindest auf die moralischen Argumente für ein Attentat. Einige ließen später durchblicken, dass die Begegnung eine wichtige Rolle für Stauffenbergs Entschluss, Hitler zu töten, gespielt habe. Vermutlich erörterten sie damals jedoch Preysings Rolle als päpstlicher Delegierter nach dem Staatsstreich, wenn Josef Müller über den Papst versuchen würde, einen Waffenstillstand zu erreichen. Womöglich genau zu diesem Zweck schrieb Pater Leiber im April an Preysing, um die Notwendigkeit anzusprechen, die Kommunikation über »vertrauliche Übermittlung« zu verbessern.[28]

Nach sämtlichen Darstellungen billigte Preysing die

Verschwörung. Offenkundig, sagte er, könne er Stauffenberg nicht im Voraus für das, was er vorhabe, die Absolution erteilen. Aber er habe, wie er später an Stauffenbergs Mutter schrieb, ihm nicht seinen »eigenen priesterlichen Segen« vorenthalten.[29]

Am 3. März 1944 stand Müller vor dem Reichskriegsgericht in Berlin. Er trug seinen grauen dreiteiligen Anzug und die graue Krawatte. Das Verfahren entwickelte sich zu einem regelrechten Duell zwischen Wehrmacht und SS.[30]

Der Chef der Heeresrechtsabteilung Dr. Karl Sack hatte Müller im Vorfeld Ratschläge gegeben. Generalleutnant Walther Biron führte die hochdekorierten Generäle im Senat der Richter an. SS-Ermittler Sonderegger vertrat das RSHA. Oberstkriegsgerichtsrat Dr. Helmuth Kutzner führte die von Roeder vorbereitete Anklage an.[31]

Roeder deutete an, dass Müller seine Befugnis als Spion der Abwehr dazu missbraucht habe, sich über seine Kirchenfreunde mit dem Feind zu verschwören. Müller habe damit Hochverrat begangen und müsse sterben.[32]

Der Senatsvorsitzende Biron erwiderte, ehe sie einen Mann mit einer so vorbildlichen militärischen Laufbahn hängten, zu dessen Gunsten sogar der Chef von Hitlers Leibwache ausgesagt habe, müsse das Gericht solide Beweise bekommen.[33]

Die Anklage berief sich auf die Aussage von Zeugen, allen voran des Benediktinermönchs Hermann Keller, und warnte das Gericht, dass das Gerichtsverfahren von »höchster Stelle« beobachtet werde.[34]

Biron gab zurück, dass das Gericht seine Unabhängigkeit wahren werde. Es werde nicht einfach Entscheidungen abnicken, die »anderswo« getroffen worden seien. Daraufhin fragte er Müller, was er zu seiner Verteidigung zu sagen habe.[35]

Müller erklärte, die Anklage würde Hörensagen von in Verruf geratenen Personen, die ihn persönlich hassten, immer wieder aufwärmen. Eine Untersuchung habe deren Behauptungen schon vor Jahren geprüft und zurückgewiesen. Wie wäre es ihm, Müller, sonst gelungen, auf einem überaus sensiblen und vertraulichen Geheimdienstposten zu bleiben? Er habe auf Befehl seiner Vorgesetzten im Interesse des Landes gehandelt, wie seine Führungsoffiziere bereits ausgesagt hätten. Die Anklage habe keinen einzigen Gegenbeweis vorgelegt. Wenn das Gericht dies so weit anerkenne, dann müsse es ihn freisprechen.[36]

Der Senat hielt Müller für unschuldig. Die SS kündigte jedoch ihre Absicht an, ihn unter neuen Anklagen zu verhaften. Damit Müller nicht in den Gewahrsam der Gestapo kam, verhaftete die Wehrmacht ihn erneut und brachte ihn zurück in das Gefängnis an der Lehrter Straße.[37]

Claus von Stauffenberg saß allein in der Galerie als Beobachter der Wehrmacht. Er ging hinunter zu Müller, als die Gerichtsdiener ihm Handschellen anlegten. Als diese den versehrten Offizier erblickten, machten sie ihm sofort ehrerbietig Platz. Es dauerte einen Moment, bis Müller Stauffenberg mit der Augenklappe erkannte. Sie wechselten einen wissenden Blick.[38]

Ende Mai 1944 stiegen Rauchwolken von den Albaner Bergen um Rom auf. Vom höchsten Punkt der Vatikanischen Gärten aus konnten Pius und seine engsten Vertrauten bereits alliierte Patrouillen sehen. Aber der vatikanische Nachrichtendienst gab Pius keinerlei Hinweise, ob die Deutschen die Stadt verteidigen oder abziehen würden. Da er fürchtete, dass römische Zivilisten und vatikanische Geistliche bei dem Schusswechsel ums Leben kommen könnten, warnte Pius am 2. Juni in einer Ansprache, dass »wer immer die Hand gegen Rom erhebe, sich vor der zivilisierten Welt und dem ewigen Gericht Gottes des Muttermordes schuldig mache«. Gegen Mitternacht ratterten Tiger-Panzer in einer langen Kolonne am Petersdom vorbei nach Norden. Als die Alliierten vorrückten, hatten die Deutschen bereits mit dem Abzug begonnen.[39]

Bei Sonnenaufgang am nächsten Morgen lieferten sich amerikanische und deutsche Kräfte immer noch südlich von Rom ein Feuergefecht. »Ich erinnere mich noch lebhaft daran, dass wir am späten Nachmittag des 3. Juni eine Panzerschlacht in der Nähe von Lanuvio auf den Ebenen unterhalb der Albaner Berge beobachten konnten«, erzählte der US-Geschäftsträger Harold Tittmann. Von Aussichtspunkten in den Vatikanischen Gärten aus sah er »eine große Rauch- und Staubwolke über dem Schlachtfeld … Ein Panzer rollte aus der Wolke ins Freie, gefolgt von einem zweiten, wobei beide in hohem Tempo aufeinander feuerten. Nach ein paar Minuten kehrten die Panzer wieder in den Wirrwarr in der Wolke zurück. Man konnte die ganze Zeit das unablässige Donnern der Kanonen hören.« Bewohner des Vatikans schliefen in der Nacht des 3. Juni nicht sonderlich gut, wie Tittmanns Sohn in ein Tagebuch schrieb, wegen des Krawalls, den abziehende Truppen veranstalteten. »Dann begann das Bombardement. Dutzende unserer Flugzeuge flogen heran und fingen an, die Deutschen außerhalb von Rom zu bombardieren, so nahe bei uns, dass wir die Bomben aus den Flugzeugen fallen sahen. Wir konnten auch die kleinen Feuerstöße an ihren Tragflächen erkennen, als sie anfingen, die Straße mit dem Maschinengewehr zu beschießen. Es war fast schon abstoßend, die erschöpften deutschen

Jungs an uns vorbeimarschieren zu sehen und dann zuzusehen, wie sie bombardiert und im Tiefflug angegriffen wurden.«[40]

Spät in der Nacht am 4. Juni betraten die ersten alliierten Patrouillen die Stadt. Sie schlichen wie Schatten die stockfinsteren Straßen entlang, aufmerksam, das Gewehr schussbereit. Die Notwendigkeit, Vorsicht walten zu lassen, war schon bald vorüber. Die ersten Sonnenstrahlen erhellten verrückt vor Freude jubelnde Römer auf den Straßen. Amerikanische Panzerspuren verliefen über Straßen, die von Rosenblättern rot waren, ausgestreut von Frauen, die über die Jeeps und Lastwägen herfielen.[41]

»Ich merkte, dass ich meine Gefühle zügeln musste«, schrieb der erobernde General Mark Clark später über seinen Einzug in Rom. »Die Piazza Venezia war von einer gigantischen Menge versperrt, und unser Jeep kam im Schneckentempo voran, während es Blumen auf uns regnete, Männer unsere Hände ergriffen und küssten... Ich fühlte mich wunderbar großartig, großzügig und wichtig. Ich war ein Repräsentant der Stärke, des Anstands und Erfolgs.« Clark und seine Männer verloren schon bald die Orientierung und fanden sich, »weil Generäle unter den Menschen die letzten sind, die nach dem Weg fragen«, auf dem Petersplatz wieder. Ein Priester musste ihnen den Weg zum Kapitol zeigen.[42]

Wohl kaum jemand schien an dem Tag unbekümmerter als der Papst. Er fühlte sich sicher, dass er jetzt nichts mehr zu befürchten hatte, und protestierte daher energisch gegen ein Eindringen der Alliierten in den Vatikan. Am 5. Juni, um zehn Uhr morgens, als Pius XII. an das Fenster seines Arbeitszimmers trat, um die Gläubigen zu segnen, erblickte er einen amerikanischen Panzer in der Nähe eines Säulengangs von Bernini. Nach zwei Jahrzehnten Faschismus machte das Recht, seinem Unglück Luft zu machen, den Papst glücklich.[43]

Später an diesem Sonntag hätte man meinen können, ganz Rom habe sich auf dem Petersplatz versammelt. Zum Klang der Kirchenglocken drängten sich gegen 17 Uhr gut 300 000 Menschen auf dem Platz. »Die Nachmittagssonne stand schräg zum Dach der Basilika«, trug eine amerikanische Nonne in ihr Tagebuch ein, »und verbreitete Strahlen goldenen Lichts über dem Meer aus Farben darunter.«[44]

Die Glastüren am Balkon öffneten sich. Alle hielten inne, und alle verstummten. Pius trat in seinem weißen Gewand allein an die Brüstung. Die Menge jubelte. Römer winkten, hielten ihre Kinder hoch und riefen: »*Viva il Papa!*« – Es lebe der Papst.[45]

Pius hielt anschließend eine der kürzesten und schlichtesten Reden seiner Amtszeit. Er dankte den Heiligen Petrus und Paulus, dass sie die Stadt beschützt hatten. Nach einem Aufruf an die Römer, jeden Durst nach Rache zu verdrängen, rief er: »*Sursum corda!*« – Empor die Herzen![46]

Nachdem er den Balkon verlassen hatte, pries die Menschenmenge ihn als den »Retter Roms«. Der hartgesottene amerikanische Rundfunkreporter Eric Sevareid konnte nicht verhindern, dass ihm die Augen feucht wurden. Obwohl er jegliches Gefühl der Ehrfurcht vor dem Vatikan bestritt, den er für »zum Faschismus geneigt« hielt, stellte Sevareid selbst fest, dass ihn die Fähigkeit des Papstes, den Kummer und die Hoffnung der ganzen Menschheitsfamilie auszudrücken, berührt hatte.[47]

In den kommenden Tagen gewährte Pius den alliierten Soldaten Massenaudienzen. Ein amerikanischer Offizier erwähnte eine Anzahl jüdischer Soldaten in seiner Einheit, also sprach Pius einen Segen auf Hebräisch. Die Geste kam so gut an, dass sich Pius bei künftigen Audienzen nach Soldaten jüdischen Glaubens erkundigte, um sie zu segnen.[48]

Während der deutschen Besatzung hatte die SS 1007 römische Juden verhaftet und nach Auschwitz deportiert. Nur 15 hatten überlebt. Pius hatte sich nicht öffentlich zu den Deportationen geäußert. Um die gleiche Zeit hielten sich 477 Juden in der Vatikanstadt versteckt, und 4238 fanden in römischen Klöstern und Konventen Zuflucht.[49]

KAPITEL 20

Es muss geschehen

Während die Alliierten Rom einnahmen, konzentrierten sich Hitlers Befürchtungen ganz auf Frankreich. Er bezweifelte zwar, dass eine Invasion drohte, aber das Warten zerrte an seinen Nerven. Im April hatte die Abwehr eine Kopie der noch geheimen Proklamation Eisenhowers an die französische Bevölkerung beschafft, in der die Landung alliierter Truppen angekündigt wurde. Aber Aufklärungseinsätze an der Südostküste Englands förderten nur wenige Landungsfahrzeuge gegenüber der Küste von Dünkirchen zutage, wo die Alliierten nach Auffassung von Feldmarschall Erwin Rommel angreifen würden. Die Meteorologen der Luftwaffe sagten mehrere Tage lang schlechtes Wetter voraus. Der Feldmarschall der 15. Armee, der die Aufgabe hatte, den Atlantikwall zu bewachen, befand sich auf einem Jagdausflug. Rommel kehrte nach Berlin zurück, um den Geburtstag seiner Frau zu feiern. Als Hitler in der Nacht vom 5. auf den 6. Juni 1944 nach Mitternacht zu Bett ging, ahnte er nicht, dass bereits 5000 feindliche Schiffe in Richtung Normandie abgelegt hatten.[1]

Meldungen von der Landung von Fallschirmspringern und -gleitern in der Normandie verbreiteten sich in dieser Nacht. Soldaten an Rommels Atlantikwall hörten vor der

Küste die Motoren feindlicher Schiffe. Niemand wagte es, den Führer zu wecken; im Krieg erwiesen sich die ersten Meldungen häufig als falsch. Die Lage werde sich bis Tagesanbruch nicht klären, sagten sich Hitlers Adjutanten.[2]

In der Zwischenzeit hatten die Alliierten bereits einen Brückenkopf errichtet. Die Invasoren brauchten lediglich zwölf blutige Stunden, um sich einen gut drei Kilometer tiefen und über 20 Kilometer breiten Streifen europäischen Bodens zu sichern. Die Lufthoheit der Alliierten hinderte deutsche Reserven daran, bei Tagesanbruch an die Front vorzurücken. Zu Beginn der mittäglichen Lagebesprechung am 6. Juni hatten die Alliierten bereits uneinnehmbare Brückenköpfe auf französischem Boden errichtet.[3]

Am selben Nachmittag fuhr Pater Delp mit dem Zug von München nach Bamberg. Ein Jugendpfarrer hatte ihn eingeladen, einen Vortrag vor einer katholischen Jugendgruppe zu halten. Nach fünf Monaten Zurückhaltung seit Moltkes Verhaftung war Delp inzwischen ganz nervös geworden; er freute sich über die Gelegenheit zu sprechen. Aber er hatte auch dringendere und geheime Gründe, nach Bamberg zu fahren. Während Delp im Eilzug nach Norden seine Notizen noch einmal durchsah, hatte ein Mitverschwörer, der bayerische Monarchist Franz Sperr, bereits mit der Vorarbeit begonnen.[4]

Um 15 Uhr sprach Sperr bei einem der besten Häuser Bambergs vor. Claus von Stauffenberg ließ ihn ein. Der Oberst hatte sich ein paar Tage freigenommen, weil er nicht wusste, wann er seine Familie wiedersehen würde. Er schilderte Sperr ein düsteres Bild des Kriegs. Der Mangel an Rekruten brachte Deutschland ernsthaft in Bedrängnis.

Nach Sperrs Schilderung sagte Stauffenberg zu ihm: Notwendig sei eine innerpolitische Änderung, und zwar durch Ausschaltung des Führers, um die Möglichkeit herbeizuführen, Frieden zu machen.[5]

21 Uhr beendete Pater Delp seinen Vortrag im Pfarrhaus in der Kleberstraße. Der Jugendpfarrer Jupp Schneider führte ihn anschließend in ein Büro. Er stellte Delp der langjährigen Mitarbeiterin Toni Müller vor. Schneider bezeichnete sie als vertrauenswürdige Frau, die Delp zu einer bestimmten Adresse führen werde.[6]

Müller fuhr ganz langsam Fahrrad und wackelte hin und her, während Delp ihr zu Fuß folgte. Nach etwas weniger als zwei Kilometern ließ sie vor einem Haus an der Schützenstraße ein Taschentuch fallen. Delp klopfte an die Tür. Stauffenbergs Frau Nina öffnete ihm. Ihr Mann schien Delp zu erwarten und empfing ihn freundlich. Manch spätere Darstellungen behaupteten, Stauffenberg sei wütend darüber gewesen, dass der Jesuit zu ihm ins Haus gekommen sei, weil Besuche der Verschwörer seine Familie in Gefahr brachten. Dabei hatte Sperrs Besuch am selben Tag keine derartigen Befürchtungen ausgelöst. Delp und Stauffenberg sprachen eine Stunde lang miteinander, bis Delp den letzten Zug zurück nach München nahm.[7]

Die knappen Überlieferungen lassen auf den Inhalt ihrer Unterredung schließen. Später schrieb Delp in einer absichtlich irreführenden Darstellung, dass sie »zum größten Teil über allgemeine Fragen« über die Lage Deutschlands, die Sorge der Bischöfe und die Beziehung zwischen Kirche und Regierung gesprochen hätten. Diese Version, die für die Ermittler der Gestapo gedacht war, unterließ Aussagen über den Bamberger Untergrund und das fallen gelassene Taschentuch, das ihn zu Stauffenbergs Haus geführt hatte. Stattdessen behauptete Delp, er habe einen

»reinen Gelegenheitsbesuch« im Norden gemacht – da er aus »einer persönlichen Neugier« heraus den Drang verspürt habe, mit dem Zug zwei Stunden zu fahren, um Näheres über die Invasion in der Normandie in Erfahrung zu bringen. Bei diesem Besuch habe er, so Delp weiter, beschlossen, Stauffenberg zu fragen, ob die Jesuiten, die ja vom Wehrdienst ausgeschlossen waren, Mitglied der Organisation Todt werden könnten, jener Bauverbände, die die Bunker des Führers bauten.[8]

Von Sperr sollten die Gestapo-Mitarbeiter eine andere Version hören, die ihnen glaubwürdiger schien: Delp habe gewusst, dass Stauffenberg ein Attentat plane, bestätigte Sperr, weil Stauffenberg Delp von seinem Plan erzählt habe. Unter Vermeidung der »Fragen des Widerstands«, wie Sperr es nannte, hätten Stauffenberg und Delp diskutiert, wie katholische Bischöfe die militärischen Verschwörer unterstützen könnten. Delp habe alles mitgeteilt, was er über Bischöfe und kirchliche Einrichtungen in bestimmten Städten wisse, so Sperr. Delp prüfe ferner die politischen Ideen, die er mit Moltke zusammen entwickelt hatte, gestützt auf die päpstlichen sozialen Enzykliken. Stauffenberg stimme mit Moltkes Programm überein, zumindest in der Form, wie der Jesuit es umrissen habe. Arbeiter im Deutschland nach Hitler würden an Entscheidungen über Löhne und Arbeitszeiten beteiligt und eine starke soziale Absicherung erhalten. Doch Delp würde auch, genau wie Stauffenberg, aristokratische Grundsätze wahren. Während Delp die nationalsozialistische Gleichmacherei ablehne und nachdrücklich die Herrschaft einer schöpferischen Elite fordere, hätte Stauffenberg einen Eid für die Verschwörer geschrieben, der folgendermaßen laute: »Wir wollen eine neue Ordnung, die alle Deutschen zu Trägern des Staates macht und ihnen Recht und Gerechtigkeit verbürgt, verachten aber die Gleichheitslüge und beugen uns vor den naturgegebenen Rängen.«[9]

Stauffenberg teilte Delp vermutlich mit, *wie* Hitler sterben sollte. Aber damit die Bischöfe die Verschwörer aktiv unterstützen konnten, mussten sie nicht nur wissen, *dass* der Staatsstreich stattfinden würde, sondern auch *wann*. Tatsächlich kannten die Münchner Jesuiten nach Delps Treffen mit Stauffenberg die geplanten und die korrigierten Termine für den Putsch. Delp selbst befürwortete augenscheinlich das Vorhaben; einem Freund, dem Historiker Georg Smolka, sagte er – so erinnerte sich Smolka 1979 in einem Brief –, dass er gegenüber Stauffenberg »den Wunsch vieler... nach einem möglichst sofortigen Handeln« betont habe.[10]

Vor der Rückfahrt nach München hatte Delp noch einmal in Jupp Schneiders Pfarrhaus vorbeigeschaut. Schneider erinnerte sich an einen aufgeregten Delp, der ausrief: »Ich glaube, ich habe heute mehr für mein Vaterland und euch alle getan als in meinem bisherigen Leben. Bete, dass alles gut geht.«[11]

Am nächsten Tag äußerte sich Delp noch vielsagender. Im Pfarrhaus der Heilig-Blut-Kirche in Bogenhausen sprach er »zweimal eine halbe Nacht über das Widerstandsrecht direkt«, erinnerte sich sein Freund Hans Hutter. »Pater Delp [war] davon überzeugt, dass es ein Widerstandsrecht auch für den Christen aus Gewissensgründen geben müsse, wenn verschiedene Bedingungen erfüllt wären. Vor allem müsste die Garantie bestehen, dass diejenigen, die dieses Widerstandsrecht ausüben, in der Lage sind, die Macht des Diktators zu brechen und eine Regierung zu übernehmen. Er unterstrich, und das weiß ich noch sehr genau, bei unseren Unterhaltungen, dass ein Widerstand politisch absolut notwendig sei, um der Welt zu beweisen, dass in Deutschland noch Kräfte lebendig seien, welche die Diktatur von innen her überwinden können.« Im Kontext dieser Äußerungen sprach Hutter den Abschiedsworten Delps – »Es muss geschehen« – eine besondere Bedeutung zu. Das galt auch für den Satz, den Delp in ein Geschenkexemplar seines Buchs *Der Mensch und die Geschichte* schrieb: »Wer nicht den Mut hat, Geschichte zu machen, wird ihr armes Objekt. Lasst uns [es] tun.«[12]

Anfang Juli bekam Josef Müller Besuch von Dietrich Bonhoeffers Onkel im Gefängnis. Paul von Hase, der Stadtkommandant von Berlin, hatte sich den Verschwörern angeschlossen und würde sie schon bald unterstützen.[13]

Ein paar Tage später ließ Stauffenbergs Kreis Müller über den Gefängniskommandanten, der sich ebenfalls der Verschwörung angeschlossen hatte, eine Nachricht zukommen. Im Fall eines Sturzes werde er freigelassen. Stauffenberg werde ein aufgetanktes Flugzeug bereithalten, das nur darauf warte, Müller nach Rom zu fliegen. Dort solle Müller gemeinsam mit Pius Friedensgespräche mit den Alliierten einleiten. Um die Angelegenheit zu beschleunigen, wie im März 1943, hatte Pius wiederum ein offizielles Agrément gewährt, in dem er sich bereit erklärte, einen vorgeschlagenen Gesandten vor dem tatsächlichen Putsch zu empfangen. Müllers »Freunde in Rom« hatten ihn schon im Voraus zum Sondergesandten der neuen Regierung beim Heiligen Stuhl ernannt, mit dem Titel und dem Status eines designierten Botschafters. Während manche den Vatikan als die erste ausländische Macht, die Hitlers Herrschaft anerkannte, angesehen hatten, würde nunmehr der Vatikan die erste ausländische Macht sein, die seinen Sturz legitimierte.[14]

Am Abend des 19. Juli betrat Stauffenberg eine Kirche in Berlin. Er tauchte seine rechte Hand in das Weihwasser und machte das Kreuzzeichen. Werner von Haeften saß in einer hinteren Bank, während Stauffenberg durch das von Kerzen erleuchtete Hauptschiff zu einem Beichtstuhl ging. Nach manchen Darstellungen kniete er vor dem Gitter nieder und bat um die Generalabsolution, die Katholiken bei unmittelbar drohendem Tod gewährt wird. Nach wenigen Minuten trat er aus der Kirche und stieg in ein wartendes Auto.[15]

Als Stauffenberg vor dem eigenen Haus ausstieg, befahl er dem Fahrer, ihn am nächsten Morgen um 6 Uhr 30 wieder abzuholen. Dann, als er drinnen war, zog er die Vorhänge im Schlafzimmer zu und verstaute in seiner Aktentasche zwei 975-Gramm-Pakete Plastiksprengstoff.[16]

KAPITEL 21

Heiliges Deutschland

Stauffenberg kam am 20. Juli um sieben Uhr auf dem Flugplatz Rangsdorf in Berlin an. Auf der Rollbahn traf er sich mit Haeften, der genau die gleiche Aktentasche wie er trug. Sie gingen an Bord einer wartenden Heinkel He 111 und vertauschten dann die Taschen. Nebel verzögerte den Start. Stauffenberg sagte dem Piloten, dass sie spätestens um acht Uhr starten müssten, damit er noch bis Mittag in Rastenburg ankäme, um den Führer über äußerst wichtige Angelegenheiten zu instruieren.[1]

Hitler wachte um neun Uhr auf und rasierte sich mit zitternden Händen um seinen Schnurrbart. Im Aufenthaltsraum stellte sein Kammerdiener Heinz Linge ein Tablett auf den Kaffeetisch. Hitler schlurfte herüber und beäugte, wie Linge sich noch gut erinnerte, misstrauisch ein paar Windbeutel. Er bat Linge zu kosten, ob sie vergiftet wären. Linge erwiderte, Rattenhubers Leute hätten sie bereits gekostet. Hitler wollte sie noch einmal kosten lassen. Als Linge mit dem Tablett wegging, rief Hitler seinen Adjutanten Nicolaus von Below an und bat ihn, den Ort der heutigen Kriegskonferenz zu verlegen. Sie würden sich im Kartenraum der Kaserne treffen, nicht wie üblich im Betonbunker.[2]

Um 10 Uhr 30 landete die Heinkel in Ostpreußen. Stauffenberg und Haeften kletterten aus dem Flugzeug, stiegen in einen Dienstwagen und fuhren durch den dunklen Kiefernwald. Als bekannte Angehörige des Oberkommandos passierten sie routinemäßig zwei Kontrollpunkte, ohne dass ihre Aktentaschen durchsucht wurden. Sie fuhren bis vor den Bunker des Generalstabs, wo ein paar rundliche Offiziere an einem Gartentisch unter einem Baum frühstückten. Im Bunker fanden Stauffenberg und Haeften einen Vorraum und schlossen die Tür. Ein Ventilator ließ die heiße Luft zirkulieren. Stauffenberg legte Mütze und Uniformjacke ab, zog den Gürtel heraus und fuhr sich durch die Haare. Dann meldete er sich bei Feldmarschall Wilhelm Keitel. Der Feldmarschall blickte vom Schreibtisch auf und bemerkte, dass der Oberst für eine Führerkonferenz ein bisschen zu nachlässig aussehe. Stauffenberg entgegnete, er werde sich vor der Lagebesprechung ein wenig frisch machen; er wolle nur vermeiden, dass seine Uniform verschwitzt werde, weil der Bunker sich während der Besprechungen immer so aufheize.[3]

Um 12 Uhr 15 war Stauffenberg in den Vorraum zurückgekehrt, um sich frisch zu machen. Er brauchte noch ein wenig Zeit, um die Bombe scharf zu machen. Für diese heikle Aufgabe musste er eine Glaskapsel mit Säure zerstören. Er verwendete dafür eine Zange, die man extra für seine Prothese angefertigt hatte. Da die Baracke aus Holz die Druckwelle nicht so zurückwerfen würde wie ein Betonbunker, brauchten sie zwei Sprengladungen. Aber Stauffenberg hatte erst eine Ladung aktiviert, als jemand an die Tür klopfte. »Stauffenberg, so kommen Sie doch!«, rief ein Ordonnanzoffizier auf dem Flur. Sie mussten mit einer Bombe auskommen.[4]

Um 12 Uhr 30 folgte Stauffenberg dem Ordonnanzoffizier in den Kartenraum. Keitel und die dicken Offiziere standen um den Tisch, als Stauffenberg den Raum betrat. Jemand berichtete lang und breit von der Ostfront. Hitler, mit einem Vergrößerungsglas in der Hand, blickte auf. »Oberst Claus Schenk von Stauffenberg«, kündigte der Ordonnanzoffizier an. »Stabschef beim Befehlshaber des Ersatzheeres, Held des Feldzugs in Tunesien.« Hitler schüttelte die Handprothese und blickte Stauffenberg scharf an. Die dicken Offiziere machten dem versehrten Helden Platz. Stauffenberg drängte sich an einen Platz rechts neben Hitler. Er stellte die Aktentasche ab und schob sie mit dem Fuß unter den Tisch. Der Vortrag wurde fortgesetzt. Hitler lehnte sich vor, um eine Position auf der Karte zu betrachten. Stauffenberg zog sich unauffällig zurück, in die Nähe von Keitel, und murmelte, dass er telefonieren müsse. Keitel nickte, tippte aber auf seine Uhr, als wolle er sagen: Beeilung![5]

Im Flur drückte Stauffenberg einen Hörer ans Ohr. Der Ordonnanzoffizier beobachtete ihn kurz und kehrte dann in den Kartenraum zurück. Stauffenberg hängte auf, lief den Flur entlang und traf Haeften auf dem Rasen vor dem Gebäude. Sie hatten sich gut 50 Meter von den Baracken entfernt und standen in der Nähe des Gartentischs, als sie eine Explosion hörten.[6]

Bläulich-gelbe Flammen schossen aus der Baracke. Körper wurden aus den Fenstern geschleudert. Splitter aus Glas, Holz und Fieberglas regneten auf sie nieder. Offiziere und Ordonnanzen huschten umher, stöhnten vor Schmerzen und riefen nach den Sanitätern. Jemand trug einen regungslosen Körper auf einer Bahre, bedeckt von Hitlers Sommer-Cape.[7]

Stauffenberg und Haeften sprangen in ihren Wagen. Auf dem Weg zum Flugplatz warf Haeften die nicht benutzte Sprengladung in den Wald. Am ersten Kontrollpunkt ließen die Wachen sie passieren, am zweiten hatte jemand Alarm geschlagen. Die Schranke versperrte den Weg, und der Wächter fingerte an seinem Gewehrgurt herum. Stauffenberg stieg aus, rief einen Hauptmann der Wache an, den er kannte, und reichte das Telefon dem Wachsoldaten. Wenige Augenblicke später ging die Schranke auf.[8]

Als sie das Rollfeld erreichten, ließ der Pilot bereits die Motoren warm laufen. Um 13 Uhr 15 hob die Heinkel ab und nahm Kurs nach Westen, nach Berlin.[9]

Außerhalb der Baracke lagen verkohlte Leichname auf Bahren im Gras. Hitlers Leibarzt Theo Morell lief von einem zum anderen und nahm eine erste Diagnose vor: tot, tot, tödlich verwundet, tot. Er kam zu einer liegenden Gestalt und hielt inne. Die Hosenbeine hingen in losen Fäden an den verbrannten Beinen. Staub und Holzfasern bedeckten die Haut. Die versengten Haare standen wie Kaktusstacheln ab. Aber das Opfer hatte keine traumatischen Wunden erlitten, kein Blut verloren. In dem von Ruß bedeckten Gesicht blitzten blaue Augen voller Leben. Ein leichter Regen setzte ein. Morell fing ein paar Tropfen mit dem Taschentuch auf und wischte rings um den berühmtesten Schnauzer der Welt.[10]

Um 16 Uhr 30 stieg Stauffenberg die große Treppe zum Hauptquartier des Ersatzheeres hinauf. In einem Büro im ersten Stock an der Bendlerstraße in Berlin traf er sich mit Major Ludwig von Leonrod und dem pensionierten General Beck. Sie entsicherten alle ihre Luger-Pistolen und stürmten dann in das benachbarte Büro des Befehlshabers des Ersatzheeres Friedrich Fromm. Der Führer sei tot, gab

Stauffenberg bekannt. Er wisse das genau, weil eine Bombe explodiert und er persönlich dabei gewesen sei. Fromm müsse folglich den Walküre-Befehl erteilen, um die innere Ordnung zu wahren.[11]

Fromm weigerte sich, er habe von Keitel gehört, Hitler sei am Leben. Ohne amtliche Bestätigung, sagte er, müsse man davon ausgehen, dass der Anschlag gescheitert sei. Laut der späteren Aussage Fromms und anderer Zeugen folgte wohl in etwa folgender Wortwechsel:

STAUFFENBERG: Herr Generaloberst, ich habe die Bombe selbst während der Besprechung bei Hitler gezündet... Niemand in jenem Raum kann mehr leben.
FROMM: Graf Stauffenberg, das Attentat ist missglückt. Sie müssen sich sofort erschießen.
STAUFFENBERG: Nein, das werde ich keinesfalls tun.
OLBRICHT: Herr Generaloberst, der Augenblick zum Handeln ist gekommen. Wenn wir jetzt nicht losschlagen, wird unser Vaterland für immer zugrunde gehen...
STAUFFENBERG: Ihr Generäle habt geredet und geredet, aber nicht gehandelt. Die Zeit für Teepartys und Debatten ist vorbei.
BECK: Dem stimme ich zu.
FROMM: Das ist Landesverrat!
STAUFFENBERG: Nein, mein Herr. Es ist Hochverrat.
FROMM: Ich erkläre Sie hiermit alle drei für verhaftet.
OLBRICHT: Sie können uns nicht verhaften. Sie täuschen sich über die wahren Machtverhältnisse. Wir verhaften Sie.[12]

Sie gingen aufeinander los. Haeften drückte Fromm eine Pistole in den Leib. Der General ergab sich, und Major Leonrod führte ihn ab. Stauffenberg schnappte sich ein

Telefon und ließ sich mit der Schaltzentrale verbinden. Um 16 Uhr 45 telegrafierte, nach seinen Befehlen, das Hauptquartier des Ersatzheeres eine streng geheime Botschaft an die Kommandeure im ganzen Reich: »Der Führer Adolf Hitler ist tot.«[13]

In seiner Zelle in der Lehrter Straße hörte Josef Müller die Stiefel auf den Straßen. General Hases Wachbataillon »Großdeutschland« hatte damit begonnen, das Regierungsviertel abzusperren.[14]

Am späten Nachmittag kam Gefängniskommandant Maaß zu Müller. »Hitler ist tot«, rief er. »Er ist einem Attentat zum Opfer gefallen.« Endlich, dachte Müller, wie er sich noch gut erinnerte. Ein Flugzeug der Abwehr stand bei Rangsdorf bereit, wie er wusste. Schon bei Morgengrauen würde er sich, wenn der Staatsstreich Erfolg hatte, wieder im Vatikan befinden.[15]

Der Jesuitenpater Lothar König verbrachte die Nacht des 20. Juli in München-Pullach. Im Berchmanskolleg kauerte er sich zusammen mit Offizieren des Ersatzheeres, die Stauffenberg gegenüber loyal waren, um einen Radioapparat. Der Oberst hatte das Kolleg als alternative Befehlszentrale in Beschlag genommen. Um 18 Uhr 38 brach die Musik im Rundfunk ab, und ein Sprecher meldete sich: »Auf den Führer wurde heute ein Sprengstoffanschlag verübt… Der Führer selbst hat außer leichten Verbrennungen und Prellungen keine Verletzungen erlitten. Er hat unverzüglich darauf seine Arbeit wieder aufgenommen.« Die Meldung wurde alle 15 Minuten bis 21 Uhr wiederholt, als der Sprecher ankündigte, dass der Führer in Kürze persönlich sprechen werde.[16]

Der Regen prasselte gegen die Scheiben der Teestube im Führerhauptquartier. Hitler saß auf seinem Lieblingsstuhl, gekleidet in einen Anzug, bandagiert, den Arm in einer Schlinge, aber glücklich. Dr. Morell kniete und fühlte seinen Puls. Die Sekretärinnen schluchzten alle gerührt. Zu Morells Erstaunen war Hitlers Puls normal.[17]

»Ich bin unverwundbar, ich bin unsterblich!«, rief Hitler aus, wie Morell sich erinnerte. Er sei ein Kind des Schicksals, jubelte er. Wenn er die Konferenz nicht verlegt hätte, wäre er jetzt tot, denn die hölzerne Wand habe die Druckwelle entweichen lassen. Das sei das größte Glück, das er jemals erlebt habe! Er schien sich sogar zu freuen, weil er jetzt »diese Bastarde« in der Hand habe. Jetzt könne er Maßnahmen ergreifen. Er sprang in einem Wutausbruch auf und schrie etwas wie: »Vernichtet sie! Jawohl, vernichtet sie!«[18]

Ein Telefon klingelte. Himmler wollte ihm gratulieren und sein Mitgefühl ausdrücken. Dann kamen immer mehr Anrufe, von Generälen, die Gerüchte vom Tod des Führers bestätigt haben wollten. Hitlers Stimmung kippte schlagartig. Er bestätigte eine Rundfunkmeldung, dass er einen Mordanschlag überlebt habe, weigerte sich aber, weitere Anrufe entgegenzunehmen. Er verfiel in ein grüblerisches Schweigen, horchte auf das Trommeln des Regens an den Scheiben.[19]

Bis 22 Uhr hatte Stauffenberg fünf Stunden lang fast ununterbrochen telefoniert. Von der Bendlerstraße aus rief er Kommandeure auf dem ganzen Kontinent an und versuchte, den Staatsstreich auszulösen. Aber bei Einbruch der Dunkelheit verbreitete sich die Meldung, dass Hitler überlebt hatte. Häufig erreichten diese Nachrichten die Kommandeure um die gleiche Zeit wie Stauffenbergs Befehle aus Berlin. Die Generäle wollten »Walküre« nicht in Kraft setzen, solange sie nicht mit Sicherheit wussten, dass Hitler umgekommen war. Sie warteten ab. Als Stauffenbergs Mitverschwörer sich fragten, ob es klug sei weiterzukämpfen, zeigte er auf seinen Schreibtisch, auf eine Aufnahme seiner Kinder. Er tue das für sie, sagte er. Sie sollten wissen, dass es auch ein anständiges Deutschland gegeben habe.[20]

Die Kontrolle der Lage war den Verschwörern bereits entglitten. In einem anderen Teil des Gebäudes befreite eine Gruppe loyaler Offiziere, die mit Maschinenpistolen und Granaten bewaffnet waren, General Fromm und führte ihn in sein Büro. Fromm berief ein Kriegsgericht aus drei Generälen ein, das die Verschwörer kurzerhand zum Tod verurteilte. Ein Verhaftungskommando näherte sich Stauffenbergs Befehlsstelle. Stauffenberg zog sich in das Vorzimmer von Fromms Büro zurück. Haeften verbrannte Papiere. Beck starrte selbstmörderisch auf seine Pistole.

Stauffenberg nahm die Augenklappe ab und rieb die leere Höhle. Mit einem unbeschreiblich traurigen Tonfall sagte er: »Sie haben mich ja alle im Stich gelassen!«[21]

Der Kommandotrupp stürmte mit den Waffen im Anschlag durch die Tür. Stauffenberg und Haeften ließen ihre Pistolen fallen. Mit einigen knappen Sätzen übernahm Stauffenberg die volle Verantwortung für den Staatsstreich. Alle anderen, sagte er, hätten lediglich seine Befehle befolgt. Fromm gab ungerührt hämisch zurück: »So, meine Herren, jetzt mache ich es mit Ihnen so, wie Sie es heute Mittag mit mir gemacht haben.«[22]

Genau 13 Minuten nach Mitternacht führten Wachen Stauffenberg ins Freie. Auf dem Hof stellten sie ihn vor einen Sandhaufen. Die Fahrer der Offiziere erleuchteten den Hof mit den Scheinwerfern ihrer Autos. Reichsrüstungsminister Albert Speer, der im eigenen Wagen saß, erinnerte sich: »Die Bendlerstraße war im völlig abgedunkelten Berlin durch Scheinwerfer hell erleuchtet: ein unwirkliches und gespenstisches Bild. Es wirkte gleichzeitig theatralisch wie eine Filmkulisse, die inmitten eines dunklen Ateliers angestrahlt wird.« Ein zehnköpfiges Wachbataillon legte an. Stauffenberg presste das goldene Kreuz an die Lippen, das er immer um den Hals trug. »Es lebe das heilige Deutschland.«[23]

KAPITEL 22

Der Fund

Radio Berlin übertrug Hitlers raue Stimme um ein Uhr nachts am 21. Juli 1944. »Deutsche Volksgenossen und -genossinnen«, sagte er.

Wenn ich heute zu Ihnen spreche, dann geschieht es aus zwei Gründen: 1. Damit Sie meine Stimme hören und wissen, dass ich selbst unverletzt und gesund bin, 2. Damit Sie aber auch das Nähere erfahren über ein Verbrechen, das in der deutschen Geschichte seinesgleichen sucht. Eine ganz kleine Clique ehrgeiziger, gewissenloser und zugleich verbrecherischer, dummer Offiziere hat ein Komplott geschmiedet, um mich zu beseitigen und zugleich mit mir den Stab praktisch der deutschen Wehrmachtsführung auszurotten. Die Bombe, die von dem Oberst Graf von Stauffenberg gelegt wurde, krepierte zwei Meter an meiner rechten Seite... Es ist ein ganz kleiner Klüngel verbrecherischer Elemente, die jetzt unbarmherzig ausgerottet werden... Ich bin der Überzeugung, dass wir mit dem Austreten dieser ganz kleinen Verräter und Verschwörer-Clique nun endlich aber auch im Rücken der Heimat die Atmosphäre schaffen, die die Kämpfer der

Front brauchen. Denn es ist unmöglich, dass vorn Hunderttausende und Millionen braver Männer ihr Letztes hergeben, während zu Hause ein ganz kleiner Klüngel ehrgeiziger, erbärmlicher Kreaturen diese Haltung dauernd zu hintertreiben versucht. Diesmal wird nun so abgerechnet, wie wir das als Nationalsozialisten gewohnt sind... Es hat jeder Deutsche, ganz gleich, wer er sein mag, die Pflicht, diesen Elementen rücksichtslos entgegenzutreten, sie entweder sofort zu verhaften oder – wenn sie irgendwie Widerstand leisten sollten – ohne Weiteres niederzumachen. Die Befehle an sämtliche Truppen sind ergangen. Sie werden blind ausgeführt, entsprechend dem Gehorsam, den das deutsche Heer kennt.[1]

Als Pater König Hitlers Rede hörte, wurde er nach Aussage eines Augenzeugen blass. König wusste, dass sich Pater Delp vor wenigen Wochen mit Stauffenberg getroffen hatte. Beide Priester kannten die Pläne des katholischen Obersts. König bat einen anderen Jesuiten, Pater Franz von Tattenbach, Delp zu warnen, dass er untertauchen solle.[2]

Tattenbach fuhr im Dunkeln mit dem Rad zum Pfarrhaus in Bogenhausen. Er lehnte sein Fahrrad an einen Baum und warf Kieselsteine gegen Delps Fenster. Delp tauchte am Fenster auf. Tattenbach stieg eine Leiter empor und informierte ihn über die Entwicklung. Pater Delp entfuhr lediglich ein »Donnerwetter!«.[3]

Um den Anschein einer Mitschuld zu vermeiden, würde er in St. Georg bleiben und die Messe lesen. Wenn Delp flüchten müsse, so versicherte er Tattenbach, dann könne er eine geheime Tür in der Wand des Pfarrhauses benutzen. Sie gehe zum Herzogspark auf, wo Delp sich mit Kontaktpersonen treffen könne. Diese würden ihn heimlich in ein Bauernhaus bringen.[4]

SS-Wachen stolzierten durch das Gefängnis an der Lehrter Straße. Bis in die Morgenstunden des 21. Juli schikanierten sie die Gefangenen und brüllten jubelnd: »Der Führer lebt!«

Einem inhaftierten Offizier, dessen Zelle neben der von Müller lag, rutschte daraufhin ein »Ach, wie schade« heraus. Das hörte ein SS-Wärter und zerrte ihn aus der Zelle. Er schrie ihn an, dass der Mann seine Worte noch bereuen werde.[5]

Müller und andere inhaftierte Verschwörer fragten sich, was schiefgegangen war. Sie wussten, dass die Kommunikation zwischen den Verschwörern in Ostpreußen und Berlin ausgefallen war. Kein Mensch wusste, warum.

Aber als Stauffenberg endlich Berlin erreicht hatte, immer noch in dem Glauben, er habe Hitler getötet, waren fast vier wichtige Stunden vergangen. Zu der Zeit, als die Verschwörer endlich ihre Truppen in Bewegung setzten, hatten sich einige NS-Führer bereits erholt und loyale Kommandeure gewarnt. Der Putsch war zusammengebrochen, ehe er richtig begonnen hatte.

Generäle in Handschellen wurden in die Lehrter Straße gebracht. Als Müller einen Blick mit Generalmajor Hellmuth Stieff mit seinem Monokel wechselte, hielt Ersterer zum Zeichen der Solidarität die ineinander verschlungenen Hände hoch, als wolle er sagen, dass sie nunmehr zusammenhalten müssten, bis zur letzten Konsequenz.[6]

Pater Delps Priesterkollegen drängten ihn, die Flucht zu ergreifen. Ende Juli hatten SS-Fahnder den Umkreis des geheimen Kreises der Jesuiten sondiert. Aber Delp sagte, er wolle »seine Leute in Bogenhausen« in diesen schweren Zeiten der Bombennächte nicht allein lassen. Außerdem wollte er sein letztes Gelübde nicht gefährden, das für Mitte August angesetzt war. Aber eigentlich wollte Delp vermutlich jeden Verdacht vermeiden, der auf ihn oder andere fallen würde, wenn er flüchtete, wie er es Pater Tattenbach in der Nacht des gescheiterten Putsches beschrieben hatte. Also blieb er, sichtlich angespannt, in St. Georg. Pater Braun, der Delp und Rösch unmittelbar nach dem 20. Juli besuchte, erinnerte sich noch: »Auf uns allen lastete etwas von banger Erwartung. Niemand wusste, wie stark er gefährdet und auch wie nah die Gefährdung war. Aber wir sprachen nicht davon. Nur einige Male, wenn wir gerade unbeobachtet waren, zwinkerte er [Delp] mir zu. In seinem Blick lag alles: Die Frage: Wie wird es gehen?« Am 26. Juli drängte Delps Freund Georg Smolka ihn, sich in einem Bauernhaus zu verstecken. Der Priester zog lächelnd eine Schublade auf und holte einen Revolver »zur Verteidigung« hervor. Kontaktleute in Berlin würden ihn verschlüsselt über zuverlässige Kanäle warnen, falls Gefahr drohe.[7]

Am 28. Juli kam die Warnung. Dr. Ernst Kessler, der Leiter der Rechtsabteilung der Bayerischen Motoren-Werke, erhielt ein Fernschreiben für Delp von »unseren Widerstandsfreunden in Berlin«. Die im Voraus vereinbarte Warnung lautete, nach Kesslers Erinnerung, dass »die Geheimbesprechung zwischen Pater Delp und sozialdemokratischen Widerstandsfreunden aus Sicherheitsgründen abgesagt war«. Kessler setzte sich ins Auto und fuhr schleunigst zur Frühmesse in St. Georg, um die Nachricht zu überbringen.[8]

Als Kessler ankam, hatte die Messe bereits begonnen. Delp las gerade die Schriftlesung: »Ihr werdet aber verraten werden von Eltern, Brüdern, Verwandten und Freunden; und man wird einige von euch töten.«⁹

Kessler verließ die Kirche und betrat die Sakristei durch den Seiteneingang. Eindringlich bat er die Vinzentinerin, die bei der Messe half, Delp am Altar einen Zettel zuzustecken. Gerade als Delp das Gebet *Suscipe Pater* sprach, öffnete sich die Tür zur Sakristei einen Spalt und schloss sich dann leise wieder. Die Messschwester brachte es nicht übers Herz, die feierliche Handlung zu stören, als Delp die Schale und die Hostien hochhielt und auf Latein sagte: »Nimm hin, o Herr, meine ganze Freiheit. Nimm meine Erinnerung, mein Wissen und meinen ganzen Willen.« Kessler behauptete später, dass ein »Schutzengel … [b]eeindruckt von dieser heiligen Handlung«, die Messschwester veranlasst habe, sich wieder zurückzuziehen. Vermutlich ersparte er dadurch Kessler und der Nonne den Strick. Denn auch wenn die beiden es zu der Zeit nicht wissen konnten, hatten bereits zwei Gestapo-Agenten in Zivil die Kirche betreten.¹⁰

Nach der Messe gab die Nonne in der Sakristei Kesslers Notiz an Delp weiter. Delp las den Satz und verschluckte den Zettel dann. Er verließ die Kirche durch die Tür zur Sakristei, ging in den Garten und zündete sich den Stummel einer Zigarre an. Die Sonne schien durch die Eichenblätter und ließ den Rauch erstrahlen. Delp beschloss, weiterzumachen wie gewohnt. Zwei Männer mit Hut und Trenchcoat traten auf ihn zu.¹¹

Vor der Kirche räumten Gemeindemitglieder Bombenschutt beiseite. »Es war ein strahlend heiterer, blauer Tag, und alles schien zu unwirklich, als dass man es hätte begreifen können«, erinnerte sich die Pfarrsekretärin Luise Oestreicher. Delp trat mit zwei Männern, die in der Sommerhitze einen Mantel trugen, aus dem Pfarrhaus. Im Gesicht war er ganz grau geworden und sah krank aus. »Ich bin verhaftet«, sagte er mit leiser, angespannter Stimme. »Behüt euch Gott und auf Wiedersehen.«[12]

Am 24. Juli fuhr ein Militärjeep auf den Petersplatz. Raymond G. Rocca, ein X-2-Agent (Spionageabwehr) beim amerikanischen Office of Strategic Services (OSS), betrat die Räumlichkeiten des vatikanischen Staatssekretariats. Er hatte einen Termin mit einem amerikanischen Jesuiten, Pater Vincent McCormick. Rocca hatte das Vertrauen McCormicks erlangt, indem er ihm ein Dossier über die Unterwanderung der Gregoriana durch die Gestapo zukommen ließ, jener Hochschule der Jesuiten, wo McCormick Rektor war. Er führte Rocca über einen dunklen Durchgang durch die Basilika und einige Stufen hinunter in die Krypta. Dort traf sich Rocca mit Monsignore Kaas, der mit Ausgrabungen vollauf beschäftigt schien. Rocca wusste, dass der Exildeutsche mit der Brille einst die katholische Zentrumspartei angeführt hatte und er Pius immer noch in deutschen Angelegenheiten beriet.[13]

Rocca erklärte sein Anliegen. Kurz gesagt, die Spionageabwehr wollte die Aufrichtigkeit einiger internierter Deutscher bestätigen, die sich als Nazigegner ausgaben. Insbesondere wollte Rocca Behauptungen von Albrecht von Kessel, dem deutschen Botschafter beim Heiligen Stuhl, überprüfen, dass die ganze Botschaft an der Verschwörung gegen Hitler beteiligt gewesen sei. Wenn man sie nach Deutschland deportieren würde, wären sie so gut wie tot, sobald sie das Territorium des Reichs beträten.[14]

Kaas bestätigte Kessels Aussage – und fügte etwas hinzu, das Rocca völlig verblüffte. Der Monsignore wusste von zwei früheren Verschwörungen. Rocca wollte nicht in den Kopf, wie ein hoher Kirchendiener in so gefährliche Angelegenheiten hineingezogen werden konnte. Als Rocca nähere Einzelheiten erfahren wollte, verwies Kaas ihn an einen anderen Exildeutschen: Pater Leiber.[15]

In den Diensträumen des OSS an der Via Sicilia schickte Rocca Telegramme an X-2/London. Da man unbedingt Nazigegner für den deutschen Wiederaufbau nach der Niederlage brauchte, forderten Roccas Vorgesetzte ihn auf, den Hinweisen von Kaas nachzugehen. Als Rocca jedoch ein Treffen mit Pater Leiber vereinbaren wollte, wiesen Vermittler ihn an zu warten. Pater McCormick deutete an, dass womöglich jemand auf einer höheren Ebene, vielleicht sogar der Papst selbst, die Begegnung genehmigen müsse. In der Zwischenzeit telegrafierte Rocca an die OSS Research and Analysis Division in Washington und bat um Hintergrundinformationen zum katholischen Widerstand.[16]

Die Spur brachte einige überraschende Berichte hervor. Die für Rocca erstaunlichste Aussage stammte von dem deutschen Exilanten Willy Brandt, dem späteren Bundeskanzler. Obwohl er überzeugter Protestant und Sozialdemokrat war, räumte Brandt ohne Umschweife ein, dass die katholische Kirche die verbreiteste und am besten organisierte Opposition in Deutschland gewesen sei. Weil die Geistlichen mit allen Bevölkerungsschichten in Berührung kämen, könnten sie Kontakte, selbst in Militärkreisen, pflegen, ohne den Verdacht der Gestapo zu erregen. Die Kirche wehre sich im katholischen Bayern am energischsten, wo die Münchner Jesuiten »einen gut aufgebauten Organisationsapparat« leiteten. Die Gewerkschaften des geächteten katholischen Zentrums hätten sich ebenfalls »seit Jahren im Untergrund engagiert«.[17]

Aber weil der katholische Widerstand unter großer Geheimhaltung arbeitete, wusste die OSS kaum etwas über konkrete Operationen und noch weniger über die Koordination und Kontrolle. Die deutsche Kirchenopposition habe einige Repräsentanten im Ausland, stellte Brandt fest, doch sie würden sehr vorsichtig operieren. Pater Leibers Zögern, sich mit OSS-Agenten zu treffen, schien diese Vorsicht zu unterstreichen. Deshalb fühlte sich Rocca geehrt und war dankbar, als sich Leiber am 18. August 1944 bereit erklärte, ihn zu empfangen.[18]

Leiber räumte Kontakte zu den Verschwörern ein. Sie hielten ihn »fast ständig über ihre Aktivitäten auf dem Laufenden«, notierte Rocca. Der Jesuit nannte Details zu drei Verschwörungen vor dem 20. Juli. Unter den Verschwörern nannte Pater Leiber General Franz Halder, den ehemaligen Generalstabschef der Wehrmacht, der dem OSS bereits als »starke Figur in katholischen Kreisen« bekannt war. Leiber deutete an, erklärte aber nicht direkt, dass er sein Wissen über die Verschwörungen dem Papst mitgeteilt habe.[19]

Rocca hatte den Verdacht, dass Leiber viel mehr wusste, als er preisgeben wollte. Wie sei es, wunderte sich Rocca, Leiber gelungen, sich über die Verschwörungen auf dem Laufenden zu halten? Hatte der Vatikan etwa einen Sonderkurier oder Vermittler zum deutschen Widerstand? Und wenn ja, konnte das OSS zu ihm Kontakt aufnehmen? Und die grundlegende Frage: Warum sollten sich die Verschwörer solche Mühe gegeben haben, um den engsten Berater des Papstes über ihre Pläne zu informieren?[20]

Im August startete die deutsche Regierung die Aktion »Gewitter«, ein breites Vorgehen gegen mutmaßliche Verräter und Oppositionelle. Die Wehrmacht entließ die überlebenden Rädelsführer des Putsches, sodass sie nicht vor ein Kriegsgericht, sondern vor Richter Roland Freisler im Volksgerichtshof kamen. Hitlers Zorn traf auch kirchliche Verschwörer.[21]

Die SS folterte Delp und erließ Haftbefehle gegen König und Rösch. König versteckte sich in einem Kohlenverschlag in Pullach. Rösch verbarg sich in einem Getreidespeicher im ländlichen Bayern und dann auf dem Hof einer Familie, deren Sohn, ein Jesuit, an der Ostfront gefallen war.

Himmlers Jagd auf die Priester des Ausschusses wurde auf die Dominikaner ausgeweitet. In der Nacht vom 16. zum 17. September wurde der Provinzial Laurentius Siemer gegen ein Uhr von einem Telefonanruf eines Klosterbruders des Schwichteler Konvents geweckt. Zwei Männer würden Siemer sprechen wollen. Siemer erwiderte, sie sollten am Morgen wiederkommen, und legte sich wieder ins Bett. Als die beiden Männer dann versuchten, durch das Fenster zu klettern, weckte der Klosterbruder Siemer erneut. Dem wurde jetzt klar, dass die Besucher Gestapo-Männer waren. Er beriet sich mit Dominikanerpater Otmar Decker, und sie dachten sich ein Ablenkungsmanöver aus. Während Siemer das Kloster durch ein Gartentor verließ, ging Decker zu den Geheimpolizisten. Sie fielen, wie erwartet, sofort über ihn her. Decker führte sie zum Zimmer des Provinzials im ersten Stock, damit Siemer Zeit gewann und den Wald erreichte. Er schlich sich in das Dorf Schwichteler und versteckte sich zunächst in einem Holzschuppen, dann in einem Schweinestall. Später verbarg ihn eine Familie bis zum Kriegsende.

Die Gestapo versuchte, Siemer über seinen Sekretär Pater Odilo Braun zu fassen. Am 7. Oktober tauchte die Gestapo-Agentin Dagmar Imgart, besser bekannt als »Babbs« oder »Babsy«, an der Tür zu Brauns Berliner Büro auf. Ein paar Tage vorher hatte sie ihn gebeten, sich für einen inhaftierten pazifistischen katholischen Priester, Max Josef Metzger, einzusetzen. Braun kam die Bitte verdächtig vor, weil die Nazis Metzger schon vor sechs Monaten geköpft hatten. Auf der anderen Seite der Straße stand ein Mann, der alles beobachtete. Braun sagte seiner Sekretärin, sie solle die Frau an der Tür hinhalten. Dann rannte er nach oben, schlüpfte durch eine Luke am Giebel ins Freie und entkam zu dem benachbarten Dominikanerkloster, indem er von Dach zu Dach sprang.[22]

Am 22. September durchsuchte die SS einen Anbau der Abwehr in Zossen. Sie bohrten einen Safe auf und entdeckten Beweismaterial für die Rolle des Vatikans bei den Verschwörungen. Der Fund umfasste eine Notiz auf dem Briefpapier des Papstes, welche die britischen Bedingungen für einen Waffenstillstand mit Deutschland nannte – als Conditio sine qua non wurde die Bildung einer »verhandlungsfähigen Regierung«, sprich einer Regierung ohne Hitler, genannt.[23]

Vier Tage später zogen sich die Wärter aus dem Flur vor Müllers Zelle zurück. Kommandant Maaß näherte sich Müller zu einem privaten Gespräch. Die SS habe in Zossen belastendes Material entdeckt, flüsterte Maaß. Sie würden nicht eher aufhören, als bis sie Müller in Stücke gerissen hätten. Aber ein Wärter, Milkau, könne Müller in ein proletarisches Viertel der Stadt bringen. Ehemalige Linke würden Müller dort verstecken. Die SS würde ihn möglicherweise in einem bayerischen Kloster suchen, aber nicht im Kommunistenviertel von Berlin.[24]

Müller dankte Maaß, lehnte das Angebot aber ab. Das würde seine Frau hinter Gitter bringen und seine Freunde einem Verdacht aussetzen. Maaß nickte, als habe er diese Antwort erwartet. Er sagte, er werde seine Luger auf Müllers Pritsche liegen lassen. Aber Müller protestierte erneut. Als frommer Katholik war Selbstmord für ihn eine Todsünde.[25]

Am Morgen des 27. September weigerte sich Hitler, das Bett zu verlassen. Er verschmähte das Essen und zeigte keinerlei Interesse am Krieg. Seine alarmierten Adjutanten hatten ihn noch nie so lustlos erlebt. »Mir schien«, erinnerte sich seine Sekretärin Traudl Junge, »als hätte plötzlich der Körper die Sinnlosigkeit aller Bemühungen des Geistes und des starken Willens eingesehen und gestreikt. Sich einfach hingelegt und gesagt: ›Ich will nicht mehr.‹«[26]

Sechs Tage lang blieb Hitler im Bett und schrie manchmal vor Schmerzen auf. Dr. Morell untersuchte ihn und kam zu dem Schluss, dass es keine physische Ursache für seinen Schmerz gab. Der Führer schien einfach niedergeschlagen.[27]

Morell fragte den engeren Kreis, was Hitler denn so sehr erschüttert haben könnte. Sie weihten ihn in ein Geheimnis ein. Die Gestapo hatte unlängst das geheime Archiv der Verschwörer in einem Safe in Zossen entdeckt. Seit Hitler am 26. September vom Inhalt der Akten erfahren hatte, hatte er sich verändert. Was immer die Dokumente enthielten – niemand sagte Morell Näheres –, hatte Hitler dem Volksgerichtshof vorenthalten. Er wollte persönlich über den Ausgang der Angelegenheit entscheiden.[28]

Während Hitler im Bett lag, rückten die alliierten Armeen auf den Rhein vor. Seine obersten Mitarbeiter mussten ihn wieder auf die Beine bringen. Morell bat Dr. Erwin Giesing, einen Hals-Nasen-Ohren-Spezialisten, Hitler zu untersuchen.[29]

Giesing sah einen gebrochenen Mann, der im Nachthemd im Bett lag. Hitler hob zum Gruß den Kopf an und ließ ihn dann wieder ins Kissen zurückfallen. Die Augen blickten leer, und der Führer klagte über einen Druck in seinem Kopf. Er sprach von der anhaltenden nervlichen Anspannung des vergangenen Monats. Immerhin musste sich der 20. Juli früher oder später zwangsläufig auf seine Verfassung auswirken. Bisher habe er noch den Willen gehabt, alles in sich zu behalten – aber jetzt sei es ausgebrochen.[30]

Giesing holte ein Glasfläschchen aus seinem Koffer. Das Fläschchen enthielt eine 10-prozentige Kokainlösung. Er tauchte einen Baumwolltupfer in das Fläschchen und wischte dann um die Ränder von Hitlers Nase. Der Führer fühlte sich schon bald besser. Er stieg aus dem Bett, schritt im Zimmer auf und ab und setzte zu einem Monolog an. Er hatte die letzten Briefe gelesen, die die Verschwörer ihren Frauen geschickt hatten. General Stieff schrieb, dass er zum katholischen Glauben übergetreten sei. Mit einem herzhaften Lachen sagte Hitler, er überlasse dem Papst gerne die schwarze Seele dieses Teufels, aber erst, nachdem er gehängt sei.[31]

Nach einer halbstündigen euphorischen Tirade wurden Hitlers Worte wieder schwächer. Seine Augen flackerten. Er nahm Giesings Hände, presste sie fest und bat darum, die Kokaindosis zu erhöhen. Giesing fühlte Hitlers Puls und stellte fest, dass er schnell, aber schwach war. Der Führer war wieder aufs Bett gefallen, bewusstlos. Giesing ließ ihn schlafen. Er packte seine Sachen zusammen und fuhr zurück nach Berlin. Er überließ es Morell, sich zu wundern, was Hitler denn nun in den Dokumenten aus Zossen so sehr aufgebracht hatte. Erst nach dem Krieg sollten die Überlebenden des inneren Kreises erfahren, was die Akten bewiesen: Seit den ersten Kriegsmonaten hatten Hitlers künftige Attentäter, laut einer abschließenden

SS-Zusammenfassung der Papiere aus Zossen, »Verbindungen zu ... kirchlichen Stellen des Auslandes« und über Jesuitenpater Leiber auch zum Papst unterhalten.³²

KAPITEL 23

Die Hölle

Am 26. September holte die Gestapo Josef Müller ab. Von Maaß vorgewarnt, hatte er sich vorbereitet. Er hatte alle seine Angelegenheiten, so gut es ging, geregelt. Ein paar Habseligkeiten behielt er bei sich: Marias Briefe, einen Schnappschuss von Christa in ihrer Schuluniform. Während er seine Sachen packte, sah er das besorgte Gesicht von Unteroffizier Milkau vor der Tür. Müller schaute dem treuen Wärter lange in die Augen und versuchte, ihm seinen Dank auszudrücken. Milkau hatte bereits versprochen, dass er, was immer passierte, Müllers Frau und Tochter informieren werde.[1]

Die Fahrt durch Berlin enthüllte mehr Trümmer und Ruinen, als Müller gedacht hätte. Manche Straßenzüge erinnerten an die Aufnahmen aus dem umkämpften Stalingrad. Die Häuser im Westen, einst das Zentrum des intellektuellen und gesellschaftlichen Lebens der Stadt, waren ausgebrannt und starrten bedrohlich vor leeren Fenstern. Wasser stand in Bombenkratern, wobei Gasblasen aus gebrochenen Rohren aufstiegen, als der Wagen um das Hotel Kaiserhof bog und durch das Tor des Gestapo-Gefängnisses an der Prinz-Albrecht-Straße 8 fuhr.[2]

Im Gebäude stießen zwei SS-Männer Müller ihre Maschinenpistolen in den Rücken. Sie trieben ihn die Stufen hinunter in einen kleinen Raum und befahlen ihm, sich auszuziehen. Auf die Frage nach dem Warum schlug ihm einer einfach ins Gesicht. Vielleicht wollten sie sich vergewissern, dass er kein Giftfläschchen im Anus versteckt hatte. Sie wiesen ihn an, sich wieder anzuziehen, und brachten ihn in den Keller. Vor Zelle 7 nahmen sie ihm die Handschellen ab und stießen ihn hinein.[3]

Eine nackte Glühbirne an der Decke erleuchtete den fensterlosen Raum. Er enthielt einen Stuhl, ein Klappbett und einen winzigen Tisch. Wenn er nicht an den Händen gefesselt gewesen wäre, hätte er in der Mitte stehend beide Wände berühren können.[4]

Die Sirene des Fliegeralarms heulte. Türen flogen auf, und man befahl ihm, herauszukommen. Im trüben Licht erblickte Müller Canaris und Oster.[5]

Am nächsten Tag begegnete Müller auf der Toilette Oster erneut. Sie konnten nicht laut miteinander sprechen, weil ein Wärter vor ihnen auf und ab ging. Aber es gelang ihnen, sich unter der kalten Dusche ein paar Worte zuzuflüstern, weil der Schall von der Brause übertönt wurde. Müller fragte nach Zossen. Ja, sagte Oster, jemand habe die SS direkt dorthin geführt. Die Gestapo habe den ganzen Fund und werde versuchen herauszubekommen, was immer sie konnten, vor allem Namen, bevor sie die Leute umbrachten. Sie müssten die SS hinhalten – falsche Spuren oder was auch immer –, um die Sache hinauszuzögern, bis die Alliierten Berlin erreichten.[6]

Auf dem Weg zurück in Zelle 7 hörte Müller Schreie. Als er glaubte, sie hätten aufgehört, wurden die Schreie wieder lauter. Sie hielten lange an, jeder war schrecklicher als der vorherige, dann gingen sie in ein Wimmern und Jammern über.[7]

Im Flur ging er an Canaris vorüber. Der Admiral, der stets schlank gewesen war, wirkte jetzt ausgemergelt. Seine Augen leuchteten wie glühende Kohlen in einer Aschegrube. Er raunte ihm zu: »Hier ist die Hölle.«[8]

Ende November 1944 führte ein SS-Mann Müller zu einem Aufzug. Hoch oben im Schacht ratterten die Kabel. Im dritten Stock stiegen sie aus und liefen einen langen Flur entlang bis zu einem Vorzimmer, wo ein Wächter mit einer Maschinenpistole an der Tür stand. Hinter der Doppeltür rief die Stimme eines Wärters ihn herein. In einem benachbarten Raum fand sich Müller Franz Xaver Sonderegger gegenüber.[9]

Müller habe bisher ein raffiniertes Spiel gespielt, sagte Sonderegger. Aber die SS habe die ganze Zeit über gewusst, dass Canaris ein Verräternest gedeckt habe. Und jetzt könnten sie das auch beweisen. Sie wüssten, dass Müller gemeinsame Sache mit seinen Freunden im Vatikan gemacht habe – ja, sogar mit dem Papst. Sonderegger holte einen dicken Ordner aus einer Schublade. Müller solle dies lesen, ehe er weiter alles ableugne.[10]

Müller warf einen Blick auf die Akte: Erklärungen, die Dohnanyi für Beck und Goerdeler geschrieben hatte, Osters handschriftliche Studie für den Staatsstreich, Müllers Vatikan-Berichte. Ja, sagte Müller und täuschte Erleichterung vor, das sei offenbar Material, das seine Vorgesetzten dafür verwendet hätten, um den Alliierten eine Falle zu stellen und Informationen über ihre Kampfbereitschaft zu beschaffen. Müller sei daran beteiligt gewesen. Wie er vor jetzt einundhalb Jahren bereits ausgesagt habe, sei er vor allem deshalb zur Abwehr gekommen, weil seine Kontakte zum Vatikan der Wehrmacht nützliche Informationen liefern konnten.[11]

Sonderegger gab zurück, dass er sich hinter dieser Version nicht länger verstecken könne. Er werde der SS nicht noch einmal einen Strich durch die Rechnung machen, ehe die Angelegenheit die nächste Stufe erreiche. Das Leben werde künftig für Müller nicht mehr so angenehm sein, sagte Sonderegger. Nunmehr sei er in den Händen der SS, und sie werde ihn härter als die Wehrmacht anfassen. Sie hätten viele belastende Dokumente im Safe der Wehrmacht in Zossen entdeckt. Müller könne sich bereits als toter Mann betrachten.[12]

Darauf erwiderte Müller gleichmütig, dass er das akzeptieren könne. Der Tod bedeute für ihn, so Müller, »nur eine Zäsur. Er beendet dieses Leben und führt hinüber zu einem neuen Leben.« Ganz ähnlich gab auch Sonderegger Müllers Aussage wieder. Er fragte Müller, ob er denn bete. Müller bejahte dies. Ob er auch für die SS bete, wollte Sonderegger wissen. Müller antwortete »Ja«, für seine Feinde bete er vor allem.

Sonderegger verstummte einen Moment. Dann sagte er, er komme »in zehn Minuten« wieder, und ließ ein Blatt auf dem Tisch liegen.[13]

Es handelte sich um Pater Leibers Brief. Auf päpstlichem Briefpapier, mit dem Wasserzeichen des Fischers, hatte Leiber die Conditio sine qua non für ein Ende des Kriegs gekritzelt: Pius stellte einen gerechten Frieden für den Fall der »Schaffung einer verhandlungsfähigen Regierung« in Aussicht.[14]

Müller zerriss das Papier in kleine Stücke und schob sie sich in den Mund. Als Sonderegger zurückkehrte, hatte Müller bereits das ganze Schreiben hinuntergewürgt.[15]

»Jetzt will ich ganz definitiv nicht sterben, darüber ist gar kein Zweifel«, schrieb Moltke Ende 1944. »Dagegen lehnen Fleisch und Blut sich wild auf.« Lange Zeit habe er, genau wie seine preußischen Ahnen, das Gefühl gehabt, dass man »über das Hingerichtetsterben nur keinen ›fuss‹ [sic] machen dürfe«. Aber im Oktober habe die Gestapo ihn offiziell der Verschwörung zum Sturz des Regimes angeklagt, eine Anklage, auf die die Todesstrafe stehe. Seither habe die Arbeit an seiner Verteidigung in ihm »den Willen, um diese Sache herumzukommen, ganz mächtig angeregt«.[16]

Das katholische Netzwerk half Moltke, seine Spuren zu verwischen. Bischof Johannes Dietz vom Ausschuss für Ordensangelegenheiten schmuggelte Nachrichten ein und half ihm so, seine Aussagen mit denen anderer Verdächtiger abzugleichen. Dennoch befand sich Moltke immer noch in ernster Gefahr, wie seine Frau herausfand.[17]

Sie ging zum Reichssicherheitshauptamt, um dort um Gnade zu bitten. Aber ein Gespräch mit SS-Gruppenführer und Generalleutnant der Polizei Heinrich Müller ließ keinen Zweifel daran, dass sie vorhatten, ihren Mann hinzurichten. Nach dem Ersten Weltkrieg hätten die inneren Feinde Deutschlands überlebt und die Macht übernommen, sagte der Gestapo-Chef. Diesen Fehler werde die Partei nicht wiederholen.[18]

In der ersten Woche von 1945 versuchte Pater Delp, sein eigenes Schicksal zu erforschen. »Es ist ein Moment, in dem die ganze Existenz in einen Punkt eingefangen ist«, reflektierte Delp am 6. Januar, dem Erscheinungsfest. Da er sich selbst im Schatten des Galgens befinde, habe er gelernt, dass der vorsitzende Richter, Roland Freisler, in seiner roten Robe »ein Pfaffen- und Katholikenfresser« sei.[19]

»Die Dinge zeigen sich einfacher und doch figürlicher, kantiger«, schrieb Delp. »Vieles, was früher Fläche war, erhebt sich jetzt in die dritte Dimension.« In seiner Rückschau in der Neujahrsnacht wurde der Krieg sowohl zum Ausdruck als auch zur Anklage der Moderne. »Mit dem Ordo und dem Universum des Mittelalters und der Vorzeit ist viel mehr zerbrochen als ein System oder eine fruchtbare Überlieferung.« Kaum jemand ahne »die Zusammenhänge zwischen dem Trümmer- und Leichenfeld, in dem wir leben, und dem zerfallenen und zerstörten geistigen Kosmos unserer Anschauungen und Meinungen, dem zertrümmerten und zerfetzten sittlichen und religiösen Kosmos unserer Haltungen«. Europa sehe sich derzeit mit dem ultimativen Ausdruck des modernen Nihilismus, der Lebensanschauung unter Stalins Stiefel konfrontiert. Der Kommunismus werde jedoch »als Vorspann für einen sowjetischen Imperialismus maßlosester Art [dienen]… die Slawen sind in das abendländische Gefüge noch gar nicht einbezogen und so noch ein Fremdkörper in ihm. Sie können unsagbar viel zerstören und vernichten und verschleppen.«[20]

Konnte die Kirche Europa nach dem Krieg wiederaufbauen? »Was Beziehung und sichtbaren Einfluss angeht, so ist die Stellung des Vatikans gegen früher verändert«, schrieb Delp bedauernd. Er befürchtete, dass das Papsttum den geeigneten Augenblick verpasst habe, ungeachtet der moralischen Appelle.

Gewiss wird man später einmal feststellen, dass der Papst seine Pflicht und mehr als das getan hat. Dass er Frieden anbot, Friedensmöglichkeiten suchte, geistige Voraussetzungen für die Ermöglichung des Friedens proklamierte, für Gefangene sorgte, Almosen spendete, nach Vermissten suchte usw. Das alles weiß man mehr oder weniger heute schon, es wird sich nur um eine Mehrung der Quantität handeln, die wir später aus den Archiven erfahren. Dies allein ist teils mehr oder weniger selbstverständlich, teils ergebnis- und aussichtslos. Hier zeigt sich die veränderte Stellung: Unter den großen Partnern des blutigen Dialogs ist keiner, der grundsätzlich auf die Kirche hört. Wir haben die kirchenpolitische Apparatur überschätzt und sie noch laufen lassen zu einer Zeit, wo ihr schon der geistige Treibstoff fehlte. Für einen heilsamen Einfluss der Kirche bedeutet es gar nichts, ob ein Staat mit dem Vatikan diplomatische Beziehungen unterhält. Es kommt einzig und allein darauf an, welche innere Mächtigkeit die Kirche als Religion in dem betreffenden Raum besitzt. Und hier geschah die große Täuschung. Die Religion starb an vielen Krankheiten und mit ihr der Mensch.[21]

Am 9. Januar 1945 kamen Delp und Moltke in einem requirierten Kindergarten vor Gericht. Als Delp die »gewöhnlichen, dienstbeflissenen Durchschnittsgesichter« der Beisitzer in ihren Sonntagsanzügen betrachtete, fühlte er sich an eine »Preisverleihung in einer kleinen Schule« erinnert, »die nicht einmal den richtigen Raum dafür hat«.[22]

Richter Freisler betrat den Saal in seiner roten Robe. Seit dem 20. Juli hatte er um Hitlers Gunst gebuhlt, indem er den Volksgerichtshof nach dem Vorbild von Stalins Schauprozessen leitete. »Wie in seinen Stuhl zurückgelehnt, mit einer majestätischen Gebärde seines rechten Armes eine Welt heraufbeschwörend ... brüllte Freisler in den Saal, dass der Nationalsozialismus und sein Reich ewig sei und bleibe – oder mit dem letzten Mann und der letzten Frau und dem letzten Kind kämpfend falle«, erinnerte sich der protestantische Pfarrer Eugen Gerstenmaier, der zusammen mit Moltke und Delp vor Gericht stand. Wenn Freisler sich in seine Rede hineinsteigerte, stieg ihm das Blut in den Kopf und ließ ihn rot anlaufen; er schrie so laut, dass ein Tontechniker ihn darauf hinwies, dass die Mikrofone kaputtgehen könnten.[23]

Delp musste sich zuerst vor Gericht verantworten. »Sie Jämmerling, Sie pfäffisches Würstchen«, fing Freisler an. »Eine Ratte – austreten, zertreten sollte man so was ...« Im Folgenden ging Freisler dazu über, ganz allgemein über die Kirche zu schimpfen, wie Delp schrieb: »Die Verhandlung strotzte von Beschimpfungen der Kirche und ihrer Einrichtungen, Skandale, wie Bischöfe, die Kinder hätten, etc., die lat(einische) Sprache, das jesuitische Kupplertum usw. waren jedes zweite Wort.« Am Ende wollte Freisler wissen, weshalb Delp sich »mit einem Umstürzler wie dem Grafen Moltke« eingelassen habe. »Los, antworten Sie!«[24]

Der Jesuit antwortete: »Solange der Mensch menschenunwürdig und unmenschlich leben muss, so lange wird der Durchschnitt den Verhältnissen erliegen und weder beten noch denken. Es braucht die gründliche Änderung der Zustände des Lebens ...« Freisler fragte: »Wollen Sie damit sagen, dass der Staat geändert werden soll, damit Sie anfangen können, Zustände zu ändern, die das Volk aus den Kirchen fernhält?« Darauf Delp: »Ja, das will ich damit sagen ...«[25]

Diese Äußerung verunglimpfte Freisler als »Hochverrat« und ging zu den Anklagepunkten über. Er verwies auf die Treffen des Priesters mit Stauffenberg, diesem späteren verräterischen Mörder, darüber hinaus habe Delp es für die Verschwörer so eingerichtet, dass sie sich auf kirchlichem Territorium treffen konnten, und zwar »mit Ermächtigung des Jesuitenprovinzials von Süddeutschland, Pater Rösch«. Selbst Delps Fernbleiben von den Treffen des Widerstands in seinem Pfarrhaus legte Freisler gegen ihn aus. Dieses Vorgehen sei »ein Musterbeispiel jesuitischer Arbeitsweise«. Delp zog sich »ähnlich einer Kuppelmutter vorübergehend zurück, um dann seine Hände in Unschuld waschen zu können«, führte Freisler die Anklage aus. »Gerade dadurch dokumentieren Sie ja selbst, dass Sie genau wussten, dass Hochverrat getrieben wurde, aus dem Sie gerne das Köpfchen mit Tonsur, den geweihten heiligen Mann heraushalten wollten. Der ging derweil wohl in die Kirche, um dafür zu beten, dass das Komplott auch in Gott wohlgefälliger Form gelänge.«[26]

Der Prozess ging am nächsten Tag mit Moltke auf der Anklagebank weiter. Freisler warf ihm vor, dass er mit Bischöfen und Jesuiten verkehrt hätte, schlug auf den Tisch und brüllte:

Ein Jesuitenpater! Ausgerechnet ein Jesuitenpater!... Und kein einziger Nationalsozialist [in Kreisau]! Kein einziger! Und da will ich doch nur sagen: Nun ist aber das Feigenblatt ab!... Ein Jesuitenprovinzial, einer der höchsten Beamten von Deutschlands gefährlichsten Feinden, der besucht den Grafen Moltke in Kreisau! Und da schämen Sie sich nicht! Kein Deutscher kann doch einen Jesuiten auch nur mit der Feuerzange anfassen! Leute, die wegen ihrer Haltung von der Ausübung des Wehrdienstes ausgeschlossen sind! Wenn ich weiß, in einer Stadt ist ein Jesuitenprovinzial, so ist das für mich fast ein Grund, gar nicht in die Stadt zu gehen!... Und Bischöfe besuchen Sie! Was haben Sie bei einem Bischof, bei irgendeinem Bischof, verloren?

Freisler beendete seine Schimpftirade mit einem Satz, den Moltke für eine tiefe Wahrheit hielt: »Nur in einem sind das Christentum und wir gleich: Wir fordern den ganzen Menschen!«[27]

Am 11. Januar 1945 las Pater Rösch in einem Bauernhof eine Messe. Er war kaum zum Ende gekommen, da flog die Tür mit einem Krachen auf, und drei SS-Männer stürmten herein. Untersturmführer Heinz Steffens setzte Rösch eine Pistole an die Brust und stellte ihn unter Arrest. Steffens fing sofort an, Rösch »auszuforschen, wollte Namen haben, stellte in kaum zwei Minuten vierzehn Behauptungen auf«, erinnerte sich der Pater. »Ich erklärte ihm, ich sei katholischer Priester und für mich komme eine Namensnennung grundsätzlich nicht in Betracht. Daraufhin schlug man mit aller Macht auf mich ein.«[28]
Gegen 17 Uhr verfrachtete Steffens Rösch auf die offene Ladefläche eines Lastwagens. Mit der katholischen Familie, die ihm Unterschlupf gewährt hatte, fuhr Rösch bei Schneefall nach Dachau. Die Münchner Polizeiwache meldete knapp die »Festnahme ... wegen Beteiligung an den Ereignissen des 20.7.1944 ... [des] Jesuitenprovinzials August Rösch«. Der Barbier schor Pater Rösch den Kopf kahl, und Steffens fesselte ihn an den Händen mit den Worten: »Aus diesen Fesseln lassen wir Sie nicht mehr heraus, bis wir Sie henken.«[29]

Am selben Nachmittag, um 16 Uhr, verurteilte Freisler Moltke und Delp zum Tode. Delp zeigte keine Regung, als er das Urteil hörte, aber im Gefangenenwagen verlor er die Fassung. Er verfiel in ein hektisches Lachen und sprudelte zwischen den Lachanfällen kurze Sätze heraus. Die anderen saßen bedrückt und still. Zu Gerstenmaier, den Freisler verschont, aber einen »Schafskopf« genannt hatte, sagte Delp: »Lieber ein Schafskopf als gar kein Kopf.«[30]

Die Verurteilten wurden eingesperrt und allein gelassen, als sei überhaupt nichts gewesen. In diesen einsamen Stunden kritzelte Delp auf Fetzen aus Zeitungs- und Toilettenpapier ein letztes Testament. »Ehrlich und gerade: Ich würde gerne noch weiterleben und gern und jetzt erst recht weiter schaffen und viele neue Worte und Werte verkünden, die ich jetzt erst entdeckt habe«, sinnierte er. »Denn jetzt bin ich ja erst Mensch geworden, innerlich frei und viel echter und wahrhafter, wirklicher als früher... Wenn ich vergleiche die Ruhe und Unbefangenheit während der Tage des Prozesses und bei der Verurteilung mit der Angst, die ich manchmal bei den Angriffen in München hatte: Da ist doch vieles so ganz anders.«[31]

Die Kälte des Januars sickerte durch Delps vergitterte Fenster. Die Tage vergingen, und die Langeweile kehrte zurück: gefesselte Hände, blendende Lichter, unbestimmbare Geräusche. Er fragte sich, warum seine Folterknechte ihn nicht sofort henkten und die Zelle für ein neues Opfer freimachten. Hatte Hitler womöglich beschlossen, ihm eine Verfolgung nach dem Vorbild des Kaisers Nero zu ersparen? Und wenn ja, würde das Dritte Reich beim Vorrücken der sowjetischen Truppen auf Berlin womöglich zusammenbrechen, bevor dieses Morden stattfand? So wagte Delp wieder einmal zu hoffen.[32]

»[E]s geht immer anders, als man denkt und erwartet«, schrieb er am 14. Januar und in anderen Schreiben nach der Verurteilung: »Ich sitze auf meiner Klippe, absolut auf Gott und seine Freiheit gestellt. Und ich verlass mich auf ihn...«; »...auf den warten muss, der mich hinunterstößt.« »Ich glaube, es hängt viel davon ab, dass August [Rösch] lange die Nerven behält und stumm bleibt.«[33]

KAPITEL 24

Der Galgen

Am 13. Januar verlegte die Gestapo Pater Rösch aus München nach Berlin. Der Jesuitenprovinzial fand sich jetzt im gleichen Gefängnis in der Lehrter Straße wieder, in dem Josef Müller die ersten eineinhalb Jahre seiner Haft verbracht hatte. Die Wachen konfiszierten sein Andachtsbuch, den Rosenkranz und die militärischen Auszeichnungen. In den kommenden sechs Wochen war er Tag und Nacht gefesselt, auch während der meisten Verhöre. Seine Zelle blieb rund um die Uhr hell erleuchtet, außer bei Fliegeralarm. Unzählige rote Flecken schmückten die Wände, die Spuren erschlagener Bettwanzen.[1]

Da Rösch keine Korrespondenz erlaubt war, machte er sich die geheime Gefängnispost zunutze, die von zwei Waschfrauen, beide mit Namen Marianne, organisiert wurde. Mithilfe versteckter Zettel stimmte er seine Version mit den Patern Delp und Braun ab und »log taktisch in den Verhören«. Beispielsweise erklärte Rösch, dass er »gar nichts von einem Attentat [am] 20.7. gewusst« habe. Da die SS jedoch eindeutig von seinen Kontakten zu Moltke wusste, räumte Rösch ein, dass er mit ihm über Pläne für einen Wiederaufbau gesprochen habe, »für den Fall eines unglücklichen Kriegsausganges«. Auf die Frage, wie er zum Nationalsozialismus stehe, antwortete er, dass er gegenüber dem Nationalsozialismus die gleiche Haltung habe wie der Nationalsozialismus gegenüber der Kirche: »Ich lehne sie 100 % ab.« Ob er das auch in der Verhandlung vor Freisler sagen werde? »Jawohl, so oft, wie Glocken klingen.« Die Wärter schlugen ihn danach nicht mehr, weil sie zu dem Schluss gelangten, dass sie keine Macht über einen Priester hatten, der nach seiner eigenen Aussage seit seiner Erstkommunion jeden Tag um die »Gnade des blutigen Martyriums« gebetet hatte.[2]

Rösch nahm seine Pflichten auch im Gefängnis ernst und sprach gar von der »schönsten Priesterzeit«. In einem Fall inszenierten ein Jude und ein Zeuge Jehova einen Stromausfall und ermöglichten es ihm so, in der Zelle der Kranken die Sterbesakramente auszuführen. Aber in der Regel fand Rösch beim Hofgang Gelegenheit dazu. »Wenn wir nachmittags einmal zum Spaziergang auf den runden Hof geführt werden, überholt der Pater [Rösch] mit eiligen Schritten – das wird immer wieder verboten – die Reihe der Gehenden und spricht im Flüsterton schnell mit seinen Pfarrkindern, wer wohl das Sakrament begehrt«, erinnerte sich Dietrich Bonhoeffers Freund Eberhard Bethge. »Dann bittet er uns, Kassiber zu vermitteln: die schriftliche Beichte. Und des Morgens, wenn er unbemerkt seine Messe gelesen hat, tragen wir die geweihte Hostie in die angegebene Zelle. Seine Gemeinde wächst und wächst.«[3]

Die SS-Ermittler planten ihr Verhör von Pater Rösch sorgfältig. Am 1. Februar, um 18 Uhr, zielten ihre Fragen wie Pfeile rings um die Rolle des Papstes bei den Verschwörungen. Der Jesuit schrieb später aus dem Gedächtnis die Linie ihrer Fragenführung nieder. »Wir haben miteinander klarzustellen, wo Sie seit 25. August waren usw. Dann folgende Komplexe zu behandeln: Ihr Verhältnis zum Vatikan (Nachrichtenübermittlung usw.) – zu Ihrem Generalat – zu Pater Leiber in Rom.« Rösch freute sich »innerlich darüber«. Solange die SS noch Antworten auf diese Fragen suchte, ließen sie Pater Delp nämlich vielleicht noch am Leben. Sie hatten keinen Grund für eine Verschiebung der Hinrichtung Delps angegeben; womöglich wollten sie die beiden Jesuiten gemeinsam verhören und mit Widersprüchen in ihren Versionen konfrontieren.[4]

Pater Braun gelang es, bei einem Gang im Gefängnishof mit Rösch zu sprechen. »Pater, hier hasst man die Katholiken«, sagte der Dominikaner nach Röschs Erinnerung, »aber gegen euch Jesuiten herrscht ein grauenhafter Hass, ein schauerlicher Hass.« Die Wärter sagten zu Rösch mehrmals: »Wenn wir den Dominikaner-Provinzial P. Laurentius Siemer und den P. König und noch den einen oder anderen von dieser Sorte haben, dann wird es einer unserer schönsten Tage sein, euch alle miteinander zu hängen.« Rösch vermutete, dass die Flucht Pater Siemers, die den Nazis ein Dorn im Auge war und einen Hauptverdächtigen und Zeugen ihrem Zugriff entzogen hatte, »viel dazu beigetragen [hatte], dass der Prozess, der als Schauprozess aufgezogen werden sollte, verschoben wurde«.[5]

Am 2. Februar 1945 führten Gestapo-Wärter Delp in den Hinrichtungsschuppen in Plötzensee. Unter seiner gestreiften Häftlingskleidung mit der Nummer 1442 war er nur noch Haut und Knochen. Das Gefängnis hatte seine Hinrichtung für Mittag angesetzt.[6]

Seit Mitte August 1944 war Delp immer wieder verhört worden, oft »verschärft«. Ein Kollege in Plötzensee behielt einen der sadistischen Helfershelfer im Folterkeller, einen gewissen Bandow, als einen »hageren ... Mann mittleren Alters mit einem Raubvogelgesicht« in Erinnerung. SS-Offizier Karl Neuhaus, ein ehemaliger protestantischer Theologe, sollte zuletzt die Zuständigkeit für den Jesuiten übernehmen. Es war die Aufgabe von Neuhaus, den katholischen Geistlichen, der der Verschwörung zum Mord an Adolf Hitler am 20. Juli 1944 verdächtigt wurde, noch 1944 zu verhören.[7]

»Natürlich interessierte mich auch, was P. Delp über das Attentat und über den Kreisauer Kreis zu sagen hatte«, erklärte Neuhaus später, »und wie er dieses Attentat mit seiner Überzeugung als katholischer Geistlicher und Jesuitenpater rechtfertigte. Deutlich ist mir noch, dass er ... irgendwelche losen Kontakte mit Stauffenberg hatte ... Aber das alles war bekannt und stand bereits in den Akten, als P. Delp bei mir war. Es gab einen Zeugen, der ihn belastete.« Allerdings wusste Neuhaus nicht – und genau das sollte er laut Anweisung seiner Vorgesetzten herausfinden –, wie eng Delp und seine katholischen Verbündeten sich mit dem Papst verschworen hatten. Nachdem man bereits Pater Rösch nach seinen Kontakten zum Vatikan ausgefragt hatte, stellte Neuhaus nunmehr Delp die gleichen Fragen.[8]

Schon vor Neuhaus hatte SS-Hauptsturmführer Rolf Günther 1944 Delp in der Mangel. Unter anderem steckte er Delps Finger in eine mit Nägeln besetzte Klammer und schraubte enger und enger. Er kannte und nutzte eine ganze Reihe solcher sadistischer Qualen, um Delp zum Reden zu bringen.[9] Wochen später, nachdem sich Pater Delp allen Folterungen zum Trotz standhaft geweigert hatte, den Papst zu belasten, half Neuhaus ihm über den Gefängnishof in die Todeszelle. Das Sonnenlicht schien durch zwei Bogenfenster. Der Henker Hans Hoffmann legte Delp eine Schlinge um den Hals und zog sie zu. Dann hoben sie den Priester hoch, hängten ihn an einen Haken und ließen ihn fallen. Später – so wird erzählt – fand ein Wärter, auf ein Wäschereiformular des Gefängnisses gekritzelt, die letzten bekannten Worte von Pater Delp: »Danke.«[10]

Delps Tod erschütterte Pater Rösch, wie sich die Krankenschwester Marianne Hapig, die Delps Aufzeichnungen aus dem Gefängnis herausgeschmuggelt hatte, erinnerte. In den folgenden Wochen machte der Jesuitenprovinzial »einen elenden Eindruck«. Da er Delp in die Verschwörung hineingezogen hatte, gab Rösch sich selbst die Schuld an Delps Tod. Als Provinzial, der die Aufgabe hatte, die jungen Priester zu beschützen und anzuleiten, fiel es Rösch schwer, mit dieser Schuld zu leben.[11]

In diesem demoralisierten Zustand ertrug Rösch weitere Verhöre. Eine düstere Stimmung durchdringt einen geheimen Brief, den er in diesen Tagen schrieb und der die Linie beschreibt, die er gegenüber seinen Vernehmungsbeamten einnahm. »[D]ie Betreffenden [kommen] in schwersten Schaden … Ein ganzer Komplex soll noch kommen, Päpstliche Kurie … Der Hass gegen uns ist sehr groß.«[12]

Raffiniert, wie er war, machte Rösch das Beste aus seiner Lage. Wegen seiner angeschlagenen Gesundheit bekam er eine Gelegenheit, im Gefängnisbüro zu arbeiten, wo er seine eigene Karteikarte entdeckte. Sie enthielt einen Befehl, ihn ohne Prozess zu töten. Auf diese Weise war es ihm möglich, sich mit einigen Wärtern abzusprechen, um sich und viele andere auch zu retten, indem sie die Akten fingierten, erinnerte sich ein Priesterkollege. Ein mitfühlender Gefängniswärter sorgte dafür, dass Rösch »bereits in der Liste der schon Hingerichteten geführt« wurde.[13]

Am 3. Februar 1945 erlebte Berlin den schlimmsten Luftangriff des ganzen Kriegs. Josef Müller drängte sich mit anderen Häftlingen im Keller der Prinz-Albrecht-Straße. Er blickte zur Decke hoch und hatte Angst, sie könnte einstürzen. Wasser lief aus defekten Rohren, die Lichter gingen aus, und schon bald spürte Müller die Februarkälte.[14]

Drei Tage später befahlen die Wärter ihm, seine Sachen zu packen. In dem mit Trümmern übersäten Gefängnishof drängten sich Häftlinge neben den Transportwagen. Da das Gestapo-Gefängnis zerstört war, wurden sie in ein Konzentrationslager gebracht. Kein Einziger hoffte zurückzukehren. SS-Standartenführer Walter Huppenkothen befahl, Müller und Bonhoeffer in Handschellen zu lassen. Als der Lastwagen Berlin verließ, versprachen sie sich gegenseitig: Sie würden ruhig als Christen den Gang zum Galgen antreten.[15]

Maria Müller versuchte, ihrem Mann ein Geburtstagspaket zukommen zu lassen. Sie ging zur Prinz-Albrecht-Straße 8, bekam aber vor lauter Asche und Rauch kaum Luft. Menschen torkelten wie Schlafwandler umher. In der Luft hing der abstoßend süßliche Geruch nach Leichen unter nassen Steinen. Im Gestapo-Hauptquartier führte die große Eingangstreppe ins Leere. Die Geheimpolizei hatte in der Krypta der zerstörten Dreifaltigkeitskirche an der Mauerstraße ein neues Hauptquartier eingerichtet. Dort erfuhr Maria, dass die Häftlinge nach Süden in ein Konzentrationslager gebracht worden waren, angeblich, um sie vor Luftangriffen zu schützen. Gestapo-Beamte behaupteten, sie wüssten nicht, in welches Lager. Maria ging zu Franz Sonderegger. Er sagte, Müller sei entweder nach Buchenwald, Dachau oder Flossenbürg verlegt worden. Sie schrieb an alle drei Standorte und rief dort an. Die Angestellten prüften die Häftlingslisten oder gingen zumindest die Verlegungen durch. Sie konnten keine Spur von Josef Müller finden.[16]

Müllers behelfsmäßiger Kalender zeigte den 26. März an. Er wusste, dass seine Frau, da er am nächsten Tag 47 Jahre alt wurde, womöglich versuchen würde, ihn zu besuchen. Er hoffte, sie würde darauf verzichten. Er wollte Maria nicht in der Nähe von Buchenwald wissen, wollte nicht, dass sie davon befleckt wurde.[17]

Buchenwald quoll vor Toten und lebenden Toten geradezu über. Der SS waren die Kohlen für das Krematorium ausgegangen; jetzt ging sie dazu über, Leichen einfach in eine Grube zu werfen. Andere lagen auf der Straße an der Stelle, wo sie zusammengebrochen waren. Das Blut war zu dickem, schwarzem Grind geronnen, wo hungernde Häftlinge den Leichen auf der Suche nach Essbarem die Eingeweide aus dem Leib gerissen hatten. Müller wurde in eine Kellerzelle gesperrt, die wegen des notdürftigen Abtritts furchtbar stank: ein Tontopf, in den man einfach Kalk streute.[18]

In diesem Kellergeschoss fand Müller einen Freund. Wassili Kokorin, ein Neffe des sowjetischen Außenministers Wjatscheslaw Molotow, hatte 1943 zusammen mit Stalins Sohn versucht, aus Sachsenhausen zu fliehen, indem er durch einen Tunnel kroch, aber die Hunde der SS hatten sie aufgespürt. Kokorin fing an, Müller Russisch beizubringen, und Müller lehrte Kokorin das Christentum. Da die Sowjets Kokorin in dem Glauben aufgezogen hatten, Religion sei ein Instrument des Kapitalismus, versuchte Müller »ihm klarzumachen, dass gerade Christus stets auf der Seite der Unterdrückten gestanden habe; das echte Christentum habe immer versucht, den sozial Schwachen zu helfen«.[19]

Während dieser Wochen fand Müller Trost in einem Brief von seiner Tochter. Ein SS-Offizier hatte ihn ihm unmittelbar vor ihrer Abfahrt aus Berlin ausgehändigt. Christa war zu Verwandten in Röttingen gefahren. Die mittelalterliche Stadt, die von einer Stadtmauer und Wachtürmen umgeben war, barg ein schreckliches Geheimnis: Im Jahr 1298 hatten die Bewohner von Röttingen 21 Juden umgebracht; die Juden waren gestorben, weil sie angeblich Hostien entweiht hatten. Jetzt kündigte Christas Brief an, dass sie dort die Erstkommunion feiern werde. Am 8. April sollte Christa in einem besonderen Kleid, das ihre Großmutter genäht hatte, durch die Bankreihen schreiten, im Kirchenschiff niederknien und Leib und Blut Christi empfangen. Müller trug Christas Brief bei sich, weil er wusste, dass es, wie er selbst sinnierte, womöglich »das letzte Lebenszeichen meiner Lieben für mich« war.[20]

Während Hitler in Berlin das letzte Gefecht führte, richteten sich neue Stäbe des Heeres in Zossen ein. Zu den hartgesottenen Anhängern zählte der General der Infanterie Walter Buhle, der in die ehemaligen Räumlichkeiten der Abwehr umzog und nach mehr Zimmern Ausschau hielt. Als er am 4. April die Lagerräume unter die Lupe nahm, stieß er auf einen Tresor, in dem fünf schwarze, mit Stoff eingeschlagene Mappen lagen. Jede enthielt zwischen 80 und 200 Blätter, handschriftlich und datiert. Buhle hatte eine Chronik der NS-Verbrechen und der Versuche, sie zu stoppen, gefunden, die Hans von Dohnanyi und andere Abwehroffiziere angefertigt hatten, offiziell getarnt als die »Tagebücher« von Admiral Canaris.[21]

Buhle hatte nicht die geringsten Skrupel, einen illoyalen

Offizier zu denunzieren. Da er am 20. Juli neben Hitler gestanden hatte, war er verwundet worden, als Stauffenbergs Bombe detonierte. Buhle übergab die Tagebücher Hans Rattenhuber, der sie an Ernst Kaltenbrunner weiterleitete, Himmlers Stellvertreter.[22]

Am 4. April luden die Wärter in Buchenwald Josef Müller und 14 andere Häftlinge in einen Lastwagen mit »Holzvergaser«. Wassili Kokorin zwängte sich neben Müller. Pastor Bonhoeffer saß hinten. Sie tuckerten Richtung Süden und mussten jede Stunde anhalten, um Brennholz nachzuschieben.

Müller zwängte sich nach hinten zu Bonhoeffer durch. Da er wusste, dass die SS Bonhoeffer in Buchenwald in der Mangel gehabt hatte, wollte Müller wissen, was sie gefragt hatten – und vor allem, was er geantwortet hatte. Bonhoeffer sagte verteidigend, er habe keine so guten Nerven wie Müller. Ja, was er denn nun gesagt habe, drängte Müller. »Sie haben mich unter Druck gesetzt«, sagte Bonhoeffer. »Sie haben gedroht, dass meiner Braut etwas passiert. Und da sagte ich, ich sei uk gestellt worden, um für Oster einen innenpolitischen Nachrichtendienst aufzubauen.« Müller sank der Mut. Genau das hätte Bonhoeffer auf keinen Fall sagen dürfen, weil es gegen die »Zehn Gebote« verstieß, das Abkommen zwischen SS und Abwehr, das jede militärische Nachrichtentätigkeit im eigenen Land untersagte. Die Gestapo hatten Bonhoeffer damit zwar wegen einer Formalität am Haken – aber sie hatten ihn. »Dietrich, warum hast du dich nicht hinter mir versteckt?«, fragte Müller. Die Abwehr hätte sie beide gedeckt. »Sie haben mich erpresst«, wiederholte Bonhoeffer. »Meine Braut…«[23]

Während der Gefangenenwagen weiter durch die Nacht Richtung Süden holperte, fiel Müller ihre Fahrt nach Rom ein. Bei ihren Gesprächen in der Krypta hatte Bonhoeffer es gewagt zu sagen, dass katholische Priester, wegen des Zölibats, bessere Kämpfer gegen Hitler seien, weil ihr Tod keine Angehörigen in Mitleidenschaft ziehen würde.[24]

Kaltenbrunner war bis spät in die Nacht aufgeblieben und las die Chroniken von Canaris. Er hielt den Inhalt für so sensationell, dass er die Hefte am nächsten Tag zu Hitlers Lagebesprechung um die Mittagszeit mitbrachte.[25]

Hitler vertiefte sich in die Enthüllungen. Während er die von der SS markierten Passagen in den Heften las, gelangte er zu der Überzeugung, dass seine großartige Mission – die mittlerweile von allen Seiten gefährdet war – nicht seinetwegen gescheitert war. Vielmehr hätten Verräter in den eigenen Reihen ihn durch Intrigen, Lügen und Sabotage hintergangen. Seine Wut entlud sich in einem Vulkanausbruch, er forderte die sofortige »Vernichtung der Verschwörer«.[26]

Bei Morgengrauen fuhr der Wagen durch Hof, in der Nähe von Müllers Geburtsstadt. Er dachte an einen Fluchtversuch. Im Fränkischen Wald könnte er sich vielleicht bei einem Förster verstecken. Aber die Wachen des Transports hatten einen Hund, der immer mit gebleckten Zähnen hinter den Häftlingen stand, wenn sie ausstiegen, um ihre Notdurft zu verrichten. Gegen Mittag erreichten sie Neustadt, wo die Straße nach Flossenbürg abzweigte. Da Müller wusste, dass Flossenbürg den Ruf eines Todeslagers hatte, betete er, dass sie nicht dorthin abbogen. Der Gefangenentransporter hielt an, und die Wachen gingen in ein Gebäude, das wie eine Polizeihütte aussah. Sie kehrten zurück und sagten, dass Flossenbürg keinen Platz für Neuankömmlinge habe. Müller dankte Gott, als der Transporter weiterfuhr. Plötzlich tauchten zwei SS-Offiziere auf Motorrädern an der Seite auf. Der Wagen fuhr an den Rand und hielt an. Eine barsche Stimme rief Müller heraus. Ein dringendes Fernschreiben aus Berlin hatte den Befehl erteilt, ihn nach Flossenbürg zu bringen.[27]

Er stieg aus dem Wagen. Wassili Kokorin sprang herab und lief ihm nach. Da er ahnte, dass die Nazis seinen Freund zum Todeskandidaten auserwählt hatten, wollte er ihm Lebewohl sagen. Er umarmte Müller und küsste ihn wie in Russland üblich auf beide Wangen.[28]

Die Wachen trieben Müller in einen grünen Wagen. Er stank nach Kalk und Chlor, mit einem Hauch von Leichengeruch. Sie fuhren einen Hang hinauf, vorbei an vereinzelten Häusern und einer Kapelle. Das Lager erstreckte sich über den ganzen Rücken des Hügels: Türme, Baracken, Stacheldraht. Eine Schlucht durchschnitt den Kamm wie ein Burggraben.[29]

Müller fuhr durch ein Bogentor auf einen staubigen Hof. Mehrere Galgen standen unter einem Dach, sodass sie gegen neugierige Blicke von außen abgeschirmt waren. Die Wachen trieben ihn weiter über einen gepflasterten Weg und führten ihn zu einem niedrigen Ziegelbau, der entfernte Ähnlichkeit mit einem Motel hatte. In einer Zelle ketteten die Wachen Müller an die Wand und verschlossen die Tür. Der spartanische Raum enthielt nur eine Pritsche und einen Stuhl. Nur ein Streuner, dessen Ketten klirrten, störte die Stille.[30]

Ein Nachbar erzählte ihm Flossenbürgs Geheimnis. General Hans Lunding, der ehemalige Chef des dänischen Militärgeheimdienstes, war seit fast einem Jahr in dem Lager. Durch einen Spalt in seiner Zellentür hatte er gesehen, wie man Hunderte von Gefangenen zu ihrer Hinrichtung auf dem Hof geführt hatte. Lunding konnte auch den schmalen Steig überblicken, den die Insassen nutzten, um die Leichen zum Krematorium in einem Tal außerhalb des Lagers zu bringen. Er hatte gesehen, wie 7000 oder 8000 weggetragen wurden, immer zwei pro Bahre. Im Winter rutschten die Träger manchmal auf dem gefrorenen Pfad aus, und die Leichen fielen von der Bahre und rollten den Hügel hinab. Im letzten Monat hatte die Zahl der Hinrichtungen die Kapazität des Krematoriums überstiegen, sodass die SS dazu übergegangen war, die Leichen aufeinanderzustapeln, mit Benzin zu übergießen und in Brand zu stecken. Andere Insassen starben an absichtlichem Aushungern, oder, wenn sich die Ausgehungerten hartnäckig ans Leben klammerten, indem SS-Leute ihnen den Kopf unter Wasser hielten.[31]

Am 7. April kam SS-Standartenführer Walter Huppenkothen nach Flossenbürg. In einem Raum, der sonst als Wäscherei diente, richtete er einen Gerichtssaal ein, um die Verschwörer um Canaris zu verurteilen. Schwarze Schatten verdeckten die Fenster. Nackte Glühbirnen leuchteten über zwei Tischen. Huppenkothen saß am nächsten Morgen neben Otto Thorbeck, einem dicken Mann in einer Richterrobe. SS-Sturmbannführer Kurt Stawizki stand hinter ihnen. Das Gericht stellte keinen Anwalt für die Verteidigung.[32]

Huppenkothen begann mit dem Prozess gegen Oster. Nach Pseudoformalitäten forderte Richter Thorbeck Stawizki auf, die Anklagepunkte zu verlesen: Hochverrat und Kriegsverrat im Felde. Die Anklage konfrontierte Oster mit dem Tagebuch von Admiral Canaris. Ob Oster seine Beteiligung an dieser Verschwörung gestehe? Oster sah keinen Sinn darin, jetzt noch zu leugnen. Jawohl, sagte er, er habe es für Deutschland getan.[33]

Das Gericht entließ ihn und rief Canaris auf. Der Admiral blieb dabei, dass er lediglich bei den Verschwörern mitgemacht habe, um deren Pläne zu erfahren. Er habe die Absicht gehabt, die Gruppe auszuheben, bevor sie handeln konnte. Ein militärischer Geheimdienst müsse jede Verschwörung unterwandern, die sich gegen die öffentliche Ordnung richte. Die SS könne ihn zwar dafür hängen, dass er seine Pflicht getan habe, aber wenn er die Gelegenheit hätte, würde er jederzeit wieder so handeln.[34]

Richter Thorbeck unterbrach die Verhandlung und rief Oster noch einmal auf. Als Thorbeck Oster erzählte, was Canaris zu seiner Verteidigung vorgebracht hatte, protestierte Oster empört. Das unverkennbare Manöver des Admirals – sich ganz offen zu verstecken, vorzugeben, ein Schauspieler zu sein – war am Ende gescheitert. Mit einem verzweifelten Blick bestand er darauf, dass er dies alles für das Vaterland getan habe. Er habe keinen Verrat begangen. Oster müsse doch gewusst haben, dass der Admiral den Komplizen nur gespielt habe. Er habe »es doch nur zum Schein getan«, rief er verzweifelt aus. Ob Oster das denn nicht begreife?[35]

»Nein«, gab Oster zurück, »das stimmt doch nicht.« Sie sollten sich nicht länger verstellen. Die SS werde sie ja ohnehin umbringen. Sie sollten dafür geradestehen, was sie getan hätten. Canaris solle stolz gestehen, genau wie Oster. Als Thorbeck fragte, ob Oster ihn zu Unrecht angeklagt habe, erwiderte Canaris leise: »Nein.«[36]

Sturmbannführer Stawizki schloss Müllers Zelle auf. »Sie werden nur das Vergnügen haben, einen Kopf tiefer zu hängen als Ihre Freunde Canaris und Oster«, höhnte er. Als die Wachen Müller abführten, rief Stawizki ihm nach: »Glück auf, Galgenvogel!«[37]

Müller machte sich auf den Tod gefasst. Er sank in seiner gestreiften Sträflingskluft auf die Knie und flüsterte das Vaterunser. Da er wusste, dass die letzten Worte der Verurteilten manchmal an die Außenwelt drangen, nahm er sich vor, dem Henker zuzurufen: »Ich sterbe für den Frieden!«[38]

Schließlich dachte er an die Erstkommunion seiner Tochter. Er hatte darum gekämpft, dass die deutsche Kirche intakt blieb, damit Christa heranwuchs und diesen Tag erleben durfte. Jetzt würde sie ohne einen Vater aufwachsen. Aber er klammerte sich an einen tröstlichen Gedanken. Am gleichen Tag, an dem er zum Galgen ging – womöglich sogar zur gleichen Stunde –, würde sie zum Altar treten und das Brot des Lebens empfangen.[39]

Dietrich Bonhoeffer wachte vom Bellen der Hunde und Geschrei vor den Zellen auf. Ein Schlüssel drehte sich, und zwei Männer standen in der Tür. Es war Zeit. Die Wachen führten ihn den Flur entlang zur Wachstube, wo Oster, Canaris und weitere Unglückliche warteten. Sie befolgten den Befehl, sich auszuziehen. Eine Tür ging auf, kalte Luft blies herein, und die Wachen holten Canaris. Das Bellen wurde lauter. Ein Schatten lief vorüber. Die Tür schloss sich wieder.

Nach einer langen, langen Pause ging die Tür wieder auf. Die Wachen holten Oster. Die Tür schloss sich.

Nach einer kurzen Pause ging die Tür wieder auf. Die Wachen holten Bonhoeffer.[40]

Scheinwerfer leuchteten. Zu Bonhoeffers Linken standen Huppenkothen, Stawizki und ein Mann mit einem Stethoskop. Zur Rechten hielten Wachen die Hunde zurück. Der Scharfrichter fesselte Bonhoeffer die Hände auf den Rücken und machte eine auffordernde Geste.

Bonhoeffer stieg die drei Stufen hoch und drehte sich um. Jemand legte ihm die Schlinge um den Hals. Der Scharfrichter stieß die Trittleiter weg.[41]

KAPITEL 25

Ein toter Mann

Im April 1945 überschlugen sich die Ereignisse.

Unter dem Petersdom in Rom stieß ein Spaten durch ein Deckengewölbe in der vatikanischen Krypta. Die Ausgräber des Papstes hatten eine Grabkammer entdeckt. Münzen aus dem Mittelalter blinkten auf dem Boden. An einem Ende der Gruft lagen ein paar Knochen. Monsignore Kaas rief Pius XII. zu sich, der auf einem Stuhl neben dem Hohlraum saß. Jesuitenpater Engelbert Kirschbaum reichte einen Brustknochen durch die Öffnung, dann ein Schulterblatt. Er konnte weder die Füße noch den Schädel finden.[1]

Paradoxerweise überzeugten gerade die fehlenden Knochen Kaas, dass er das gefunden hatte, wonach er gesucht hatte. Eine Legende aus dem Mittelalter erzählte, dass die Kirche den Schädel von Petrus aus seinem ursprünglichen Grab entfernt hatte, um damit die benachbarte Basilika des Heiligen Johannes im Lateran zu schmücken. Die fehlenden Füße bestätigten ebenfalls eine alte Sage. Wenn die Römer Petrus tatsächlich mit dem Kopf nach unten gekreuzigt hatten, dann holten sie vermutlich seinen Leichnam vom Kreuz, indem sie einfach die Füße an den Knöcheln abhackten.[2]

Die Ziegel der Gruft stammten aus der Herrschaft des Kaisers Vespasian, eine Generation nach Petrus' Tod. Der Leibarzt des Papstes, Riccardo Galeazzi-Lisi, kam zu dem Schluss, dass die Überreste einem »stämmigen« Mann gehört hatten. Unter den Knochen entdeckte Kirschbaum Spuren eines markanten purpurfarbenen Gewands, in das feine Goldfäden eingewoben waren. Später gab der Vatikan bekannt, dass diese Reliquien die Überreste des Heiligen Petrus seien.[3]

In Warms Springs, Georgia, starb am 12. April 1945 Präsident Franklin Delano Roosevelt an einer schweren Hirnblutung. Die Neuigkeit ließ Hitler ein paar Stunden lang euphorisch Pläne schmieden. Goebbels rief an und kreischte vor Jubel: »Mein Führer, ich beglückwünsche Sie! Roosevelt ist tot! In den Sternen steht es geschrieben, dass die zweite Aprilhälfte für uns eine Wendung bringen wird ... Es ist der Wendepunkt!«[4]

Aber Hitlers Regierung hatte bereits mit der Evakuierung aus der Stadt begonnen. Eine Hoffnung, den Kampf von den Alpen aus fortzuführen, keimte in seinem Kopf. Er wies seinen Stab an, die Möglichkeit zu erörtern, Munitionsfabriken nach Tirol zu verlegen, samt den Sonderhäftlingen, die er für Nachkriegsprozesse aufhob. Ungeachtet der Hinrichtungen der Schwarzen Kapelle waren General Halder und andere mutmaßliche Verschwörer noch am Leben; sie mussten zuerst nach Süden, nach Dachau und von dort in die Alpen gebracht werden. Bevor die Alliierten die Lager entdeckten, hatte die SS alle anderen politischen Gefangenen »umzulegen«.[5]

Im Vatikan traf an jenem 12. April James S. Plaut ein. Der oberste amerikanische Agentenjäger in Rom, James J.

Angleton, schickte ihn als Agenten. James S. Plaut, der aus dem Fogg Art Museum in Harvard kam, diente im Office of Strategic Services als Leiter des Projekts Orion, das versuchte, von den Nazis geraubte Kunstgegenstände wiederzubeschaffen. Auf Angletons Bitte hin suchte Plaut Albrecht von Kessel auf, der nominell immer noch der erste Sekretär in der deutschen Botschaft am Heiligen Stuhl war. Kessel hatte ein Manuskript verfasst, in dem er seine Rolle als Stauffenbergs Agent im Vatikan schilderte, und übergab Plaut eine Kopie davon.[6]

Der Verlust seiner Kameraden beim Staatsstreich vom 20. Juli ließ Kessel keine Ruhe. Aber er betrachtete ihr Opfer als »verborgene Saat«, aus der noch etwas Gutes wachsen könnte. »Meine Freunde liebten ihr Volk...«, sinnierte Kessler. »Sie bekannten sich zum abendländischen Geist, darum wollten sie ihn wiedererwecken, bei uns und unseren Nachbarn; sie beugten sich vor Gott, darum stritten sie in heiligem Zorn gegen das Böse... Sie ruhen nun, wer weiß wo, unter der mütterlichen Erde. Aber die Saat, die sie gesät, wird aufgehen, und von ihrem Wirken und Wollen werden die Menschen in Jahren oder Jahrzehnten sagen: Der Stein, den die Bauleute verworfen haben, ist zum Eckstein geworden.«[7]

Nur wenige Hundert Meter entfernt betrat Pius am 15. April kurz vor neun Uhr sein Arbeitszimmer, gemäß seiner üblichen Routine. Er drückte einen Knopf, um seinen Untersekretär für außerordentliche kirchliche Angelegenheiten zu rufen. Monsignore Tardini berichtete, dass der neue amerikanische Präsident Harry S. Truman die Amtszeit von Myron Taylor, dem persönlichen Repräsentanten Roosevelts bei Pius, verlängern werde. Taylor hatte die Unterstützung des Papstes für Roosevelts Vermächtnis gerühmt, eine Organisation der Vereinten Nationen nach dem Krieg, die zum ersten Mal in San Francisco zusammenkommen sollte.[8]

Danach unterzeichnete Pius seine neue Enzyklika *Communium interpretes dolorum,* zur Deutung des allgemeinen Leids. »Zu viele Tränen sind vergossen worden, zu viel Blut ist geflossen«, hatte er geschrieben. »Es reicht kaum aus, viele Gebete zum Himmel steigen zu lassen; wir müssen christliche Moralvorstellungen nutzen, um sowohl das öffentliche wie auch das private Leben zu erneuern. Wandelt euer Herz, und das Werk wird sich wandeln.«[9]

Berlin wurde von der Roten Armee unter massives Sperrfeuer gelegt. Am 16. April schlugen Tausende von Granaten ein. Hitlers Sekretärin Christa Schroeder fragte ihn, ob sie nicht die Stadt verlassen sollten. Er wies das schroff zurück: »Beruhigen Sie sich, Berlin bleibt deutsch!« Sie bräuchten lediglich mehr Zeit.

Schroeder betonte, dass sie keine Angst vor dem Tod habe und ihr Leben als verwirkt betrachte. Aber die Tür schließe sich für den Führer, damit er den Krieg von den Bergen aus weiterführen könne. Amerikanische Truppen hätten bereits die Elbe erreicht, knapp 100 Kilometer südwestlich von ihnen. Mit den Amerikanern auf der einen und den Russen auf der anderen Seite wären die West- und die Ostfront in Kürze nur noch durch eine Unterführung voneinander getrennt.

»Zeit!«, schimpfte Hitler. »Wir müssen nur Zeit gewinnen!«[10]

Im Berliner Gefängnis an der Lehrter Straße entriegelte ein Wärter die Tür von Pater Röschs Zelle. Der Jesuit rannte in den Bunker im Keller, als das sowjetische Artilleriefeuer einsetzte. Zwei Minuten später zerstörte eine Granate seine Zelle. »Wegen der immer [weiter] fortschreitenden Eroberung Berlins kam natürlich eine große Unruhe bei uns auf«, erinnerte sich Rösch. Als das Gefängnis unter Beschuss genommen wurde, schienen die Wärter ratlos. Sie zogen die Fesseln der Häftlinge fester, gaben ihnen aber ihre Habseligkeiten zurück, einschließlich der inzwischen wertlosen Reichsmark.[11]

Während des Artilleriefeuers lief Rösch Karl Ludwig Baron von Guttenberg über den Weg. Der katholische Offizier der Abwehr hatte ihn im Jahr 1941 mit Graf Moltke bekannt gemacht. »[I]ch habe ihm wohl an seinem Sterbetag ... (natürlich verbotenerweise gefeiert in einem verborgenen Kellerraum) die hl. Kommunion gereicht, die für ihn die Wegzehrung geworden ist«, notierte Rösch. Er sah ihn zuletzt in der Nacht des 23. April 1945, wie er schrieb: »In der folgenden Nacht hörten wir wieder Lärmen und Schreien. Sie [SS-Männer] holten ... andere ab, darunter auch Baron Guttenberg.« Die Wärter führten Guttenberg und weitere Insassen in die Trümmer der zerstörten Gebäude. Knapp 100 Meter vom Gefängnis entfernt richteten die SS-Männer die Häftlinge per Kopfschuss hin.[12]

Flossenbürg wurde am 23. April von der US Army befreit. Ein jüdischer Überlebender im Teenageralter, Jack Terry, führte die Truppen herum.

»Er zeigte uns den Weg von den Hauptgebäuden, wo die Häftlinge ihre Kleider ablegen mussten, bevor sie ein paar Stufen in einen kleinen offenen Bereich hinabstiegen, wo man die Galgen aufgestellt hatte«, erinnerte sich Leslie A. Thompson, der protestantische Kaplan der 97. Infanteriedivision. »Daneben befanden sich Gebäude, in denen sie die Leichen aufbewahrten, bis sie Zeit hatten, sie zu verbrennen. Dort lag ein Stapel aus vielen Leichen. Nicht weit davon entdeckte ich einen großen Bereich ähnlich einer Zisterne… Als ich hinabblickte, sah ich, dass er fast voll von kleinen Knochen war.«[13]

In München hatte Müllers Frau Maria keine Briefe mehr bekommen. In ihrem Namen telefonierte ein lokaler Sicherheitsbeamter mit Kaltenbrunner in Berlin. »Der Name Josef Müller ist für uns ausgelöscht«, lautete die Antwort. »Er darf überhaupt nicht mehr erwähnt werden. Müller ist ein toter Mann.«[14] Maria hoffte jetzt nur noch, die letzten Worte ihres Mannes zu erfahren.[15]

In Dachau hörte Kokorin im Laufe der dritten Aprilwoche, dass ein neuer Häftling aus Flossenbürg eingetroffen sei. In der Hoffnung, Müllers letzte Worte zu hören, ging Kokorin zu der Zelle des Verlegten und fasste das Gitter an. Jemand rührte sich auf der Pritsche und trat vor. Die blauen Augen, die durch die Gitterstäbe blickten, gehörten dem »Ochsensepp«.[16]

KAPITEL 26

Der Bergsee

Hans Rattenhuber verließ Hitlers Bunker am Sonntag, dem 8. April, um frische Luft zu schnappen. Er entriegelte drei Eisentüren, stieg eine Wendeltreppe mit zwölf Stufen hoch und öffnete eine gegen Gas gesicherte Stahltür. Sie führte auf die Ruinen des Kanzleigartens hinaus. Als Rattenhuber sich seinen Weg durch zerstörte Statuen suchte, traf er Ernst Kaltenbrunner, den Chef des Reichssicherheitshauptamtes. Kaltenbrunner war zum Rauchen herausgekommen, und er hatte einiges zu erzählen.[1]

Seit fast neun Monaten forschte Kaltenbrunner nach Verschwörungen zum Mord an Hitler. Weil es Rattenhubers Aufgabe war, den Führer zu beschützen, verfolgte er die Erkenntnisse mit einer Art beschämter Begeisterung. In der vergangenen Woche, so Kaltenbrunner, habe die Geschichte eine erstaunliche Wende erfahren. Der Fund der Tagebücher von Canaris in Zossen habe bestätigt, was Hitler seit Langem vermutet hatte: dass sich viele Gefährdungen seines Lebens und seiner Macht bis zum Vatikan verfolgen ließen, den Hitler für das größte Spionagenest auf der Welt hielt.[2]

Das Beweismaterial hatte Canaris und sechs seiner Kollegen betroffen. Ihre Akte, die ursprünglich Heydrich angelegt hatte, trug immer noch den Decknamen Schwarze Kapelle.

Nun beschloss man in der SS, man werde sie in aller Stille hängen. Während die anderen Verschwörer bei Schauprozessen vorgeführt worden waren, werde man die Mitglieder der Schwarzen Kapelle bei Nacht und Nebel beseitigen. Kein Mensch werde ihre Strafen, Verbrechen oder auch nur Namen erfahren. Hitler verhängte absolutes Stillschweigen über den Fall. Die wahren Quellen der Verschwörung, berichtete Kaltenbrunner, dürften nicht aufgedeckt werden.[3]

Rattenhuber legte die Hand auf Kaltenbrunners Ellenbogen. »Dann streichst du mir aber meinen Josef Müller von deiner Liste?« Kaltenbrunner wollte sich nicht festlegen, schien aber nicht abgeneigt. Ein Menschenleben mehr oder weniger spielte keine Rolle in dem Hexensabbat des »Untergangs«. Mit einer leichten Handbewegung entschied die SS über Leben und Tod.[4]

Allerdings hatte Rattenhuber wegen der inneren Rivalitäten innerhalb der NSDAP noch einen Trumpf im Ärmel. Er wusste, dass Kaltenbrunner Himmler für einen feigen Spinner hielt und mit dessen Posten als SS-Führer liebäugelte. Mit Blick auf diese Sehnsüchte erinnerte Rattenhuber daran, wie Müller im Jahr 1934 der Gestapo gesagt hatte, dass er Himmler erschießen lassen würde. Der Führer habe zwar geschworen, die inneren Feinde Deutschlands den Krieg nicht überleben zu lassen, wie im vergangenen. Aber sollte nicht gerade der »Ochsensepp«, der sogar Himmler die Stirn geboten hatte, überleben, um das Land aus der Asche neu aufzubauen?[5]

Als Kaltenbrunner nicht dagegen protestierte, setzte Rattenhuber nach: Statt Müller umzubringen, könnten die Nazis ihn sogar als Köder benutzen. Über Müller könnten sie Pius bitten, einen Separatfrieden mit dem Westen anzustreben. Dem Vernehmen nach lasse Himmler über einen Benediktinermönch namens Hermann Keller dasselbe sondieren. Hätte ein Vorstoß über Müller nicht bessere Aussichten? Vor allem weil, wie Kaltenbrunner dem Führer bereits gemeldet habe, »der Papst persönlich« doch Müller in der Krypta des Petersdoms verheiratet habe.[6]

Kaltenbrunner sagte, er werde darüber nachdenken. Er werde seinem Adjutanten sagen, er solle in Flossenbürg anrufen und nachfragen, ob der Häftling Müller inzwischen, wie befohlen, in Sicherheit sei. Rattenhuber kehrte zum Bunker zurück und stieg die Wendeltreppe hinab.[7]

Müller stand fast zwei Stunden lang vor dem Liquidationsplatz. Flugzeuge flogen über Flossenbürg hinweg, tief brummende Bomber. Er hörte ferne Detonationen. Schließlich kam ein Wachmann zu ihm. »Etwas Unvorhergesehenes« sei passiert. Sie setzten ihn in das Wachhaus zwischen der Kommandantur und dem Tor zum Lager.[8]

Eine Gruppe völlig abgemagerter Häftlinge kam an. Der Leiter des Transports stritt mit dem Lagerkommandanten. Müller hörte jemanden brüllen: »Uns interessieren keine Namen mehr, uns interessieren nur noch Zahlen!« SS-Männer fingen an, in der Nähe des Eingangs auf einen Häftling einzuprügeln. Stawizki trat in die Wachstube. Als er Müller erblickte, schrie er: »Jetzt läuft dieser Verbrecher immer noch herum!«[9]

Die Wärter führten Müller wieder in den Liquidationshof. Er wartete auf den Befehl, auf die Leiter unter der Schlinge zu steigen. Nichts geschah. Allmählich fragte er sich, ob die SS lediglich ein Spiel mit ihm treiben wollte. Womöglich wollten sie ein Geständnis unter dem Galgen bekommen. Er klammerte sich an diesen Strohhalm und schöpfte neue Hoffnung, dass er womöglich doch überlebte, auch wenn er keine Ahnung hatte, wie.[10]

Die Dämmerung brach an. Der Kommandant rief, dass sie morgen weitermachen müssten. Ein Wärter trat heran und sagte zu Müller: »Jetzt sind Sie für heute vergessen worden.« Man führte ihn zurück in seine Zelle und fesselte ihn an die Pritsche.[11]

In dieser Nacht tat Müller kein Auge zu. Jemand riss die Zellentür auf und rief: »Sind Sie Bonhoeffer?« Müller hoffte, Dietrich sei in Sicherheit, dass sie ihn in dem Durcheinander vielleicht nicht fänden. Grelles Licht erhellte den Zellenbau; es herrschte eine seltsame Unruhe. Unablässig bellten die Hunde. Gegen Morgengrauen wurde es unruhig auf dem Gang. Wärter riefen Zellennummern, immer zwei auf einmal, und dann den Befehl: »Los, schnell!« Die Henker riefen noch einmal: »Los!« Müller wartete darauf, dass seine Zellennummer als nächste aufgerufen würde. Aber schlagartig war alles still.[12]

Ein Wärter nahm Müller die Fußfesseln ab. Er habe keine Ahnung, was auf einmal los sei, seufzte der Mann. Berlin habe bislang Müller als »schwersten Verbrecher« bezeichnet, aber jetzt wüssten sie auf einmal nicht, was sie mit ihm anfangen sollten. Der Wärter bot ihm einen Becher mit einer Brühe und ein Stück Brot an. Müller ging auf und ab, damit das Blut zirkulierte.[13]

Gegen zehn Uhr trieben weiße Flocken durch das vergitterte Fenster herein. Sie sahen wie Schneeflocken aus, rochen aber nach Feuer. Plötzlich riss wieder jemand die Luke an seiner Tür auf. Ein gefangener britischer Geheimagent namens Peter Churchill sagte: »Your friends are already dead and now they are being burned behind the cells.« Müllers Freunde waren also bereits tot und wurden gerade verbrannt. Er schüttelte sich vor Trauer und weinte, als ihm klar wurde, dass die Flocken, die ihm in die Nase und den Mund wirbelten, alles waren, was von seinen Freunden übrig geblieben war.¹⁴

Am 11. April hörte Müller das Donnergrollen der näher rückenden Front. Als Sturmbannführer Stawizki die Zelle betrat, nahm Müller an, dass man ihn wieder prügeln werde. Stattdessen lud Stawizki den »Herrn Doktor« ein, sich den Wehrmachtsbericht aus einem Radio in der Lagerverwaltung anzuhören. Als er hörte, dass die Amerikaner bereits die Elbe erreicht hätten, fragte Müller, was denn jetzt mit ihm geschehen werde. »Sie werden von hier weggebracht, und dann entscheidet sich Ihr Schicksal endgültig«, sagte Stawizki. Der SS-Mann fügte hinzu, dass er sich um seine eigene Familie Sorgen mache. Müller gab zurück, dass er auch Familie habe und seit Monaten nichts von ihnen gehört habe. Allerdings erinnerte sich Müller, »dass mein Mut nicht so weit reichte, vor ihm auszuspucken, was die erste Reaktion meines Gehirns war«. Stawizki machte sich dann an einem Rucksack zu schaffen. Weil er einen Eispickel, wie Bergsteiger ihn verwenden, nahm, schloss Müller daraus, dass die SS die Absicht hatte, in den Bergen letzten Widerstand zu leisten.¹⁵

Am 15. April lud die SS Müller und andere Sonderhäftlinge in einen Gefangenentransporter. Tief fliegende Kampfflugzeuge schwirrten um sie herum, während sie eine lange Brücke überquerten und dann weiter durch die Moorlandschaft nach Süden ratterten.¹⁶

Am nächsten Tag kam Müller in Dachau an. Die Wärter führten ihn über eine Brücke, die einen über drei Meter breiten, mit Wasser gefüllten und mit Stacheldraht gesicherten Graben überspann, in einen besonderen Bunker für Feinde des Regimes. Er durfte die Zelle nicht verlassen, außer bei Luftangriffen. Aber ein älterer SS-Mann namens Edgar Stiller empfing ihn mit den Worten: »Da wird sich das Fräulein Anni aber freuen, dass Sie jetzt doch noch angekommen sind!« Nicht lange danach stand seine Sekretärin Anni Haaser mit einem Koffer am Tor. »Es war ein bewegendes Wiedersehen«, erinnerte sich Müller, »wenngleich es von dem Gedanken überschattet wurde, dass es vielleicht das letzte sein könnte.« Auf dem Weg zu ihr hatte Müller Eisenbahnwaggons voller Leichen gesehen.[17]

Wassili Kokorin blieb an Müllers Seite und behandelte ihn fast wie eine lebende Totemfigur. Am 20. April, als Müller sich Sorgen machte, ob er in dem Chaos bis nach Hause gelangen werde, schrieb Kokorin einen Brief auf Russisch. Er wollte seinem katholischen Freund einen kommunistischen Schutzbrief für den Fall, dass man sie nach Österreich brachte, mitgeben. »Dort sind russische Offiziere bereits in Machtstellungen! Wenn dich irgendein Russe anspricht, dann zeige diesen Brief vor, und du wirst sofort frei sein!«[18]

Hitler setzte seine ganze Hoffnung auf einen letzten Versuch, eine Bresche in die feindliche Front zu schlagen. Am 21. April befahl er dem SS-Obergruppenführer Felix Steiner, in der Nacht mit seinen Truppen nach Süden vorzustoßen. Im Fall eines Erfolgs der Operation würde er die Rote Armee nördlich von Berlin abschneiden; wenn er scheiterte, würde das Reich untergehen.[19]

Steiner zögerte. Er hatte in Wirklichkeit überhaupt keine Truppen, mit denen er hätte angreifen können, aber er konnte einen direkten Befehl nicht verweigern. Als Hitler am nächsten Tag erfuhr, dass der Gegenangriff nicht begonnen hatte, lief er hochrot an, und die Augen traten hervor. »Der Krieg ist verloren!«, rief er. »Aber wenn Sie, meine Herren, glauben, dass ich Berlin verlasse, irren Sie sich gewaltig! Eher jage ich mir eine Kugel durch den Kopf!«[20]

Am 22. April kam Himmlers Stabsführer des Volkssturms, Gottlob Berger, an. Hitler befahl ihm, die prominenten Häftlinge in Dachau einzusammeln und sie in die Alpen zu schaffen. Hitlers Hände, Beine und der Kopf zitterten, und er sagte nur in einem fort, wie Berger sich erinnerte: »Alle erschießen! Alle erschießen!«[21]

Die Wachen in Dachau luden die Sonderhäftlinge in Busse und Lastwagen. Während sie durch München fuhren, erkannte Müller die ausgebombte Stadt kaum wieder. Ein direkter Treffer hatte sogar die Christusfigur an der Michaelskirche zerstört. Müller hatte wenig Hoffnung, dass sein Haus in der Gedonstraße noch heil war.[22]

Sie fuhren nach Österreich. Die Fahrzeuge schlängelten sich die Tiroler Pässe nach Reichenau hoch, einem Konzentrationslager in der Nähe von Innsbruck. Die Szenerie ließ nicht annehmen, dass ihr Leidenspfad nun zu Ende war. In der Hoffnung, Hilfe von außen zu erhalten, gab Müller eine Visitenkarte einem Wächter und bat ihn, sie Josef Rubner zu bringen, dem Verwalter der *Tiroler Graphik,* den Müller selbst zum treuhänderischen Verwalter des Verlags ernannt hatte. Die Wache kehrte zurück und berichtete, Rubner habe gesagt: »Diesen Herrn kenne ich nicht!«[23]

Pater Rösch ging zum Gefängnisdirektor an der Lehrter Straße. Nach einiger Überlegung entschied er sich für vier Uhr nachmittags am 25. April, dem Markustag, als den günstigsten Zeitpunkt. Die Autorität des Direktors stütze sich nur noch auf ein untergegangenes Regime, argumentierte Rösch, und kein Mensch schere sich noch um seine Entscheidungen, außer den Russen, die in Kürze von den Missetaten, die er begangen hatte, erfahren würden. Er solle doch einfach die Insassen freilassen und um sein Leben laufen. Nach ein paar Minuten Zögern willigte der Gefängnisdirektor ein. Rösch rannte die Eisentreppe hinab in den Keller und rief allen die gute Neuigkeit zu.[24]

Berlins letzte Gefangene schritten wie Gespenster durch das Gefängnistor. Auf der Straße drehten sie sich um und blickten das Gebäude von außen an, wie sie es sich im Innersten schon lange ersehnt hatten. Da stellte sich »plötzlich schwerstes Artilleriefeuer« ein, wie Pater Rösch noch gut wusste. Er huschte durch die Detonationen, duckte sich in die Eingänge, wenn das Pfeifen näher kam. Genau in dem Moment, als die Russen kamen, fand Rösch im Kloster des Heiligen Paulus Zuflucht, wo sein Mitverschwörer, der Dominikaner Odilo Braun, ein sicheres Haus des Ordensausschusses leitete.[25]

Die SS fuhr ihre Sonderhäftlinge zum Brennerpass. Am 28. April überquerten sie den Pass und erreichten Italien. »Wir schlängelten uns den Brenner [Pass] hoch, um Mitternacht machten wir halt. Wir blieben einfach im Schatten stehen, und wir hatten keine Ahnung, was los war. Die SS war verschwunden, und wir fragten uns, wie der Stand der Dinge war«, erinnerte sich der britische Kriegsgefangene Jimmy James. Müller vermutete, die Nazis würden sie in einer Burg als Geiseln festhalten. Anderen Gerüchten zufolge wollte Himmler sie nach dem »Endsieg« in einem Schauprozess verurteilen. »Jahre später fand ich heraus«, sagte James im Jahr 2000, »dass die SS unseren Haufen mit dem Maschinengewehr erschießen und dann erklären wollte, wir seien von Bomben getötet worden.«[26]

Aber ihre SS-Aufpasser waren mittlerweile in mehrere Gruppen zersplittert. Obersturmführer Edgar Stiller führte etwa 20 ältere Rekruten an. Sie verhielten »sich anständig«, wie Müller sich erinnerte. Der inhaftierte protestantische Pfarrer Martin Niemöller trieb Stiller immer wieder in die Enge und versuchte herauszufinden, was aus ihnen werden sollte. »Bisweilen bekam man den Eindruck, dass Niemöller den SS-Mann behandelte, als sei er sein eigener Adjutant. Stiller hat das stillschweigend hingenommen.« Unter ihrem SS-Begleitkommando herrschte jedoch eine weniger wohlwollende Haltung: »20 finstere Gestalten, die bis an die Zähne bewaffnet waren.« Der Anführer der Gruppe, Untersturmführer Ernst Bader, hatte in Buchenwald ein Exekutionskommando geleitet.[27]

Müller spürte, dass Bader etwas gegen ihn im Schilde führte. Stiller hatte von einem Befehl von oben gesprochen: »Advokat darf nicht lebend in die Hände des Feindes fallen.« Hatte Stawizki womöglich Bader aus Buchenwald geschickt, fragte sich Müller, um ihn doch noch an den Galgen zu bringen? Er beschloss, sich eng an Oberst Bogislaw von Bonin zu halten, der, obwohl er sich gegen Hitlers Befehle aus Warschau zurückgezogen hatte, immer noch als »Ehrenhäftling« galt und eine Pistole trug.[28]

Am frühen Morgen kehrten die SS-Männer zurück. Sie brachten die Gefangenen nach Südtirol ins Pustertal. An einem Bahnübergang, kurz vor dem Ort Villabassa, auf Deutsch Niederdorf, blieb die Karawane plötzlich stehen. Die SS-Leute schienen unsicher, was sie tun sollten, ließen aber zu, dass die Gefangenen sich die Beine vertraten. Ein Bus hatte eine Panne, das Benzin ging zur Neige, und aus

Berlin waren keine Befehle eingetroffen. Also gönnte sich das Begleitkommando einen guten Tropfen.[29]

Einige Häftlinge trafen sich im Bahnwärterhaus, um ihre Flucht vorzubereiten. Zwei gefangene britische Geheimagenten arbeiteten zusammen mit dem gefangenen italienischen Partisan General Sante Garibaldi, einem Nachfahren des italienischen Nationalhelden, einen Plan aus. Am selben Abend schlichen sich Garibaldi und sein Stabschef Oberstleutnant Ferrero mit der Hilfe Einheimischer, die ihnen loyal gesinnt waren, aus dem Dorf und wollten mit ihren Landsleuten in den umliegenden Bergen Kontakt aufnehmen. Sie versprachen, mit Guerillakämpfern zurückzukehren und die SS-Wachen anzugreifen.[30]

»In der Zwischenzeit waren die SS-Männer, die für die Gruppe zuständig waren, alle vom Schnaps ziemlich angetrunken«, erzählte James. »Einer von ihnen war bereits mehr oder weniger weggetreten, und einer von unseren Leuten sagte: ›He, schaut mal, geben wir ihm doch noch ein bisschen mehr Schnaps und holen uns dann sein Notizbuch.‹ Und so kam es auch, wir fanden einen Befehl, dass die alliierten Offiziere und die verschiedenen anderen auf keinen Fall in Gewahrsam der Alliierten geraten durften.« Bader hatte einem der Häftlinge schon gesagt, dass die SS einen »Spezialraum« vorbereitet hätte.[31]

Die Geiseln beschlossen, nicht auf Garibaldis Partisanen zu warten. Ein paar findige britische Gefangene schlossen einen Volkswagen kurz und fuhren über die Berge, in der Hoffnung, ein alliiertes Hauptquartier zu erreichen. Dann wollten sie mit einem Rettungskommando zurückkehren. Oberst Bonin fand im Rathaus ein Telefon und bat den befehlshabenden General der deutschen 10. Armee bei Bozen, knapp 100 Kilometer südwestlich von ihnen, die Gefangenen in Schutzhaft zu nehmen. Der

Stabschef des Generals versprach, dass eine gut bewaffnete Kompanie die ganze Nacht durchfahren und bei Morgengrauen eintreffen werde. »Wir fuhren mit einiger Scheu die schmale Straße hinauf, denn nach den ursprünglichen Plänen der SS sollten wir in diesem einsamen Tal liquidiert werden«, erinnerte sich Müller. Niemand wusste, welche letzten Befehle Himmler gegeben haben mochte oder wann die Alliierten endlich die Region erreichten. Verwandte von Stauffenberg und Goerdeler suchten bei lokalen Gemeindepfarrern Zuflucht, die sie im Pfarrhaus versteckten.[32]

Die anderen Häftlinge richteten sich auf Stroh im Rathaus ein Nachtlager. Nach Mitternacht wurde die Tür aufgerissen. Ein SS-Offizier zeigte auf Müller: »Müller, rauskommen!« Oberst von Bonin sprang auf und gebot dem SS-Mann Einhalt. Der Mann im schwarzen Hemd baute sich trotzig auf der Schwelle auf und wiederholte: »Müller, raus!« Bonin zog seine Luger und sagte: »Ich zähle bis drei, bei zwei sind Sie eine Leiche!« Der SS-Offizier machte kehrt und flüchtete.

Aber keiner schlief in dieser Nacht ruhig. James erinnerte sich an das beklemmende Wissen, dass »SS-Männer an beiden Enden mit scharfen Schmeisser [Maschinenpistolen] [standen]. Diese Nacht war buchstäblich die Nacht der langen Messer, weil die SS auf etwas wartete, womöglich auf einen Angriff der [italienischen] Partisanen.«[33]

Am 29. April rief Hitler seine Befehlshaber zur Lagebesprechung. Sie sagten ihm, dass sowjetische Truppen bereits den benachbarten Potsdamer Bahnhof erreicht hätten. Die Wehrmacht habe keine Panzerfäuste mehr und könne die eigenen Panzer nicht mehr reparieren. Die Kämpfe würden binnen 24 Stunden enden. Es folgte eine lange Stille.

Unter großer Anstrengung erhob sich Hitler aus seinem Stuhl und wandte sich zum Gehen. Seine Generäle fragten, was die Soldaten tun sollten, wenn sie keine Munition mehr hatten. Er erwiderte, dass er die Kapitulation Berlins nicht erlauben könne. Aber wer immer den Wunsch habe, möge in kleinen Gruppen einen Ausbruch versuchen.[34]

Am nächsten Tag, um 15 Uhr, versammelte sich Hitlers engerer Kreis im unteren Bunker. Hitler hatte wie üblich ein olivgrünes Hemd und eine schwarze Hose angezogen. Seine Geliebte Eva Braun trug ein blaues Kleid mit einer weißen Bordüre sowie ihr goldenes Lieblingsarmband mit einem grünen Edelstein. Artilleriegranaten detonierten über ihren Köpfen. Mit trübem Blick gab Hitler Rattenhuber, Bormann, Goebbels und knapp zwei Dutzend anderen die Hand. Jedem Einzelnen raunte er ein paar Worte zu. Dann ging er langsam mit Eva Braun in sein Zimmer zurück und schloss die Doppeltür.[35]

Eva Braun saß auf einem schmalen Sofa. Sie kickte ihre Schuhe weg und schwang die Beine auf den blau-weißen Stoff. Hitler setzte sich neben sie. Sie schraubten Messinghülsen auf, die wie die Behälter von Lippenstift aussahen, und entnahmen dünne Glasfläschchen. Eva zerbiss das Glas und lehnte ihren Kopf an seine Schulter. Ihre Knie zuckten im Todeskampf heftig. Indem Hitler das Zittern seiner Hand unterdrückte, hob er die Walther an seine rechte Schläfe, legte die Zähne auf das Fläschchen in seinem Mund und zog den Auslöser durch.[36]

Rattenhuber hörte keine Stimmen, nicht einmal das Geräusch eines Schusses. Hitlers Kammerdiener Heinz Linge, der neben Rattenhuber stand, erinnerte sich lediglich an den Geruch von Schießpulver. Als Hitlers Gefolge den Raum betrat, sahen sie Blut die Wange herabsickern. Die rechte Schläfe hatte ein rotes Loch, so groß wie eine deutsche Silbermark. Eva saß mit dem Kopf an Hitlers Schulter. Im Sterben hatte sie den Arm auf den Tisch geschleudert und dabei eine Blumenvase umgeworfen.[37]

Hitlers Wachen trugen die Leichen in den Garten der Reichskanzlei. Sein Chauffeur goss Benzin über die Leichen. Rattenhuber zündete Streichhölzer an und warf sie auf Hitler und Eva. Die Streichhölzer gingen ständig aus. Da zog Rattenhuber ein paar Bögen Papier aus dem Ärmelaufschlag und drehte sie zu einer Fackel. Er zündete das Papier an und warf den improvisierten Zünder auf die Leichen. Eine Flamme schoss hoch. Rattenhuber nahm Haltung an und hob seinen Arm zum Hitlergruß. Ehe er sich abwandte, sah er, wie die Leichen sich krümmten.[38]

Es war Schnee gefallen, als die Häftlinge in Villabassa am 30. April aufstanden. Die SS-Wachen vor dem Rathaus waren alle verschwunden. Zum Dank feierte der französische Bischof Gabriel Piguet, den man verhaftet hatte, weil er Juden geholfen hatte, in der örtlichen katholischen Kirche eine Messe. »Alle gingen hin«, erinnerte sich der britische Kriegsgefangene Jimmy James. »Nicht nur Katholiken und Protestanten, sondern auch orthodoxe Gefangene aus Russland. Es war sehr bewegend.« Während der Messe traf die lang erwartete Kompanie der Wehrmacht endlich ein. Die Gefangenen gingen auf den Marktplatz. Mit einer Maschinenpistole in der Hand entwaffnete Oberst von Bonin die paar SS-Männer, die noch nicht geflüchtet waren. Die Kompanie nahm ein paar SS-Leute auf, die Stiller als »vertrauenswürdig und anständig« bezeichnete, und gab den anderen Gelegenheit zur Flucht oder ließ sie ihr Glück bei den Alliierten versuchen. »Bader und ein paar von ihnen gingen ins Tal hinab«, erinnerte sich James, »und ich habe später gehört, dass sie von den Partisanen angehalten und aufgehängt wurden.«[39]

Die Wehrmacht verlegte die Häftlinge in das Hotel Pragser Wildsee. Das Hotel, das zu den Grandhotels der skifahrenden Aristokraten Europas zählte, überragte einen smaragdgrünen Bergsee, der von weißen Felswänden und dunklen Wäldern umgeben war. Die Wehrmacht brachte am Kamm oberhalb der Zufahrtsstraße, die sich das Pragser Tal hochschlängelte, Maschinengewehre in Stellung und verschaffte sich so eine bessere Verteidigungsposition gegen Angriffe von Werwolf-Einheiten der SS. »Im Hotel war es zunächst bitterkalt, ein verspäteter Wintereinbruch brachte pausenlos Schneefälle«, erinnerte sich Müller.[40]

General Priwalow veranstaltete am Tag der Arbeit auf seinem Zimmer eine kleine Feier. Als der Alkohol floss, fing Wassili Kokorin an zu weinen. Sein »Onkel« Stalin würde ihm niemals verzeihen, wenn er es zuließe, dass er von »der Hure England« befreit werde. Die sowjetische Geheimpolizei würde davon ausgehen, dass der englische Geheimdienst aus ihm einen Doppelagenten gemacht hätte. Deshalb hatte Kokorin beschlossen, sich zu den Guerillakämpfern Garibaldis bei Cortina d'Ampezzo durchzuschlagen, rund 40 Kilometer südlich von ihnen. Müller versuchte ihn von seinem Vorhaben abzubringen. Der Schnee lag immer noch knapp einen Meter hoch; Kokorin hatte bereits Erfrierungen erlitten, als er mit dem Fallschirm hinter den deutschen Linien gelandet war, und die Entbehrungen einer langen Gefangenschaft hatten ihn zusätzlich geschwächt. Aber Kokorin sagte, dass er als Partisanenoffizier die Pflicht habe, sich wieder dem »Kampf« anzuschließen. Nach einer Umarmung und Küssen auf die Wange, nach russischer Art, verschwand er im Dunkeln.[41]

Hans Rattenhuber zurrte den Stahlhelm fest. In den frühen Stunden des 2. Mai, noch vor Sonnenaufgang, brach er das zugemauerte Fenster des Kellers der Reichskanzlei mit einer Brechstange auf. Er kletterte hinaus auf den Gehweg der Wilhelmstraße unter dem Balkon des Führers, die entsicherte Pistole schussbereit in der Hand. Er hielt inne und kundschaftete wie ein indianischer Fährtensucher die Umgebung aus, dann gab er einem halben Dutzend Gefolgsleuten Hitlers hinter ihm ein Handzeichen. Sie hatten vor, durch U-Bahn-Tunnel zu flüchten und nordwestlich der Stadt, außerhalb der sowjetischen Zone, wiederaufzutauchen.[42]

Rattenhuber überquerte den von Bränden hell erleuchteten Wilhelmplatz. Hungrige Kinder schnitten von einem Pferdekadaver Fleisch ab. An der U-Bahn-Station Kaiserhof schlüpfte Rattenhuber in die mit Trümmern übersäte Röhre des Zugangs und lief direkt unter den sowjetischen Linien die Gleise entlang. Im Strahl seiner Taschenlampe suchte er sich seinen Weg über starre Leichen und halb verschüttete Treppen, vorbei an verwundeten Soldaten und obdachlosen Familien, die sich an die Tunnelwände drängten. An der Station Friedrichstraße kam er wieder an die Oberfläche. Weitere vier Stunden lang kroch er durch miteinander verbundene Kellerlöcher, lief durch brennende Gebäude und stolperte durch dunkle Straßen. Am Morgen erwischte ihn endlich die Kugel eines sowjetischen Scharfschützen, wenige Meter vor der Brauerei Schultheiß.[43]

»Zwei Soldaten bringen den verwundeten Rattenhuber herein«, schrieb Hitlers Sekretärin Traudl Junge in ihren Erinnerungen. Sie hatte sich mit anderen im Keller der Brauerei versteckt, einem im Voraus vereinbarten Treffpunkt für Hitlers Gefolgschaft. »Er hat einen Schuss ins

Bein bekommen, fiebert und fantasiert. Ein Arzt behandelt ihn, legt ihn auf ein Feldbett. Rattenhuber zieht die Pistole heraus, entsichert sie und legt sie neben sich. Ein General kommt in den Bunker ... Wir erfahren, dass wir uns im letzten Widerstandsnest der Reichshauptstadt befinden. Jetzt haben die Russen den Komplex der Brauerei restlos umstellt und verlangen die Übergabe.«[44]

Am 4. Mai kroch ein Ford-Jeep die Straße zum Hotel Pragser Wildsee hoch. Der Schnee spritzte zur Seite, auf dunklen Eisplatten kam der Wagen ins Rutschen und blieb endlich am Rand des Bergsees stehen. Ein Offizier mit Bürstenhaarschnitt sprang heraus und stellte sich als Vorhut von General Leonard T. Gerow vor, den Befehlshaber der US Fifteenth Army. Die deutschen Soldaten kamen vom Kamm herunter und übergaben ihre Waffen.[45]

General Gerow traf mit mehreren Kompanien ein. Er hatte sich seinen dritten Stern auf dem Helm als erster Korpskommandeur bei der Landung in der Normandie verdient, und die deutschen Soldaten zeigten großen Respekt vor ihm. Gerow gratulierte den Gefangenen zur Befreiung. Dann teilte er ihnen mit, dass er ihnen den Wunsch heimzukehren nicht erfüllen könne. Er habe Befehl, sie nach Neapel zu bringen, zu verhören und ein *Clearing* durchzuführen.[46]

Gerows Männer brachten sie nach Süden. Am 7. Mai machten sie in einer Kaserne bei Verona halt. Am nächsten Tag ging Müller an Bord eines Transportflugzeugs vom Typ Beechcraft C-45 und flog die über 600 Kilometer nach Neapel. Als das Flugzeug Rom überflog, sah er tief unter sich den grünen Fleck der Gärten im Vatikan und die Umrisse des Petersdoms – das Ganze wirkte sehr passend auf ihn, wie die Form eines Schlüssels.[47]

Epilog

»Der Krieg hat ein ganzes Chaos von Ruinen angehäuft, von materiellen und sittlichen Ruinen ... Nun geht es darum, die Welt wiederaufzubauen«, sagte der Papst in einer Rundfunkansprache am 9. Mai, als die Waffen in Europa endlich schwiegen. »Im Geist auf den Knien vor den Gräbern, vor den vom Blut geschwärzten Schluchten, vor den unzähligen Leichnamen unmenschlicher Massaker kommt es uns so vor, als würden sie, die Gefallenen, uns, die Überlebenden, mahnen: Lasst aus der Erde, in die wir als Weizensamen gepflanzt worden sind, die Gestalter und die Herren eines besseren Universums erstehen.«[1]

Während die Worte des Papstes in den europäischen Rundfunkgeräten ertönten, raste ein Boot nach Capri. Ein groß gewachsener, deutschstämmiger Wirtschaftsexperte stand im Heck. Gero von Schulze-Gaevernitz war im Jahr 1924 in die Vereinigten Staaten emigriert, aber nach Europa zurückgekehrt, um Hitler zu bekämpfen. Als Mitarbeiter des Spionagechefs Allen Dulles des OSS in Bern hatte Gaevernitz Freundschaften zum deutschen Widerstand gepflegt, auch zu Hans Bernd Gisevius, der Josef Müller als Verbindungsmann der Verschwörer zum Papst abgelöst hatte.[2]

Als er nun den Golf von Neapel überquerte, trat Gaevernitz seinen letzten Auftrag an. Generalmajor Lyman Lemnitzer hatte ihn am Vortag zu sich ins hiesige Hauptquartier in Caserta gerufen und ihm eine dünne Akte über gut 100 ganz besondere Deutsche in die Hand gedrückt. Die amerikanische Fifteenth Army hatte diese politischen Gefangenen in den italienischen Alpen in Gewahrsam genommen und nach Neapel geflogen. Einige waren offenbar glühende NS-Gegner, aber die Alliierten wussten wenig über sie. Der Oberbefehlshaber, Marschall Harold Alexander, ordnete an, sie in einem eigens evakuierten Hotel auf Capri zu »isolieren«, bis sich Gaevernitz eine Meinung gebildet hatte.[3]

An der Marina von Capri beschlagnahmte Gaevernitz einen Jeep. Er holperte eine Straße zum Hotel Paradiso hoch, auf eine Klippe rund 300 Meter über dem Meeresspiegel. Auf dem ganzen Gelände wimmelte es nur so von weißen Helmen der Militärpolizei, die Sicherheitsbestimmungen waren so streng, dass Gaevernitz Schwierigkeiten beim Einlass hatte, obwohl Feldmarschall Alexander persönlich einen Passierschein unterschrieben hatte.[4]

»Kaum war ich im Hotel, wurde ich sofort von einer Gruppe aufgebrachter Deutscher umringt«, erinnerte sich Gaevernitz. »Viele von diesen Gefangenen waren durch die Hölle gegangen, und ihre Nerven zitterten immer noch von ihren Erlebnissen, erst vor Kurzem das Entrinnen von dem Tod durch ein SS-Erschießungskommando.«[5]

Josef Müller hatte die Suite erhalten, die normalerweise für König Faruk von Ägypten reserviert war. Sie bot den wohl spektakulärsten Ausblick, den Gaevernitz jemals in einem europäischen Hotel gesehen hatte: über den ganzen Golf von Neapel mit dem Vesuv im Hintergrund, wie er sich majestätisch zwischen den beiden Halbinseln Ischia und Sorrent zeigte.[6]

Gaevernitz ging mit Müller spazieren und führte lange

Gespräche mit ihm, wie sich Letzterer erinnerte. Sie verbrachten die Abende gemeinsam im Park des Hotels. »Weder die monotonen Schritte der Wachen noch der tropische [sic] Mond konnten meine Aufmerksamkeit von der außergewöhnlichen Geschichte des kaum bekannten deutschen Widerstands abwenden, [die] mir eröffnet wurde«, schrieb Gaevernitz im Jahr 1946. »Hier war ein Mann, so spürte ich, der von unschätzbarer Hilfe bei der Aufgabe sein konnte, vor der unsere Besatzungsarmee in Deutschland stand.« Schließlich fragte Gaevernitz: »Wären Sie bereit, mit uns zusammenzuarbeiten und Ihre Erfahrung und Ihr Wissen unseren Streitkräften zur Verfügung zu stellen?« Das kam einem Rekrutierungsversuch gleich, nach Deutschland als amerikanischer Geheimagent zurückzukehren.[7]

Müller erklärte sich zu einer Zusammenarbeit bereit. Aber auf dem Rückweg nach Bayern würde er es, wie er sagte, begrüßen, wenn er in Rom Station machen könnte. Gaevernitz versprach, dort ein hübsches Wiedersehen zu arrangieren, wenn sich Müller zuerst den Vernehmungsbeamten des OSS in Capri zur Verfügung stellte und ihnen seine ganze Geschichte erzählte.[8]

Gaevernitz kehrte nach Caserta zurück und tippte einen Bericht für General Lemnitzer. »Einige Gefangene sollten dekoriert statt interniert werden«, schrieb Gaevernitz am 13. Mai. »Von den 60 Millionen Deutschen, die sich frei bewegen durften, hatten die wenigsten eine Hand gegen Hitler erhoben, selbst wenn sie es gewollt hätten. Aber hier war eine Gruppe, die ihr Leben aufs Spiel gesetzt, ihre Freunde verloren hatte – und die Alliierten hatten sie eingesperrt.« Gaevernitz riet den Verantwortlichen im Hauptquartier, sie nach Hause zu schicken, wo sie »einen guten Einfluss« auf andere Deutsche haben würden.[9]

Auf Capri kam Müller in die Obhut von zwei amerikanischen Vernehmungsbeamten. Einer von ihnen, Dale Clark, hatte in Harvard bei dem ehemaligen deutschen Kanzler Heinrich Brüning studiert. Müller sprach über das anständige Deutschland, über Beck und Canaris, Oster und Dohnanyi, Stauffenberg und Moltke. Er sprach über das heilige Deutschland, über Kaas und Leiber, Preysing und Rösch, Bonhoeffer und Delp – und über die Weiße Rose. Aber er äußerte sich auch über seine eigenen politischen Ansichten. Während er mit Clark auf dem Dach des Hotels Paradiso auf und ab ging, erklärte Müller ihm die Vision einer europäischen Wirtschaftsunion, die er mit General Beck entwickelt hatte, und die neue politische Bewegung, über die er mit seinen Kreisauer und italienischen Freunden gesprochen hatte. Er wünschte sich ein Europa christlich-sozialer Demokratien, die über Handelsbeziehungen miteinander verbunden und von einem Respekt für die Würde des Menschen vereint wären. Clark erklärte sich bereit, in Müllers Namen einen Brief an General Lucian Truscott zu schreiben, den Befehlshaber eines Teils der amerikanischen Besatzungstruppen in Deutschland, der Müllers Plan für die Gründung einer neuen politischen Partei, die Christlich-Soziale Union, genehmigen musste.[10]

Am 26. Mai ergriffen Agenten der amerikanischen militärischen Spionageabwehr den SS-Offizier Albert Hartl in Österreich. Im selben Monat hatten britische Soldaten ihn bereits verhaftet, aber als »uninteressant« wieder auf freien Fuß gesetzt. Er behauptete, niemals selbst irgendwelche Gräueltaten begangen zu haben.[11]

Er habe mit eigenen Augen die Hinrichtung von rund 200 Männern, Frauen und Kindern aller Altersgruppen, auch Babys, gesehen, sagte Hartl. Die Opfer seien gezwungen worden, vor einem langen Graben niederzuknien, und jedem Einzelnen wurde separat in den Hinterkopf geschossen, sodass der Tod sofort eingetreten sei. Um moralische Bedenken zu überwinden, seien die Massenhenker ständig gut mit Schnaps versorgt worden. Es sei ein bemerkenswertes medizinisches Phänomen gewesen, so Hartl, dass die SS-Männer, die häufig an der Hinrichtung von Frauen und Mädchen teilgenommen hätten, eine Zeit lang impotent geworden seien.[12]

Hartl schrieb einen langen Bericht über den »Nachrichtendienst des Vatikan«. Zu dessen größten Erfolgen zählte er den Kontakt zur deutschen Abwehr von Admiral Canaris über den Münchner Anwalt und bekannten bayerischen katholischen Politiker Dr. Josef Müller. Hartl erbot sich danach, für die Vereinigten Staaten gegen die Kurie zu spionieren. Er brauche dazu lediglich ein Budget, Personal und einen Arbeitsvertrag über mehrere Jahre. Der abschließende Bericht über seine Vernehmung bescheinigte Hartl »eine eindeutige emotionale und psychische Störung, die an Abnormität grenzte«.[13]

Pater Rösch machte in zerschlissenen Kleidern und durchgelaufenen Schuhen Erkundungsgänge. Ganz Berlin schien von roten Fahnen bedeckt, sogar die protestantischen Kirchen. Betrunkene sowjetische Soldaten verschafften sich Eintritt in das Kloster des heiligen Paulus. Nach einer Weile zogen sich die Eindringlinge zurück. Später kamen andere und nahmen sich, was sie wollten. Als der Kommissar ihn fragte, was er denn wollte, blickte Rösch traurig auf das zerstörte Berlin und antwortete: »Ich will nach Deutschland zurück!«[14]

Am 8. Mai machte er sich mit einem Koffer in einem

Schubkarren zusammen mit anderen auf den Weg. Er hatte vor, die über 500 Kilometer Luftlinie bis nach München im Süden zu gehen. Fünf Tage später fand er sich abends am Nordufer der Elbe wieder, der Grenze zur amerikanischen Zone.[15]

Im Mondlicht sah Rösch, wie jemand ein Paddelboot ins Wasser ließ, zu anderen Paddelbooten auf dem Fluss. Sie riefen, schrien, pfiffen und klatschten, bis die Paddler von ihnen Notiz nahmen und bei ihnen anlegten. Er lief zu ihnen, und sein Freund Paul sprach mit den Paddlern: »Obwohl das Boot ihnen nicht persönlich gehört, leihen sie es [Paul].« Paul wollte versuchen, am anderen Ufer Hilfe zu holen. Mittlerweile waren auch die anderen aus der Gruppe bei dem Jesuiten angelangt und flehten die Paddler an. Paul meinte, er könne nichts versprechen. Dann paddelte er elegant über den Fluss und verschwand in der Dunkelheit.[16]

Eine halbe Stunde später tauchte »auf einmal … irgendwo ein Elbkahn« auf, erinnerte sich Rösch. Sein Freund musste den Kahn zu ihnen geschickt haben. Röschs Schubkarren passte problemlos auf die Ladefläche. Der Fährmann erzählte, mehrere Boote seien bei dem Versuch, ans andere Ufer überzusetzen, von Maschinengewehrfeuer versenkt worden und die Insassen ertrunken. Als ihr eigener Kahn sich dem anderen Ufer näherte, hielt der Fährmann auf ein Gebüsch zu, für den Fall, dass eine Patrouille kam. Nach einer langen Wartezeit machte er den Kahn fest, und die Flüchtlinge gingen eilig von Bord. Rösch schob seinen Schubkarren auf einer schmutzigen Straße nach Süden und orientierte sich dabei an den Sternen.[17]

Am 1. Juni 1945 fuhr ein Jeep der US Army in die Vatikanstadt ein. Er bog in eine nicht markierte Zufahrt ein, die kaum breit genug für ein Fahrzeug war, flankiert von Steinmauern. Die Zufahrt öffnete sich dann wiederum zum Damasushof im Apostolischen Palast. Josef Müller kletterte aus dem Jeep, gefolgt von den US-Geheimagenten Dale Clark und Joe Cox. Sie betraten einen der unzähligen Korridore und nahmen einen kleinen Aufzug in den dritten Stock. In dem Gewirr aus Dienstzimmern, das von der Heiligen Kongregation für außergewöhnliche Angelegenheiten belegt war und in dem es von päpstlichen Gardisten und purpurfarben gekleideten Monsignoren nur so wimmelte, trafen sie sich mit dem Maestro di Camera, dem Kammerherrn des Papstes. Er führte sie durch einen mit verwitterten Fresken von Raffael verzierten Säulengang und dann eine Hintertreppe hinab in ein mit Teppichen verkleidetes Vorzimmer. Als sie gerade in der Tür die Knie beugten, erklärte der Maestro, dass der Heilige Vater mit Müller allein sprechen wolle. Die beiden amerikanischen Agenten warteten geduldig drei Stunden lang, während Müller sich mit Pius XII. unterhielt.[18]

»Ich hatte kaum die Schwelle zu seinem Arbeitszimmer überschritten, als der Heilige Vater schon auf mich zuging... und er umarmte mich herzlich«, schrieb Müller in einer ausführlichen Schilderung der Audienz. Von Garibaldi und anderen befreiten Italienern hatte Pius von Müllers Tortur erfahren. Er wollte es kaum glauben, dass der Deutsche entkommen war. Müller habe ein Wunder vollbracht. Der Papst sagte, ihm komme es so vor, als sei sein eigener Sohn aus einer furchtbaren Gefahr zurückgekehrt.[19]

»Wir standen immer noch an der Tür«, erinnerte sich Müller. »Er legte den Arm um meine Schulter.« Dann, immer noch mit dem Arm um Müllers Schulter, schritt der Papst zu einer langen Tafel und setzte Müller auf einen

Stuhl nicht weit von seinem, damit er seine Hand halten konnte. »Papst Pius XII. ist immer wieder nachgesagt worden, dass er ein stolzer und distanzierter Römer sei«, schrieb Müller im Nachhinein, »ich habe in diesen Stunden nichts davon bemerkt.«[20]

Der Papst erkundigte sich, wie er denn das alles überlebt habe. Müller erwiderte ganz offen, dass die katholische Theologie ihm keine große Hilfe gewesen sei, weil sie zu viele Ausweichmöglichkeiten offenlasse. »Ich habe schwerste Situationen überwunden mit dem, was im Katechismus des kleinen Buben vom Lande drinnen steht. Da stecken Grundwahrheiten drin.« Als Pius das hörte, »lächelte [er] und drückte herzhaft meine Hand«. Allerdings hätten Müllers Freunde in Rom auch für ihn gebetet, sagte der Papst. Auch er selbst habe jeden Tag für ihn gebetet.[21]

»Von einer Audienz im üblichen Sinne war längst nicht mehr die Rede«, erinnerte sich Müller. »Der Heilige Vater hielt immer noch meine Hand, und ich konnte ganz offen mit ihm sprechen, es war, wenn ich das so sagen darf, eine Art gemeinsames Denken.« Müller erklärte, er habe versucht, sich an die Lehre des Papstes zu halten, »wie in einem jeden Menschen Gutes und Böses lebt und aktiv wird«. Er dankte dem Papst dafür, dass er diese Überzeugung auch gelebt habe, indem er zwischen dem anständigen Deutschland und Hitlers Reich unterschieden habe.[22]

»Es war nicht leicht für den Chef des Vatikans, und es war erst recht nicht leicht für den Papst«, zitierte Müller Pius XII. »Aber so wie Sie und Ihre Freunde bereit waren, den Kampf gegen Hitler bis zur letzten Konsequenz zu führen, so habe auch ich mich verpflichtet gefühlt, nichts unversucht zu lassen, was der Sache des Friedens dienen könnte.« Er erkundigte sich auch nach den Wehrmachtsoffizieren, die sich gegen Hitler verschworen hatten. Müller sprach teilnahmsvoll über Halder und Beck, über das Dilemma, in dem sie steckten, ihren Loyalitätskonflikt. Sie hätten Hitler zwar gehasst, sich aber lange Zeit nicht dazu überwinden können, ihr Vaterland zu verraten.[23]

Pius »hörte aufmerksam zu, als ich ihm von dem Versprechen erzählte, das Hans Oster und ich uns gegeben hatten, im Kampf gegen Hitler als dem Feind des Christentums«, berichtete Müller. »In diesem Zusammenhang kamen wir auch auf das Tresckow-Attentat zu sprechen, jenen Versuch, Hitler durch eine Zeitbombe mit seinem Flugzeug abstürzen zu lassen, der dann durch einen unwahrscheinlichen Zufall gescheitert war. Der Heilige Vater hatte bereits davon gehört.« Pius brachte seine Billigung zum Ausdruck und erklärte laut Müller: »Sie sind doch mit mir der Auffassung, dass wir unseren Kampf gegen diabolische Mächte haben führen müssen?«[24]

An diesem Punkt der Audienz wurde der Papst, wie Müller noch gut wusste, philosophisch. Für Christen habe doch alles im Leben einen Sinn. Deshalb müsse, argumentierte er, auch der Krieg einen Sinn gehabt haben. Pius habe sich selbst in seiner aktuellen Enzyklika *Communium interpretes dolorum* bemüht, diese Bedeutung zu erkennen. Müller habe doch bestimmt in den Kerkern darüber nachgedacht – über den Sinn seines Lebens auf Erden und darüber, warum die Menschen so großes Leid erdulden müssten. Welchen Sinn habe das Ganze denn nach Müllers Meinung gehabt?[25]

Er habe vieles gelernt und vieles verlernt, reflektierte Müller im Nachhinein. Er habe verlernt zu hassen, weil er den Hass in sämtlichen Formen am eigenen Leib erfahren habe. Er hatte über die einzigartige, moderne Macht nachgedacht, einen Massenhass zu mobilisieren. Das liege letztlich an der »Vermassung des Herdentriebes«, schlussfolgerte er. Das Wohl der Gruppe habe Vorrang vor den Rechten des Einzelnen, unabhängig von den Bannern, unter denen die Menschen marschierten. Um sich dagegen zu wappnen, müsse sich Europa nach einem Persönlichkeitsbegriff erneuern, der das Individuum über die Masse erhebe. Der Geist des Urchristentums biete eine Ausgangsbasis, auf die man sich stützen könne; denn Christus habe seinen unterjochten, verachteten, entwurzelten Schülern das Gefühl gegeben, dass sie von Natur aus ebenso gut und wertvoll wie die Herrscher waren, die mit ihrem Daumen über Tod und Leben entschieden. Diese Auffassung einer heiligen Selbstheit, so schwor Müller, werde seine eigene politische Tätigkeit nach dem Krieg prägen. Er meinte: »Ich habe damals schon dem Papst von meinen Plänen erzählt, eine neue Gruppierung zu schaffen aus überzeugten Christen, gleichgültig welcher Konfession, um dem Kollektivismus entgegenzutreten. Er [Pius] hat, und das war für mich in diesem Augenblick eine große Freude, diesem Gedanken zugestimmt.«[26]

Am 2. Juni 1945 berief Pius XII. die Kardinäle in die Sixtinische Kapelle. Sie versammelten sich unter den hohen Fenstern, welche die Ausmaße des Tempels Salomos aus dem Alten Testament kopierten. Von Raffael gestaltete Wandteppiche verfolgten die päpstliche Autorität von Moses über Christus bis hin zu Petrus und damit implizit weiter zu Pius, dem Stellvertreter Christi, der die Hand zum Segen erhoben hatte.

»Heute, nach ungefähr sechs Jahren, haben die Bruderkämpfe wenigstens in einem Teil dieser vom Krieg verwüsteten Welt aufgehört«, sagte er. Fassungslos sinniere die

Welt, »welche Wunden er geschlagen« habe. Indem er seinen Kummer über die Opfer der »Vergötzung von Rasse und Blut« ausdrückte, sprach er von der »Feindseligkeit des Nationalsozialismus gegenüber der Kirche; eine Feindseligkeit, die sich bis in diese letzten Monate hinein offenbarte, solange nämlich seine Anhänger sich noch schmeichelten, sofort nach errungenem Waffensiege für immer auch mit der Kirche fertigwerden zu können. Glaubwürdige und unwiderlegliche Zeugnisse hielten Uns auf dem Laufenden über diese Pläne.« Nach diesem versteckten Hinweis auf Müller spielte Pius auf die Verschwörungen an und deutete seine eigene Rolle an:

So hatten Wir Gelegenheit, die hervorragenden Eigenschaften jenes Volkes [der Deutschen] kennenzulernen, und Wir standen in persönlichen Beziehungen mit seinen besten Vertretern. Deshalb hegen Wir auch die Zuversicht, dass es sich wieder zu neuer Würde und zu neuem Leben wird erheben können, nachdem es das satanische Gespenst des Nationalsozialismus von sich geworfen und nachdem die Schuldigen (wie Wir schon bei anderen Gelegenheiten ausgeführt haben) ihre begangenen Verbrechen werden gesühnt haben...
Wäre es damals noch möglich gewesen, durch geeignete und rechtzeitige politische Vorbeugungsmaßnahmen ein für alle Mal den Ausbruch der brutalen Gewalt zu verhindern und das deutsche Volk in die Lage zu versetzen, sich von den es umstrickenden Banden freizumachen? Wäre es möglich gewesen, auf solche Weise Europa und der Welt den Einbruch dieser blutigen unermesslichen Flut zu ersparen? Niemand wird wagen, hier ein sicheres Urteil zu fällen.

Mit Blick auf die Zerstörung des Kriegs verwies Pius XII. auf den Spruch Jesu Christi: »Denn wer das Schwert nimmt, soll durch das Schwert umkommen.« Diese Worte lösten im diplomatischen Rom ein Murren aus – nicht nur wegen des Inhalts, sondern wegen des Zeitpunkts. Der US-Geschäftsträger Harold Tittmann berichtete von einer »verbreiteten Kritik an dem Papst im Zusammenhang mit seiner jüngsten Rede, weil er abgewartet hatte, bis Deutschland besiegt worden war, ehe er die Nazis öffentlich attackierte«.[27]

Als Pius XII. wegen seines Schweigens im Krieg kritisiert wurde, nahm Müller ihn in Schutz. Noch vor der Rückkehr nach Deutschland im Jahr 1945 legte Müller die Argumentationslinie dar, an die er sich auch in späteren Jahren hielt. Bei seinem Aufenthalt in Rom nach der Audienz beim Papst kam Müller bei einem Bankett mit Tittmann ins Gespräch, der fragte, warum sich Pius denn nicht zu Wort gemeldet habe. Der amerikanische Diplomat gab Müllers Antwort ausführlich wieder:

»Dr. Mueller *[sic]* sagte, dass seine Organisation der NS-Gegner in Deutschland während des Kriegs stets darauf bestanden habe, dass sich der Papst jeglicher öffentlicher Stellungnahme enthalten solle, in der er die Nazis hervorhob und insbesondere sie verurteilte, und dass sie geraten hätten, dass sich die Äußerungen des Papstes lediglich auf allgemeine Dinge beschränken sollten«, schrieb Tittmann. Ferner habe Müller gesagt, »dass er verpflichtet war, diesen Rat zu geben, denn wenn der Papst konkret Stellung genommen hätte, dann hätten die Deutschen ihm vorgeworfen, dem Druck fremder Mächte nachzugeben, und das hätte die deutschen Katholiken noch verdächtiger erscheinen lassen, als sie ohnehin schon waren, und hätte deren Handlungsfreiheit bei ihrer Tätigkeit im Widerstand gegen die Nazis erheblich eingeschränkt. Dr. Mueller sagte, die Linie des katholischen Widerstands innerhalb Deutschlands war, dass sich der Papst heraushalten sollte, während der deutsche Klerus seinen Kampf gegen die Nazis innerhalb Deutschlands führte. Dr. Mueller gab an, der Papst habe den ganzen Krieg über diesen Rat befolgt.«[28]

Tittmann leitete diese Erklärung kommentarlos nach Washington weiter. Er hatte zuvor bereits berichtet, dass Pius »eine Vogel-Strauß-ähnliche Linie gegenüber den Gräueltaten, die für alle offensichtlich waren«, verfolgt hatte. Aber der Papst hatte, überlegte Tittmann nunmehr, seine ganze Politik im Verborgenen verfolgt, auf der Suche nach »dem geeigneten Augenblick, die Rolle eines Vermittlers zu spielen«. Da kein Mensch sagen könne, »was die Nazis in ihrer skrupellosen Raserei getan hätten, wenn sie von öffentlichen Verunglimpfungen seitens des Heiligen Stuhls noch weiter provoziert worden wären«, wie Tittmann schrieb, scheute er sich jedoch, Pius einen Vorwurf zu machen – besonders weil ihn sogar die Alliierten gelegentlich baten, sich nicht für die Juden einzusetzen. »Sir D'Arcy [Osborne] rief an und sagte, er fürchte, der Heilige Vater könne einen Appell im Namen der Juden in Ungarn abgeben«, dokumentierte der US-Diplomat Franklin C. Gowen am 7. November 1944. »Sir D'Arcy sagte, man müsse etwas unternehmen, um den Papst davon abzubringen, weil es sehr ernste politische Konsequenzen hätte.« Die Briten hatten Angst, Stalin zu verärgern, weil die Verurteilung bestimmter Gräueltaten möglicherweise den sowjetischen Mord an 22 000 gefangenen polnischen Offizieren im Wald von Katyn ans Licht bringen könnte. Von allen Seiten bedrängt, hielt sich Pius nicht einfach nur aus dem Getümmel heraus, sondern wurde im Verborgenen tätig.²⁹

Josef Müller kehrte nach München zurück, um beim Wiederaufbau seines zerstörten Landes mitzuhelfen. Während seiner Tätigkeit als amerikanischer Geheimagent mit dem Decknamen »Robot« gründete er mit anderen zusammen die Christlich-Soziale Union, den bayerischen Flügel der Christdemokraten, die in den Nachkriegsjahren die westdeutsche Politik dominierten. In seiner Funktion als bayerischer Justizminister, immer noch auf der Liste der CIA-Agenten, war Müller auch für die Verfolgung der NS-Kriegsverbrecher verantwortlich, die nicht bereits vom Nürnberger Militärgerichtshof zur Rechenschaft gezogen worden waren. Perry Miller, die Koryphäe zum amerikanischen Puritanismus, die von Harvard dem OSS zur Verfügung gestellt worden war, berichtete, dass »Müllers Bedeutung so groß ist, dass er eine Zeit lang als möglicher Nachfolger von [dem bayerischen Ministerpräsidenten Fritz] Schäffer gehandelt wurde, aber seine angeblich linken Tendenzen haben den Groll der älteren katholischen Führung in Bayern erregt«. In den Augen der Konservativen hatte er viele Fehler: Er schien »nicht ausreichend föderalistisch« gesinnt, wie auch »zu salopp« und sogar »nicht katholisch genug«. Nach seiner eigenen Darstellung fühlte sich Müller im linken politischen Lager ganz wohl, weil »gerade Christus«, wie er gerne sagte, »stets auf der Seite der Unterdrückten gestanden habe«.³⁰

Am Ende war er ein stiller Gestalter der Nachkriegskirche und -welt. Seine konfessionsübergreifenden Anstrengungen, die Dietrich Bonhoeffer in die Krypta des Vatikans geführt hatten, trugen dazu bei, die Reformen des Zweiten Vatikanischen Konzils auszulösen, das die spirituelle Authentizität des Judentums anerkannte. Als Fürsprecher eines päpstlichen Transnationalismus flocht Müller katholische Ideen aus dem deutschen Widerstand in den breiteren Diskurs über die christdemokratische Bewegung, die NATO, die europäische Vereinigung inklusive einer Währungsunion und Menschenrechte ein. Er starb im Jahr 1979, als sein Traum von einem vereinigten Europa zwar noch nicht verwirklicht, aber bereits in Reichweite war. Sein Heimatort Steinwiesen errichtete zum Andenken an den »Ochsensepp« ein Granitdenkmal, das einen Ochsen vor einem Karren zeigt.[31]

Um Müller selbst rankte sich eine Zeit lang eine Legende. »Warum wurde Mueller *[sic]* nicht hingerichtet?«, wollte die Londoner Station des amerikanischen Geheimdienstes nach dem Krieg wissen. »Alle anderen, die an der Verschwörung des 20. Juli beteiligt waren, wurden [ermordet], und Mueller, der zwar zugegeben gute Beziehungen hatte, war keineswegs weniger wichtig oder vermutlich besser geschützt als Oster, Canaris und viele andere... Hatte er einfach nur Glück, oder hat er das eine oder andere Mal geredet?« Nach einer zweimonatigen Ermittlung hielt James Angletons römische Einheit der Spionageabwehr Müllers Version für »gut bestätigt durch externe Prüfungen«. Alle noch verbleibenden Fragen zu Müller wurden zur Zufriedenheit der CIA am 30. Oktober 1955 beantwortet, nachdem Hans Rattenhuber aus der sowjetischen Gefangenschaft heimgekehrt war und ein zum Cambridge-Professor gewandelter britischer Agent bei ihm in der Schaftlachstraße Nr. 10 in München klingelte.[32]

Rattenhuber erzählte, wie er eingegriffen hatte, um Müller das Leben zu retten. Ein SS-Adjutant hatte im Konzentrationslager angerufen, als Müller vor dem Galgen stand: Dieser Anruf rettete ihn buchstäblich in letzter Sekunde. Aber warum war die Botschaft überhaupt angekommen? Müller nannte es ein »Wunder«, die Folge der Gebete des Papstes; SS-Offizier Walter Huppenkothen hingegen sagte, Müller habe einfach »Glück gehabt«. In Wirklichkeit gab Müllers Charakter den Ausschlag für sein Schicksal. Er verdankte seine Rettung der Freundschaft zu Hitlers Chef der Leibwache – eine Freundschaft, die sich auf Müllers Bekenntnis vom 9. Februar 1934 in Gestapo-Haft stützte, dass er versucht hätte, Himmler an die Wand stellen und erschießen zu lassen. Der »Ochsensepp« rettete sein Leben, weil er einst bereit gewesen war, es zu opfern.[33]

Dank

Viele Archivare und Bibliothekare waren mir beim Schreiben dieses Buchs behilflich. Maciej Siekierski, der oberste Kurator und wissenschaftliche Mitarbeiter an der Hoover Institution, gab die Unterlagen von Pater Robert Leiber frei. Susan Vincent Molinaro von der New York Society Library spürte schwer zu beschaffende Zeitungsartikel auf. Für den Zugang zu den Harold C. Deutsch Papers, die im US Military History Institute in Carlisle Barracks, Pennsylvania, aufbewahrt werden, danke ich Clifton P. Hyatt und der Archivmitarbeiterin Carol S. Funck. In der US National Archives and Records Administration profitierte ich, wie so viele andere, von dem enzyklopädischen Wissen des inzwischen verstorbenen John E. Taylor über Geheimdienstunterlagen aus den Kriegsjahren.

In der Vatikanstadt nahm sich Pater Peter Gumpel, SJ, reichlich Zeit für mich und beantwortete all meine Fragen absolut akkurat. Walter Patrick Lang, ein Mitglied des Ritterordens vom Heiligen Grab, hat mir geduldig in geheimdienstlichen Angelegenheiten zur Seite gestanden.

Viel verdanke ich ferner einer größeren Interessengemeinschaft. Seit mehr als einem Jahrzehnt leiten William Doino und Dimitri Cavalli eine Art E-Mail-Forum über die »Pius Wars«, wie sie es nennen. Dank ihrer Unterstützung hat sich mein E-Mail-Eingangsordner mit den Erkenntnissen vieler anderer Interessierter gefüllt: Joseph Bottum, John Conway, Rabbi David G. Dalin, Kevin Doyle, Michael Feldkamp, Eugene Fisher, Gerald Fogarty, Patrick J. Gallo, John Jay Hughes, Michael Hesemann, Gary Krupp, Vincent Lapomarda, Bill Moynihan, Matteo Luigi Napolitano, Ronald J. Rychlak und Andrea Tornielli.

Andere gaben mir reichlich Feedback und spornten mich an. Ich erhielt wertvolle Anregungen und Unterstützung von Michael Burleigh, Tim Duggan, dem verstorbenen Sir Martin Gilbert, Sam Harris, Howard Kaminsky, Roger Labrie, Paul D. McCarthy, Andrew Miller, Aaron Haspel, Gerald Posner, Richard Eisner, Deborah Stern, George Weigel, David I. Kertzer und David Thomas Murphy.

Ferner bin ich den Experten auf etlichen Feldern, die dieses Buch streift, zu großem Dank verpflichtet. Die Arbeiten von Harold C. Deutsch, Roman Bleistein, Robert A. Graham, Peter Hoffmann, Antonia Leugers, Owen Chadwick, Beate Ruhm von Oppen, David Alvarez, John Lukacs und Sir Ian Kershaw haben sich als unschätzbare Fundgruben für mich erwiesen.

Ich habe auch viel von Leuten gelernt, die der Person Pius XII. weit kritischer als ich gegenüberstehen. James Carroll, Hubert Wolf, Klaus Kühlwein, John Cornwell, Susan Zuccotti, Daniel Goldhagen und Gary Wills sind stets bei den Diskussionen in meinem Kopf präsent gewesen. Wo ich ihre Schlussfolgerungen nicht teile, so respektiere ich doch ihre Intentionen und bewundere ihre Arbeit.

Ein großartiges Team aus der Verlagsbranche hielt mir den Rücken frei. Insbesondere danke ich Lara Heimert von Basic Books und Sloan Harris vom International Creative Management für ihr geduldiges Interesse an meiner Tätigkeit. Große Unterstützung bekam ich auch von Liz Farrell und Heather Karpas bei ICM; und – bei Basic – von Michelle Welsh-Horst, Melissa Raymond, Jennifer Thompson, Clay Farr, Cassie Nelson, Allison Finkel, Dan Gerstle, Katy O'Donnell und Leah Stecher. Die Lektorin Katherine Streckfus hatte alle Qualitäten, die ein Autor sich nur wünschen kann.

Mein Vater Robert W. Riebling half mir großzügig an etlichen Orten und Einrichtungen – von der Ronald Reagan Presidential Library in Kalifornien bis hin zum Hotel Pragser Wildsee in Italien. Sein Eifer und seine Bemühungen ließen niemals nach. Danke, Dad.

Joyce Riebling, meine Mutter, schickte mir interessante Bücher zu diesem Projekt. Kein Kind dürfte jemals mehr geistige Unterstützung von seinen Eltern erhalten haben, als sie mir schenkte.

Nan und Stephen, vielen Dank für alles, was ihr in all den Jahren für unsere Familie getan habt. Mir fehlen die Worte, um meine Liebe für euch auszudrücken.

Eden und Freya – endlich ist es fertig! Ich bin zu Hause.

Robin, du hast mich die ganze Zeit getragen. Ich schulde dir den größten Dank und meine ganze Liebe zu dir.

Abkürzungen

AAW	Archiwum Archidiecezjalne We Wroclawiu [Archive der Erzdiözese Breslau].
AB	Siemer, Laurentius, *Aufzeichnungen und Briefe*, Frankfurt a. M. 1957.
ACDP	Archiv für Christlich-Demokratische Politik der Konrad-Adenauer-Stiftung, Berlin.
AD	Bleistein, Roman, *Alfred Delp: Geschichte eines Zeugen*, Frankfurt a. M. 1989.
ADB	Volk, Ludwig (Hg.), *Akten deutscher Bischöfe über die Lage der Kirche, 1933–1945*, 6 Bde., Mainz 1965–1979.
ADG	Neitzel, Sönke, *Abgehört: Deutsche Generäle in britischer Kriegsgefangenschaft, 1942–1945*, Berlin 2005.
ADOPSJ	Archiv der Oberdeutschen Provinz SJ München.
ADSS	*Actes et Documents du Saint-Siège relatifs à la seconde guerre mondiale*, hg. v. Pierre Blet u. a., 11 Bde., Vatikanstadt 1965–1981. (Englisch: Bd. 1, *The Holy See and the War in Europe, March 1939–August 1940*, hg. v. Gerard Noel), Dublin 1968.
AEM	Archiv des Erzbischofs München und Freising.
AES	Archivio della Congregazione degli Affari Ecclesiastici Straordinari [Archiv der Kongregation für außerordentliche kirchliche Angelegenheiten].
AH	Neuhäusler, Johannes, *Amboss und Hammer: Erlebnisse im Kirchenkampf des Dritten Reiches*, München 1967.
AIGRH	Heideking, Jürgen und Christof Mauch (Hg.), *American Intelligence and the German Resistance to Hitler: A Documentary History*, Boulder 1996.
AKMF	*Akten Kardinal Michael von Faulhabers, 1917–1945*, 2 Bde., Mainz 1975 und 1978.

AR	Bleistein, Roman, *Augustinus Rösch: Leben im Widerstand: Biographie und Dokumente,* Frankfurt a. M. 1998.
ASD	Archiv der sozialen Demokratie, Bonn.
ASV	Archivio Segreto Vaticano [Vatikanisches Geheimarchiv], Vatikanstadt.
AWDP	Allen W. Dulles Papers, Mudd Manuscript Library, Princeton University.
BA	Bundesarchiv, Berlin.
BF	Moltke, Helmuth James von, *Briefe an Freya, 1939–1945,* München 1988.
BHStAM	Bayerisches Hauptstaatsarchiv München.
BPDB	Schneider, Burkhart (Hg.), mit Pierre Blet und Angelo Martini, *Die Briefe Pius' XII. an die Deutschen Bischöfe, 1939–1944,* Mainz 1966.
BV	Hoffmann, Peter (Hg.), *Behind Valkyrie: German Resistance to Hitler: Documents,* Montreal 2011.
C	»Counterintelligence Final Interrogation Report Nr. 123, Prisoner: Hartl, Albert«, US Army, HQ 7707 MI Service Center, 9. Januar 1947 (mit Anhängen), Sammlung des Autors.
CE	*The Catholic Encyclopedia,* 15 Bde., New York 1912.
CHTW	Deutsch, Harold C., The Conspiracy Against Hitler in the Twilight War, Minneapolis 1968
CSDIC	Combined Services Detailed Interrogation Centre (UK)
CSI/SI	US Central Intelligence Agency, Center for the Study of Intelligence, *Studies in Intelligence* (Unclassified Extracts from Classified Studies) [periodical series].
DBW	*Dietrich Bonhoeffer Werke,* hg. v. Eberhard Bethge u. a., 17 Bde. und Ergänzungsband, München und Gütersloh 1986–1999, einzelne Werke mit Titel und Bandzahl angegeben.
DGFP	*Documents on German Foreign Policy, 1918–1945,* London 1957–1966.
DJ-38	Hugh Trevor-Roper (Lord Dacre) Papers, Selected files from records and documents relating to the Third Reich, Group 14: Additional Material, Microfilm no. DJ 38, Microform Academic Publishers, East Ardsley, UK.
DKK	*Dossier: Kreisauer Kreis: Dokumente aus dem Widerstand gegen den Nationalsozialismus: Aus dem Nachlass von Lothar König SJ,* hg. v. Roman Bleistein, Frankfurt a. M. 1987.

DNTC	Donovan Nuremberg Trials Collection, Cornell University Law Library, Ithaca, New York.
FDRL	Franklin D. Roosevelt Presidential Library, Hyde Park, New York.
FO	Archives of the British Foreign Office, National Archives (UK), Kew.
FRUS	*Foreign Relations of the United States,* Washington, DC, US Government Printing Office, nach Band und Datum des Erscheinens.
GM	Leugers, Antonia, *Gegen eine Mauer bischöflichen Schweigens: Der Ausschuss für Ordensangelegenheiten und seine Widerstandskonzeption, 1941 bis 1945,* Frankfurt a. M. 1996.
GPA	German Propaganda Archive, Calvin College, Grand Rapids, Michigan.
GRGG	General Reports on German Generals, National Archives, UK, Kew.
GS	Delp, Alfred, *Gesammelte Schriften,* hg. v. Roman Bleistein, 5 Bde., Frankfurt a. M. 1982–1984 und 1988.
GSA	Geheimes Staatsarchiv, München.
HDP	Harold C. Deutsch Papers. Boxes 1, 2, 4, 20. CD-R, handlabeled »02-25-2011«, US Army War College, Carlisle Barracks. Angaben nach »Series«, »Box« und »Folder«; die Befragungen Josef Müllers siehe III/1/7 (Series III, Box 1, Folder 7). Kopien einiger Dokumente von Deutschs Unterlagen werden im Institut für Zeitgeschichte (IFZ) verwahrt.
HT	Hitler, Adolf, *Hitlers Tischgespräche,* hg. v. Henry Picker, Wiesbaden 1976.
IfZ	Institut für Zeitgeschichte, München.
IMT	International Military Tribunal, Nürnberg.
JFKL	John F. Kennedy Presidential Library, Boston, MA.
KB	Kaltenbrunner-Berichte, abgedruckt in *Spiegelbild einer Verschwörung: Die Kaltenbrunner-Berichte an Bormann und Hitler über das Attentat vom 20. Juli 1944.* Herausgegeben vom Archiv Peter für historische und zeitgeschichtliche Dokumentation, Stuttgart 1961.
KGN	Rösch, Augustin, *Kampf gegen den Nationalsozialismus,* hg. v. Roman Bleistein, Frankfurt a. M. 1985.
KLB	Wietschek, Helmut, u. a. (Hg.) *Die kirchliche Lage in Bayern nach den Regierungspräsidentenberichten 1933–1943,* 7 Bde., Mainz 1966–1981.

KN	Rösch, Augustin, *Kampf gegen den Nationalsozialismus*, hg. v. Roman Bleistein, Frankfurt a. M. 1985.
KV	Kartellverband der katholischen Studentenvereine Deutschlands.
LK	Müller, Josef, *Bis zur letzten Konsequenz: Ein Leben für Frieden und Freiheit*, München 1975.
LDW	Benz, Wolfgang und Walter H. Pehle (Hg.), *Lexikon des deutschen Widerstandes*, Frankfurt a. M. 1994.
LPP	Bonhoeffer, Dietrich, *Letters and Papers from Prison*, hg. v. Reginald H. Fuller und John Bowden u. a., New York 1997.
MBM/155	Miscellanea Bavarica Monacensia. Dissertationen zur Bayerischen Landes- und Münchner Stadtgeschichte, herausgegeben von Karl Bosl und Richard Bauer, Band 55: »Josef Müller (Ochsensepp). Mann des Widerstandes und erster CSU-Vorsitzender« (Friedrich Hermann Hettler), Kommissionsverlag UNI-Druck München, Neue Schriftenreihe des Stadtarchivs München, 1991.
NARA	US National Archives and Records Administration, College Park, Maryland.
NCA	*Nazi Conspiracy and Aggression*, Nuremberg Trial materials, Red Series, 10 Bde., Washington, DC: US Government Printing Office, 1946–1948; /B = Supplement B.
OAM	Ordensarchiv Münsterschwarznach.
ODV	Stehle, Hansjakob, *Ostpolitik des Vatikans, 1917–1979*, München 1975.
OUSCC	Office of US Chief of Counsel for the Prosecution of Axis Criminality [Internationales Militärtribunal, Nürnberg].
P	*The Persecution of the Catholic Church in the Third Reich: Facts and Documents Translated from the German*, hg. v. Walter Mariaux, London 1942 [1940], Reports to the Vatican by Josef Müller und Johannes Neuhäusler, 1933–1940.
PP	Ludlow, Peter, »Papst Pius XII., die britische Regierung und die deutsche Opposition im Winter 1939/40«, in: *Vierteljahrshefte für Zeitgeschichte* 3 (1974), S. 299–341.
PWF	Pave the Way Foundation, New York.
RV	Rerum Variarum (Archivio Segreto Vaticano) [Diverses, Vatikanisches Geheimarchiv].
SdD	Hoffmann, Peter, *Die Sicherheit des Diktators: Hitlers Leibwachen, Schutzmaßnahmen, Residenzen, Hauptquartiere*, München und Zürich 1975.

SO	Sanctum Officium (Archivio Segreto Vaticano) [Heiliges Offizium, Vatikanisches Geheimarchiv].
SSHAF	Richardi, Hans-Günter, *SS-Geiseln in der Alpenfestung: Die Verschleppung prominenter KZ-Häftlinge aus Deutschland nach Südtirol,* Zeitgeschichtsarchiv Pragser Wildsee, Prags 2015.
SUSB	Hoffmann, Peter, *Claus Schenk Graf von Stauffenberg und seine Brüder,* Stuttgart 1992.
SVC	Constantini, Celso, *The Secrets of a Vatican Cardinal: Celso Constantini's Wartime Diaries, 1938–1947,* hg. v. Bruno Fabio Pighin. Üb. v. B. Mussio, Montreal 2014. (Italienisches Original: *Ai margini della Guerra (1838–1947): Diario inedito del Cardinale Celso Constantini,* Venedig 2010.)
TRP	Guiducci, Pier Luigi, *Il Terzo Reich Contro Pio XII: Papa Pacelli nei documenti nazisti,* Mailand 2013.
UKNA	National Archives, UK, Kew Gardens.
VfZ	Vierteljahrshefte für Zeitgeschichte.
VKZ	Veröffentlichungen der Kommission für Zeitgeschichte.
VS	Kessel, Albrecht von, *Verborgene Saat: Aufzeichnungen aus dem Widerstand 1933 bis 1945,* hg. v. Peter Steinbach, Berlin 1992.
VW	Buchstab, Günter u. a. (Hg.), *Verfolgung und Widerstand, 1933–1935: Christliche Demokraten gegen Hitler,* Düsseldorf 1990.
WP	Weizsäcker, Ernst von, *Die Weizsäcker-Papiere, 1933–1950,* hg. v. Leonidas E. Hill, Frankfurt a. M. 1974.

Bibliografie

Klassiker (z. B. Thomas von Aquin) stehen nicht in der Literaturliste und sind in den Anmerkungen durch die standardisierte Nummerierung von Kapiteln und Abschnitten ausgewiesen. Bei Quellen, die in den Anmerkungen nur einmal auftauchen, erscheint dort auch der bibliografische Nachweis.

Abshagen, Karl Heinz, *Canaris: Patriot und Weltbürger,* Stuttgart 1950.
Actes et Documents du Saint Siège relatifs à la période Seconde Guerre mondiale, hg. v. Pierre Blet u. a., 11 Bde., Vatikanstadt 1965–1981. (Engl.: nur Bd. 1, *The Holy See and the War in Europe March 1939 – August 1940,* hg. v. Gerard Noel, Dublin 1968.)
Albrecht, Conrad, »Kriegstagbuch, 22. August 1939«, in: Winfried Baumgart, »Zur Ansprache Hitlers vor den Führern der Wehrmacht am 22. August 1939«, *VfZ* 16:2 (1968), S. 120–149.
Albrecht, Dieter (Hg.), *Der Notenwechsel zwischen dem Heiligen Stuhl und der deutschen Reichsregierung,* 2 Bde., Mainz 1965.
Albrecht, Johannes, »Erinnerungen (nach Diktat aufgez. v. P. Thomas Niggl…)«, Ettal 1962.
Alvarez, David, »Faded Lustre: Vatican Cryptography, 1815–1920«, in: *Cryptologia* 20 (April 1996), S. 97–131.
– *The Pope's Soldiers,* Lawrence 2003.
– »The Professionalization of the Papal Diplomatic Service, 1909–1967«, in: *Catholic Historical Review* 72 (April 1989), S. 233–248.
– *Secret Messages: Codebreaking and American Diplomacy, 1930–1945,* Lawrence 2000.
– *Spies in the Vatican,* Lawrence 2003.
Alvarez, David und Robert Graham, *Nothing Sacred: Nazi Espionage Against the Vatican, 1939–1945,* London 1997.
Amè, Cesare, *Guerra segreta in Italia, 1940–1943,* Rom 1954.

Amort, Čestmír, *Heydrichiáda,* Prag 1965.
Anon, »Roman Tombs Beneath the Crypt of St. Peter's«, in: *Classical Journal* 42, Nr. 3 (1946), S. 155 f.
Appolonj-Ghetti, B. M. u. a. (Hg.), *Esplorazioni sotto la Confessione di san Pietro in Vaticano,* 2 Bde., Vatikanstadt 1951.
Atkinson, Rick, *Guns at Last Light: The War in Western Europe 1944–1945,* New York 2013.
Aveling, J. H. C., *The Jesuits,* New York 1982.
Baigent, Michael und Richard Leigh, *Secret Germany: Claus von Stauffenberg and the True Story of Operation Valkyrie,* New York 2008. (Dt.: *Geheimes Deutschland: Stauffenberg und die Hintergründe des Hitler-Attentats vom 20. Juli 1944,* München 1994.)
Baker, W. J., *A History of the Marconi Company, 1874–1965,* London 2013.
Balfour, Michael, Julian Frisby und Freya von Moltke, *Helmuth James von Moltke. 1907–1945. Anwalt der Zukunft,* Stuttgart 1975.
Bancroft, Mary, *Autobiography of a Spy,* New York 1983.
Barrett, William, *Shepherd of Mankind: A Biography of Pope Paul VI.,* New York 1964.
Bartoloni, Bruno, *Le orecchie del Vaticano,* Florenz 2012, Auszug als »All the Mystery Surrounding St. Peter's Tomb«, in: *L'Osservatore Romano,* 29. August 2012 (wöchentliche Ausgabe in Englisch), S. 6.
Bartz, Karl, *Die Tragödie der deutschen Abwehr,* Salzburg 1955.
Bauer, Klaus, »Die Tätigkeit von Pater Johannes Albrecht für das Kloster Ettal und seine Verbindung zum Müllerkreis während der nationalsozialistischen Herrschaft (Facharbeit für das Abitur)«, in: Ettal 1979.
Baumgart, Winfried, »Zur Ansprache Hitlers vor den Führern der Wehrmacht am 22. August 1939 (Erwiderung)«, in: *VfZ* 19 (1971), S. 301 ff.
Becker, Till: Biographie Dietrich Bonhoeffers, http://staatsbibliothek-berlin.de/die-staatsbibliothek/abteilungen/handschriften/nachlaesse-autographen/nachlaesse-a-z/dietrich-bonhoeffer/biographie-dietrich-bonhoeffers/#c37015 [3. 2. 2017].
Bedeschi, Lorenzo, »Un episodio di spionaggio antimodernista«, in: *Nuova revista storica* 56 (Mai–August 1972), S. 389–423.
Below, Nicholaus von, *Als Hitlers Adjutant 1937–45,* Mainz 1980.
Belvederi, G., »La tomba di san Pietro e i recenti lavori nelle Grotte Vaticane«, in: *Bolletino degli Amici Catacombe* 13 (1943), S. 1–16.

Benz, Wolfgang und Barbara Distel (Hg.), *Flossenbürg: das Konzentrationslager Flossenbürg und seine Außenlager*, München 2007.
Benz, Wolfgang und Walter H. Pehle (Hg.), *Lexikon des deutschen Widerstandes*, Frankfurt a. M. 1994.
Bergander, Hiska D., *Die Ermittlungen gegen Dr. jur. et rer. pol. Manfred Roeder, einen »Generalrichter« Hitlers – Eine Untersuchung zur unbewältigten Rechtsgeschichte der NS-Justiz*, Bremen 2007.
Berger, John, »High Treason«, unveröffentlichtes Manuskript, 21. März 2000, Sammlung des Autors.
Bernabei, Domenico, *Orchestra Nera, militari, civili, preti cattolici, pastori protestanti, una rete contro Hitler; che ruolo ebbe Pio XII?*, Turin 1991.
Bertolami, Ugo, »Dossier: La Vera Tomba Di San Pietro«, unveröffentlichtes Manuskript 2008, Sammlung des Autors.
Besier, Gerhard, *Die Kirchen und das Dritte Reich*, Berlin 2001.
Best, S. Payne, *The Venlo Incident*, London 1950.
Bethge, Eberhard, *Dietrich Bonhoeffer: Theologe – Christ – Zeitgenosse. Eine Biographie*, Gütersloh 2004.
Bierbaum, Max, *Pius XII.: Ein Lebensbild*, Köln 1939.
Biesinger, Joseph A., »The Reich Concordat of 1933«, in: Frank J. Coppa (Hg.), *Controversial Concordats*, Washington, DC, 1999.
Biffi, Monica, *Monsignore Cesare Orsenigo: Nuncio Apostolico in Germania (1930–1946)*, Mailand 1997.
Bleistein, Roman, *Alfred Delp: Geschichte eines Zeugen*, Frankfurt a. M. 1989.
– *Augustinus Rösch. Leben im Widerstrand. Biographie und Dokumente*, Frankfurt a. M. 1998.
– *Dossier: Kreisauer Kreis. Dokumente aus dem Widerstand gegen den Nationalsozialismus. Aus dem Nachlass von Lothar König, SJ.* Frankfurt a. M. 1987.
– »Jesuiten im Kreisauer Kreis«, in: *Stimmen der Zeit* 200 (1982), S. 595–607.
– »Josef Roth und Albert Hartl: Priesterkarrieren im Dritten Reich«, in: *Beiträge zur altbayerischen Kirchengeschichte* 42 (1996), S. 71–109.
– »Kirche und Politik im Dritten Reich«, in: *Stimmen der Zeit* 205 (1987), S. 147–158.
– »Lothar König«, in: *Stimmen der Zeit* 204 (1986), S. 313–126.
– »Nationalsozialistische Kirchenpolitik und Katholische Orden«, in: *Stimmen der Zeit* 203 (1985), S. 159–169.

- »Rösch-Kreis«, in: Benz und Pehle (Hgg.), *Lexikon des deutschen Widerstandes*, Frankfurt a. M. 1994.

Blet, Pierre, *Pius XII and the Second World War*, New York 1999.

Boberach, Heinz, *Berichte des SD und der Gestapo über Kirchen und Kirchenvolk in Deutschland, 1934–1944*, Mainz 1971.

Boeselager, Phillipp Freiherr von, *Valkyrie: The Story of the Plot to Kill Hitler, by Its Last Member*, New York 2010. (Dt.: *Wir wollten Hitler töten: ein letzter Zeuge des 20. Juli erinnert sich*, aus dem Frz., München 2008.)

Bolton, John Robert, *Roman Century: A Portrait of Rome as the Capital of Italy, 1870–1970*, New York 1971.

Bonhoeffer, Dietrich, Zettelnotizen für eine »Ethik«, hg. v. Ilse Tödt, in: *Werke*, Bd. 6, München 1993.

- Werke, *Dietrich Bonhoeffer Werke*, hg. v. Eberhard Bethge u. a., 17 Bde. und Ergänzungsband, München und Gütersloh 1986–1999.

- Works, 16 Bde. Minneapolis 1993–2006.

Boothe, Claire, *Europe in the Spring*, New York 1940.

Bormann, Martin, *The Bormann Letters: The Private Correspondence Between Martin Bormann and His Wife from January 1943 to April 1945*, hg. v. Hugh R. Trevor-Roper, London 1954.

Brakelmann, Günter, *Peter Yorck von Wartenburg 1904–1944. Eine Biographie*, München 2012.

Braun, Odilo, »Lebendig in der Erinnerung«, in: Alfred Delp, *Kämpfer, Beter, Zeuge*, S. 111–114, Freiburg i. Br. 1962.

- »Wie sie ihren Kreuzweg gingen: Ansprache zur Gedenkfeier der Opfer des 20. Juli 1944 in Berlin-Plötzensee am 20. Juli 1954«, in: *Bekenntnis und Verpflichtung: Reden und Aufsätze zur zehnjährigen Wiederkehr des 20. Juli 1944*, Stuttgart 1955.

Brechenmacher, Thomas, »Pius XII. und die Juden«, in: Pfister, Peter (Hg.), *Eugenio Pacelli – Pius XII. (1876–1958) im Blick der Forschung*, Regensburg 2009, S. 65–86.

Breitman, Richard, *Architect of Genocide: Himmler and the Final Solution*, New York 1991. (Dt.: *Heinrich Himmler: der Architekt der »Endlösung«*. A. d. Amerikan. v. Karl u. Heidi Nicolai, Zürich und München 2000.)

- *Official Secrets: What the Nazis Planned, What the British and Americans Knew*, New York 1998. (Dt.: *Staatsgeheimnisse: die Verbrechen der Nazis – von den Alliierten toleriert*. A. d. Amerikan. v. Ursel Schäfer u. Heike Schlatterer, München 1999.)

Breitman, Richard (Hg.), *U.S. Intelligence and the Nazis,* Washington, DC o. J. [2005].
Breitman, Richard und Allan J. Lichtman, *FDR and the Jews,* Cambridge, MA 2013.
Breitman, Richard und Norman J. W. Goda, »OSS Knowledge of the Holocaust«, in: US National Archives Trust Fund Board, Nazi War Crimes, and Japanese Imperial Government Records Interagency Working Group, Washington, DC 2005.
Brissaud, André, *Canaris: Le »petit amiral«, prince de l'espionnage allemand, 1887–1945,* Paris 1971. (Dt.: *Canaris: eine Biographie,* a. d. Frz. v. Georg Vogt, Herrsching 1988.)
Broszat, Martin, *Der Staat Hitlers: Grundlegung und Entwicklung seiner inneren Verfassung,* Wiesbaden 2007.
– *Nationalsozialistische Polenpolitik, 1939–1945,* Stuttgart 1961.
– »Zur Perversion der Strafjustiz im Dritten Reich«, in: *VfZ* 4 (1958), S. 390–442.
Broszat, Martin, mit E. Fröhlich und F. Wiesemann (Hg.), *Bayern in der NS-Zeit: Soziale Lage und politisches Verhalten der Bevölkerung im Spiegel vertraulicher Berichte,* München 1977.
Browder, George, *Foundations of the Nazi Police State: The Formation of Sipo and SD,* Lexington 1990.
Buchheit, Gert, *Der deutsche Geheimdienst: Spionageabwehr im Dritten Reich,* Beltheim-Schnellbach 2010.
Buchstab, Gert u. a., *Christliche Demokraten gegen Hitler: Aus Verfolgung und Widerstand zur Union,* Freiburg i. Br. 2004.
Bunson, Mathew, *The Pope Encyclopedia,* New York 1995.
Burian, Michal u. a., »Assassination: Operation Anthropoid, 1941–1942«, PDF-Datei, Prag, Verteidigungsministerium der Tschechischen Republik, 2002.
Burleigh, Michael, *The Third Reich: A New History,* New York 2001. (Dt.: *Die Zeit des Nationalsozialismus: eine Gesamtdarstellung.* A. d. Engl. v. Udo Rennert und Karl Heinz Siber, Frankfurt a. M. 2000.)
Burns, James MacGregor, *Roosevelt: The Soldier of Freedom, 1940–1945,* o. O., 2006.
Burns, Tom, *The Use of Memory,* London 1993.
Burton, Katherine, *Witness of the Light: The Life of Pope Pius XII,* New York 1958.
Butow, Robert, »The FDR Tapes«, in: *American Heritage,* (Feb./März) 1982, S. 13 f.

– »How FDR Got His Tape Recorder«, in: *American Heritage* (Okt./Nov. 1982), S. 109–112.

Cabasés, Félix Juan (Hg.), »Cronistoria Documentata e Contestualizzata della Radio Vaticana«, in: Radio Vaticana, Vatican City, 2011, www.radiovaticana.va/it1/cronistoria.asp?pag, abgerufen im Mai 2014.

Cadogan, Alexander, *The Diaries of Sir Alexander Cadogan, 1938–1945*, hg. v. David Dilks, New York 1971.

Carroll, James, *Constantine's Sword. The Church and the Jews*, Orlando 2002.

Castagna, Luca, *A Bridge Across the Ocean: The United States and the Holy See Between the Two World Wars*, Washington, DC 2014.

Cavalli, Dimitri, »Jewish Praise for Pius XII«, in: *Inside the Vatican* (Oktober 2000), S. 72–77.

Chadwick, Owen, *Britain and the Vatican During the Second World War*, New York 1986.

– *A History of the Popes, 1830–1914*, New York 1998.

Chalou, George (Hg.), *The Secrets War: The Office of Strategic Services in World War II*, Washington, DC 1992.

Charles-Roux, François, *Huit ans au Vatican, 1932–1940*, Paris 1947.

Cheetham, Nicolas, *A History of the Popes*, New York 1982.

Chenaux, Philippe, *Pio XII, Diplomatico e Pastore*, Mailand 2004.

Chowaniek, Elisabeth, *Der »Fall Dohnanyi« 1943–1945. Widerstand, Militärjustiz, SS-Wilkür*, München 1991.

Cianfarra, Camille, *The Vatican and the War*, New York 1944.

Ciano, Galeazzo, *The Ciano Diaries 1939–1943*, hg. v. Hugh Gibson, New York 1946.

Clark, Mark W., *Calculated Risk*, New York 2007. (Dt.: *Mein Weg von Algier nach Wien*, Velden a. W. und Wien 1954.)

Coady, Mary Frances, *With Bound Hands: A Jesuit in Nazi Germany. The Life and Selected Prison Letters of Alfred Delp*, Chicago 2003.

Collignon, Stefan und Daniela Schwarzer (Hg.), *Private Sector Involvement in the Euro: The Power of Ideas*, London 2003.

Colvin, Ian, *Chief of Intelligence*, London 1951. (Dt.: *Admiral Canaris, Chef des Geheimdienstes*, Wien u. a. 1955.)

– *Master Spy: the incredible story of Wilhelm Canaris, who, while Hitler's chief of intelligence, was a secret ally of the British*, New York 1951.

– *Vansittart in Office: an historical survey of the origins of the Second World War based on the papers of Sir Robert Vansittart*, London 1965.

Connelly, John, *From Enemy to Brother: The Revolution in Catholic Teaching on the Jews, 1933–1965*, Cambridge, MA 2012. (Dt.: *Juden – vom Feind zum Bruder: wie die Katholische Kirche zu einer neuen Einstellung zu den Juden gelangte,* Paderborn 2016.)
Conway, John, »The Meeting Between Pope Pius XII and Ribbentrop«, in: *CCHA Study Sessions* 35 (1968), S.103–116.
– »Myron C. Taylor's Mission to the Vatican, 1940–1950«, in: *Church History* 44, Nr. 1 (1975), S. 85–99.
– *The Nazi Persecution of the Churches, 1933–1945,* New York 1968.
– »Pope Pius XII and the German Church: An Unpublished Gestapo Report«, in: *Canadian Journal of History* 2 (März 1967), S. 72–83.
Cooper, H. H., »English Mission: Clandestine Methods of the Jesuits in Elizabethan England as illustrated in an Operative's Own Classic Account«, in: *Studies in Intelligence* 5, Nr. 2 (Frühjahr 1961), S. A43–A50.
Coppa, Frank, *Cardinal Giacomo Antonelli and Papal Politics in European Affairs,* Albany 1990.
– *The Italian Wars of Independence,* New York 1992.
– *The Modern Papacy Since 1789,* New York 1998.
Coppa, Frank (Hg.), *Controversial Concordats: The Vatican's Relations with Napoleon, Mussolini, and Hitler,* Washington, DC 1999.
Cormenin, Louis-Marie de, *A Complete History of the Popes of Rome,* 2 Bde., Philadelphia 1850.
Cornwell, John, *Hitler's Pope: The Secret History of Pius XII,* New York 1999. (Dt.: *Pius XII.: der Papst, der geschwiegen hat,* München 1999.)
– *The Pontiff in Winter: Triumph and Conflict in the Reign of John Paul II,* New York 2005.
Costantini, Celso, *Ai margini della Guerra (1838–1947), S. Diario inedito del Cardinale Celso Costantini,* Venedig 2010. (Engl.: *The Secrets of a Vatican Cardinal: Celso Costantini's Wartime Diaries, 1938–1947,* hg. v. Bruno Fabio Pighin, Montreal 2014.)
Cousins, Norman, *The Improbable Triumvirate: John F. Kennedy, Pope John, Nikita Khrushchev,* New York 1972.
Curran, John, »The Bones of Saint Peter?«, in: *Classics Ireland* 3 (1996), S. 18–46.
Dederichs, Mario, *Heydrich: Das Gesicht des Bösen,* München 2005.
Delp, Alfred, »Bereitschaft«, in: *Chrysologus* 75 (1935), S. 353–357.
– »Die moderne Welt und die katholische Aktion«, in: *Chrysologus* 75 (1935), S. 170–178.

- *Gesammelte Schriften,* hg. v. Roman Bleistein, 5 Bde. Frankfurt a. M. 1982–1984 und 1988.
- *Kämpfer, Beter, Zeuge,* Freiburg i. Br. 1962.

Derry, Sam, *The Rome Escape Line: the story of the British organization in Rome for assisting escaped prisoners-of-war 1943–44,* New York 1960.

Deschner, Günther, *Reinhard Heydrich: Biographie eines Reichsprotektors,* München 2008.

Deutsch, Harold C., *The Conspiracy Against Hitler in the Twilight War,* Minneapolis 1968. (Dt.: *Verschwörung gegen den Krieg: Der Widerstand in den Jahren 1939–1940,* München 1969.)
- »The German Resistance: Answered and Unanswered Questions«, in: *Central European History* 14, Nr. 4 (1981), S. 322–331.
- Brief an Josef Müller, 2. Dezember 1965, HDP, II, 1/7.
- »Pius XII and the German Opposition in World War II«, in: Paper read to the Congress of the American Historical Association, Dezember 1965, HDP, VII, 4/8.

Dippel, John V. H., *Two Against Hitler: Stealing the Nazis' Best-Kept Secrets,* New York 1992.

Documents on British Foreign Policy, 1919–1939, D Series, Bd. 5. London 1956.

Dohnanyi, Christine von, »Aufzeichnung über das Schicksal der Dokumentensammlung meines Mannes«, in: IfZ, ZS 603.
- Aussage, 26. Juni 1958, HDP.

Domarus, Max (Hg.), *Hitler: Reden und Proklamationen, 1932 bis 1945,* Wiesbaden 1973.

Dornberg, John, *Munich 1923: The Story of Hitler's First Grab for Power,* New York 1982. (Dt.: *Der Hitlerputsch: 9. November 1923,* München 1998.)

Doyle, Charles Hugo, *The Life of Pope Pius XII,* Sydney 1947.

Dreher, Klaus, *Der Weg zum Kanzler: Adenauers Griff nach der Macht,* Düsseldorf 1972.

Duce, Alessandro, *Pio XII e la Polonia (1939–1945),* Rom 1997.

Duffy, James P. und Vincent Ricci, *Target Hitler: the plots to kill Adolf Hitler,* Boulder 1992.

Dulles, Allen, *Germany's Underground,* New York 1947. (Dt.: *Verschwörung in Deutschland,* Kassel 1949.)

Eddy, Mary Frances Coady, *With Bound Hands: A Jesuit in Nazi Germany. The Life and Selected Prison Letters of Alfred Delp,* Chicago 2003.

Edsel, Robert, *Saving Italy: The Race to Rescue a Nation's Treasures from the Nazis*, New 2013.
Ehrle, Gertrud und Regina Broel, *Licht über dem Abgrund*, Freiburg i. Br. 1951.
Eidenschink, Georg, »Interrogation [statement taken] by Capt. O. N. Nordon (Present: Dr. Josef Müller)«, 6. November 1945, DNTC, Bd. XVII, Sec. 53.015.
Ennio, Caretto, »Olocausto, le denunce ignorate dagli Alleati«, in: *Corriere della Sera*, 4. September 2001, S. 16.
Epstein, Klaus, *Matthias Erzberger and the Dilemma of German Democracy*, Princeton, NJ, 1959. (Dt.: *Matthias Erzberger und das Dilemma der deutschen Demokratie*, Frankfurt a. M. u. a. 1976.)
Evans, Richard J., *The Coming of the Third Reich*, New York 2004. (Dt.: *Das Dritte Reich*, Bd. 1, *Aufstieg*, München 2005.)
– *The Third Reich at War: how the Nazis led Germany from conquest to disaster*, New York 2009. (Dt.: *Das Dritte Reich*, Bd. 3, *Krieg*, München 2009.)
– *The Third Reich in Power*, New York 2005. (Dt.: *Das Dritte Reich*, Bd. 2, *Diktatur*, München 2010.)
Falconi, Carlo, *Il silenzio di Pio XII*, Mailand 1965. (Dt.: *Das Schweigen des Papstes: eine Dokumentation*, München 1966.)
Fattorini, Emma, *Germania e Santa Sede: Le nunziature de Pacelli tra la Grande guerra e la Repubblica di Weimar*, Bologna 1992.
Faulhaber, Michael von, *Judentum, Christentum, Germanentum: Adventspredigten gehalten in St. Michael zu München*, München 1934.
Feldkamp, Michael F., »Paul Franken«, in: Gert Buchstab u. a., *Christliche Demokraten gegen Hitler: Aus Verfolgung und Widerstand zur Union*, S. 172–178, Freiburg i. Br. 2004.
– *Pius XII und Deutschland*, Göttingen 2000.
Ferrua, Antonio, »Il sepolcro di san Pietro e di certo nella Basilica Vaticana«, in: *Il Messaggero*, 16. Januar 1952.
– »La crittografia mistica ed i graffiti Vaticana«, in: *Rivista di Archeologia Cristiana* 35 (1959), S. 231–247.
– »La storia del sepolcro di san Pietro«, in: *La Civiltà Cattolica* 103 (1952), S. 15–29.
– »Nelle Grotte di san Pietro«, in: *La Civiltà Cattolica* 92 (1941), S. 358–365 und 424–433.
– »Nuove scoperte sotto san Pietro«, in: *La Civiltà Cattolica* 92 (1942), S. 72–83 und 228–241.
– »Sulle orme san Pietro«, in: *La Civiltà Cattolica* 94 (1943), S. 81–102.

Fest, Joachim C., *Hitler: Eine Biographie.* 2 Bde., Frankfurt a. M. 1978.
- *Staatsstreich: der lange Weg zum 20. Juli,* München 1997.
FitzGibbon, Constantine, *20 July,* New York 1956.
Flynn, George Q., »Franklin Roosevelt and the Vatican: The Myron Taylor Appointment«, in: *Catholic Historical Review* 58, Nr. 2 (Juli 1972), S. 171–194.
Forschback, Edmund, *Edgar J. Jung: Ein konservativer Revolutionär 30. Juni 1934,* Pfullingen 1984.
Forstner, Thomas, *Priester in Zeiten des Umbruchs. Identität und Lebenswelt des katholischen Pfarrklerus in Oberbayern 1918 bis 1945,* Göttingen 2013.
Frale, Barbara, »Petrusgrab: Ort einer Verschwörung gegen Hitler?«, Vatikanische Dokumente (rv 21.03.2012 gs), Radio Vatikan (De), 2. Februar 2012.
Frank, Hans, *Im Angesicht des Galgens: Deutung Hitlers und seiner Zeit auf Grund eigener Erlebnisse und Erkenntnisse,* München 1953.
Franken, Paul, »20 Jahre später. Eine Erinnerung an den Achtzigjährigen zum 5. Januar 1956«, in: *Akademische Monatsblätter des KV* 68 (Januar 1956), S. 94–100.
Fremantle, Anne (Hg.), *A Treasury of Early Christianity,* New York 1953.
Frend, William, »Ein Beweis der tiefen Uneinigkeit«, in: *Frankfurter Allgemeine Zeitung,* 12. Juli 1997, B3.
- »The Vatican Germans and the Anti-Hitler Plot«, in: *History Today* 54 (2004), S. 62 ff.
Friedländer, Saul, *Pius XII. und das Dritte Reich: Eine Dokumentation,* Reinbek b. Hamburg 1965.
- *Pius XII. und das Dritte Reich: Eine Dokumentation,* München 2011. [Nachwort]
- *The Years of Extermination: Nazi Germany and the Jews 1939–1945,* New York 2007.
Fröhlich, Elke (Hg.), *Die Tagebücher von Joseph Goebbels, Teil I: Aufzeichnungen 1923–1941,* München 1998.
Gaevernitz, Gero von, »From Caserta to Capri«, in: Schlabrendorff, *They Almost Killed Hitler,* S. 1–7, New York 1947.
Galante, Pierre, *Opération Walkyrie: le complot des généraux allemands contre Hitler,* Paris 1984. (Engl.: *Operation Valkyrie: The German Generals' Plot Against Hitler,* New York 1981.)
Gallagher, Charles, »Cassock and Dagger: Monsignor Joseph P. Hurley and American Anti-Fascism in Mussolini's Italy, 1938–1940«, in:

Artikel für die Tagung der American Catholic Historical Association, Indianapolis, 28. März 1998.
- »Personal, Private Views: Newly Discovered Report from 1938 Reveals Cardinal Pacelli's Anti-Nazi Stance«, in: *America* 189, Nr. 5 (2003).
- *Vatican Secret Diplomacy: Joseph Hurley and Pope Pius XII*. New Haven, CT, 2008.

Gallagher, J. P., *The Scarlet and the Black: The True Story of Monsignor Hugh O'Flaherty*, San Francisco 2009.

Gallo, Patrick J. (Hg.), *Pius XII, The Holocaust and the Revisionists. Essays*, Jefferson 2006.

Gasbarri, Carlo, *Quando il Vaticano confinava con il Terzo Reich*, Padua 1984.

Gerard, John, *The Autobiography of a Hunted Priest*, San Francisco 1988.

Gersdorff, Rudolf-Christoph von, *Soldat im Untergang*, Berlin und Frankfurt a. M. 1977.

Gerstenmaier, Eugen, *Streit und Friede hat seine Zeit*, Berlin 1981.
- »Zur Geschichte des Umsturzversuchs vom 20. Juli 1944«, in: *Neue Züricher Zeitung*, 23./24. Juni 1945.

Ghetti, B. M. u. a., *Esplorazioni Sotta La Confessione Di San Pietro in Vaticano Eseguite Negli Anni, 1940–1949*, 2 Bde., Vatikanstadt 1951.

Gilbert, Felix (Hg.), *Hitler Directs His War: The Secret Records of His Daily Military Conferences*, Oxford 1950.

Gilbert, Martin, *Auschwitz and the Allies*, London 1981. (Dt.: *Auschwitz und die Alliierten*, Frankfurt a. M. u. a. 1985.)

Giovanetti, Alberto, *Roma: Citta aperta*, Milan 1962.

Gisevius, Hans Bernd, »Political Background of the German Resistance Movement and of the Events Which Led to the Conspiracy Against Hitler and the Up-Rising Attempt of July 20th, 1944«, in: Undated [1945–1946], AWDP, Box 29 Folder 2 (PDF, 29–37).
- *Bis zum bitteren Ende*, 2 Bde., Hamburg 1947. (Engl.: *To the Bitter End: An Insider's Account of the Plot to Kill Hitler*. New York 1998.)
- *Wo ist Nebe?*, Zürich 1966.

Giskes, Hermann J., *Spione überspielen Spione*, Hamburg 1951.

Godman, Peter, *Der Vatikan und Hitler*, München 2005.

Goebbels, Josef, *Die Tagebücher von Joseph Goebbels*, Teil I Aufzeichnungen 1923–1941. Im Auftrag des Instituts für Zeitgeschichte und mit Unterstützung des Staatlichen Archivdienstes Russlands, hg. v. Elke Fröhlich, 9 Bde., München 1997–2004.
- *Die Tagebücher von Joseph Goebbels*, Teil II, Diktate 1941–1945. Im

Auftrag des Instituts für Zeitgeschichte und mit Unterstützung des Staatlichen Archivdienstes Russlands, hg. v. Elke Fröhlich, 15 Bde., München 1993–1996.
– *Journal 1939–1942*, Paris: Tallandier (Archives contemporaines), 2009.
Goldhagen, Daniel Jonah, *Die katholische Kirche und der Holocaust*, Berlin 2004.
Goldmann, Gereon Karl, *The Shadow of His Wings*, San Francisco 2000. (Dt.: *Tödliche Schatten – tröstendes Licht*, Sankt Ottilien 2010.)
Gordon, Harold J., *Hitler and the Beer Hall Putsch*, Princeton, NJ 1972.
Grabner, Sigrid und Henrik Röder (Hg.), *Ich bin, der ich war. Texte und Dokumente zu Henning von Tresckow*, Berlin 2005.
Graham, Robert A., »Il vaticanista falsario: L'incredibile successo di Virgilio Scattolini«, in: *Civiltà Cattolica* 3 (September 1973), S. 467 f.
– »La strana condotta di E. von Weizsäcker ambasciatore del Reich in Vaticano«, in: *Civiltà Cattolica* 2 (1970), S. 455–471.
– »The ›Right to Kill‹ in the Third Reich: Prelude to Genocide«, in: *Catholic Historical Review* 62, Nr. 1 (Januar 1976), S. 56–76.
– »Spie naziste attorno al Vaticano durante la seconda guerra mondiale«, in: *Civiltà Cattolica* 1 (Januar 1970), S. 21–31.
– *The Vatican and Communism During World War II: What Really Happened?*, San Francisco 1996.
– *Vatican Diplomacy: A Study of Church and State on the International Plane*, Princeton, NJ 1959.
– »Voleva Hitler allontanare da Roma Pio XII?«, in: *Civiltà Cattolica* 1 (Februar 1972), S. 319–327.
– »Voleva Hitler Che Fosse Pio XII A Negoziare La Pace?«, in: *La Civiltà Cattolicà* 4 (1976), S. 219–233.
Griesinger, Theodor, *Die Jesuiten, dem deutschen Volk erzählt*, 2 Bde., Stuttgart 1866.
Grisar, Hartmann, *Analecta Romana*, Bd. 1, Rom 1899.
– *Le Tombe Apostoliche di Roma*, Rom 1892.
Gritschneder, Otto, »Die Akten des Sondergerichts über Pater Rupert Mayer SJ«, in: *Beiträge zur altbayerischen Kirchengeschichte* 28 (1974), S. 159–218.
Groscurth, Helmuth, *Tagebücher eines Abwehroffiziers, 1938–1940. Mit weiteren Dokumenten zur Militäropposition gegen Hitler*, hg. v. Harold C. Deutsch u. a., Stuttgart 1970.

Guarducci, Margherita, *Cristo e san Pietro in un documento presconstantiniano della Necropoli Vaticana*, Rom 1953.
- *Dal gioco letterale alla crittografia mistica*, Berlin 1978.
- *I Graffiti sotto la confessione di san Pietro in Vaticano*, 3 Bde., Vatikanstadt 1957.
- »Il fenomeno orientale dal simbolismo alfabetico e i suoi svilluppi nel mondo cristiano d'occidente«, in: *Accademia Nazionale dei Lincei* 62 (1964), S. 467–497.
- »Infundate reserve sulle Reliquie di Pietro«, in: *Archeologia Classica* 2 (1968), S. 352–373.
- *Le Reliquie di Pietro*, Vatikanstadt 1965.
- *Le Reliquie di Pietro: Una messa a punto*, Rom 1967.
- *Peter: The Rock on Which the Church Is Built. A Visit to the Excavations Beneath the Vatican Basilica*, Vatikanstadt 1977.
- *St. Pierre Retrouvé*, Paris 1974.
- *The Tomb of St. Peter*, New York 1960.

Guiducci, Pier Luigi, *Il Terzo Reich Contro Pio XII: Papa Pacelli nei documenti nazisti*, Mailand 2013.

Gumpel, Peter, Interviews durch den Autor, 17. Mai und 1. Juni 2014.

Guttenberg, Elisabeth von, *Holding the Stirrup*, New York 1952.

Guttenberg, Karl Ludwig Freiherr zu, »Zusammenfassung meiner Angaben vor Standartenführer Huppenkothen«, 7. November 1944, abgedruckt in Donohoe, *Hitler's Conservative Opponents in Bavaria 1930–1945*, Appendix F, S. 258–267.

Gvosdev, Nikolas K, »Espionage and the Ecclesia«, in: *Journal of Church and State*, 22. September 2000, S. 803 ff.

Haasis, Hellmut G., *Tod in Prag: Das Attentat auf Reinhard Heydrich*, Reinbek b. Hamburg 2002.

Halder, Franz, *The Halder War Diary, 1939–1943*, hg. v. Charles Burdick und Hans-Adolf Jacobsen, Novato, CA, 1988.
- *Kriegstagebuch: Tägliche Aufz. des Chefs des Generalstabes des Heeres, 1939–1942*, 3 Bde., Stuttgart 1962–1964.

Hales, E. E. Y., *The Catholic Church in the Modern World: A Survey from the French Revolution to the Present*, Garden City, NY, 1958.

Hapig, Marianne, *Tagebuch und Erinnerung*, hg. v Elisabeth Prégardier, Plöger 2007.

Harrison, E. D. R., »The Nazi Dissolution of the Monasteries: A Case-Study«, in: *English Historical Review* 99 (1994).

Hartl, Albert [Dieter Schwarz mit Reinhard Heydrich], *Angriff auf die nationalsozialistische Weltanschauung*, Berlin u. München 1936.

Hartl, Albert [Alfred Harder], Papst Pius XII. Der Mensch – der Politiker, Berlin 1939. (Streitschrift für die SS, Bezüge auf Ereignisse bis Mitte März 1939.)

Hartl, Albert [Anton Holzner], *Priestermacht*, Berlin 1939.

Hartl, Albert (Hg.), *Lebe gesund, lange und glücklich!*, Schlachters bei Lindau 1956.

Hassell, Ulrich von, *Die Hassell-Tagebücher, 1938–1944: Aufzeichnungen vom andern Deutschland*, Berlin 1988.

Hastings, Derek, *Catholicism and the Roots of Nazism: Religious Identity and National Socialism*, New York 2010.

Hatch, Alden und Seamus Walshe, *Crown of Glory: The Life of Pope Pius XII*, New York 1956.

Hebblethwaite, Peter, *In the Vatican*, Bethesda, MD 1968. (Dt.: *Wie regiert der Papst*, Zürich und Köln 1987.)

– *Paul VI: The First Modern Pope*, New York 1993.

Hehl, Ulrich von, *Priester unter Hitlers Terror: Eine biographische und statistische Erhebung*, Mainz 1985.

Heiden, Konrad, *Geburt des Dritten Reichs: die Geschichte des Nationalsozialismus bis Herbst 1933*, Zürich 1934.

Held, Heinrich, »Niederschrift, diktiert von Ministerpräsident Dr. Heinrich Held unmittelbar nach dem 9. März 1933 über die Vorgänge bei der Machübernahme der Nationalsozialisten in Bayern«, in: Müller, »Niederschrift«, LK, 373–378.

Held, Joseph, *Heinrich Held: Ein Leben für Bayern*, Regensburg 1958.

Helmreich, Ernst, *The German Churches Under Hitler*, Detroit 1979.

Hennessey, James, »An American Jesuit in Wartime Rome: The Diary of Vincent A. McCormick, S. J., 1942–1945«, in: *Mid-America* 56, Nr. 1 (Januar 1974), S. 32–55.

Hesemann, Michael, *Der Papst, der Hitler trotzte: Die Wahrheit über Pius XII.*, Augsburg 2008.

– »Pius XII, Stauffenberg und der Ochsensepp«, *Kath.Net*, 19. Juli 2009.

Hettler, Friedrich Hermann, »Josef Müller (Ochsensepp). Mann des Widerstandes und erster CSU-Vorsitzender« (= *Miscellanea Bavarica Monacensia*, Bd. 55), München 1991.

Heydecker, Joe J. und Johannes Leeb, *Der Nürnberger Prozess. Neue Dokumente, Erkenntnisse und Analysen*, Köln 1979.

Hilberg, Raul, *The Destruction of the European Jews*, New York 1978. (Dt.: *Die Vernichtung der europäischen Juden: d. Gesamtgeschichte d. Holocaust*, Frankfurt a. M. u. a. 1983.)

Hilgenreiner, Karl, »Tyrannenmord«, in: *Lexikon für Theologie und Kirche*, Bd. 10, Freiburg i. Br. 1938, S. 346 ff.

Hill, Leonidas, »The Vatican Embassy of Ernst von Weizsäcker, 1943–1945«, in: *Journal of Modern History* 39 (Juni 1967), S. 138–159.

Hilton, Stanley E., »The Welles Mission to Europe, February–March 1940: Illusion or Realism?«, in: *Journal of American History* 58, Nr. 1 (Juni 1971), S. 93–120.

Himmler, Heinrich, *Rassenpolitik*, Pamphlet, Berlin, o.J. [ca. 1943].

Hinsley, F. H., *British Intelligence in the Second World War*, abridged ed., New York 1993.

Hitler, Adolf, *Hitlers Tischgespräche im Führerhauptquartier*, hg. v. Henry Picker, Stuttgart 1976.

Hockerts, Hans Günter, *Die Sittlichkeitsprozesse gegen katholische Ordensangehörige und Priester 1936–1937. Eine Studie zur nationalsozialistischen Herrschaftstechnik und zum Kirchenkampf*, Mainz 1971.

Hoek, Kies van, *Pope Pius XII: Priest and Statesman*, New York 1945.

Hoffmann, Peter, *Widerstand, Staatsstreich, Attentat: der Kampf der Opposition gegen Hitler*, München 1969.

– *Die Sicherheit des Diktators: Hitlers Leibwachen, Schutzmaßnahmen, Residenzen, Hauptquartiere*, München und Zürich 1975.

– *Claus Schenk Graf von Stauffenberg und seine Brüder*, Stuttgart 1992.

– *Widerstand gegen Hitler und das Attentat vom 20. Juli 1944*, Konstanz 1994.

Hoffmann, Peter (Hg.), *Behind Valkyrie: German Resistance to Hitler: Documents*, Montreal 2011.

Hofmann, Paul, *O Vatican! A Slightly Wicked View of the Holy See*, New York 1982.

Hofmeister, Corbinian, Niederschrift, 6. August 1963, HDP, III, 1/7.

Höhne, Heinz, *Canaris: Patriot im Zwielicht*, München 1976.

– *Der Orden unter dem Totenkopf: die Geschichte der SS*, München 2002.

– *Mordsache Röhm. Hitlers Durchbruch zur Alleinherrschaft, 1933–1934*, Reinbek b. Hamburg 1984.

Höllen, Martin, *Heinrich Wienken, der »unpolitische« Kirchenpolitiker. Eine Biographie aus drei Epochen des deutschen Katholizismus*, Mainz 1981.

Hollis, Christopher, *The Jesuits: A History*, New York 1968. (Dt.: *Die Jesuiten: Söhne des Heiligen Vaters*, Hamburg 1976.)

Holmes, Derek J., *The Papacy in the Modern World: 1914–1978*, New York 1981.
- *The Triumph of the Holy See*, London 1978.

Höttl, Wilhelm [Walter Hagen], *Die geheime Front*, Wien 1950.

Hudec, L. E., »Recent Excavations Under St. Peter's Basilica in Rome«, in: *Journal of Bible and Religion* 20, Nr. 1 (1952), S. 13–18.

Hughes, John Jay, »Hitler, the War, and the Pope«, in: *First Things*, Oktober 2000, S. 66–71.

Huppenkothen, Walter, »Der 20. Juli 1944«, undatierte Aussage, HDP, 2/10.
- »The 20 July Plot Answers of Walter Huppenkothen«, USFET/CIC Interrogation Report, Hersbruck, 17. Mai 1946, Antworten auf Deutsch (19 S.) auf einem dreiseitigen Fragebogen, Durchschläge, DJ 38, Folder 21.
- »Verhältnis Wehrmacht Sicherpolizei…«, in: Statement, o. D., HDP, 2/10.

Hürten, Heinz, »Papst Pius XII. und die Einigung Europas«, in: Duchhardt, Heinz/Morawiec, Małgorzata (Hrsg.), *Die europäische Integration und die Kirchen. Akteure und Rezipienten*, Göttingen 2010, S. 21–34.

Hürter, Johannes, *Hitlers Heerführer. Die deutschen Oberbefehlshaber im Krieg gegen die Sowjetunion 1941/42*, München 2006.

Ihnhass, Michael J. [L. M. Telepun], »The Bloody Footprints«, Selbstverlag 1954.

Irmingard von Bayern, *Jugend-Erinnerungen: 1923–1950*, St. Ottilien 2010.

Irving, David, *Hitler's War*, New York 1977. (Dt.: *Hitlers Krieg*, 2 Bde., München und Berlin 1983 und 1986.)

Jacobsen, Hans-Adolf, »10. Januar 40 – Die Affäre Mechlin«, in: *Wehrwissenschaftliche Rundschau* 4 (1954), S. 497–515.
- *Fall Gelb*, Wiesbaden 1957.

Jacobsen, Hans-Adolf (Hg.), *20. Juli 1944: Die dt. Opposition gegen Hitler im Urteil d. ausländ. Geschichtsschreibung. Eine Anthologie*, Bonn 1969.

Joachimsthaler, Anton, *Hitlers Ende: Legenden und Dokumente*, München 2004.

John, Otto, *Zweimal kam ich heim: Vom Verschwörer z. Schützer d. Verfassung*, Düsseldorf 1969.

Josi, Enrico, »Gli scavi nelle Sacre Grotte Vaticana«, in: *Il Vaticano nel 1944*, Rom 1945, S. 2–13.

- »Ritrovamenti Archeologici«, in: *L'Osservatore Romano*, 13. März 1941, S. 6.
Junge, Traudl, *Bis zur letzten Stunde: Hitlers Sekretärin erzählt ihr Leben*, München 2002.
Jussen, Wilhelm (Hg.), *Gerechtigkeit schafft Frieden, Reden und Enzykliken des Heiligen Vaters Pius XII.*, Hamburg 1946.
Kaas, Ludwig, »The Search for the Bones of St. Peter«, in: *Life*, 27. März 1950, S. 79–85.
Kahn, David, *The Codebreakers: The Story of Secret Writing*, New York 1967.
- *Hitler's Spies: German Military Intelligence in World War II*, New York 1978.
Kaiser, Wolfram, *Christian Democracy and the Origins of European Union*, New York 2007.
Kaltefleiter, Werner und Hanspeter Ochswald, *Spione im Vatikan: Die Päpste im Visier der Geheimdienste*, München 2006.
Kaltenbrunner, Ernst, »The Defense Case. VII. Final Argument« with »Final Plea«, 20. November 1945, NCA, II, Pt. 1, 275 ff. Als Anwalt fungierte Kurt Kauffmann.
Keitel, Wilhelm, *Generalfeldmarschall Keitel – Verbrecher oder Offizier?: Erinnerungen, Briefe, Dokumente des Chefs OKW*, hg. v. Walter Görlitz, Schnellbach 1998.
Keller, Bastian, *Der Ostfeldzug. Die Wehrmacht im Vernichtungskrieg: Planung, Kooperation, Verantwortung*, Hamburg 2012.
Keller, Gustav, *Die Gewissensentwicklung der Geschwister Scholl. Eine moralpsychologische Betrachtung*, Freiburg 2014.
Keller, Hermann, »Zeugenschriftum«, 4. Juli 1967, IfZ, ZS 2424.
Kempner, Benedicta Maria, *Priester vor Hitlers Tribunalen*, Leipzig 1966.
Kennan, George, *Memoirs, 1925–1950*, New York 1983. (Dt.: *Memoiren eines Diplomaten*. Mit e. Vorw. von Klaus Mehnert, Stuttgart 1969.)
Kershaw, Ian, *Hitler 1889–1936: Hubris*, New York 1998. (Dt.: *Hitler: 1889–1945*, München 2009.)
- *Hitler 1936–1945: Nemesis*, New York 2000. (Dt.: *Hitler 1936–1945*, München 2014.)
- *The »Hitler Myth«: Image and Reality in the Third Reich*, New York 2001. (Dt.: *Der Hitler-Mythos: Führerkult und Volksmeinung*, München 2002.)
- *Hitler, the Germans and the Final Solution*, New Haven, CT 2008.

- *Popular Opinion and Political Dissent in the Third Reich: Bavaria, 1933–1945,* Oxford 1983.
- *The Nazi Dictatorship: Problems and Perspectives of Interpretation,* 3. Aufl., London 2000. (Dt.: *Der NS-Staat,* Hamburg 2009.)

Kertzer, David I., *The Pope and Mussolini: The Secret History of Pius XI and the Rise of Fascism in Europe,* New York 2014.

Kessel, Albrecht von, »Umschwung in D«, Handschriftliches Manuskript, o. D., ca. 6. November 1942, Nachlass Kessel. Abgedruckt in Schwerin, *Köpfe,* S. 447–452.
- *Verborgene Saat: Aufzeichnungen aus dem Widerstand, 1933 bis 1945,* hg. v. Peter Steinbach, Berlin 1992.

Kimball, Warren F. (Hg.), *Churchill and Roosevelt: The Complete Correspondence,* Bd. 3, Alliance Declining, February 1944–April 1945, Princeton, NJ 1984.

Kirschbaum, Engelbert, »Gli scavi sotto la Basilica di San Pietro«, in: *Gregorianum* 29, (3/4) (1948), S. 544–557.
- *Die Gräber der Apostelfürsten,* Leipzig 1973.
- »Zu den Neuesten Entdeckungen unter der Peterskirche in Rom«, in: *Archivum Historiae Pontificiae* 3 (1965), S. 309–316.

Klemperer, Klemens von, *German Resistance Against Hitler: The Search for Allies Abroad, 1938–1945,* New York 1992. (Dt.: *Die verlassenen Verschwörer: der deutsche Widerstand auf der Suche nach Verbündeten 1938–1945,* Berlin 1994.)

Knauth, Percy, *Germany in Defeat,* New York 1945.

Koch, Laurentius, »Die Benediktinerabtei Ettal«, in: Schwaiger (Hg.), *Das Erzbistum München und Freising in der Zeit der nationalsozialistischen Herrschaft,* Bd. 2, S. 381–413.

Kochendörfer, Sonja, »Freising unter dem Hakenkreuz«, in: Schwaiger (Hg.), *Das Erzbistum München und Freising in der Zeit der nationalsozialistischen Herrschaft,* Bd. 1, S. 676–683.

Kolakovic, Tomislav, *God's Underground,* New York 1949. [Ursprünglicher Untertitel: »Father George as told to Greta Palmer.«]

Kordt, Erich, *Nicht aus den Akten ... Die Wilhelmstraße in Frieden und Krieg. Erlebnisse, Begegnungen und Eindrücke 1928–1945,* Stuttgart 1950.

Kramarz, Joachim, *Caus Graf Stauffenberg: 15. November 1907–20. Juli 1944; das Leben eines Offiziers,* Frankfurt a. M. 1965.

Kühlwein, Klaus, *Pius XII. und die Judenrazzia in Rom,* Berlin 2013.
- *Warum der Papst schwieg. Pius XII. und der Holocaust,* Düsseldorf 2008.

Kurtz, Lester, *The Politics of Heresy: The Modernist Crisis in Roman Catholicism*, Berkeley 1986.

Kurzman, Dan, *Special Mission: Hitler's Secret Plot to Seize the Vatican and Kidnap Pius XII*, New York 2007.

Kwitny, Jonathan, *Man of the Century: The Life and Times of Pope John Paul II*, New York 1997.

Ladd, Brian, *The Ghosts of Berlin: Confronting German History in the Urban Landscape*, Chicago 2008.

Lahousen, Erwin, »Testimony of Erwin Lahousen taken at Nurnberg, Germany, 1. Februar 1946, 1330–1430 by Lt Col Smith W. Brookhart, Jr., IGD. Zudem verfügbar: Leo Katz, Interpreter; John Wm. Gunsser, Reporter«, Faksimile, 16. März 2010, Nachlass Loringhoven, PWF.

Lapide, Pinchas, *Three Popes and the Jews*, New York 1967. (Dt.: *Rom und die Juden*, Ulm 1998.)

Lapomarda, Vincent A., *The Jesuits and the Third Reich*. Lewiston, NY 1989.

Laqueur, Walter, *The Terrible Secret: suppression of the truth about Hitler's »Final solution«*, Boston 1980. (Dt.: *Was niemand wissen wollte: die Unterdrückung der Nachrichten über Hitlers »Endlösung«*, Frankfurt a. M. u a. 1981.)

Large, David Clay, *Where Ghosts Walked: Munich's Road to the Third Reich*, New York 1977. (Dt.: *Hitlers München: Aufstieg und Fall der Hauptstadt der Bewegung*, München 2001.)

Lavelle, Elise, *The Man Who Was Chosen: Story of Pope Pius XII*, New York 1957.

Lease, Gary, »Denunciation as a Tool of Ecclesiastical Control: The Case of Roman Catholic Modernism«, in: *Journal of Modern History* 68, Nr. 4 (1996), S. 819–830.

Lees-Milne, James, *Saint Peter's: The Story of Saint Peter's Basilica in Rome*, Boston 1967. (Dt.: *Sankt Peter: Mitte d. Christenheit*, Stuttgart und Hamburg 1968.)

Lehnert, Sr. M. Pascalina, »*Ich durfte ihm dienen*«, Würzburg 1982. (Engl.: *His Humble Servant*, South Bend 2014.)

Leiber, Robert, »Bandaufnahme eines Vortrages von HH Pater Leiber am [...] mit anschließender Diskussion«, undatierte Niederschrift, Berlin Pastoraltagung [ca. Herbst] 1963, Juliusz Stroynowski Collection (CN 92019), Hoover Institution, Palo Alto, CA.

– »Mit Brennender Sorge«, in: *Stimmen der Zeit* 169 (1961–1962), S. 417–426.

- »Pius XII.«, in: *Stimmen der Zeit*, November 1958. Abgedruckt in *Der Streit um Hochhuth's Stellvertreter*, Basel 1963).
- »Pius XII and the Third Reich«, in: Schriftliche Kommentare, üb. v. Charles Fullman, Auszug aus *Look*, 17. Mai 1966, S. 36–49.
- »Unterredung«, 26.–27. August 1960. IfZ, ZS, 660, S. 2–7.
- »Zum Gutachten Seiner Eminenz Kard. Faulhaber«, 5. [oder 6.] März 1939, ADSS, II, Annex IV, »Note du Secretariat privé de Pie XII«.
- »Zweite Konferenz des Heiligen Vaters mit den deutschen Kardinälen 9. März 1939. Zu behandelnde Punkte«, 7. [oder 8.] März 1939, ADSS, II, Annex VII, »Note du Secrétariat privé de Pie XII«.

Lernoux, Penny, *People of God*, New York 1989.

Lesourd, Paul, *Entre Rome et Moscou: Le jesuite clandestine, Mgr Michel d'Herbigny*, Paris 1976.

Leugers, Antonia, *Gegen eine Mauer bischöflichen Schweigens: Der Ausschuss für Ordensangelegenheiten und seine Widerstandskonzeption, 1941 bis 1945*, Frankfurt a. M. 1996.

Lewy, Guenter, »Mit festem Schritt ins neue Reich«, in: *Spiegel* 15 (1965).

–, »Pius XII, the Jews, and the German Catholic Church«, in: *Commentary* 37 (2) (Februar 1964), S. 23–35.

–, »Secret Papal Brief on Tyrannicide«, in: *Church History* 26 (4) (1957), S. 319–324.

Lillteicher, Jürgen: Rechtsstaatlichkeit und Verfolgungserfahrung, in: Goschler, Constantin u. ders. (Hrsg.): *Arisierung und Restitution*, Göttingen 2002. S. 127–160.

Lichten, Joseph, *A Question of Judgment: Pius XII and the Jews*, Washington, DC, 1963.

Lochner, Louis, *Always the Unexpected: A Book of Reminiscences*, New York 1956. (Dt.: *Stets das Unerwartete: Erinnerungen aus Deutschland 1921–1953*, Darmstadt 1955.)

Loringhoven, Bernd Freytag von, *Im Bunker mit Hitler: die letzten Monate im Führerhauptquartier; Juli 1944–April 1945*, Berlin 2006.

- »Kaltenbrunner und ›Der Ochsensepp‹ Josef Müller«, in: *Austria-Forum*, Mai 2010.

Louis Ferdinand, Prinz von Preußen, *Als Kaiserenkel durch die Welt*, Berlin 1952. (Titel späterer Auflagen: *Im Strom der Geschichte*, Bergisch-Gladbach 1985.)

Lüdecke, Kurt G. W., *I Knew Hitler: the story of a Nazi who escaped the blood purge*, London 1938.

Ludlow, Peter, »Papst Pius XII, die britische Regierung und die deutsche Opposition im Winter 1939/40«, in: *VfZ* Nr. 3 (1974).
Lugli, G., »Recent Archaeological Discoveries in Rome and Italy«, in: *Journal of Roman Studies* 36, Nr. 1–2 (1946), S. 1–17.
Lukacs, John, *At the End of an Age*, New Haven, CT 2002. (Dt.: *Die Geschichte geht weiter: das Ende des zwanzigsten Jahrhunderts und die Wiederkehr des Nationalismus*, München 1996.)
– »The Diplomacy of the Holy See During World War II«, in: *Catholic Historical Review* 60 (Juli 1974), S. 271–278.
– *Historical Consciousness: Or, the Remembered Past*, New York 1968.
– *The Hitler of History*, New York 1997. (Dt.: *Hitler: Geschichte und Geschichtsschreibung*, Berlin 1999.)
– »In Defense of Pius«, in: *National Review* 51, Nr. 22, 22. November 1999, S. 59 f.
– *The Last European War, 1939–1941*, New York 1976. (Dt.: *Der letzte europäische Krieg 1939–1941. Die Entmachtung Europas*, München 1980.)
– »Questions About Pius XII«, in: *Continuum* (Sommer 1964), S. 183–192. Abgedr. in Mark G. Malvasi und Jeffrey O. Nelson (Hg.), *Remembered Past: Johan Lukacs on History, Historians, and Historical Knowledge*, Wilmington, DE 2005.
Luther, Martin, »Von weltlicher Obrigkeit. Wie weit man ihr Gehorsam schuldig sei«, 1523, in: Luther, Martin, *Von weltlicher Obrigkeit: Schriften zur Bewährung der Christen in der Welt* (Calwer Luther-Ausgabe, Bd. 4), Gütersloh 1978.
Machiavelli, Niccolò, *Erörterungen über die erste Dekade des Titus Livius*. Übers. von W. Grüzmacher, Leipzig 1871.
Marchasson, Yves, *La Diplomatie Romaine et la République Française*, Paris 1974.
Matteson, Robert E., »The Last Days of Ernst Kaltenbrunner«, in: *Studies in Intelligence* (CIA), Frühjahr 1960; CIA Historical Review Program Release, 22. September 1993, NARA, RG 263, 2-11-6.
McCargar, James [Christopher Felix], *A Short Course in the Secret War*, 3. Aufl., Lanham, MD 1992.
McKay, C. G., *From Information to Intrigue: Studies in Secret Service Based on the Swedish Experience, 1939–1945*, London 1993.
Meehan, Patricia, *The Unnecessary War: Whitehall and the German Resistance to Hitler*, London 1992.
Menges, Franz, »Müller, Josef«, in: *Neue Deutsche Biographie* 18 (1997), S. 430–432.

Meyer, Winifred, *Unternehmen Sieben: Eine Rettungsaktion für vom Holocaust Bedrohte aus dem Amt Ausland,* Frankfurt a. M. 1993.
Mihr, Lukas, *Ad maiora mala vitanda – Das Beispiel der Niederlande,* https://www.ibka.org/files/niederlande.pdf, abgerufen am 18. November 2016.
Moltke, Freya von, *Erinnerungen an Kreisau 1930–1945,* München 1997.
Moltke, Helmuth James von, *Briefe an Freya, 1939–1945,* München 1988.
– »Über die Grundlagen der Staatslehre«, Oktober 1940, in: Moltke, Nachlass, Bundesarchiv, Koblenz N 1750 Bd. 1, BV, S. 44–53.
Mommsen, Hans, *Alternative zu Hitler: Studien zur Geschichte des deutschen Widerstands,* München 2000.
Moorhouse, Roger, *Berlin at War: life and death in Hitler's capital,* 1939–45, New York 2012.
Morell, Theo, *Die geheimen Tagebücher des Dr. Morell: Leibarzt Adolf Hitlers,* hg. v. David Irving, München 1983.
Morsey, Rudolf, »Gelehrter, Kulturpolitiker und Wissenschaftsorganisator in vier Epochen deutscher Geschichte: Georg Schreiber (1882–1963)«, in: Bastian Hein u. a. (Hg.), *Gesichter der Demokratie: Porträts zur deutschen Zeitgeschichte: Eine Veröffentlichung des Instituts für Zeitgeschichte München–Berlin,* München 2012, S. 7–20.
Muckermann, Friedrich, *Der Deutsche Weg: Aus der Widerstandsbewegungen der deutschen Katholiken von 1930–1945,* Zürich 1945.
– *Im Kampf zwischen zwei Epochen,* hg. v. Nikolaus Junk, Mainz 1973.
Muckermann, Hermann, »April 2, 1946 – Friedrich Muckermann SJ«, in: *Mitteilungen aus den deutschen Provinzen der Gesellschaft Jesu* XVII, 113–116 (1953–1956), S. 325–328.
Mueller, Michael, *Canaris: Hitlers Abwehrchef. Biografie,* Berlin 2007.
Müller, Josef, »Besprechung in Rom beim Vatikan 12. 11. 39«, abgedruckt in: Groscurth, *Tagebücher,* S. 506–509.
– »Betrifft: Halder«, nicht unterzeichnetes, undatiertes Dokument aus der frühen Nachkriegszeit, wahrscheinlich verfasst für das US Office of Strategic Services, HDP.
– Dr. Josef Müller: *Bis zur letzten Konsequenz. Ein Leben für Frieden und Freiheit,* München 1975.
– »Fragen und Erläuterungen von Dr. Müller«, Juli 1947, LStA (Roeder), Bd. 5, Land Niedersachsen, Lüneburg, 1951.
– [Josef Müller private Papiere, 1947–1956] IfZ, ED 63.
– »Lebenslauf«, 7. November 1945. 5 S., Deutsch (Schreibmaschinen-

durchschlag), DNTC, Bd. XVII, Subdivision 53, »Others Investigated or Interrogated«, 53.041.
- [Papiere und Urkunden] IfZ, ZS 659.
- »Protokoll der Sitzung vom 1.2.1952«, in: IfZ, ZS 603.
- »Statement by Josef Müller«, 21. Oktober 1948. LStA (Roeder), Bd. 5, Land Niedersachsen, Lüneburg 1951.
- »Statement of Mueller Jose[f], Lawyer (Munich) Gedonstrasse A. Munich«, Capri, 23. Mai 1945, NARA, RG 226, Entry 125, Box 29.
- Niederschriften von Befragungen durch Harold C. Deutsch (1958; April 1958; 5. und 31. Mai 1958; Juni 1958; 31. Juni 1958; 3. August 1958; 12. August 1958; 4. August 1960; Juli 1963; August 1963; 5. August 1963; 6. August 1963; 8. August 1963; 1966–1967?; 23. und 24. März 1966; September 1966; 22. September 1966; ca. 1966). HDP, III, 1/7.
- »Vernehmung des Zeugen Dr. Josef Müller, 49 Jahre alt, Rechtsanwalt in München«, unveröffentlichtes Manuskript, 29. April 1947, HDP.

Müller, Klaus-Jürgen, *Der deutsche Widerstand 1933–1945*, Paderborn 1990.

Murphy, Paul I., *La Popessa*, New York 1983.

Naftali, Timothy, »ARTIFICE: James Angleton and X2 Operations in Italy«, in: George C. Chalou (Hg.), *The Secrets War: The Office of Strategic Services in World War II*, Washington, DC 1992, S. 218–245.

National Security Agency [US Signal Security Agency], »Vatican Code Systems«, o. D. [25. September 1944]. NARA, RG 437, HCC, Box 1284 (Document NR 3823 ZEMA100 37012A 19430000 Cryptographic Codes and Ciphers: Vatican Code Systems).

Nebgen, Elfriede, *Jakob Kaiser*, Stuttgart 1967.

Neitzel, Sönke, *Abgehört: Deutsche Generäle in britischer Kriegsgefangenschaft, 1942–1945*, Berlin 2005.

Neuhäusler, Johannes, *Amboss und Hammer: Erlebnisse im Kirchenkampf des Dritten Reiches*, München 1967.

- *Wie war das in Dachau?: Ein Versuch, der Wahrheit näherzukommen*, München 1961.

Nicolosi, Giuseppe, »I lavori ampliamento risanamento e sistemanzione delle Sacre Grotte Vaticane«, in: *L'Osservatore Romano*, 13. März 1941, S. 6.

O'Callaghan, Roger T., »Recent Excavations Underneath the Vatican Crypts«, in: *Biblical Archaeologist* 12, Nr. 1 (Febuar 1949), S. 1–23.

- »Vatican Excavations and the Tomb of Peter«, in: *Biblical Archaeologist* 16, Nr. 4 (Dezember 1953), S. 69–87.

O'Donnell, James, *The Bunker*, New York 2001. (Dt.: Uwe Bahnsen und James O'Donnell, *Die Katakombe: Das Ende in der Reichskanzlei*, 2. Aufl., Reinbek b. Hamburg 2005.)

Oesterreicher, John M., *Wider die Tyrannei des Rassenwahns: Rundfunkansprachen aus dem ersten Jahr von Hitlers Krieg*, Wien 1986.

Osas, Veit, *Walküre: Die Wahrheit über den 20. Juli 1944 mit Dokumenten*, Hamburg 1953.

O'Shea, Paul, *A Cross too heavy. Pope Pius and the Jews of Europe*, New York 2011.

Pacelli, Eugenio, *Gesammelte Reden,* hg. v. Ludwig Kaas, Berlin 1930.

Pacepa, Ion Mihai und Ronald J. Rychlak, *Disinformation: Former Spy Chief Reveals Secret Strategy for Undermining Freedom, Attacking Religion, and Promoting Terrorism*, Washington, DC 2013.

Padellaro, Nazareno, *Pio XII,* Rom 1948. (Dt.: *Pius XII.*, 3. erg. Aufl., Bonn 1957.)

Pagano, Sergio, »Documenti sul modernismo romano dal Fondo Benigni«, in: *Ricerche per la storia religiosa di Roma* 8 (1990), S. 223–300.

Papen, Franz von, *Der Wahrheit eine Gasse,* München 1953.

Parparov, Fyodor und Saleyev, Igor [MVD/NKVD], »Dyelo« [Dossier] [an Stalin], 29. Dezember 1949, CPSU, Doc. 462a. (English: *The Hitler Book: The Secret Dossier Prepared for Stalin from the Interrogations of Hitler's Personal Aides,* hg. v. Henrik Eberle und Matthias Uhl., üb. v. Giles Macdonough, New York 2005.)

Patin, Wilhelm, »Beiträge zur Geschichte der Deutsch-Vatikanischen Beziehungen in den letzten Jahrzehnten. Quellen und Darstellungen zur politischen Kirche, Sonderband A«, in: Copy 0470 SD, 1942, Sammlung des Autors, Interne SS-Untersuchung für Heinrich Himmler.

- »Document Room Intelligence Analysis: Dr. Wilhelm August Patin«, Office of US Chief of Counsel for the Prosecution of Axis Criminality [Col. Brundage], Nürnberg, 24. September 1945.
- »Preliminary Interrogation Report: Patin, Wilhelm«, US 7th Army Interrogation Center, 14. Juli 1945. Sammlung des Autors.
- »Testimony of Dr. Wilhelm August Patin, taken at Nuremberg, Germany, 24. September 1945, 1050–1230, by Howard A. Brundage, Colonel«, Office of US Chief of Counsel for the Prosecution of Axis Criminality [Nürnberg].

- »Testimony of Wilhelm Patin, taken at Nurnberg, Germany, 3 November 1945, 1030–1130, by Lt. John B. Martin«, Sammlung des Autors.
Pawley, Edward, *BBC Engineering, 1922–1972*, London 1972.
Payne, Robert, *The Life and Death of Adolf Hitler*, New York 1995.
- *The Rise and Fall of Stalin*, New York 1968. (Dt.: *Stalin: Macht und Tyrannei*, München 1995.)
Perrin, Henri, *Journal d'un prêtre ouvrier en Allemagne*, Paris 1945. (Dt.: *Tagebuch eines Arbeiterpriesters: Aufzeichnungen 1943/1944*, Hamburg 1964.)
Persico, Joseph, *Roosevelt's Secret War: FDR and World War II Espionage*, New York 2001.
Peter, Karl Heinrich (Hg.), *Spiegelbild einer Verschwörung*, Stuttgart 1961.
Peters, Walter H., *The Life of Benedict XV*, Milwaukee 1959.
Petrarca, Francesco, *De remediis utriusque fortunae*, Cremonae, B. de Misintis ac Caesaris Parmensis, 1492. (Engl.: *Petrarch's Remedies for Fortune Fair and Foul*, hg. v. Conrad H. Rawski, 5 Bde., Bloomington 1991.)
Petrova, Ada und Watson, Peter, *The Death of Hitler: The Full Story with New Evidence from Secret Russian Archives*, New York 1995.
Phayer, Michael, *The Catholic Church and the Holocaust, 1930–1965*, Bloomington 2000.
- *Pius XII, the Holocaust, and the Cold War*, Bloomington 2008.
- »Questions about Catholic Resistance«, in: *Church History* 70, Nr. 2 (Juni 2001), S. 328–344.
Pius XII., *Summi Pontificatus*, Vatikanstadt 1939.
Pius XII., *Interpreter of the universal anguish*, 15. April 1945, http://w2.vatican.va/content/pius-xii/en/encyclicals/documents/hf_p-xii_enc_15041945_communium-interpretes-dolorum.html, abgerufen am 18. November 2016.
Pollard, John, *The Papacy in the Age of Totalitarianism*, New York 2014.
- *The Unknown Pope: Benedict XV (1914–1922) and the Pursuit of Peace*, London 1999.
- *The Vatican and Italian Fascism, 1929–32*, New York 1985.
Poulat, Emile, *Integrisme et Catholicisme integral*, Tournai 1969.
Prados, John, *The White House Tapes: Eavesdropping on the President*, New York 2003.
Prandi, Adriano, *La zona archeologica della Confessio Vaticana del II secolo*, Vatikanstadt 1957.

Pridham, Geoffrey, *Hitler's Rise to Power: The Nazi Movement in Bavaria, 1923–1933*, New York 1973.

Prittie, Terence, *Germans Against Hitler*, Boston 1964. (Dt: *Deutsche gegen Hitler: Eine Darstellung des deutschen Widerstands gegen den Nationalsozialismus während der Herrschaft Hitlers*, Tübingen 1965.)

Quigley, Martin, *Peace Without Hiroshima: Secret Action at the Vatican in the Spring of 1945*, Lanham, MD 1991.

Radio Vaticana, »Summario«, 1. April 2014, www.aireradio.org/articoli/img/vaticano_2.pdf, abgerufen am 27. Mai 2014.

Rauscher, Anton (Hg.), *Wider den Rassismus: Entwurf einer nicht erschienenen Enzyklika (1938). Texte aus dem Nachlass von Gustav Gundlach SJ*, Paderborn 2001.

Rauschning, Hermann, *Die Revolution des Nihilismus: Neu herausgegeben von Golo Mann*, Zürich 1964.

Reck-Malleczewen, Friedrich Percyval, *Tagebuch eines Verzweifelten: Zeugnis einer inneren Emigration*, München 2015.

Reese, Thomas J., *Inside the Vatican*, Cambridge, MA 1996. (Dt.: *Im Inneren des Vatikan: Politik und Organisation der katholischen Kirche*, Frankfurt a. M. 2000.)

Reilly, Michael F., *Reilly of the White House*, New York 1947.

Reitlinger, Gerald, *The SS: Alibi of a Nation, 1922–1945*, New York 1957. (Dt.: *Die SS, Tragödie einer deutschen Epoche*, München u. a. 1957. Die deutsche Titelgebung widerspricht – wohl aus zeitgenössischen Entschuldigungsgründen – dem Inhalt der englischen Titelangabe.)

Respighi, C., »Esplorazioni recenti nella Confessione Beati Petri«, in: *Rivista di Archeologia Cristiana* 19 (1942), S. 19–26.

Rhodes, Anthony, *The Power of Rome in the Twentieth Century*, New York 1983.

– *The Vatican in the Age of the Dictators*, New York 1973. (Dt.: *Der Papst und die Diktatoren: der Vatikan zwischen Revolution und Faschismus*, Wien u. a. 1980.)

Ribbentrop, Joachim von, »Testimony of Joachim von Ribbentrop taken at Nurnberg, Germany, on 5 October 1945, by Mr. Justice Robert H. Jackson, OUSCC«, in: Office of United States Chief Counsel for Prosecution of Axis Criminality. *Nazi Conspiracy and Aggression. Supplement B* [Red Book], S. 1232–1239. Washington, DC 1948.

Ritter, Gerhard, *Carl Goerdeler und die deutsche Widerstandsbewegung*, Stuttgart 1956.

Roon, Ger van, *Neuordnung im Widerstand: Der Kreisauer Kreis innerhalb der deutschen Widerstandsbewegung,* München 1967.
Rösch, Augustinus, »Dem Tode entronnen«, 1946, KN, S. 398–301.
- »Gottes Gnade in Feuer und Flamme«, 1947, KN, S. 412–453.
- *Kampf gegen den Nationalsozialismus,* hg. v. Roman Bleistein, Frankfurt a. M. 1985.
- »Kampf gegen den NS«, 22. Oktober 1945, KN, S. 268–270.
- »Lebenslauf«, 14. Dezember 1916, BHStAM, Abteilung Kriegsarchiv, OP2455.
- »Zum Abschiedsbrief Moltkes«, 1945–1946, KN, S. 286 und 288 f.
Rothe, Alfred, »Pater Georg von Sachsen«, in: *Mitteilungen aus den deutschen Provinzen der Gesellschaft Jesu* 17, Nr. 113 (1953–1956).
Rothfels, Hans, *Die Deutsche Opposition gegen Hitler. Eine Würdigung,* Frankfurt a. M. und Hamburg 1958.
Ruffner, Kevin Conley, »Eagle and Swastika: CIA and Nazi War Criminals and Collaborators«, Draft Working Paper, US Central Intelligence Agency History Staff, Washington, DC, April 2003. Declassified in 2007.
Rürup, Reinhard (Hg.), *Topographie des Terrors,* 4. Aufl., Berlin 1987.
Russo, Domenico, Manuskript ohne Titel [»Mémoire«], 12. March 1945. (20 S.), HDP, III, 1/9.
Rychlak, Ronald J., *Hitler, the War and the Pope,* Huntington, IN 2000.
Safire, William, »Essay: Happy to Watergate You«, in: *New York Times,* 14. Juni 1982.
Sale, Giovanni, »L'Attentato a Hitler, La Sante Sede e i Gesuiti«, in: *La Civiltà Cattolica* 1 (2003), S. 466–479.
Saltin, Günther, Alfred Delp – Einsatz für verfolgte Juden, in: *Alfred-Delp-Jahrbuch* 4 (2010), S. 78–93.
Sanchez, Jose, *Pius XII and the Holocaust: Understanding the Controversy,* Washington, DC 2002.
Schellenberg, Walter, *Memoiren,* Köln 1959.
Scheurig, Bodo, *Henning von Tresckow: ein Preuße gegen Hitler,* Berlin 2004.
Schlabrendorff, Fabian von, »Events Leading Up to the Putsch of 20 July (1944)«, maschinengeschriebenes Schriftstück für das US Office of Strategic Services, (Abschrift), o. D. [ca. Juli 1945], DNTC, Bd. XCIII.

- *Offiziere gegen Hitler*, Berlin 1984. (Engl.: *The Secret War Against Hitler*, üb v. Hilda Simon, Boulder 1994, und *They Almost Killed Hitler*, New York 1947.)

Schlund, Ernst: *Neugermanisches Heidentum im heutigen Deutschland*, München 1923.

Schmuhl, Hans-Walter, *The Kaiser Wilhelm Institute for Anthropology, Human Heredity, and Eugenics, 1927–1945*, Dordrecht 2008.

Schneider, Burkhart (Hg.) mit Pierre Blet und Angelo Martini, *Die Briefe Pius' XII. an die deutschen Bischöfe, 1939–1944*, Mainz 1966.

Scholl, Inge, *Die Weiße Rose*, Stuttgart 2014.

Scholtyseck, Joachim, Der »Schwabenherzog« Gottlob Berger, SS-Obergruppenführer, in: Kißener, Michael und Joachim Scholtyseck (Hg.), *Die Führer der Provinz: NS-Biographien aus Baden und Württemberg*, Konstanz 1997, S. 77–110.

Schramm, Percy Ernst, »Ahlmann, Wilhelm«, in: *Neue deutsche Biographie*, Berlin 1953.

Schuschnigg, Kurt, *Im Kampf gegen Hitler: Die Überwindung der Anschlussidee*, Wien und München 1969.

Schwaiger, Georg (Hg.), *Das Erzbistum München und Freising in der Zeit der nationalsozialistischen Herrschaft*, 2 Bde., München 1984.

Schwarz, Hans-Peter, *Adenauer*, Bd. 2, *Der Staatsmann*, Stuttgart 1991.

Schwerin, Detlef von, »Dann sind's die besten Köpfe, die man henkt«, *in: Die junge Generation im deutschen Widerstand*, München 1991.

Scoccianti, Sandro, »Appunti sul servizio informazioni pontificio nelle Marche nel 1859–60«, in: *Atti e memorie della deputazione di storia patria per le Marche* 88 (1983), S. 293–350.

Scrivener, Jane, *Inside Rome with the Germans*, New York 1945. Senninger, Gerhard, *Glaubenszeugen oder Versager. Katholische Kirche und Nationalsozialismus*, St. Ottilien 2009.

Sevareid, Eric, *Not So Wild a Dream*, New York 1946.

Sheridan, Michael, *Romans: Their Lives and Times*, New York 1994.

Shuster, G. N., *In Amerika und Deutschland: Erinnerungen eines amerikanischen College-Präsidenten*, Frankfurt a. M. 1965.

Siemer, Laurentius, *Aufzeichnungen und Briefe*, Frankfurt a. M. 1957.

Skriebeleit, Jörg: Flossenbürg – Hauptlager, in: Benz, Wolfgang und Barbara Distel (Hg.), *Flossenbürg: das Konzentrationslager Flossenbürg und seine Außenlager*, München 2007, S. 11–60.

Slezkine, Yuri, *The Jewish Century*, Princeton, NJ 2004. (Dt.: *Das jüdische Jahrhundert*, Göttingen 2006.)

Smothers, Edgar, »The Bones of St. Peter«, in: *Theological Studies* 27 (März 1966), S. 79–88.
- »The Excavations under St. Peter's«, in: *Theological Studies* 17 (1956), S. 293–321.

Sorondo, Marcelo Sánchez, »The Pontifical Academy of Sciences: A Historical Profile« (= *Pontificia Academia Scientiarum*, Sonderserie 16), 2003.

Speer, Albert, *Erinnerungen*, Frankfurt a. M. 1976.

Spengler, Oswald, *Der Untergang des Abendlandes: Umrisse einer Morphologie der Weltgeschichte*, München 1990.

Stehle, Hansjakob, *Die Ostpolitik des Vatikans 1917–1979*, München und Zürich 1975.
- »Ein Eiferer in der Gesellschaft von Mördern: Albert Hartl, der Chef des anti-kirchlichen Spitzeldienstes der SS«, in: *Die Zeit*, 7. Oktober 1983, www.zeit.de/1983/41/ein-eiferer-in-der-gesellschaft-von-moerdern, abgerufen am 28. August 2014.

Stehlin, Stewart, *Weimar and the Vatican, 1919–1933: German-Vatican Diplomatic Relations in the Interwar Years*, Princeton, NJ 1983.

Steigmann-Gall, David, *The Holy Reich: Nazi Conceptions of Christianity, 1919–1945*, Cambridge, UK, 2002.

Steinacher, Gerald, *Nazis auf der Flucht: wie Kriegsverbrecher über Italien nach Übersee entkamen*, Frankfurt a. M. 2010.

Steinhoff, Johannes u. a., *Voices from the Third Reich: An Oral History*, Washington, DC 1989.

Stickler, Wolfgang, »Odilo Braun: Dominikaner im Nationalsozialismus«, unveröffentlichter Artikel, Oktober 1998, Kloster des Dominikanerordens, Braunschweig.

Stone, I. F., *The War Years, 1939–1945: A Nonconformist History of Our Times*, Boston 1988.

Strauß, Franz Josef, Ansprache, 6. April 1978, München, HDP, IV, 20/5.

Sullivan, Geoff und Frode Weierud, »Breaking German Army Ciphers«, in: *Cryptologia* 29, Nr. 3 (2005), S. 193–232.

Sykes, Christopher, *Troubled Loyalty: A Biography of Adam von Trott*, London 1968. (Dt.: *Adam von Trott: Eine deutsche Tragödie*, Düsseldorf und Köln 1969.)

Tardini, Domenico, *Pio XII*, Rom 1960 (Dt.: *Pius XII.: Als Oberhirte, Priester u. Mensch*, Freiburg i. Br. u. a. 1963.)

Tattenbach, Franz, »Das entscheidende Gespräch«, in: *Stimmen der Zeit* 155 (1954–1955), S. 321–329.

Thompson, Leslie A., »Flossenbürg Concentration Camp«, 14. Januar, https://milewis.wordpress.com/chaplain-leslie-thompson-flossenbuerg/, abgerufen am 16. November 2016.

Tilley, John und Stephen Gaselee, *The Foreign Office*, London 1933.

Tittmann, Harold H., *Inside the Vatican of Pius XII: the Memoir of an American Diplomat during World War II*, New York 2004.

– »Vatican Mission«, in: *Social Order* 10 (März 1960), S. 113–117.

Toland, John, *Adolf Hitler*, New York 1976. (Dt.: *Adolf Hitler: Biographie 1889–1945*, Augsburg 2003.)

Townend, Gavi, »The Circus of Nero and the Vatican Excavations«, in: *American Journal of Archaeology* 62, Nr. 2 (1958), S. 216–218.

Toynbee, Jocelyn, »The Shrine of St. Peter and Its Setting«, in: *Journal of Roman Studies* 43 (1953), S. 1–26.

Toynbee, Jocelyn und J. W. Perkins, *The Shrine of St. Peter and the Vatican Excavations*, New York 1957.

Trevor-Roper, Hugh, »Admiral Canaris«, in: *The Philby Affair: Espionage, Treason, and Secret Services*, London 1968, S. 102–120.

– »The European Witch-craze of the Sixteenth and Seventeenth Centuries«, in: *The Crisis of the Seventeenth Century: Religion, the Reformation, and Social Change*, New York 1968, S. 90–192.

– *The Last Days of Hitler*, New York 1947. (Dt.: *Hitlers letzte Tage*, Frankfurt a. M. 1995.)

– *The Philby Affair*, a. a. O., London 1968.

– *The Secret World*, hg. v. Edward Harrison, London 2014.

– *The Wartime Journals*, hg. v. Richard Davenport-Hines, London 2012.

Tuchel, Johannes: »...und ihrer aller wartet der Strick.« *Das Zellengefängnis Lehrter Straße 3 nach dem 20. Juli 1944*, Berlin 2014.

Tully, Grace, *F. D. R.: My Boss*, New York 1949.

United Kingdom War Office, *Field Engineering and Mine Warfare, Pamphlet Nr. 7: Booby Traps*, London 1952.

US Army, Headquarters Counter Intelligence Corps, »Dr. Mueller, a Good German, tells of ›Resistance in Reich‹«, Allied Force Headquarters, Neapel 9. Juni 1945, NARA, RG 226, Entry 125, Box 29.

US Forces in Austria, Air Division Headquarters, »The Last Days in Hitler's Air Raid Shelter«, Zusammenfassung des Vernehmungsprotokolls, 8. Oktober 1945, 16 S. DNTC, Bd. IV, 8.14.

US National Security Agency, *Eavesdropping on Hell: Historical Guide to Western Communications Intelligence and the Holocaust, 1939–1945,*

2. Aufl., hg. v. Robert J. Hanyok. *United States Cryptologic History, Series IV*, Vol. 9. Washington, DC: Center for Cryptologic History 2005.

US Seventh Army, »Hitler's Last Session in the Reichs Chancellery, 24. Februar 1945«, Vernehmungsbericht, Karl Wahl und Max Amann, 24. Mai 1945, DNTC, Bd. IV, 8.14.

Ventresca, Robert A., *Soldier of Christ: The Life of Pope Pius XII*. Cambridge, MA 2009.

Veyne, Paul, *Geschichtsschreibung – und was sie nicht ist*, aus d. Franz. von Gustav Rossler, Frankfurt a. M. 1990.

Vocke, Harald, *Albrecht von Kessel: Als Diplomat für Versöhnung mit Osteuropa*, Freiburg i. Br. 2001.

Volk, Ludwig (Hg.), *Akten Kardinal Michael von Faulhabers (1917–1945)*, 3 Bde., Mainz 1975, 1984.

Vollmer, Antje, *Doppelleben. Heinrich und Gottliebe von Lehndorff im Widerstand gegen Hitler und von Ribbentrop*, Berlin 2012.

Waigel, Theo, *Pact for Stability and Growth*, Brussels, Europe Documents Nr. 1962 (24. November 1995), S. 1–3.

Wall, Bernard, *The Vatican Story*, New York 1956.

Wall, Donald D., »The Reports of the Sicherheitsdienst on the Church and Religious Affairs in Germany, 1939–1944«, in: *Church History* 40, Nr. 4 (Dezember 1971), S. 437–456.

Wallace, Robert, H. Keith Melton und Henry R. Schlesinger, *Spycraft: The Secret History of the CIA's Spytechs from Communism to Al-Qaeda*, New York 2008.

Walpole, Hugh, »The Watch on St. Peter's Square«, Auszug aus ders., *Roman Fountain*, London 1940, abgedruckt in Sweeney (Hg.), *Vatican Impressions*, S. 205–221.

Walsh, John Evangelist, *The Bones of St. Peter: The First Full Account of the Search for the Apostle's Body*, New York 1982.

Ward, Geoffrey C. (Hg.), *Closest Companion: The Unknown Story of the Intimate Friendship Between Franklin Roosevelt and Margaret Stuckley*, New York 1989.

Weber, Max, »Politik als Beruf«, in: *Gesammelte Politische Schriften*, 2. Aufl., Tübingen 1958, S. 533–548.

Wehner, Bernd, »Das Spiel ist aus«, in: *Der Spiegel*, Nr. 12, März 1950, S. 31.

Weigel, George, *Witness to Hope: The Biography of Pope John Paul II*, New York 2005. (Dt: *Zeuge der Hoffnung: Johannes Paul II.; eine Biographie*, 3. erw. Aufl., Paderborn 2011.)

Weinberg, Gerhard, *The World at Arms: A Global History of World War II*, New York 1994. (Dt.: *Eine Welt der Waffen: die globale Geschichte des Zweiten Weltkrieges*, Stuttgart 1995.)

Weisbrod, Bernd, »Terrorism and Performance: The Assassinations of Walther Rathenau and Hanns Martin Schleyer«, in: *Control of Violence* 2011, S. 365–394.

Weissauer, Ludwig, *Die Zukunft der Gewerkschaften*, Stuttgart 1970.

Weitz, John, *Hitler's Diplomat*, London 1992.

Weizsäcker, Ernst von, *Die Weizsäcker-Papiere, 1933–1950,* hg. v. Leonidas E. Hill, Frankfurt a. M. 1974.

– *Erinnerungen*, München u. a. 1950.

Welles, Sumner, »Report by the Under Secretary of State (Welles) on His Special Mission to Europe«, 29. März 1940, FRUS, 1940, I, S. 21–113.

– *Time for Decision*, New York 1944. (Dt.: »*Jetzt oder nie!*«, Stockholm 1944.)

Wenger, Antoine, *Catholiques en Russie d'après les archives du KGB, 1920–1960*, Paris 1998.

– *Rome et Moscou, 1900–1950*, Paris 1987.

Wheeler-Bennett, John W., *The Nemesis of Power: The German Army in Politics, 1918–1945*, London 1953. (Dt.: *Die Nemesis der Macht: Die deutsche Armee in der Politik 1918–1945*, Düsseldorf 1954.)

Wiener, Jan G., *The Assassination of Heydrich*, New York 1969.

Wills, Gary, *Papal Sin. Structures of Deceit*, New York 2000. [Kapitel I]

Michael Wildt: *Generation des Unbedingten. Das Führungskorps des Reichssicherheitshauptamtes*, Hamburg 2002.

Wilson, Hugh, *Diplomat Between the Wars*, New York 1941.

Wistrich, Robert S., *Hitler and the Holocaust*, New York 2001. (Dt.: *Hitler und der Holocaust*, Berlin 2003.)

– »Reassessing Pope Pius XII's Attitudes toward the Holocaust«, Interview durch Manfred Gerstenfeld, Jerusalem Center for Public Affairs, 19. Oktober 2009.

Wolf, Hubert, *Papst und Teufel: Die Archive des Vatikan und das Dritte Reich*, 2. Aufl., München 2009.

Wolf, Kilian, »Erinnerungen an Erlebnisse des Ettaler Konvents während der Nazizeit«, [Benediktinerkloster] Ettal, 1979.

Wolff, Karl, »Excerpts from Testimony of Karl Wolf, taken at Nuremberg, Germany, 26. Oktober 1945, 1430–1650, by Col. Curtis L. Williams, IGD«, IMT, Bd. XXVIII.

– »Niederschrift über meine Besprechungen mit Adolf Hitler September 1943 [...]«, in: *Posito Summ*, Pars. II, S. 836 ff., 28. März 1972, PWF.

World Jewish Committee u. a., *The Black Book: The Nazi Crime Against the Jewish People*, New York 1946.

Wuermeling, Henric L., *Die Weiße Liste und die Stunde Null in Deutschland 1945: mit den Originaldokumenten in englischer Sprache*, München 2015.

Wulf, Peter, »Vom Konservativen zum Widerständler. Wilhelm Ahlmann (1895–1944). Eine biografische Skizze«, in: *Zeitschrift für Geschichtswissenschaft* 59, Nr. 1 (2011), S. 5–26.

Wyman, David, *The Abandonment of the Jews: America and the Holocaust, 1941–1945*, New York 1984. (Dt.: *Das unerwünschte Volk: Amerika und die Vernichtung der europäischen Juden*, Frankfurt a. M. 2000.)

Wytwycky, Bohdan, *The Other Holocaust*, Washington, DC, 1982.

Zeiger, Ivo, »Betr.: Vernehmung von Pater Zeiger durch Dr. Kempner und Dr. Becker, Nürnberg, 9. Juli 1948«, in: Aktennotiz Nr. 12 Prinz Konstantin [hg. v. Pflieger], IfZ, ZS A-49, S. 25 ff.

Ziegler, Walter, »Nationalsozialismus und kirchliches Leben in Bayern, 1933–1945«, in: Schwaiger (Hg.), *Das Erzbistum München und Freising in der Zeit der nationalsozialistischen Herrschaft*, Bd. 2, S. 49–76.

Zeller, Eberhard, *Geist der Freiheit. Der zwanzigste Juli*, München 1963.

– *Oberst Claus Graf Stauffenberg: Ein Lebensbild*, Paderborn 2008.

Zipfel, Friedrich, *Kirchenkampf in Deutschland 1933–1945*, Berlin 1965.

Zuccotti, Susan, *Under His Very Windows: The Vatican and the Holocaust in Italy*, New Haven, CT 2000.

Endnoten

Prolog
1 Den besten Agenten: Hartl, »The Vatican Intelligence Service«, 9. Januar 1947, C. Mit falschen Papieren und Geld ausgestattet: Hoffmann, Stauffenberg, SUSB, S. 304. Von sensationeller Bedeutung: CSDIC, »Kopkow's Account of the Plot«, 9. April 1946, TRP, DJ 38, Fol. 25. »Nachrichtendienst«: Kaltenbrunner an Bormann, 29. November 1944, KB, S. 508.
2 Dachte gar nicht daran: Huppenkothen, Aussage, 24. April 1948; Müller, »Lebenslauf«, 7. November 1945, DNTC. »Nerven wie Stricke«: Schmäing, »Aussage«, MB 6/6, 787. Jujitsu: Müller, Niederschrift, September 1966, HDP. »Wenn man ihn ansah«: Best, *Venlo Incident*, S. 181.
3 Vom Boden essen musste: Gaevernitz, »From Caserta to Capri«, S. 5.
4 Zerriss sie: Müller, LK, S. 246.
5 Für einen Putsch hervorging: Kaltenbrunner an Bormann, 29. November 1944, KB, S. 508 ff.
6 »Verrecke, du Hund!«: Huppenkothen, Niederschrift, 5. Februar 1951, HDP, 2/10.
7 »Im Liquidationshof?«: Müller, LK, S. 248.
8 »Führten zum Tod«: US 3rd Army JAG, »Report of Investigation«, 21. Juni 1945, NCA, IV, 2309-PS.
9 Aus Priwalows Blickfeld: Müller, »Flossenbürg«, LK, S. 248 und 250, sowie ebenda, »Befreiung und Abschied«, S. 274.

Kapitel 1: Dunkelheit über der Erde
1 »Noch nie seit der Reformation«: Hoek, *Pius XII*, S. 18 f.
2 »Ich verkünde euch«: Hatch und Walshe, *Crown*, S. 19 f.; Lavelle, *Man Who Was Chosen*, S. 94–100; Walpole, »The Watch«.

3 Disappeared: Doyle, *Life*, S. 181; Cianfarra, »Hailed by Throngs«, in: *New York Times*, 3. März 1939.
4 »Die ganze Wucht«: Pius XII., *Summi Pontificatus*, 20. Oktober 1939. Siehe unter http://www.kathpedia.com/index.php?title=Summi_pontificatus_%28Wortlaut%29.
5 Torte: Lehnert, *Servant*, S. 64. Um zwei Uhr morgens: Ebenda, S. 66.
6 So schildern: Doyle, *Life*, S. 182; vgl. Cousins, *Triumvirate*, S. 27 f.
7 Eine Höhlung: Gumpel, Interview, 17. Mai 2014. »Seines Pontifikats«: Tardini, *Memories*, S. 80.
8 Schlangen: Tacitus, *Historien*, Buch 2, 93; Plinius d. Ä., *Historia Naturalis*, Buch 16, 201. Grabstatt: Toynbee und Perkins, *Shrine*, S. 133 f., Anm 3. Core: Walsh, »Beneath the High Altar«, in: *Bones*, S. 33. Gold und Silber: Sheridan, *Romans*, S. 99. »Bronzekasten«: Kirschbaum, *Die Gräber*, S. 49. Erkundungsteam: Poole, »Crypt«, in CE, Bd. 4. Größtes Unheil: Bartoloni, »St. Peter's Tomb«, in: *L'Osservatore Romano*, 29. August 2012, S. 6.
9 Gerührt hatte: Toynbee und Perkins, *Shrine*, S. xv f., 44, 61, Anm. 3, und 133 f., Anm. 3; Burton, *Witness*, S. 93.
10 Abenteuer des Verstandes: Leiber, »Pius XII.«, in: *Stimmen der Zeit*, November 1958. »Nebel benennt«: Pius XII., Rede vor der päpstlichen Akademie der Wissenschaften, 30. November 1941. »Risiken«: Pius XII., Rede vor der päpstlichen Akademie der Wissenschaften, 3. Dezember 1939. Archäologische Erkundung: Toynbee und Perkins, *Shrine*, S. xvi.
11 Prinz-Albrecht-Straße: Rürup (Hg.), *Topographie des Terrors*, S. 70–80; Ladd, *Ghosts of Berlin*, S. 157; Moorhouse, *Berlin at War*, S. 230; Gisevius, *Bitter End*, S. 43; Reitlinger, *SS*, S. 46.
12 »Sehr launisch«; Hartl, Vernehmung, 9. Januar 1947, C. »Nicht geeignet«: AH, S. 42–46. Besten Freund: Kochendörfer, *Freising unter dem Hakenkreuz*, S. 680.
13 »Sei aufgewacht«: Hartl, Vernehmung, 9. Januar 1947, C. »Verprügelt und vergiftet«: Hartl, Vernehmung, 9. Januar 1947.
14 Geheime Kommandosache des Sicherheitsdienstes RFSS S D – R F S S vom 15. Februar 1938, in: Neuhäusler, *Kreuz und Hakenkreuz*, Bd. 1, S. 369.
15 Adolf Hitler, in: Schlund, *Neugermanisches Heidentum im heutigen Deutschland*, S. 68.
16 »Sind zur Strecke zu bringen«: Neuhäusler, *Kreuz und Hakenkreuz*, Bd. 1, S. 369. Siehe auch Conway, *Nazi Persecution*, S. 170, mit

Hinweis auf Aufzeichnungen zu einer Gestapo-Tagung vom Juli 1937. »Hass eines Abtrünnigen«: SSU/X-2 London, »Statement by Dr. Höttl«, 19. Dezember 1945, NARA, RG 223, 174/116/880; »Personalakte Hartl: Lebenslauf des SS-Obersturmführers Albert Hartl vom 3. Oktober 1936«, BA/Zld.

17 Höhere Führungsfiguren: »Solches Material wurde anschließend beurteilt und als Bericht entweder an Ribbentrop, Himmler, Hitler oder Göring usw. weitergeleitet.« Siehe Hartl, Vernehmung, 9. Januar 1947, C.

18 Lebenslauf: Eckart [für Hartl], »Papst Pius XII.«, 3. März 1939, TRP, S. 89 ff.

19 Pries Hitlers Antikommunismus: Leiber, »Bandaufnahme«, S. 5. Steuereinnahmen: Hitler, *Reden*, S. 397 f. »Den Weg zu Hitler«: Hartl, »National Socialism and the Church«, 9. Januar 1947, C, Annex IV. 55. Protestnoten: Leiber, »Mit brennender Sorge«, S. 419. »Absurd«: Höttl, »Vatican Policy and the Third Reich«, 26. November 1945, NARA, RG 226, Entry 174, Box 104, Folder 799.

20 Drastischsten Worte: Guiducci, »Il Papa«, TRP, S. 50; Wolf, *Pope und Devil*, S. 266; Godman, *Hitler and the Vatican*, S. 145. »Vernichtungskampf« usw.: Pius XI., *Mit Brennender Sorge*, 14. März 1937. Zum Kampf gegen das Reich aufgerufen: »Bericht über die Arbeitstagung der Kirchen Sachbearbeiter beim Reichssicherheitshauptamt am 22. und 23. September 1941«, IfZ, 4920/72, S. 218; Graham und Alvarez, *Nothing Sacred*, S. 59.

21 »Zu einer einzigen großen Gottesfamilie zusammenzufassen«: Hartl [Heydrich], *Angriff*, S. 26. »Der Rasse und des Blutes«: Hartl, »Pius XII.«, S. 16. Jesse Owens und Rabbis: »Innuendo by Nazis Arouses Catholics«, in: *New York Times*, 17. Dezember 1936, S. 14. »Verjudete USA-Presse«: Hartl, »Pius XII.«, S. 17.

22 »Ideologisch unbelehrbar«: Gestapo München, 1. Januar 1937, GSA, MA, 106889; 106411, Blätter 103 f. »Gegenüber jeder Diskussion taub«: Gestapo München, 1. August 1937, 42, GSA, MA 106689. »Erwünscht«: Gendarmerie-Station Hohenwart, 3. Juni 1935, Landrat 72055, in: Kershaw, *Opinion*, S. 244 f.

23 Birkner: Guiducci, »La figura Birkner«, TRP, S. 133. »Böser Geist«: Mackensen an Ribbentrop, 28. Juli 1941, TRP, S. 290.

24 »Tod des Führers«: O. A. Donau (SS-Oberabschnitt Donau), Austria (Department SS Upper Danube), Bericht aus Rom, 1938 [ohne Tag und Monat], MfS HA IX/11, 11 PV 270/68, Bd. 23, S. 2 ff.

(Birkner), abgedruckt in TRP, S. 130 ff. Appell an die Christen: Hartl, »Pius XII.«, S. 16.
25 Solange: Patin, »Beiträge«, S. 135.
26 »Bei der ersten Kampfmaßnahme«: Goebbels, *Die Tagebücher*, Bd. 1/6, 4. März 1939, S. 275.
27 »Kleine Asthmatiker«: Rösch an Brust, Februar 1943, KGN, Dok. 17, S. 203 ff. »Beauftragter für deutsche Fragen«: Leiber, »Unterredung«, S. 26 f., August 1960, IfZ, ZS 660, S. 2. »Art wissenschaftlicher Sekretär«: Poole an Dulles, 10. Oktober 1944, Annex E, OSS, NARA 226/16/1131.
28 »Nie ein Amtsträger des Vatikan«: Gumpel, Interview, 1. Juni 2014.
29 »Es leuchtet ein«: Father Felix Morlion, OP, an Ronald Reagan, undatierte Anlage an ein National Security Council Memorandum, Rodney B. McDaniel an Thomas C. Dawson, »Subject: Reply to Ambassador Wilson«, 23. Mai 1986, Reagan Library, Wilson Files, NSC 8604016.
30 Mund halten: Gumpel, Interview, 1. Juni 2014. »Absolute Geheimhaltung«: Mackensen an Ribbentrop, 28. Juli 1941, TRP, S. 291. Alles wissen: Hoek, *Pius XII*, S. 60.
31 Direkt: Deutsch, »Pius XII«, Januar 1966, HDP. Geschliffener Stahl: TRP, S. 291. »Im Reitanzug«: Lehnert, *Servant*, S. 26. »Nein, nein, nein«: Gumpel, Interview, 17. Mai 2014.
32 »Sonderlich«: Gumpel, Interview, 17. Mai 2014. Eines Lamms: Gumpel, Interview, 1. Juni 2014. »Ich fürchte nicht Petrus«: Rafferty, »Power Brokers in the Vatican«, in: *Financial Times*, 27. August 1988.
33 Von Rom abspalten: Faulhaber, »Denkschrift«, 5. März 1939, BPDB, An. 4. »Glaubten [...] an den Führer«: Leiber, »Bandaufnahme«, 1963, S. 11. »Trotz seines Hasses auf die Kirche«: ASV, AES, Germania 1936–1939, Pos. 719, Fasc. 316, S. 34.
34 Thors Hammer: P, S. 355, 483 f., 490 f.. Hakenkreuz: Ebenda, S. 489.
35 Widerruf: P, S. 10 (6. April 1938). Im Ungewissen: Gumpel, Interview, 1. Juni 2014. Anfällig auf Druck: Müller, Niederschrift, Juli 1963, HDP. An seiner Stelle erledigen: Gumpel, Interview, 1. Juni 2014.
36 Abhöranlage: Leiber, Niederschrift, 17. Mai 1966, S. 37.
37 »Umgebung des Papstes«: Gumpel, Interview, 17. Mai 2014.
38 Zur Reife: Eine Studie der CIA von 1959 brachte eine »Vielzahl von Belegen« dafür zum Vorschein, »dass die Geheimdienste schon

im Ersten Weltkrieg von Mikrofonen und anderen [...] geheimen Abhörmethoden ausgiebigen Gebrauch machten«. (CIA, »Early Development of Communications Intelligence«, 1959, CSI/SI, 3). Eine höchst berüchtigte Methode der damaligen Zeit, das *hot miking,* »verwandelt[e] das Telefon, auch ohne dass es genutzt wurde, in ein Mikrofon zum generellen Abhören« (CIA, »Audiosurveillance«, 1960, CSI/SI, 14:3). Deswegen wies der in Bern tätige US-Spionagechef Allen W. Dulles seine Agenten an, »bei vertraulichen Unterredungen stets den Stecker zu ziehen«. (Dulles, »Some Elements of Intelligence Work«, o. D., AWDP, Reports, Subseries 15a). Entsprechend bemerkte Kardinal Celso Constantini, der Präfekt der vatikanischen Kongregation für die Verbreitung des Glaubens, dass Bischof Antonio Giordani vor Gesprächsbeginn »der Vorkehrung halber das Telefon aussteckte« (Constantini, Tagebuch, 31. Januar 1941, SVC, 71). Heimliche Gesprächsmitschnitte: Der britische Geheimdienst zeichnete in Lagern für deutsche Kriegsgefangene heimlich 64 427 Gespräche auf Grammofonplatten auf (UKNA, WO 208/3451; UKNA, WO 208/4136 – 4140; vgl. Neitzel, *Abgehört*, S. 19). Als der stellvertretende US-Außenminister Sumner Welles 1940 Berlin besuchte, nahm er »an, dass in den Wänden die allgegenwärtigen Diktafone der deutschen Geheimpolizei installiert sein müssten«. (Welles, »Report«, 29 März 1940, FRUS, 1940, I). 1940 horchte Franklin Roosevelt mithilfe von 35-mm-Film aus Celluloseacetat und einem in einem Lampenschirm versteckten Mikrofon Sitzungen in seinem Büro ab (Powers, »The History of Presidential Audio Recordings«, CIDS Paper, NARA, 12. Juli 1996). »Es gibt keinen Zweifel, dass Roosevelt in Teheran und Jalta [vom sowjetischen Geheimdienst] abgehört wurde« (CIA, »A Different Take on FDR at Teheran«, 2005, CSI/SI, 49:3). Das FBI versteckte Mikrofone in einem Hotelzimmer in Charleston, South Carolina, das John F. Kennedy mit der mutmaßlichen Nazispionin Inga Fejos teilte und belauschte »Kennedy und Mrs. Fejos beim Geschlechtsverkehr« (FBI, »Mrs. Paul Fejos«, 9. Februar 1942, File 100 – 3816, Hoover Confidential Files, Arvad). Diktafon: Kennedy, Tagebuch, 13. März 1939, Joseph P. Kennedy Papers, 8.2.2, Ambassador's Correspondence, Subject File: Pope Pius XII – Coronation, Box 130, JFKL; Ventresca, *Soldier of Christ*, S. 134 und 348, Anm. 24; vgl. Cabasés, »Cronistoria«: »Erstmals wurde ein Angestellter von Radio Vatikan als Konklavist im Umfeld einer vertraulichen Sitzung eingeschlossen, um gegebenenfalls auftauchende elektronische Probleme zu beheben.« Erfinder des Radios: Marconi, Korrespondenz, 1933 (mit einem Bericht zur Einrichtung der Fernsprechanlage auf Richtfunkbasis für den Vatikan), sowie Fotografien der Ausrüstung und Antenne, 1933, in: »Papers Concerning Microwave Experiments, 1930–4«, MS, Marconi 377, Marconi Archives, Bodleian Library, Oxford; Cabasés, »Cronistoria«; Radio Vaticana, »The Founding of Vatican Radio«, 1. April 2014; Baker, *A History of the Marconi Company, 1874–1965*, S. 202.

39 Sommervilla: G. A. Mathieu, »Papers Concerning Microwave Experiments, 1930–4«, MS, Marconi 377, Marconi Archives, Bodleian Library, Oxford; Ambrose Fleming, »Guglielmo Marconi and the Development of Radio-Communication«, in: *Journal of the Royal Society of Arts* 86, Nr. 4436 (1937), S. 62. »Elettra«: Radio Vaticana, »The Founding of Vatican Radio«, 1. April 2014. »Institutionelle Aufgaben«: »Activities of Radio Station from the Vatican, 12. Februar 1931–2. Oktober 1934«, in: Cabasés, »Cronistoria«. Reden des Pontifex: »Niederschrift«, 9. März 1939, BPDB, Anhang 9. »Außergewöhnliche Dienste«: Cabasés, »Cronistoria«. Das Abhören seiner Besucher: Conway, »The Meeting Between Pope Pius XII and Ribbentrop«, in: *CCHA Study Sessions* 35 (1968), S. 116. (»Techniker von Radio Vatikan installierten eine Abhöranlage im Konferenzraum.«)

40 Bibliothek: Gumpel, Interview, 1. Juni 2014; »Ground Plan of the Vatican Palace«, Bilddatei, Sammlung des Autors. Das gesamte System durchzutesten: vgl. Wallace u. a., *Spycraft*, sowie CIA, »Audiosurveillance«, 1960, CSI/SI, 14, S. 3.

41 »Im Nachbarraum mitzuhören«: Leiber, Niederschrift, 17 Mai 1966, unveröffentlichter Teil, o. O.; vgl. Safire, »Essay: Happy to Watergate You«, in: *New York Times*, 14. Juni 1982.

42 »Position ›Aufnahme‹«: »Technical Instructions«, Januar 1937, Marconi 773, Bodleian Library, Oxford.

43 Sechs Minuten vor neun Uhr: Lehnert, *Servant*, 93 f. Kreuz auf der Brust: Charles-Roux, *Huit ans*, S. 74.

44 Eckzimmer: Alvarez, *Pope's Soldiers*, S. 311; Baumgarten, »Vatican«, CE, Bd. 15 (1912); Boothe, *Europe in the Spring*, S. 43 (Schilderung einer Audienz im März 1940); Cianfarra, »German Cardinals Confer with Pope«, in: *New York Times*, 7. März 1939; »Vatican Machinery Runs Smoothly«, in: *New York Times*, 12. März 1939; ders., *Vatican and the War*, S. 167; Gumpel, Interview, 1. Juni 2014; Hatch

und Walshe, *Crown*, S. 206; Confalonieri, *Pio XI visto da vicino*, S. 173 und 270f., zitiert nach Kertzer, *The Pope and Mussolini*, S. 41f. (Beschreibung des Raums im Gebrauch von Pius XI., in dem sich vor der Umgestaltung im Sommer 1939 wahrscheinlich kaum etwas verändert hatte); Lehnert, *Servant*, S. 86; Wall, *Vatican Story*, S. 72–76 (aus der Erinnerung nach einem Besuch 1944/1945).

45 »Wir wollen die Zeit [...] nützen«: Sofern nicht anders ausgewiesen, stammen die Zitate zu dieser Sitzung aus der »Niederschrift« vom 6. März 1939 in BPDB, Anhang 6. »Ehrenwerter Herr«: Pius XII. an Hitler, 6. März 1939, BPDB, Anhang 7.

46 Schulen geschlossen: Bertram, »Denkschrift«, 4. März 1939, BPDB, Anhang 2.

47 »Will nicht verstummen«: Faulhaber, »Denkschrift«, 5. März 1939, BPDB, Anhang 4. »Werden wir vernichten«: Hitler, 30. Januar 1939, *Reden*, S. 401f. In Brand zu stecken versucht: P, S. 258.

48 Verschärft: Albrecht, *Notenwechsel*, I, S. 404ff.

49 »Dem christlichen Kreuz feindlich«: vgl. Pacelli an Schulte, 12. März 1935, P, S. 3f.

50 »Rasche und genaue Informationen«: Faulhaber, »Denkschrift«, 5. März 1939, BPDB, Anhang 4.

51 »Behandlung vorbehalten«: Leiber, »Bandaufnahme«, 1963, II.

52 »So müssen wir kämpfen«: Niederschrift, 6. März 1939, BPDB, Anhang 6.

53 Genauer Beobachter und das Zitat: Hartl, »Pius XII.«, S. 5 und 7.

54 Tiefe Kluft: Hartl, *Pius XII.*, S. 23.

55 »Schlauere Methoden«: Hartl (Holzner), *Priestermacht*, S. 34 (1939).

56 »Streng genommen«: Hartl, »The Vatican Intelligence Service«, 9. Januar 1947, C, Annex I.

57 »Neben dem Hauptaltar«: Hartl, Vernehmung, 9. Januar 1947, CI-FIR/123.

58 »Staatsoberhäupter [...] abzusetzen«: Hartl (Holzner), *Priestermacht*, S. 14. Zur Ermordung Heinrichs III. und zur Ausweisung aus England und ihrer dortigen Verfolgung siehe Ranke, *Geschichte der Päpste: die römischen Päpste in d. letzten 4 Jahrhunderten. Kardinal Consalvi u. seine Staatsverwaltung unter d. Pontifikat Pius VII*, Wiesbaden 1957, S. 293ff.; Cormenin, *Popes*, II, S. 274 und 261. »Kampfstellung [...] brechen«: Kaltefleiter und Oschwald, *Spione im Vatikan*, S. 43.

59 »Äußerst schwierig« usw.: Hartl, »The Vatican Intelligence Service«, 9. Januar 1947.
60 Gröber: Hartl, Vernehmung, 9. Januar 1947, C. Homosexuelle verkehrten: Hartl, »National Socialism and the Church«, C, Annex IV.
61 »Mittelsmänner als Kuriere«: McGargar, *Short Course*, S. 116. »Kuriersystem«: Aufzeichnungen zu einer Gestapo-Tagung, Juli 1937, in: Neuhäusler, *Kreuz und Hakenkreuz*, I, S. 371–382.
62 »Eine Kurierstation […] betreiben«: Hartl, »The Vatican Intelligence Service«, 9. Januar 1947, C, Annex I.
63 »Das große Unheil«: Niederschrift, 6. März 1939, BPDB, Anhang 6.
64 Flucht aus Damaskus: vgl. Apg. 9,24 f. und 2 Kor. 11,32 f.
65 Europäischer Hof: Ein von Ordensschwestern geführtes Hotel am Münchner Bahnhof.
66 »Die Gefahr ist groß«: Niederschrift, 9. März 1939, BPDB, Anhang 9.
67 »Lenker der Welt«: Hesemann, *Der Papst*, S. 139.
68 »Sehr bewegend«: Graham Greene, »The Pope Who Remains a Priest«, in: Francis Sweeney, *Vatican Impressions*, Sheed and Ward, 1962, S. 263.
69 »Schnell und hart!« Domarus, *Reden*, S. 1485 f. Befehle: Kershaw, *Nemesis*, S. 169, Anm. 81.
70 Nebel und Schnee: Kershaw, *Nemesis*, S. 171. 800 SS-Offiziere: Shirer, Niederschrift [Telefonat mit Murrow], 17. März 1939, *Berliner Tagebuch*, S. 38. »Auf vertraulichem Wege«: Orsenigo an Maglione, 18. März 1939, ADSS, I, Nr. 3. »Gewohnten Anblick«: »German Crimes Against Czechoslovakia«, 5. August 1945, Edmund A. Walsh Papers, Georgetown, »The Churches and Nazi Germany«, Box 10.
71 »Interesse aller Länder«: Kershaw, *Nemesis*, S. 174. »Ernsthafteste Konsequenzen«: Cortesi an Maglione, 18. März 1939, ADSS, I, Nr. 4. »Verzweifelt ernst«: Ready an Cicognani, 15. April 1939, ADSS, I, Nr. 19.
72 »Zeichen des Hakenkreuzes«: Ley, »Wir oder die Juden«, in: *Der Hoheitsträger* 3 (Mai 1939), S. 4.
73 Bis zum Äußersten: Leiber, »Pius XII«; vgl. Leon Poliakov, »Pius XII and the Nazis«, in: *Jewish Frontier*, April 1964; Doyle, *Life*, S. 10.
74 Sie unterlagen: Alvarez, *Pope's Soldiers*, S. 207–252. Zu Pacellis Ju-

gend siehe auch Giordano, *Pio XII*; Konopatzki, *Eugenio Pacelli*; Padellaro, *Portrait;* Cornwell, *Hitler's Pope*, S. 31; Hatch und Walshe, *Crown*, S. 51; Doyle, *Life*, S. 33. Zu den schon früh in Pacelli gesetzten Erwartungen siehe Wall, *Vatican Story*, S. 78.

75 Widersprüche: OSS Black Report #28, c. Juli 1944, NARA, RG 226; d'Ormesson, *De Saint Pétersbourg à Rome*, S. 196; Kessel, »The Pope and the Jews«, in: Bentley (Hg.), *The Storm Over the Deputy*, S. 71–75; Osborne, Brief an *The Times* (London), 20. Mai 1963, S. 7; Hebblethwaite, *In the Vatican*, S. 31f.; Macmillan, *Blast of War*, S. 460; Rhodes, *Power*, S. 37; Wall, *Vatican Story*, S. 72 und 77; Heer, »The Need for Confession«, in: *Commonweal*, 20. Februar 1964.

76 »Wie ein Lichtstrahl«: Schneider, *Verhüllter Tag*, S. 174; EPV, S. 212 und 214. Vatican Foreign Office: Quigley, *Peace*, S. 55; »Nützliche Verteidigungsmittel«: Leiber, »Pius XII«.

77 »Fast möchte man sagen«: »Cahiers Jacques Maritain«, S. 4, L'Ambassade au Vatican (1945–1948), File Ambassade I, Le Centre d'Archives Maritain de Kolbsheim.

78 Politische Welt: Zu den Päpsten, die Armeen führten, zählte Julius II. (Papst 1503–1513).

79 In Polen einmarschiert: Hatch und Walshe, *Crown*, S. 147 und 187.

80 »Kriegspontifikat«: Cianfarra, *Vatican and the War*, S. 187; Tardini, *Memories*, S. 40.

81 Others their faith: Graham, *Vatican and Communism*, S. 46; Hollis, *Jesuits*, S. 101.

82 »Sagen darf ich das nicht«: Office of Strategic Services, SAINT London an SAINT Washington, 26. November 1945, NARA, RG 226, Entry 174, Box 104, Folder 799; Charles-Roux an Bonnet, 6. Oktober 1939, QO, Vatican, Nr. 30 und 105.

83 Den nachfolgenden Ereignissen: *Hassell-Tagebücher*, 19. Oktober 1939, S. 79; Kershaw, *Nemesis*, S. 243; Cianfarra, *Vatican and the War*, S. 207; Weigel, *Witness*, S. 52.

84 »Heide oder Jude«: Pius XII., *Summi Pontificatus*, 20. Oktober 1939. Deutsche Übersetzung siehe unter http://www.kathpedia.com/index.php/Summi_pontificatus_%28Wortlaut%29.

85 »Papst verurteilt«: *New York Times*, 28. Oktober 1939, S. 1 und 4. »Gefasst gewesen«: Cavalli, »Jewish Praise for Pius XII«, in: *Inside the Vatican*, Oktober 2000, S. 72–77; vgl. Osborne an Halifax, 3. November 1939, UKNA, FO 371/23791/37–39; Chadwick, *Britain*

and the Vatican, S. 85; Graham, »Summi Pontificatus«, in: *Civiltà Cattolica*, Oktober 1984, S. 139 f.
86 Ermordung Hitlers zu unterstützen: Groscurth, »Diensttagebuch«, 20. Oktober 1939, in: *Tagebücher*, S. 299.

Kapitel 2: Das Ende von Deutschland
1 »In seiner linken Hand«: Heydecker und Leeb, *Der Nürnberger Prozess*. Geheime Militärbesprechungen: Gisevius, *Bitter End*, S. 361. Kriegsverbrecherprozess: Baumgart, »Ansprache«, VfZ 19 (1971); vgl. Kershaw, *Nemesis*, S. 207.
2 »Vermittlungsplan«: Canaris, »Notizen«, 22. August 1939, DGFP, D, VII, S. 204, Nr. 192.
3 »Eiserne Entschlossenheit!«: Baumgart, »Ansprache«, VfZ 16 (1968), S. 143 und 148.
4 »Polnischen Geistlichkeit«: Schlabrendorff, »Events«, 1945, DNTC, S. 31.
5 »Später fragt«: Groscurth, *Privattagebuch*, 24. August 1939, in: *Tagebücher*, S. 180. »Ich habe meine Pflicht getan«: Albrecht, *Kriegstagebuch*, 22. August 1939, VfZ 16 (1978), S. 149.
6 »Eisigen Schweigens«: IMT, Doc. 798-PS. Den Berg hinab zurück: Liepmann, »Persönliche Erlebnisse«, IFZ, ED 1/3, S. 30. »Herrschaften«: Albrecht, *Kriegstagebuch*, 22. August 1939, VfZ 16 (1978), S. 148.
7 »Blutigen Krieg«: Below, *Als Hitlers Adjutant*, S. 283.
8 »Jederzeit beseitigt werde«: Canaris, »Notizen«, 22. August 1939, DGFP, D, VII, 204, Doc. 192. »Zielfernrohren«: Hitler, »Tischgespräche«, 3. Mai 1942, HT, Nr. 97.
9 Geistliche Faktoren: Canaris, »Notizen«, 22. August 1939, DGFP, D, VII, 205–206, Doc. 193. »Schwarzen im Beichtstuhl«: Hitler, »Tischgespräche«, 3. Mai 1942, HT, Nr. 98. »Den Dummköpfen«: Hitler, »Tischgespräche«, 3. Mai 1942, HT, Nr. 97. »Exekutieren lassen«: Ebenda.
10 Den Mitarbeitern vor: Groscurth, »Privattagebuch«, 24. August 1939, in: *Tagebücher*, S. 179. »Etwas Ungeheuerlichem«: Baumgart, »Ansprache«, VfZ, Bd. 16, S. 126.
11 Die alten Ideale: *Hassell-Tagebücher*, und Reck, *Tagebuch*, passim; vgl. Trevor-Roper, »Canaris«, S. 102; Kershaw, *Nemesis*, S. 401 und 406. In ihrer Ehre: Schlabrendorff, »Events«, Juli 1945, DNTC/93, S. 25; Buchheit, *Geheimdienst*, S. 307 f. Die Nazis zu bekämpfen: OSS, Special Report 81, »Ecclesiastical Contact with Allied Intelli-

gence«, 6. März 1945, Appendix IV, NARA, RG 226, Entry 180, Box 1, Bd. 1, Roll 5, A 3303. Von innen heraus: US Army, CIC, »Dr. Mueller, a Good German«, 9. Juni 1945, NARA, RG 226, Entry 125, Box 29.

12 »Mit der Axt auf die Hand hauen«: Fest, *Staatsstreich*, S. 112.
13 »Nicht hineingezogen werden«: Zeugenaussage von Louis P. Lochner, aufgenommen in Berlin, 25. Juli 1945 von Colonel John A. Amen, NARA, RG 238; Lochner, *What About Germany?*, S. 1–5 (mit Auszügen aus dem Dokument).
14 »Entsetzliche Vorstellung«: Weizsäcker, *Tagebuch*, 25. August 1939, WP, S. 161. Verließ schweißgebadet: Gundalena von Weizsäcker, eidesstattliche Erklärung, IMT, Case 11, Tribunal IV, Bd. 28 (1948). »Einen Menschen zu töten«: Kordt, *Nicht aus den Akten*, S. 370.
15 »Ende von Deutschland«: Gisevius, *Bis zum bittern Ende*, Bd. 2, S. 143.
16 Marschierten in Polen ein: Kershaw, *Nemesis*, S. 222. »Müssen aber umgebracht werden«: Groscurth, Diensttagebuch, 8. September 1939, in: *Tagebücher*, S. 201.
17 Frage bereits geklärt: Canaris, *Tagebuch*, 12. September 1939, IMT, NCA 3047-PS, V, S. 769.
18 Trat Hitler hinzu: Breitman, *Architect*, S. 70 f. »Bedeutete […] ›töten‹«: Lahousen, Vernehmung, 19. September 1945, NARA, RG 238, M-1270/R. »Zerstört?«: Halder, Aussage, 26. Februar 1946, IMT, NCA, B/20.
19 Sonne rot färbte: Mueller, *Canaris*, S. 169; Schellenberg, *Erinnerungen*, S. 73 f., »Last Warsaw Fort Yields to the Germans«, in: *New York Times*, 29. September 1939. »Auf der Welt!«: Imperial War Museum, 08.131/1, Manuskript Adam Kruczkiewitz, S. 168; Hastings, *Inferno*, S. 21. »Blutdurst«: CSDIC, »Halder on Hitler«, Report GRGG 8.–13. August 1945, Lord Dacre Papers, DJ 38, Folder 6. Übergab sich: Deutsch, »The Opposition Regroups«, CHTW, S. 57. »Ganz zerbrochen«: *Hassell-Tagebücher*, 11. Oktober 1939, S. 127.
20 »Fortdauer des Kriegs«: Kessel, »Verborgene Saat«, 12. April 1945, VS, S. 191. »Frankreichfeldzug«: Überwachungsprotokoll, 11.–12. Oktober 1944, ADG, Doc. 111. Staatsstreich zu organisieren: Keitel, *Mein Leben*, S. 257 ff.; Buchheit, *Geheimdienst*, S. 313; Kessel, »Verborgene Saat«, 12. April 1945, VS, S. 186.
21 »Festzusetzen«: Weizsäcker, *Erinnerungen*, S. 174. Tollen Hund: »Von Wilhelm Canaris zum NKVD«, c. 1949, NARA, Micro-

film R 60.6.7, 82. In ganz Deutschland: Heinz, Aussage, 7. Februar 1951, HDP; Huppenkothen, Prozessniederschrift, S. 245, HDP.
22 In stiller Ehrfurcht: Trevor-Roper, »Admiral Canaris«, S. 113. In Begleitung eines Priesters: Bartz, *Tragödie*, S. 12; Abshagen, *Canaris*, S. 45 ff. Priesterrock: Abshagen, *Canaris*, S. 34; Höhne, *Canaris*, S. 41. Auf realistischen Überlegungen: Deutsch, »Pius XII«, HDP, VII, 4/8, 5, 2. Dezember 1965.
23 »Diplomat in Berlin«: Burton, *Witness*, S. 68. Regimewechsel: Leiber, »Aussage«, 7. April 1966; Müller, »Aussage«, 22. September 1966, HDP; Lehnert, »Aussage«, 19. Februar 1967, HDP.
24 Wie geschaffen: Hesemann, »Defensor civitatis«, in: *Der Papst*, S. 136.

Kapitel 3: Ochsensepp

1 So viel Pech und Glück: Müller, Niederschrift, 24. März 1966, HDP, III, 1/7; Müller, »Ochsensepp«, LK, S. 19 f. und 22.
2 »Wundersames bewirkt«: Müller, »Aussage«, 31. März 1958, HDP. »Mit seinen 21 Jahren«: Müller, »Sturm auf die Kaserne«, LK, S. 33. »Abenteurer«: Schwarz, *Adenauer*, S. 427. »Guter Demokrat«: Nachruf aus der *Süddeutschen Zeitung*, zitiert nach Pross, *Wiedergutmachung. Der Kleinkrieg gegen die Opfer*, Frankfurt a. M., 1988, S. 34.
3 Übervater: MBM/155, 3.3 (Koch an Hettler, 3. November 1988; Hettler, »Gespräch mit Josef Feulner«, 17. Oktober 1989; Christa Müller an Hettler, 31. Oktober 1989); Gumpel, Interviews, 17. Mai und 1. Juni 2014.
4 »Beliebter Kamerad«: Roeder, »Anklageverfügung«, September 1943, LK, S. 184. »Unermüdlichen Geselligkeit«: Deutsch, *Verschwörung*, S. 119. Kaiserhof: Müller, »Drohungen und Geschrei«, LK, S. 190. »Richtig hängen«: Müller, »Hart auf hart«, LK, S. 175.
5 »Zur namenlosen Nummer«, »losgelassen«: Müller, »Hitler wird Reichskanzler«, LK, S. 37 f.
6 Legte Müller sein Amt [...] nieder: Müller, »Machtübernahme«, LK, S. 40.
7 Die Situation anzuheizen: Ebenda, S. 41 u. 44.
8 Ebenda, S. 42.
9 Ebenda, S. 44.
10 In die Schweiz: Ebenda, S. 46; vgl. allerdings Hettler, »Gespräch mit Dr. Philipp Held«, 7. Dezember 1988, MBM/155.

11 Dachau: Broszat, »Nationalsozialistische Konzentrationslager 1933–1945«, in: Buchheim u. a., *Anatomie*, S. 31 ff.
12 »Darauf die Todesstrafe steht«: Müller, »Kampf gegen die Kirche«, LK, S. 54.
13 Mitschrift: »Reichsverband der deutschen Zeitungsverleger an die Polizeidirektion München«, 16. Oktober 1934, IfZ, ED 120/331; vgl. »Dr. Josef Müller – Koalitionspartner Hitlers«, in: *Süddeutsche Zeitung*, Nr. 92, o. S. 12. November 1946; Schattenhofer, *Chronik*, S. 211; »Diskussion um Dr. Müller«, ACSP, Nachlass Zwicknagl; Hettler, »Schlusszusammenfassung«, MBM/155.6. Müller stimmte zu: Vgl. Moltke an Freya, 11. Januar 1945, BF, S. 607 ff.
14 Die gleiche Empfehlung ausgesprochen?: Müller, »Befragung«, 2. Mai 1970, IfZ, ZS 659/4, S. 163.
15 »Zu einem Kompromiss finden?«: Müller, »Die Vernehmung«, LK, S. 59; vgl. »Reichsverband der deutschen Zeitungsverleger an die Polizeidirektion München«, 16. Oktober 1934, IfZ, ED 120/331; »Dr. Josef Müller – Koalitionspartner Hitlers«, in: *Süddeutsche Zeitung*, Nr. 92, o. S. 12. November 1946; Schattenhofer, *Chronik*, S. 211. Ließ ihn gehen: Müller, »Die Vernehmung«, LK, S. 63; vgl. Müller, »Befragung«, 21. Mai 1970, IfZ, ZS 659/4, S. 169; Müller, »Lebenslauf«, 7. November 1945, DNTC, Bd. XVII, Sub. 53, Pt. 2, Sec. 53.041.
16 Brüderschaft: Müller, Niederschrift, 31. Juni 1958, HDP, III, 1/7. Gegen die Kirche, »Vernehmung«, LK, S. 63.
17 Müller und Faulhaber: Müller »Vernehmung«, LK, S. 61; Müller, »Lebenslauf«, 7. November 1945, DNTC, Bd. XVII, Sub. 53, Pt. 2, Sec. 53.041. »Vertrauten Mitarbeiter«: Gumpel, Interview, 1. Juni 2014. »Despektierlich«: Müller, »Der Papst bleibt unbeirrt«, LK, S. 117.
18 Außenstehenden: Vgl. geheime Aufforderungen im Markusevangelium: 1, 39–44; 7,36; 8,30; 9,8; 9,29; siehe ebenso Matthäus, 7,6; Johannes, 8,59 und 11,54. »Donnersöhne«: Markus, 3,13., 6,7; Johannes 7,10. Codierte Zeichen: Markus, 14,12–16. »Haus des Hannas«: Keller, *Bible as History*, S. 345.
19 »Um Verrat zu begehen«: Barnes, »The Discipline of the Secret«, CE.
20 »Ans Kreuz genagelt«: Tacitus, *Annales*, Bd. XV, Kap. 44. Sardinien: Packard, *Peter's Kingdom*, S. 18. Töteten sie: Doyle, *Life*, S. 207; Bunson, *Pope Encyclopedia*, S. 29 und 236.
21 Zu ihrer Verteidigung: Cormenin, *History*, Bd. I, S. 84 und 117.

Spione: Ebenda, S. 148, 178, 201, 208, 400 f. und 476; Cheetham, *History*, S. 180; Shaw, *Julius II*, S. 213. Hinterhalte: Thomas von Aquin, *Summa Theologica*, Teil II, Quaestio 40. Protestantische Könige: Hogge, *God's Secret Agents*, passim, sowie Gerard, *Hunted Priest*, passim. Enthaupten: Rhodes, *Power*, S. 35.

22 »Gefährliche dieses Auftrags«: Neuhäusler, »Ein schwerer Auftrag«, AH, S. 14 f.
23 »Nicht helfen«: Neuhäusler, »Gespräche in Rom«, AH, S. 21 ff.
24 »Augen und Ohren auf für alles!«: Neuhäusler, »Gespräche in Rom«, S. 15 f. Zehn vorrangige Aspekte: Ebenda.
25 Zu überprüfen: Ebenda. »Wahrscheinlich«: Müller, »Mit dem ›Abbas‹ auf Reisen«, LK, S. 73.
26 »Ein Höschen«: »[B]etr: Besprechung mit Dr. Jos. Müller«, 23. Februar 1952, IfZ, ZS A-49, S. 45.
27 »Volle Freiheit«: Müller, »Interference with the Teaching of the Church«, PCCTR, 2/II, S. 59. Zapften Telefone an: OSS, »Persecution of the Christian Churches«, 6. Juli 1945, DNTC, XVIII/3. Der weiteren Welt: Müller, »Evidence from the German Hierarchy«, PCCTR, 1/II, S. 13 ff. Orsenigo: Müller, Niederschrift, 8. August 1963, Tape VI, HDP, III, I/7. »Besonders von der Freiheit der Rede«: OSS, »Persecution of the Christian Churches«, 6. Juli 1945, DNTC, XVIII/3. Mnemotechnischen Schlüssels: Kahn, *The Codebreakers*, S. 112 ff. Lichtsignalen: Wynn, *Keepers of the Keys*, S. 120 f. »Papstfinger«: Cabasés, »Cronistoria Documentata e Contestualizzata della Radio Vaticana«.
28 Schneidhuber: Forstner: *Priester in Zeiten des Umbruchs*, S. 72. »Jüdin, geschieden«: Vertrauliche Information; vgl. dagegen ihre Beschreibung als Freundin, Hausfrau und Reisegefährtin von »Fr. Anna Jenny Meyer, geborene Liepmann«, in Marga Schindele an den Central Collecting Point (CCP) München, 20. Dezember 1945, NARA, Ardelia Hall Collection: Munich Administrative Records, Restitution Claim Records, Jewish Claims, 0164–0174 (J-0173). »Gut und auch schnell«: Neuhäusler, »Meine Briefträger ins Ausland«, AH, S. 131.
29 »Viel Gefährliches«: Gumpel, Interview, 1. Juni 2014. »Unser beiden Köpfe«: Neuhäusler, »Meine Briefträger ins Ausland«, AH, S. 131.
30 Krypta: Neuhäusler, »Aussage«, 25. März 1966, HDP.
31 In einem großen alten Buch: Neuhäusler, »Ein altes Buch verbirgt viel Neues«, AH, S. 133 f.

32 Gegen mutmaßliche Verräter: Müller, Niederschrift, Juli 1963, HDP, III, 1/7; vgl. Groppe, *Ein Kampf um Recht und Sitte,* 2. Aufl., S. 10 und 56; Groppe, »The Church's Struggle in the Third Reich«, in: *Fidelity,* Oktober 1983, S. 13; Müller, »Mit dem ›Abbas‹ auf Reisen«, LK, S. 72; Müller, »Training in the Ordensburgen«, PCCTR, 3/III/5, 348, S. 350.

33 Reichskristallnacht: Müller, »Letzte Hilfe für Cossmann«, LK, S. 155. Zahlreiche Juden: Demgegenüber betätigte sich die Kanzlei auch an Arisierungsverfahren. Vgl. Lillteicher, »Rechtsstaatlichkeit und Verfolgungserfahrung«, S. 137.

34 Entschlossen zu bleiben: Müller, »Meine Rettung«, LK, S. 278. Einen Pakt ab: Ebenda, S. 228.

35 Schmidhuber [...] Canaris wolle ihn sprechen: Müller, Niederschrift, 3. August 1963, Tape I, HDP, III, 1/7.

36 Mit ausländischem Akzent: Sonderegger, »Mitteilungen«, ca. 1954, Bartz, *Tragödie,* S. 154 f.

37 »Wir wissen sehr viel mehr«: Müller, Niederschrift, April 1958, HDP, III, 1/7.

38 »Wirtschaftliche Angelegenheiten«: Müller, »Geheimnisvolle«, LK, S. 13. Beraten hatte: Deutsch, *Verschwörung,* S. 118.

39 »Interessante[n] Gesprächsthemen«: Müller, Niederschrift, April 1958, HDP, III, 1/7.

40 »Dr. Müller, dann werde ich«: Müller, Niederschrift, 31. Juni 1958, HDP, III, 1/7.

41 »Nach dieser Einleitung«: Ebenda. »Durch ein Attentat zu erledigen«: Müller, »Geheimnisvolle Einladung«, LK, S. 17.

42 Nicht schlafen: Müller, Niederschrift, August 1960, HDP, III, 1/7.

43 »Die Würfel sind gefallen«, »die Juden beseitigen wollte«: Müller, Niederschrift, 22. September 1966, HDP, III, 1/7.

44 Juden in Polen: Müller, Niederschrift, 2. September 1954, IfZ, ZS 659 /1, S. 60. Eine Akte: Gisevius, *Wo ist Nebe?,* S. 222. Auch der Vatikan [...] erfahren müsse: Müller, Niederschrift, 5. August 1963, Tape IV, HDP, III, 1/7. Pius Beweise vorzulegen: Müller, Niederschrift, 8. August 1963, Tape VI, HDP, III, 1/7; vgl. Höttl, »Vatican Policy and the Third Reich«, 26. November 1945, NARA, RG 226, Entry 174, Box 104, Folder 799.

45 »Ein solcher Verbrecher wie Hitler«: Müller, Niederschrift, 31. Juni 1958, HDP, III, 1/7.

46 Über den streitenden Parteien: Rothfels, *Die deutsche Opposition,* S. 38 ff. Vertrauenswürdige Instanz: Vgl. Macaulay, »Lord Clive«,

Essays. »Hippogryph«: Trevor-Roper, *Last Days*, S. 238. Für ihre Sache: Müller, »Aussage«, 11. Juni 1952, IfZ, ZS 659/2, S. 22.
47 Den Gang zum Galgen: Müller, Niederschriften (5. August 1963, Tape II; 3. August 1963, Tape I; 22. September 1966, 31. Juni 1958), HDP, III, 1/7.
48 »Diabolische Kräfte«: Müller, Niederschrift, 22. September 1966, HDP, III, 1/7.
49 Vatikanische Krypta: Gumpel, Interview, 1. Juni 2014.
50 Hinter diesem Namen: Müller, »Meine Römischen Gespräche«, LK, S. 82 f.
51 Wie Jesus zu sterben: Müller, »Quo Vadis«, LK, S. 18; vgl. die Petrusakten (apokryph).
52 Max Weber: »Gespräch mit Dr. Philipp Held«, 7. Dezember 1988, MBM/155; Josef Held an Fr. W. Braunmiller, 12. November 1946, NL Ehard, 884; Müller, »Die Dolchstoßlegende entsteht«, LK, S. 34. »In Gottes Namen«: Müller, »Der ›Ochsensepp‹« LK, S. 19.
53 »Eher die Zunge abbeißen«: Müller, »Wer ist dieser X?«, LK, S. 215. Antwort zu übermitteln: Müller, Niederschrift, 3. August 1963, Tape I, HDP, III, 1/7.

Kapitel 4: Tyrannenmord
1 Spätestens am 16. Oktober: Müller kehrte am 18. Oktober aus Rom nach Deutschland zurück, nachdem Kaas ihm Pius' Entscheidung mitgeteilt hatte. Huppenkothen, Aussage, 5. Februar 1951, 222, HDP. Kriegspläne: Kershaw, Nemesis, S. 274 f.
2 Entschlossene Antwort: Leiber, »Pius XII.«; vgl. »Vatican Matters, 1945«, NARA, RG 59, Box 34; Denkschrift an das US-Außenministerium, Paris, 19. Juli 1949, Myron C. Taylor Papers, Truman Library, Box 49. »Gänzlich untypisch«: CHTW, 111.
3 Versprechen zur Geheimhaltung: Hoek, *Pius XII*, S. 30. Gasparri: Cianfarra, *Vatican and the War*, S. 74 f.; Hebblethwaite, *Paul VI*, S. 9 (»charmant, aber aalglatt«); Howard, Tagebuch, 15. April 1917, CHTW, 109 (»beleibt, zwergenhaft«).
4 Bereitete ihn auf die Macht vor: Quigley, *Peace*, S. 54. Mit silbernen Schnallen: Cianfarra, *Vatican and the War*, S. 76.
5 Bienenzucht: Hales, *Church*, S. 232; Rhodes, *Power*, S. 208.
6 Mit angespitzten Stöcken: Rhodes, *Power*, S. 207. Schmiergelder zu zahlen: Alvarez, *Spies*, S. 58.
7 Im päpstlichen Nachrichtendienst: Padellaro, *Portrait*, S. 24. Über die religiösen Angelegenheiten: Zur Rolle der Nuntien siehe Seg-

reteria di Stato, »Exposito«, 11. Mai 1862 (Graham, *Vatican Diplomacy*, S. 235); Graham und Alvarez, *Nothing Sacred*, S. 62; Reese, *Inside the Vatican*, S. 266. Politische Quellen: ADSS, IV, S. 162 f. Zur katholischen Aktion und Laienschaft siehe Pius X., *Il Fermo Proposito*, 11. Juni 1905; Benigni, »Leo XIII«; Doyle, *Life*, S. 123.
8 Zu Benigni siehe Alvarez, *Spies*, S. 74–77; Aveling, *Jesuits*, S. 334; Cornwell, *Hitler's Pope*, S. 36 f.; Peters, *Benedict*, S. 46 und 51; Godman, *Hitler and the Vatican*, S. 24; Chadwick, *History of the Popes*, S. 357; Lernoux, *People of God*, S. 54.
9 Für die katholische Sache: Graham, *Vatican Diplomacy*, S. 136; Alvarez, »Vatican Intelligence«, INS 6, Nr. 3 (1991), S. 605; Poulat, *Intégrisme et Catholicisme intégral*, S. 524–528; Alvarez, *Spies*, S. 84.
10 Schlachtschiffe: Bertini an den Questore di Roma, 25. November 1914, A4, Spionaggio: Gerlach, Busta 144, DCPS, ACS; Alvarez, *Spies*, S. 99 f. und 102 f.
11 Parlament und Volk: Kaas, »Pacelli«, 12. Dezember 1929, *Reden*, S. 7.
12 Päpstlichen Operationen: Leiber, »Pius XII.« und 7. April 1966, Niederschrift in: Deutsch, *Verschwörung*, S. 113 ff.; Alvarez, *Spies*, S. 116.
13 »Schleichende Katze«: Carl Theodor Griesinger, *Die Jesuiten, vollständige Geschichte ihrer offenen und geheimen Wirksamkeit v. d. Stiftung bis jetzt. Dem deutschen Volke erzählt*, Bd. 2, Stuttgart 1866. Zum bayerischen Hintergrund siehe Kampers und Spahn, »Germany«, CE, Bd. 6 (1909); Leo XIII, *Officio Sanctissimo*, 22. Dezember 1887, und *Militantis Ecclesiae*, 1. August 1897; Kahn, *Codebreakers*, S. 89 und 112 ff.; Wittmann, »Bavaria«, CE, Bd. 2 (1907).
14 Zu Erzberger siehe insbesondere Alvarez, *Spies*, S. 91 ff., 95, 97 f. und 104; Erzberger, Bericht an Bethmann, o. D. [ca. März 1915], Nachlass Erzberger, BA, Akte 34; Denkschrift Erzberger, 15. Juli 1917, Nachlass Erzberger, BA, Akte 18.
15 Losbrechenden Sturms: Erzberger an Pacelli, 31. Oktober 1918, Nachlass Erzberger, Akte 56. Räterepublik: Kessler, Tagebuch, 21. August 1919, zitiert nach Kaes u. a., *Weimar Republic Sourcebook*, S. 52; SRS, *Baviera*, Fasc. 40, Folio 37; Pacelli an Gasparri, 18. April 1919, SRS, Baviera. Schonten sein Leben: Feldkamp, »A Future Pope in Germany«; Hatch und Walshe, *Crown*, S. 83; Hoek, *Pius XII*, S. 49; Brusher, »Pope Pius XII«, CE; Lehnert, *Ich durfte*, 15 f.; Stehle, *Eastern Politics*, S. 18. Beschuss: Burleigh, *Third Reich*, S. 40; SRS, *Baviera*, Folios 4647 RV.

16 Vom Finger gezogen: Epstein, *Erzberger*, S. 149, Anm. 373, 384 und 286; Alvarez, *Spies*, S. 128.
17 Zu Pacelli und Faulhaber siehe GSA, Ges. Päpstl. Stuhl, 996, Ritter an BFM, 9. November 1923, zitiert nach Stehlin, *Weimar and the Vatican*, S. 285; vgl. Burton, *Witness*, S. 116; Padellaro, *Portrait*, S. 152; Leugers, *Mauer*, S. 139. »Mysterienspiel«: Kaas, »Pacelli«, S. 13.
18 Zu Pacellis geringem Wissen über Hitler siehe Payne, *Life and Death*, S. 165; Doyle, *Life*, S. 97; vgl. Lapide, *Three Popes*, S. 118. Antichristliche Rhetorik: Renshaw, »Apostle of Munich«; Müller, »Sturm auf die Kaserne«, LK, S. 31; Dornberg, *Munich*, S. 251; Steigmann-Gall, *Holy Reich*, S. 50; Lapomarda, *Jesuits*, S. 1, Anm. 6. »streng überwachen«: Ritter an BFM, 9. November 1923, GSA, Ges. Päpstl. Stuhl, 996.
19 »BVP«: Stehlin, *Weimar and the Vatican*, S. 285 f.; Ritter an BFM, 9. November 1923; GSA, Ges. Päpstl. Stuhl, 996.
20 »Verräter«: Gordon, *Putsch*, S. 448. Größte Wirkung: Stehlin, *Weimar and the Vatican*, S. 286; Gordon, *Putsch*, S. 448. Zu Matts Gegenputsch siehe Dornberg, *Munich*, S. 148 f. Zu Mayers Bruch mit Hitler siehe Holmes, *Papacy*, S. 146 f.
21 Groll: Biesinger, *Concordats*, S. 122; Pridham, *Hitler's Rise*, S. 153; Pacelli in *Bayerischer Kurier*, 21. Oktober 1921, zitiert nach Rychlak, *Hitler, the War, and the Pope*, S. 18; Holmes, *Papacy*, S. 101. Zur verächtlichen Haltung der Nationalisten gegenüber Rom siehe Rhodes, *Power*, S. 82; Stehlin, *Weimar and the Vatican*, S. 286. Kaum reale Macht: Murphy, *Diplomat*, S. 204 f.; vgl. Cheetham, *Popes*, S. 283.
22 Militärgrößen: Hesemann, *Der Papst*, S. 72.
23 Sein Ziel: Ebenda, S. 84.
24 »Verhängnisvoller«: Senninger, *Glaubenszeugen oder Versager*, S. 47. »Von Verbrechern und Narren«: Hesemann, *Der Papst*, S. 85.
25 Politischer Katholizismus: Höhne, *Mordsache Röhm*, S. 319. Schickten die Asche: Conway, *Nazi Persecution*, S. 92 f.; Burleigh, *Third Reich*, S. 678; Payne, *Life and Death*, S. 275.
26 »Sinnbilder des Aberglaubens«: Prittie, *Germans*, S. 80. Drei Jahre zuvor: Holmes, *Papacy*, S. 108. Schlafzimmerfenster: Cianfarra, *Vatican and the War*, S. 100.
27 Kardinäle nach Rom: Godman, *Hitler and the Vatican*, S. 124. »Abgrund«: AES, Germania 1936–1938, Pos. 719, Fasc. 312, S. 5 ff.
28 Nennungen des Nationalsozialismus: Volk, *Akten Faulhaber*, Bd. 2, S. 28.

29 Sämtliche Gemeinden: Blet, *Pius XII*, S. 52. Am Rhein entlang: Benz und Pehle, *Encyclopedia*, S. 94. Entlegene Dörfer: Prittie, *Germans Against Hitler*, S. 77. Sakramenthaus: Rychlak, *Hitler, the War and the Pope*, S. 93; Chadwick, *Britain and the Vatican*, S. 20.

30 Sittlichkeitsverbrechen: vgl. Hans Günter Hockerts, *Die Sittlichkeitsprozesse*. Beide Beine brach: P, S. 259.

31 »›Feindselig‹ gegenüber dem Nationalsozialismus«: Siehe *Berliner Morgenpost* vom 3. März 1939, zitiert nach Cornwell, *Pius XII. Der Papst, der geschwiegen hat*, München 1999, S. 262. »Durch die Waffe«: Robert Ley, »Wir oder die Juden«, *Der Hoheitsträger* 3 (Mai 1939), S. 6.

32 Domitian: Lehnert, *Servant*, 115 f., 128 f. und 132 f. Seines jungen Pontifikats: Leiber an Deutsch, 26. August 1960 und 21. Mai 1965, HDP, VII, 4/8, »Pius XII«, S. 10; vgl. Leiber an Müller, 28. Oktober 1953, IfZ, ZS 660, 11; Leiber, 26./27. August 1960, IfZ, ZS 660, S. 8.

33 Ermorden durften: Thomas von Aquin, *Summa Theologica*, 1a 2ae, Q. 21, Artikel 4, ad 3.

34 Friedliche Absetzung: Bride, »Tyrannicide«, *Dictionnaire de Théologie Catholique*, Bd. 15 (1950), S. 2011; Lewy, »Secret Papal Brief on Tyrannicide«, *Church History* 26, Nr. 4 (1957); Mariana, *De rege et regis institutione*, Lib. I, c. vi; Pastor, *Geschichte der Päpste*, Bd. 1, S. 420 f.; Rance, »L'Arret contra Suárez (26. Juni 1614)«, in: *Revue des Questions Historiques* 37 (1885), S. 603–606; Suárez, *Defensio fidei Catholieae et Apostolicae adversus Anglicanae sectae errores*, Lib. VI, c. iv, Secs. 14–18.

35 Niemals wieder loslassen: Rosenberg in Troppau, 31. März, siehe P, S. 282.

36 »Hunderte von Priestern«: ADSS, III, S. 12 f. »Ausrottung der Juden«: Müller, »Meine Römischen Gespräche«, LK, S. 82 f. »Zwischen den Knien«: Müller, Aussage, 2. September 1954, IfZ, ZS 659 /1, S. 60.

37 Verteidiger christlicher Werte: Kershaw, *Hitler Myth*, S. 106; vgl. Pius XII., Ansprache vor dem Kardinalskollegium, 2. Juni 1945. Durch Stämme geprägte Traditionen: Höhne, *Death's Head*, S. 48. »Schlappen Duldsamkeit«: Speer, *Erinnerungen*, S. 110. Selbstmörderische Toleranz: Ludecke, *I Knew Hitler*, S. 46–56. »Fehlverhalten einiger Untergebener«, »Systematisches und Kalkuliertes«: P, S. vii. »Partei«: Pius XII. an Schulte, 18. Januar 1940, BPDB, Nr. 35. »Boshafte Person«: Alfred W. Klieforth an Jay Pierrepont Moffat,

3. März 1939, Moffat Papers, MS Am 1407, Bd. 16, Houghton Library, Harvard University, zitiert nach Gallagher, *Vatican Secret Diplomacy*, S. 88.
38 Hitler eliminiert: Müller, »Befragung des Staatsministers«, 2. September 1954, IfZ, ZS 659/1, S. 50; Müller, »Unkorr. NS üb. Gespräch«, 1963, IfZ, ZS 659/3, S. 23 und 25; Müller, Niederschriften, 31. Juni 1958, 24. März und 22. September 1966, HDP.
39 »Erstaunlichsten Ereignisse«: Deutsch, *The Conspiracy*, S. 121. Von ihr erfahren: Leiber, Niederschrift, 21. Mai 1965, HDP. »Gewaltsam zu stürzen«: Chadwick, *Britain and the Vatican*, S. 91. »Geschichte des Papsttums«: Deutsch, »Pius XII«, 2. Dezember 1965, HDP, VII, 4/8. »Deutlich zu weit«: Leiber, »Unterredung«, 26./27. August 1960, IfZ, ZS 660, S. 2. Den Papst zu töten: Leiber, Niederschrift, 21. Mai 1965; Deutsch, »Pius XII«, 12 f., HDP, VII, 4/8.
40 »In Großbritannien Gehör finden«: Leiber an Deutsch, 26. August 1960 und 21. Mai 1965, HDP, VII, 4/8, »Pius XII«, S. 10. Den Worten des Papstes: Leiber, »Unterredung«, 26./27. August 1960, IfZ, ZS 660, S. 3; Christine von Dohnanyi an Deutsch, 26. Juni 1958, »Pius XII«, HDP, VII, 4/8; Müller, Niederschrift, 24. März 1966, HDP; Müller, Niederschrift, 22. September 1966, HDP; Müller, »Befragungen [Widerstand II]«, 26. März 1963, IfZ, ZS 659/4, S. 208. »Ohne Hitler«: Huppenkothen, Prozessniederschrift, 5. Februar 1952, 225; Huppenkothen, Niederschrift, 5. Februar 1951, HDP, 2/10; Müller, »Gefährliche Reise«, LK, S. 106; vgl. »Informations sur les Antécédents et le Sujet de la Mission de Mr. Myron Taylor«, ADSS, V, Nr. 500, 15. Oktober 1942.

Kapitel 5: Einer, der ihn umlegt
1 Pius' Villa: Müller, Niederschrift, 24. März 1966, HDP. Am nächsten Tag: Huppenkothen, Niederschrift, 5. Februar 1951, 222, HDP, 2/10. Fast keinem mitteilen durfte: Müller, »Meine Römischen Gespräche«, LK, S. 85.
2 Streich spielen: Dulles, »Elements of Intelligence Work«, o. D. [1943–1945], AWDP, Series 15a. Dennoch gesiegt: Müller, »Unschätzbar wertvolle Dokumente«, LK, S. 109.
3 »Beseitigung Hitlers«: Groscurth, *Tagebücher*, 20. Oktober 1939.
4 Planer des Staatsstreichs: Chadwick, *Britain and the Vatican*, S. 83 f. »Widerstandsarbeit«: Tittmann an Taylor, 4. Juni 1945, Taylor Papers, FDRL.

5 »zügellosen Expansionismus« und frühere Versionen der Enzyklika etc.: Chadwick, *Britain and the Vatican*, S. 84.
6 »Heide oder Jude«: Pius XII, *Summi Pontificatus*, 20. Oktober 1939.
7 Mit dem Segen des Regimes: Ruffner, »Eagle and Swastika«, CIA Draft Working Paper, April 2003, II, S. 30.
8 Traf Müller mit Canaris zusammen: Laut dem Bericht in LK, S. 17, fand die erste Begegnung mit Canaris am Tag nach Müllers Treffen mit Oster, also einen Tag nach dem 28. oder 29. September statt. Später legte sich Müller aber auf einen dahinterliegenden Zeitpunkt fest (Niederschrift, 29. Mai 1958, HDP). Wahrscheinlich fand die Begegnung am 21./22. Oktober statt, unmittelbar nach Müllers erster Mission (*Tagebücher*, 20. Oktober 1939). Platz zu nehmen: vgl. Bartz, *Tragödie*, S. 82 und 95.
9 Vom Zaun gebrochen: Müller, »Geheimnisvolle Einladung«, LK, S. 16.
10 Verbrecherische Leichtfertigkeit: Müller, Niederschrift, Juli 1963, HDP.
11 Den Vorgängen in Polen: Müller, »Besprechung in Rom beim Vatikan«, IfZ, ZS 659; vgl. Halder, Niederschrift, 7. August 1945, CSDIC, TRP, DJ 38, Folder 6. Aufgestachelt: Halder, Niederschrift, 26. Februar 1946, NCA, B/20; vgl. *Hassell-Tagebücher*, 19. März 1940, S. 82.
12 Arthur Nebe: Schlabrendorff, »Events«, 1945, DNTC/93, S. 46. Michael Wildt zeichnet hingegen ein deutlich kritischeres Bild Nebes: Wildt, *Generation des Unbedingten*, S. 301–309.
13 Diplomatischen Codes: Müller, »Unkorr. NS üb. Gespräch«, 1963, IfZ, ZS 659/3, S. 23 f.; Gisevius, *Wo ist Nebe?*, S. 227. Von Informanten: Müller, Niederschrift, 5. August 1963, Tape IV, HDP. Um den Papst zu unterstützen: »Besprechung mit Dr. Jos. Müller«, 23. Februar 1952, IfZ, ZS A-49, S. 45; Müller, Niederschrift, 8. August 1963, Tape V, HDP; Müller, »Befragung [Fritschkrise]«, 11. Oktober 1969, IfZ, ZS 649/4, S. 154; Müller, »Geheimberichte und Planspiele«, LK, S. 103; Müller, »Befragungen [Widerstand II]«, 26. März 1963, IfZ, ZS 659/4, S. 200; vgl. Müller und Hofmeister, 8. August 1963, HDP.
14 Freiwillig meldete: Müller, Niederschrift, 24. März 1966, HDP.
15 Wort hielten: Müller, »Der Papst bleibt unbeirrt«, LK, S. 116.
16 In falsche Hände geriet: Müller, Niederschrift, April 1958, HDP, III, 1/7; CHTW, 117.

17 Überraschung: Müller, »Geheimnisvolle Einladung«, LK, S. 16. Ehrerbietung: Müller, »Befragung«, 2. September 1954, IfZ, ZS 659/1, S. 56. Hoffnung und Trost: Müller, »Meine Römischen Gespräche«, LK, S. 83. »Sich die Dinge«: Pius XII, Radiobotschaft, 24. August 1939, ADSS, I, Nr. 113; vgl. Blet, *Pius XII*, 21. Mit einem Kriege: Jussen, *Gerechtigkeit schafft Frieden*, S. 19–22. »Zu entledigen!«: Müller, Niederschrift, 31. Mai 1958, HDP; CHTW, 62.

18 Einer, der ihn umlegt«: Müller, »Geheimberichte und Planspiele«, LK, S. 102.

19 Argumente ausgetauscht: Müller, »In der zweiten Heimat«, LK, S. 89. »Gehorsam«: Müller, »Fehlgeschlagen«, LK, S. 158. Gegen jeden Widerstand: »Jeder leiste der staatlichen Gewalt den schuldigen Gehorsam. Denn es gibt keine staatliche Gewalt, die nicht von Gott stammt; jede ist von Gott eingesetzt« (Römer 13,1). »Gott gehorchen«: Luther, »Von weltlicher Obrigkeit«, S. 56.

20 Sogar als notwendig an: Der britische Jesuit Kardinal William Allen erklärte es »nicht nur zum Recht, sondern zur Pflicht« des Volkes, einen Tyrannen zu ermorden (*Ad persecutores Anglos pro Christianis responsio*, 1582). Der britische Jesuit Robert Parsons vertrat die Auffassung, dass »in einem solchen Falle seine Untertanen viel eher verpflichtet wären, ihn vom Thron zu stoßen«, als Unrecht hinzunehmen (*Andreae Philopatri ad Elizabethae reginae edictum responsio*, Nr. 162). Der spanische Jesuit Immanuel Sa schrieb 1595: »Die Empörung eines Geistlichen gegen den König eines Landes, in dem er lebt, ist keine Majestätsbeleidigung [...], weil] jeder aus dem Volk einen illegitimen Fürsten töten darf; einen Tyrannen aber umzubringen, gilt sogar als verdienstlich.« Griesinger, *Jesuiten*, Bd. 2, S. 187. »Trankopfer für Gott«: Cormenin, *History*, Bd. 2, S. 288. Protestanten zurückschreckten: Zu den Katholiken, die später bereit waren, Hitler zu töten, zählten Axel von dem Bussche und Claus Schenck Graf von Stauffenberg. Zuvor hatte bereits der Schweizer Theologiestudent Maurice Bavaud Hitler zu ermorden versucht. Hoffmann, »Maurice Bavaud's Attempt to Assassinate Hitler in 1938«, in: *Police Forces in History*, 2, 1975, S. 173–204.

21 »Missbrauch«: Müller, »Gefährliche Reise«, LK, S. 106.

22 »Folgerung zu ziehen«: Leeb an Brauchitsch und Halder, 11. Oktober 1939 und 31. Oktober 1939, in: Kosthorst, *Die Deutsche Opposition*, S. 168. Einzubeziehen: Ebenda, S. 51.

23 Von Hitler befreit: Maier, Niederschrift, 27. Juli 1967, HDP. Zu beseitigen: Hoffmann, *Widerstand, Staatsstreich*, S. 176 f.

24 Zum Fahneneid siehe »Denkschrift der Vortragenden Legationsräte im Auswärtigen Amt Dr. Hasso von Etzdorf unter Dr. Erich Kordt«, Oktober 1939, Groscurth, *Tagebücher*, Anhang II, Nr. 70, S. 502; Halder, »Erklärung«, 8. März 1952, IfZ, ZS 240; Groscurth, *Tagebücher*, S. 219, Anm. 566. »Lobenswert«: Kordt, *Nicht aus den Akten*, S. 370.
25 Anweisungen zu erteilen: Lahousen, »Zur Vorgeschichte des Anschlages vom 20. Juli 1944«, IfZ, ZS 658.
26 Zu gewöhnen: Kordt, *Nicht aus den Akten*, S. 371 und 373.

Kapitel 6: Mit dem Teufel im Bunde
1 »Kein Wort mehr«: Deutsch, *Verschwörung*, S. 33.
2 Angriffsplan: Wheeler-Bennett, *Nemesis*, 470 ff. Truppentransporte: Keitel, *Erinnerungen*, S. 225. »Meutereien«: Groscurth, *Tagebücher*, 5. November 1939.
3 Dem einfältigsten Rekruten: So Brauchitsch nach dem Krieg im britischen Kriegsgefangenenlager bei Bridgend: John, *Twice*, S. 61. »Siegeszug des Heeres in Polen!«: Keitel, *Erinnerungen*, S. 252.
4 »Geist von Zossen«: Hoffmann, *Widerstand, Staatsstreich*, S. 178. Durch den Flur hallte: Höhne, *Canaris*, S. 391; Klaus-Jürgen Müller, *Der deutsche Widerstand*, S. 521; Deutsch, *Verschwörung*, S. 243 ff.
5 Zusammengebissene Zähne: Engel, »Aussprache«, Mai 1966, HDP. Völlig erschüttert: Höhne, *Canaris*, S. 392; Deutsch, *Verschwörung*, S. 245 f. Defätisten zu zermalmen: Halder, Aussage, CSDIC, 7. August 1945, TRP, DJ 38, Folder 6. Nacht der langen Messer: Kosthorst, *Die Deutsche Opposition*, S. 98 f.
6 Keine Ahnung hatte: Kessel, »Verborgene Saat«, 12. April 1945, VS, S. 190. Im Vatikan nicht übertrieben darzustellen: Müller, LK, S. 91.
7 Piazza della Pilotta: Müller, Niederschrift, August 1963, HDP. In dessen Spielregeln: Deutsch, »Pius XII«, S. 9, Anm. 19.
8 Nie begegnet war Müller: Müller, Niederschrift, 31. Juni 1958, HDP. »Gemeinsamen Mund«: Müller, »Unkorr. NS üb. Gespräch«, 1963, IfZ, ZS 659/3, S. 17; vgl. LK, S. 125. »Wohlüberlegten Befehl«: LK, S. 85.
9 »Gregor«: Müller, Report, ca. 13. November 1939, HDP. Erfreut gewirkt: Müller, LK, S. 116. In ihn setzten: Müller, Niederschrift, 31. Juni 1958, HDP.
10 Am 8. November: Regie-Programm für den 8./9. November 1939

in München, Gesamtleitung: Gau-Propagandaleiter Pg. Karl Wenzl, BA, NS 10/126.
11 Bombe gelegt: Hoch, »Das Attentat auf Hitler im Münchner Bürgerbräukeller 1939«, VfZ, 17, 1969, passim; NARA, RG 242-HL ML 941, S. 942. Ticken: Duffy, *Target Hitler,* S. 26 f.
12 Zu den Ausgängen strömten: Hitler, Rede vom 8. November 1939, Domarus (Hg.), *Reden,* 3, S. 1865 ff.; Hitler, Koeppen, Bericht Nr. 28, 7. September 1941; Hitler, Remarks, 3. Mai 1942, BV, Nr. 204.
13 »Ins Freie zu gelangen«: Siehe »Hitler Escapes Bomb Explosion by 15 Minutes«, in: *New York Times,* 9. November 1939.
14 »Zu allem entschlossen waren«: Below, *Als Hitlers Adjutant,* S. 214.
15 Gelegt hätten: Müller, »In der zweiten Heimat«, LK, S. 91.
16 »Mit dem Teufel im Bunde«: Müller, »Der 20. Juli 1944«, LK, S. 199.
17 Kordts Plan: Ueberschär, *Generaloberst Halder,* S. 28; Müller, »Aussage«, 4. Juni 1952, IfZ, ZS 659/2, S. 11. »Zum Schuss kommen«: Kordt, *Nicht aus den Akten,* S. 374.
18 »Mein Freund ist er nicht«: Frank, *Im Angesicht des Galgens,* S. 408.
19 »Beleg für Treu und Glauben«: Cadogan, *Diaries,* 29. September 1939, S. 220. Krieg zu beenden: Huppenkothen, »Verhältnis Wehrmacht Sicherheitspolizei«, HDP, 2/10.
20 In Ordnung sei: Best, *Venlo Incident,* S. 16 f.
21 Auf deutsches Gebiet ab: Schellenberg, *Memoiren,* S. 80 ff.
22 Skeptisch: MI6, »Final Report [Schellenberg]«, 29. November 1945, NARA, RG 319, IRR, IS, Box 5, hg. v. Doerries, S. 69 f.; Gisevius an Dulles, »Political Background«, 1945-1946, AWD, Box 29, Folder 2; Müller, »Befragungen [Widerstand II]«, 26. März 1963, IfZ, ZS 659/4, S. 202; Müller, Niederschrift, 5. August 1963, Tape IV, HDP, III, 1/7; Hettler, »Der Venlo Zwischenfall«, MBM/155, 4.3.1.
23 »Freundlich wie immer«, »auf keinen Fall«: Osborne an Halifax, 21. November 1939, UKNA, FO C 197497/13005/18 (1939): PP, Doc. III, S. 326 ff. »Venloo [sic]«: Cadogan, Minutes, 24. Januar 1940, UKNA, FO 371/24363/C/267/62.
24 Hitlers Räumen: Rattenhuber, Rundschreiben, 22. Februar 1940, BA, NS 10/137. »Starrer Fatalismus«: Depesche, »Rome, November 21, 1939«, FO C 197497/13005/18 (1939): PP, Doc. III, S. 326 ff.

Kapitel 7: Die schwarze Kapelle
1 Zu viele: Deutsch, *Verschwörung*, S. 138 f. Verkappter Jesuit: Müller, Niederschrift, 8. August 1963, HDP, III, 1/7.
2 Loch im Herzen: Laut dem jesuitischen Historiker Robert Graham. Siehe Burns, *Papa Spy*, S. 191. »Einer der besten«: Hartl, Vernehmung, 9. Januar 1947, CI-FIR/123.
3 Zu Keller und Walzer siehe Müller und Hofmeister, Niederschrift, 8. August 1963, HDP. »Ist nicht der Vernichtungskampf«: Stein an Pius XI., 12. April 1933, AES, Germania, Pos. 643, PO Fasc. 158, 16r-17r; Besier, *Holy See*, S. 126; Wolf, *Papst und Teufel*, S. 210 und 214 ff.; Godman, *Hitler and the Vatican*, S. 34 f. Die Leitung von Beuron: Keller, »Zeugenschrifttum«, 4. Juli 1967, IfZ, ZS 2424.
4 Auf dem Berg Zion: Keller, »Zeugenschrifttum«, 4. Juli 1967, IfZ, ZS 2424.
5 »Sann er auf Rache«: Müller, »Die Affäre Keller«, LK, S. 96.
6 Großmufti; Stuttgarter Abwehr: Keller, »Zeugenschrifttum«, 4. Juli 1967, IfZ, ZS 2424. »Handschriften«: Hartl, Vernehmung, 9. Januar 1947, C.
7 Etscheit: Müller, »Die Affäre Keller«, LK, S. 95. Milch für deutsche Kinder: Keller, »Zeugenschrifttum«, 4. Juli 1967, IfZ, ZS 2424.
8 In Rom: Maier, Niederschrift, 17. Juli 1967, HDP. »Mit großer Umsicht«: Bernardini an Maglione, 22. November 1939, eingeg. 23. November, Telegram 52, AES 8790/39, ADSS, I, Nr. 221.
9 »Wir haben damit gerechnet«: Müller, »Die Affäre Keller«, LK, S. 97. Geheimdienstlicher Kurier: Müller und Hofmeister, Niederschrift, 9. August 1963, HDP, III, 1/7. Binnen Tagen verhaftet: Keller, »Zeugenschrifttum«, 4. Juli 1967, IfZ, ZS 2424.
10 »Geheimdienstbericht«, »kurz vor dem Krieg«: Müller, Niederschriften, August 1958 und 8. August 1963, HDP.
11 »*Schmarren*«: Ebenda.
12 Schweizer Zeitung: Halder, Niederschrift, 9. August 1960, HDP.
13 Keine Auskunft geben: Lehnert, Niederschrift, 19. Februar 1967, HDP.
14 Ascher: Müller, Niederschrift, August 1958, HDP, III, 1/7; Leiber, Niederschrift, 9. April 1966, HDP.
15 Birreria Dreher: Müller, Niederschriften, 8. August 1958 und 8. August 1963, HDP. Paris: Keller, »Zeugenschrifttum«, 4. Juli 1967, IfZ, ZS 2424.
16 »Danach blieb er noch«: Schellenberg, *Memoiren*, S. 327. Alle anderen Zitate siehe ebenda, S. 328.

17 *Schwarze Kapelle:* Schellenberg, *Memoiren,* S. 327. »Munitionskiste«: Ebenda, S. 332.

Kapitel 8: Absolute Geheimhaltung

1 »Sorgfältig gewahrt bleibe«: D'Arcy Osborne an London, 1. Dezember 1939, UKNA, FO C 19745/13005/18 (1939); PP, Doc. IV, S. 528 f.
2 Großangriff: Osborne an Halifax, 9. Januar 1940, UKNA, FO C 770/89/18 (1940); PP, Doc. V, S. 529 f.
3 »Eine große deutsche Offensive«, Müller, LK, S. 112.
4 »Verhandlungsfähige Regierung«: Ebenda.
5 »Seine Heiligkeit«: Ebenda, S. 113.
6 »Als streng geheim«: Ebenda, S. 113 f.
7 Kopie verwahren: Osborne an Halifax, »12th January 1940 Secret«, Halifax Papers, FO 800/318, copy in FO C 1137/89/18 (1940): PP, Doc. VI, S. 330–332.
8 Am 10.: Deutsch, *Verschwörung,* S. 148.
9 Deutsche Quelle: Charles-Roux an das Ministère des Affaires Etrangères, 17. Januar 1940, HDP.
10 Frühjahr oder schon zuvor: Charles-Roux an das Ministère des Affaires Etrangères, 16. Januar 1940, HDP. Zelle in Deutschland: Charles-Roux an das Ministère des Affaires Etrangères, 17. Januar 1940, HDP.
11 Vor einem bevorstehenden deutschen Angriff: Maglione an Micara, 9. Januar 1940, ADSS, I, Nr. 241. Warnung zukommen zu lassen: Giobbe an Maglione, 14. Januar 1940 und Maglione an Giobbe, 15. Januar 1940, ADSS, I, Nr. 243 und 244.
12 In Botschaften für Radio Vatikan: Leiber an Deutsch, 26. August 1960, HDP; vgl. Attolico an Maglione, AES 1752/40, 20. Februar 1940, ADSS, III, Nr. 116. Einzelheiten: Blet, *Pius XII,* S. 74. Geheimaktionen: Gumpel, Interview, 17. Mai 2014. Als Ursache des Rückzugs nennt der Spiegel 1965 abweichend eine deutsche Protestnote: Lewy, Mit festem Schritt, *Spiegel* 14 (1965).
13 Niederlande: Vgl. Jacobsen, »10. Januar 40 – Die Affäre Mechlin«, *Wehrwissenschaftliche Rundschau* 4 (1954), S. 497–515.
14 »Bis zum Sommer«: Müller, LK, S. 118.
15 »Plus Österreich als Basis«: Osborne an Halifax, 7. Februar 1940, Halifax Papers, UKNA, FO 800/318; PP, Doc. IX, S. 333–335, zitiert nach Müller, LK, S. 117 ff.
16 Reagieren musste: Osborne an Halifax, »Personal and Secret«,

7. Februar 1940, Halifax Papers, UKNA, FO 800/318, Abschrift in FO C 2522/89/18 (1940): PP, Doc. IX, S. 333 ff.
17 »Umzulegen«: Ebenda. »Falls überzeugt«: Chamberlain, Notation, ca. 15. Februar 1940, UKNA, FO C 2522/89/18 (1940): PP, Doc. X, S. 335.
18 Pius mitgeteilt hatte: Osborne an Halifax, 19. Februar 1940, Halifax Papers, UKNA, FO 800/518: PP, Doc. XIII, S. 337.
19 Über den Papst Gedanken [...] austauschen: Halifax an Osborne, 17. Februar 1940, UKNA, C 2522/89/18 (1940): PP, Doc. XII, S. 336 f.
20 Britische Antwort: Halifax an Osborne, 17. Februar 1940, UKNA, FO C 2522/89/18. (1940): PP, Doc. XII, S. 336 f. »Müssen uns heute noch sprechen«: Müller, Zeugenaussage, Prozess Huppenkothen, 9. Februar 1951, 222, HDP. »Geht voran«: Müller, »Der X-Bericht entsteht«, LK, S. 124; vgl. Leiber an Deutsch, 26. August 1960, in »Pius XII«, HDP, VII, 4/8; Müller, Niederschrift, 22. September 1966, HDP; Müller, »Befragungen [Widerstand II]«, 26. März 1963, IfZ, ZS 659/4, S. 218 f.; Leiber, »Unterredung«, 26./27. August 1960, IfZ, ZS 660, S. 9; Leiber an Müller, 28. Oktober 1953, IfZ, ZS, 660, S. 12.

Kapitel 9: Der X-Bericht

1 Jeden Augenblick im Westen: Leiber an Deutsch, 21. Mai 1965, »Pius XII«, HDP, VII, 4/8. 2007 wurde aus dem britischen Nationalarchiv das sogenannte Moltke-Dossier freigegeben, das deutschen Widerstand zeitgenössisch belegt.
2 Brunnen auf dem Petersplatz: Leiber, »Unterredung«, 26.–27. August 1960, IfZ, ZS 660, S. 2 f. und 9; Müller, 5. August 1963, Tape II, HDP.
3 Traf sich mit Müller: Müller, »Unkorr. NS üb. Gespräch«, 1963, IfZ, ZS 659/3, S. 17; Müller, »In der zweiten Heimat«, LK, S. 88. In dessen Hotel: Müller, Niederschrift, 9. April 1966, HDP. Gelesen hatte: Müller, Niederschriften, 8. August 1963 und 24. März 1966, HDP.
4 Christliche Wurzeln: Hürten, Papst Pius XII. und die Einigung Europas, Die europäische Integration, S. 21–34. Aggression und Krieg: Osborne an Halifax, 23. Februar 1940, UKNA, FO C 3044/89/18 (1940): PP, Doc. XIV, S. 337 f.
5 Zum »hundertsten Mal«: Cadogan, *Diaries,* 28. Februar 1940, hg. von. Dilks, S. 256 f. »Mgr. Kaas in der Hand hat«: Foreign Office (London), Telegramm an Osborne, 4. März 1940, PP, Doc. XVI,

S. 339, Anm. 48. Deutsche Seminaristen: Zitiert nach Osborne an Nichols, 21. März 1940, UKNA, FO R 3781/3237/22 (1940): PP, Doc. XV, S. 338 f.
6 »Geheimagenten«: Osborne an Nichols, 21. März 1940, UKNA, FO R 3781/3237/22 (1940): PP, Doc. XV, S. 338 f.
7 Am 10. oder 11. März: Das genaue Datum und der Text dieses Briefs von Halifax, den D'Arcy Osborne in seiner Mitteilung vom 27. März erwähnt, bleiben unklar. Osborne schrieb für Pius eine Zusammenfassung, konnte aber weder »das Datum noch Sonstiges« angeben, so meldete er später nach London, »da ich [das Schreiben] mit Rücksicht auf die Bitte des Papstes um absolute Diskretion vernichtet habe«. Einen Hinweis auf Datum und Inhalt gibt Osborne gleichwohl: »Wenn ich mich recht entsinne, wurde in Ihrem Brief erwähnt, [dass] andere ähnliche Avancen die Regierung Seiner Majestät über andere Kanäle erreichten.« Osborne spielt hier offenbar auf die Treffen Ulrich von Hassells am 22./23. Februar mit dem inoffiziellen britischen Emissär J. Lonsdale Bryans im schweizerischen Arosa an, Kontakte, von denen Cadogan am 28. Februar (Cadogan, *Diaries,* hg. v. Dilks, S. 256 f.) erfuhr. Folglich schickte Halifax den Verschwörern seine abschließende Mitteilung wahrscheinlich um den 28. Februar oder Anfang März. Rechnet man bis zu zehn Tage für die Übermittlung diplomatischer Post durch Italien als eine Achsenmacht ein (Halifax' Brief vom 17. Februar erreichte Osborne erst am 26. Februar), müsste dieser Brief von Halifax um den 9. oder 10. März im Vatikan eingetroffen sein. Müller hielt sich am 11. März in Rom auf (»Unkorr. NS üb. Gespräch«, IfZ, ZS 659/3, S. 24) und bekam dort denn auch wahrscheinlich die abschließenden britischen Bedingungen mitgeteilt. Anschließend blieben ihm fünf Tage, um nach Berlin zurückzufliegen und Halifax' Bedingungen in das Material für den X-Bericht einzuarbeiten, in den Hassell am 16. (*Hassell-Tagebücher,* S. 83) Einblick erhielt. Dieser allgemeine zeitliche Ablauf der Ereignisse würde sich mit den Erinnerungen der überlebenden Zeitzeugen decken, wonach das Verfahren eilig durchgezogen worden war (Christine von Dohnanyi an Deutsch, 26. Juni 1958, »Pius XII«, HDP, VII, 4/8). Des ehemaligen Fischers Petrus: Leiber, Befragung, 26. August 1960, HDP.
8 Löste Jubel aus: Müller, Aussage, Prozess Huppenkothen, 9. Februar 1951, 222, HDP. Geheimen Zusammenarbeit: Müller, »Diskussionen«, LK, S. 133.

9 Auf Abwarten ein: Leiber, Befragung, 26. August 1960, HDP.
10 Maschinengeschriebene Seiten: Müller, Niederschrift, 9. Februar 1967, HDP.
11 »Das anständige Deutschland«: Müller, Aussage, Prozess Huppenkothen, 5. Februar 1951, Niederschrift, S. 178. Waffenstillstand durch den Papst: Deutsch, »British Territorial Terms as Reportedly Stated in the X-Report« (chart), CH, S. 302; Leiber an Müller, 28. Oktober 1953, IfZ, ZS, 660, S. 13 f. Angriff auf die Sowjetunion: Als Reaktion auf eine solche Beschuldigung in der Prager Zeitschrift *Prace* diktierte Pius XII. ein Dementi, das am 11. und 12. Februar 1946 im *L'Osservatore Romano* erschien: ADSS, I, 514 f. Um die Verschwörer zu unterstützen: *Hassell-Tagebücher*, 19. März 1940, S. 179.
12 Revolte zu organisieren: Osborne an London, 27. März 1940, UKNA, FO C 4743/5/18 (1940): PP, Doc. XVI, S. 339 f.
13 »Sehr enttäuscht«: Osborne an Halifax, 3. April 1940, Halifax Papers, FO 800/318: PP, Doc. XVIII, S. 340 f.
14 Wünsche und seinen Dank: Osborne an Halifax, 3. April 1940, Halifax Papers, FO 800/318: PP, Doc. XVIII, S. 340 f. Ging den Verschwörern [...] über Müller zu: *Hassell-Tagebücher*, 6. April 1940.
15 Unbewaffneten erschießen: Halder, Niederschrift, 9. August 1960, HDP; Groscurth, *Tagebücher*, 1. November 1939. X-Bericht: Müller, Niederschrift, 27. Mai 1970, IfZ, ZS 659/4, S. 180; Müller, Niederschrift, 22. September 1966, HDP.
16 »Christlichen Sittlichkeit«: *Hassell-Tagebücher*, 19. März 1940 S. 179 f. Schied für die Verschwörer aus: Ebenda, 6. April 1940, S. 184 ff. Halder sagte, er habe Hassell aus »Sicherheitsgründen« als Kurier abgelehnt. Halder, Niederschrift, 9. August 1960, HDP.
17 Überbrachte ihm die Dokumente: *Hassell-Tagebücher*, 6. April 1940, S. 88. Verbrechen der SS: Bethge, *Bonhoeffer*, S. 756.
18 Als Verbindungsmann: Halder, Niederschrift, 9. August 1960, HDP.
19 »Verhaften Sie mich«: Sendtner, *Vollmacht des Gewissens*, Bd. 1, S. 473, zitiert nach Bethge, *Bonhoeffer*, S. 758 u. Anm. 214.
20 »Ohne Datum und Unterschrift?«: Halder, Niederschrift, 9. August 1960, HDP. Zehn Tage: Thomas, »Mein Beitrag zum Kampf gegen Hitler«, S. 4.
21 Neue Gelegenheit: *Hassell-Tagebücher*, S. 179; Liedig, Niederschrift, 9. August 1960, HDP. Schönhöffer: Müller, Niederschrift,

22. September 1966, HDP. Information nach London: Osborne an London, 27. März 1940, UKNA, FO C 4743/5/18 (1940); PP, Doc. XVI, S. 339 f.
22 Massive Reaktion: Müller, Niederschrift, 22. September 1966, HDP.
23 »Sei ausgeblieben«: Leiber an Deutsch, 26. August 1960, »Pius XII«, HDP, VII, 4/8.
24 Zu nichts geführt: Leiber, »Unterredung«, 26./27. August 1960, IfZ, ZS 660, S. 5.

Kapitel 10: Warnungen an den Westen
1 Auch diesmal verpflichtet: Christine von Dohnanyi, »Vollmacht des Gewissens«, Publikation e.V. 1956, S. 487, IfZ, ZS/A 28., Bd. 13.
2 »Mit sauberen Händen dastehen«: Christine von Dohnanyi, Interview, 26. Juni 1956, und Müller sowie Christine von Dohnanyi, Aussage, E.P., 1. Dezember 1958, IfZ, ZS 659, zitiert nach Deutsch, *Verschwörung*, S. 363.
3 Kirchlichen Angelegenheiten: Rohleder, Aussage, E. P., 25. Februar 1952, HDP; Müller und Hofmeister, Niederschrift, 9. August 1963, HDP, III, 1/7. »Dicht bevor«: Deutsch, *Verschwörung*, S. 363 (»Zahlreiche Unterhaltungen mit Dr. Müller« laut Fn. 16).
4 Gummistempel: Müller, Niederschrift, 23. Februar 1967, HDP.
5 8. Mai: Jacobsen, *Fall Gelb*, S. 141; Sas, »Het begon in Mai 1940«, Teil II, S. 16. Daten für den Angriff: Müller, Niederschrift, 22. September 1966, HDP.
6 »Vorstandssitzung«: Schmidhuber, Niederschrift, 6. August 1958, HDP; Leiber, Niederschrift, 26. August 1960, HDP; Müller, Niederschrift, 28. Februar 1967, HDP. Unterrichtete den Papst: Leiber, Niederschriften, 26. August 1960 und 9. April 1966, HDP.
7 Auf Anhieb ernst: Tardini, Vermerk, 9. Mai 1940, HDP. Brüssel: ADSS, I, 436. Marie José: Tardini, *Memories*, S. 118 f.
8 Sabotage: Charles-Roux, zusammengefasster Bericht, 7. Mai 1940, HDP; Charles-Roux, *Huit ans au Vatican*, S. 384.
9 Adrien Nieuwenhuys: Leiber, Niederschrift, 26. August 1960, HDP.
10 »Bald bevorsteht«: Nieuwenhuys nach Brüssel, Telegramm Nr. 7, 4. Mai 1940, Service Historique, Belgisches Außenministerium, zitiert nach Deutsch, *Verschwörung*, S. 369.
11 Alarm aus dem Vatikan: Diese Warnungen waren umfassend. Siehe hierzu Maglione an Micara und Giobbe, Telegramm Nr. 30

(AES 3994/40) und Telegramm Nr. 18 (AES 3993/40), 3. Mai 1940, ADSS, I, Nr. 293; Maglione, Note, AES 2895/40, ADSS, I, Nr. 295, Anm. 1; Protokoll des War Cabinet Meeting, 7. Mai 1940, UKNA, FO, WM 114 (40), 5 (PP, Doc. XVIII, n. 57); Osborne an London, 6. Mai 1940, UKNA, FO C 6584/5/18 (1940): PP, Doc. XVIII, S. 54. »Ähnliche Erwartungen«: Osborne an London, 6. Mai 1940, UKNA, FO C 6584/5/18 (1940): PP, Doc. XVIII, S. 541. Mitte April: Osborne an London, 19. März 1940, UKNA, FO, R 3546/57/22, PP, Doc. XVI, n. 51.

12 Gegenzeichnung: Tardini, *Memories*, S. 116–119; ADSS, I, Nr. 444–447.

13 Dazu angestachelt: Müller, »Attacken auf den Papst«, LK, S. 143 f. Audienz: ADSS, I, Nr. 453–455. Zitate siehe Deutsch, *Verschwörung*, S. 378.

14 »Zu verschlimmern«: Montini, Mitteilung, 13. Mai 1940, A.S.S. Nr. 13628, *ADSS, I, Nr. 313*. Die Quelle gibt keine Auskunft darüber, in welcher Weise sich die Situation hätte verschlimmern können.

15 »Gefangenes Tier«: Osborne, *Diary*, 5. Januar 1941, in: Chadwick, *Britain and the Vatican*, S. 140. »Höhle von Spionen«: Ebenda, S. 174, Zitat der italienischen Botschaft an den Heiligen Stuhl, Memorandum, 10. Mai 1943, AE, Santa Sede, 1943, Busta 66. Trevi-Brunnen: Osborne an Halifax, 3. Mai 1940, UKNA, FO 371/24935/69; Maglione an Alfieri, 8.–10. Mai 1940, AE, Sante Sede, 1940, Busta 49. »Tod dem Papst!«: *Tablet* (London), 30. August 1941.

16 Bücher und Handschriften: Padellaro, *Portrait*, S. 188; Hatch und Walshe, *Crown*, S. 155.

17 »Dubiosen Intrige«: Osborne an Halifax, 9. Januar 1940, UKNA, FO, C 770/89/18 (1940) (PP, Doc. V, S. 529 f.). Vorstadtpfarrhaus: Müller, Niederschriften, 31. Juni 1958, 24. März 1966 und 5. August 1963, Tape II, HDP. Verbrannter Unterlagen: Noots, Niederschrift, 9. September 1960, HDP.

18 Position geworden war: Gasbarri, *Quando il Vaticano confinava con il Terzo Reich*, S. 1217; Hofmann, *O Vatican!*, S. 28; Graham und Alvarez, *Nothing Sacred*, S. 92 f.; Holmes, *Papacy*, S. 152. Zitat siehe Deutsch, *Verschwörung*, S. 378.

Kapitel 11: Die braunen Vögel
1 »Hochverrat«: Höttl, »The Jesuit Intelligence Service (General Commando Munich)«, 26. November 1945, NARA, RG 226, 174/104/799. Seine Bewegungen: Müller, Niederschrift, 21. Februar 1967, HDP.
2 »Giovanni«: Müller, »Die Braunen Vögel«, LK, S. 148.
3 Ebenda.
4 Ebenda, S. 149.
5 »Am 1. Mai in Rom«: Nieuwenhuys an Brüssel, Telegramm Nr. 7, 4. Mai 1940, Service Historique, Belgisches Außenministerium.
6 Verbindungen zum Vatikan: Neuhäusler, Niederschrift, 25. März 1966, HDP. »Du wirst sofort nach Rom fliegen«, »Ich muss das unternehmen«: Deutsch, *Verschwörung*, S. 372. »Untersuchungsführer«: Müller, »Die Braunen Vögel«, LK, S. 150.
7 Als Nächstes suchte Müller: Deutsch, *Verschwörung*, S. 373. »Zufriedenstellende Unterhaltung«: Müller, »Landsmann, wird gesucht«, LK, S. 152.
8 Ascher: Müller, Niederschrift, August 1958, HDP; Leiber, Niederschrift, 9. April 1966, HDP.
9 »Habe mir etwas ausgedacht«: Deutsch, *Verschwörung*, S. 374.
10 Turntrainer: Weitz, *Hitler's Diplomat*, S. 234 f.
11 Namen Josef Müller gestoßen: Rohleder, Aussage, E. P., 25. Februar 1952.
12 Ascher: Müller, Niederschrift, 25. Februar 1967, HDP.
13 »Logischen Schlüssigkeit«, »nicht einleuchtend«: Deutsch, *Verschwörung*, S. 376.
14 Anschuldigungen: Huppenkothen, »Verhältnis Wehrmacht Sicherheitspolizei«, HDP. Für Canaris: Müller, Niederschrift, 25. Februar 1967, HDP.
15 Sein Ehrenwort: Müller, »Unkorr. NS üb. Gespräch«, 1963, IfZ, ZS 659/3, S. 20.
16 »Absolute Stille«: UKNA, FO 371/26542/C 610/324/P.
17 Zu den deutschen Verschwörern: Leiber, Niederschrift, 26. August 1960, HDP. Des Schicksalsrads: Müller, »Fehlgeschlagen«, LK, S. 161. Über die Verschwörung: Müller, »Italien nach Befreiung«, LK, S. 284.
18 »Ist hierin«: Curran, »Bones«, in *Classics Ireland* 3 (1996).
19 Beck: Müller, Niederschrift, 4. August 1960, HDP. »Unmöglich machen«: Müller, »Der X-Bericht entsteht«, LK, S. 124. Einem un-

verzichtbaren Bestandteil: Müller, Aussage an E. P., 31. August 1953, IfZ.
20 Zu Müller und Bonhoeffer siehe: Bonhoeffer an Bethge, 18. November 1940, DBW, 16, 1/29, S. 72 f.; Bonhoeffer an Bethge, aus Ettal, abgestempelt mit »München, 31. 10. 40«, DBW, 16, 1/24, S. 67; Müller, Niederschrift, 8. August 1963, Tape III, HDP. Becker: Biographie Dietrich Bonhoeffers.
21 Schlüssel zur Bibliothek: »Die Benediktinerabtei Ettal«, S. 405; »Festschrift Dr. Josef Müller – zum 80. Geburtstag – 27. März 1978«, München 1978.
22 »Einheit der Christenheit«: Bonhoeffer, »Skizze für einen Vortrag«, ca. 2. Dezember 1940, DBW, 16, S. 500.
23 Weihnachten 1940: Bonhoeffer an Bethge, 16. November 1940, DBW, 16, 1/26, S. 69 ff.; Bonhoeffer an Hans-Werner Jensen, 26. Dezember 1940, DBW, 16, 1/52, S. 101 ff.; Bonhoeffer an Paula Bonhoeffer, aus Ettal, 28. Dezember 1940, DBW, 16, 1/53, S. 102 f.; »Vernehmung von Pater Zeiger«, 9. Juli 1948, IfZ, ZS A-49, S. 25 ff.; Dulles, *Germany's Underground*, S. 118; Lange, »Der Pfarrer in der Gemeinde heute«, in: *Monatsschrift für Pastoraltheologie* 6 (1966), S. 199–229; Schlabrendorff, »Betrifft: Haltung der Kirchen Deutschlands zu Hitler«, 25. Oktober 1945, DNTC, Bd. X, 18, S. 4; Schlabrendorff, »Events«, S. 8.
24 Zur Herstellung von Kugeln: Rösch, »Aufzeichnung«, 31. August 1941, KGN, S. 91; Lang, *Der Sekretär*, S. 193 ff.; Bormann an die Gauleiter, 13. Januar 1941, Volk, *Akten*, V, S. 314, Anm. 2, und S. 543; AD, S. 191; Volk, *Akten*, V, S. 543; Ditscheid, »Pater Laurentius Siemer – Widerstandskämpfer im Dritten Reich«, Radio Vatikan, 21. Juli 2006. »Kirche in Deutschland: Pius schriftlich an den Bischof von Limburg, 20. Februar 1941 (BPDB, Nr. 65).
25 Zu einer kampfbereiten Volksfront: Schlabrendorff, »Events«, S. 8.
26 Schlüssel zum Schulgebäude: Landrat Parsberg 939, 26. September 1941; GP Velsburg, 21. September 1941; KLB, Bd. 4, S. 294; Kershaw, *Popular Opinion and Political Dissent*, S. 346. Kruzifixe wieder anbringen: Epp an Lammers, 23. Dezember 1941, GSA, Reichsstatthalter 157; Siebert an Wagner, 29. Januar 1942, GSA, MA 105248.
27 »Bereitschaft zum Tode«: Duschl an Bertram, 1. Dezember 1940, AAW, IA25c57. Eine neue Runde des Widerstands: Lapomarda, *Jesuits*, S. 13.

Kapitel 12: Das Eisen schmieden
1 »Verdienen wir es nicht besser«: Moltke, 14. August 1940, in: Balfour, Frisby und Moltke, *Moltke*, S. 137.
2 »In Deckung gebracht«: Moltke, 13. August 1940, BF, S. 181.
3 »Sie sich regenerieren sollen«: Moltke, 8. August 1940, BF, S. 134.
4 »In die Brust pflanzen«: Moltke an Curtis, 18. April 1942, Balfour, Frisby und Moltke, *Moltke*, S. 185.
5 »Schmieden des Eisens«: Moltke, 28. September 1941, BF, S. 295.
6 Ins Hauptquartier der Abwehr: Moltke, 13. Oktober 1941, BF, S. 303. »Stärkste[n] Mann des Katholizismus«: Moltke, 9. April 1943, BF, S. 468.
7 Osters Widerstandsgruppe, »Guttenberg«, *Deutsche Tagespost*, 28. April 1965.
8 Eilte nach oben und klingelte: Rösch, »Delp †«, 22. Januar 1956, AR, S. 305.
9 »Prächtige Bibliothek«: AR, S. 220 ff.; KGN, S. 263.
10 »Aus der Hand zu nehmen«: AR, S. 220 ff. und 307; KGN, S. 263.
11 Sie diskutierten über den Krieg, den die Nazis gegen die Religion führten. Moltke schrieb Hitler einen »satanischen Hass gegen die Kirchen, vor allem die katholische« zu, einen Furor gegen die Jesuiten, gegen alles Christliche. Er beklagte, dass sich zahlreiche Protestanten den Nazis angeschlossen hätten, wohingegen es die katholische Kirche dem Klerus gemäß dem von Pacelli unterzeichneten Reichskonkordat von 1933 untersagt habe, in die Nazipartei einzutreten. Moltke war überzeugt, dass die katholische Kirche wegen ihrer disziplinierteren Haltung den christlichen Widerstand gegen Hitler anführen müsse. Laut Rösch unterstrich Moltke diesen Gedanken mit den Worten: »Eines will ich als evangelischer Christ Ihnen sagen: Das Christentum in Deutschland kann nur durch die deutschen Bischöfe und den Papst gerettet werden.« Nazipartei: Artikel 32 des Reichskonkordats. Widerstand gegen Hitler: Norden, »Widersetzlichkeit von Christen und Kirchen«, in: LDW, S. 68 ff. »Bischöfe und den Papst«: Balfour, Frisby und Moltke, *Moltke*, S. 164.
12 »Dazu mitarbeiten?«: Rösch, »Delp †«, 22. Januar 1956, AR, S. 308.
13 »Eine große Hilfe«: Bleistein, *Rösch*, »Kampf«, KGN, Dok. 26, S. 263 f. Gespräche dort fortzusetzen: Rösch, Januar 1956. »*Grüss Gott*«: Rösch, »Delp †«, 22. Januar 1956, AR, S. 306.
14 Canaris deren Quelle: Leiber, Niederschrift, 9. April 1966, HDP. Zur Vorabinformation des Vatikan zur Operation Barbarossa siehe

auch Appunto Tardini, ADSS, IV, S. 60, Anm. 2; Muckermann, *Im Kampf zwischen zwei Epochen*, S. 643; Bernardini an Maglione, 28. April 1941, ADSS, IV, Nr. 331; Conte Giuseppe Dalla Torre, 15. Mai 1941, ADSS, IV, S. 474, Anm. 4; CSDIC, GG Report 346, 24. August 1945, Lord Dacre Papers, DJ 38, Folder 7(d); Dippel, *Two Against Hitler*, S. 103 und 106; Gisevius, »Information given [to Dulles] under date of December 19, 1946«, AWDP, Subseries 15c; Höttl, »Miscellaneous notes on the activities of the Japanese intelligence service in Europe«, 7. Juli 1945, NARA, RG 226, 174/104/799; Hudal, *Römische Tagebücher*, S. 213; Müller, »Aussagen«, 4. Juni 1952, IfZ, ZS 659/2, 31 f.; Müller, Niederschrift, 24. März 1966, HDP, III, I/7; Müller, Niederschrift, 31. August 1955, IfZ, ZS 659/1, S. 41.

15 »Verbrecherische Befehle«: Hürter, *Hitlers Heerführer*, S. 258 f. Auf der Stelle: Eidenschink, Vernehmung (mit Müller), 6. November 1945, DNTC, Bd. XVII, Sec. 53.015; Schlabrendorff, »Events«, S. 93 und 42; CSDIC, GG Report 346, 24. August 1945, TRP, DJ 38, Folder 7(d); Überwachungsprotokoll, 20./21. November 1944, GRGG 226, UKNA, WO 208/4364 (ADG, Doc. 115).

16 Entworfene Kommissarbefehl: Keller, *Der Ostfeldzug*, S. 33–38. »Alten Formulierungen«: [B]etr: Besprechung mit Dr. Jos. Müller, 23. Februar 1952, IfZ, ZS A-49, S. 44. »Im Gegensatz zu den Fantasten«: Müller, Niederschrift, 31. August 1955, IfZ, ZS 659/1, S. 37.

17 Nur noch auf Reisen: Zur Sicherung der »Wolfschanze« siehe Hoffmann, *Die Sicherheit des Diktators*, SdD, S. 213–239.

18 Siegesparade: »Protokoll aus der Verhandlung Halder [vor der] Spruchkammer X München«, S. 124 (Schachts Aussage bei einer Anhörung zu Halder im Entnazifizierungsverfahren); Marianne Gräfin Schwerin von Schwanenfeld, »Ulrich-Wilhelm Graf Schwerin von Schwanenfeld«, Niederschrift, o. D.; Pechel, *Deutscher Widerstand*, S. 156; *Hassell-Tagebücher*, 19. Januar 1941, S. 108 f.; Ritter, *Goerdeler*, S. 274; Hoffmann, *Widerstand, Staatsstreich*, S. 326. Russlandfeldzug zu planen: Goebbels, *Die Tagebücher*, I/9, 13. Mai 1941, S. 308. Gruppe jüngerer Militärangehöriger: *Hassell-Tagebücher*, 4. Oktober 1941, S. 143; Schlabrendorff, »Events«, S. 93, 48; Schwerin, »Von Moskau bis Stalingrad«, *Köpfe*, S. 229–246; Vollmer, *Doppelleben*, S. 155; Fest, *Staatsstreich*, S. 184–191.

19 »Windhauch« und »Amen in der Kirche«: Burleigh, *Third Reich*, S. 712; vgl. Scheurig, *Tresckow*, S. 112 f. »Der da Ball spielt«: Ebenda,

S. 115. »Ihnen und mir«: Grabner, Henning von Tresckow, S. 112 f.; Emissär zur Gruppe: Hassell-Tagebücher, 4. Oktober 1941, S. 142 ff.
20 »Wie man [in] einem Chaos steuert«: Kaltenbrunner an Bormann, 15. September 1944, KB, S. 391. »Kristallisationspunkte«: Hassell-Tagebücher, 4. Oktober 1941; Zeller, Geist der Freiheit, S. 208.

Kapitel 13: Der Ausschuss

1 Für geheimdienstliche Informationen: Müller, Niederschrift, 8. August 1963, Tape VI, HDP. Nach Rom weitergeleitet: Rösch, Bericht zu antiklerikalen Schmierereien im September 1935, OSS, »Persecution«, 6. Juli 1945, DNTC, Bd. XVIII, S. 3. Von Rom nach Deutschland verlagerte: Müller, »Befragung des Staatsministers«, 2. September 1954, IfZ, ZS 659/1, S. 51.
2 Nur dem Papst: Ahaus, »Holy Orders«, in CE, Bd. 11 (1911); Aufforderung zum Heldentum: Pius XI, *Inviti All'eroismo. Discorsi di S.S. Pio XI nell'occasione della lettura dei Brevi per le Canonizzazioni, le Beatificazioni, le proclamazioni dell'eroicità delle virtù dei Santi, Beati e Servi di Dio*, 3 Bde.; Godman, *Hitler and the Vatican*, S. 167.
3 Selbstauflösung: Tuchel, »...und ihrer aller wartet der Strick.«, S. 136. »Kirche und Herrgott«: Rösch, »Bericht über die Tagung der Superioren-Vereinigung in Berlin am 26. und 27. Mai 1941«, 1. Juni 1941, KGN, Doc. 2, S. 63–66. Einem »kirchlichen Nachrichtenwesen«: »Vorschläge für einen kirchlichen Informationsdienst, Mitte Juni 1941«, ADB, V, Nr. 664 (AAW, lAz5b57, mit der Überschrift »Das Kirchliche Nachrichtenwesen. 7 Tatsachen-Vorschläge, Juni 1941«, handschriftlicher Vermerk: »Antrag Würzburg«); Rösch, »Denkschrift«, ca. 20. Juni 1941, ADB, VI, Nr. 665; Rösch, »Aufzeichnung«, 31. August 1941, KGN, Doc. 6, S. 89 ff.; Niederschrift, »Diözesan-Intelligences-Dienst [Diocesan Intelligence Service]«, 14. September 1941, OAM, GAI2p; Rösch, »Lagebericht aus dem Ausschuss für Ordensangelegenheiten«, 28. September 1941, KGN, Doc. 7, S. 98 ff.; Konferenz der bayrischen Ordinariatsvertreter, 14. Oktober 1941, ADB, V, S. 570 f.; Angermaier an Faulhaber, 2. Februar 1942, ADB, V, II, S. 865; Siemer, *Erinnerungen*, Bd. 2, S. 415–441. Einfach nur »der Ausschuss«: Rösch, »Lagebericht aus dem Ausschuss für Ordensangelegenheiten«, 28. September 1941, KGN, Doc. 7, S. 98 ff.; Rösch, Bericht, 23. April 1942, ADB, II, S. 915; Siemer, *Erinnerungen*, Bd. 2, S. 415, ACDP, I, 096; Bleistein, »Lothar König«, DKK, S. 16–19; Höllen, *Heinrich Wienken*, S. 101; Ordensangelegenheiten, 17. August 1941,

AEM, Nachlass Faulhaber, 8189; Bauer, Aussage, ca. November 1979, NLB; Leugers, »Besprechungen«, GM, S. 180.
4 Gruppe Gleichgesinnter: König an Rösch, 31. Januar und 6. Februar 1941; Telefonanruf aus München, 18. April 1941; Leugers, »Gruppenprofil«, GM, S. 136–140; Bericht des Ausschusses, 14. Juni 1942, ADB, II, Nr. 893; Rösch an Brust, 22. April 1942, KGN, Doc. 12, S. 160 ff.; Rösch, »Aus meinem Kriegstagebuch«, in: *Mitteilungen aus der Deutschen Provinz* 8 (1918–1920), S. 284; Rösch, »Bericht und Stellungnahme aus dem Ausschuss für Ordensangelegenheiten«, 14. Juni 1942, KGN, Doc. 14, S. 181 ff.; Bericht der Superioren-Vereinigung, 1. Juni 1941, GM, S. 189; Schmidlin, Denkschrift, August 1941, ADB, V, S. 496, Anm. 4; Niederschrift, Fuldaer Bischofskonferenz, 18.–20. August 1942, ADB, V, S. 851.
5 »Tante Johanna«: Vogelsberg an Leugers, 27.–28. September 1987, und Galandi an Leugers, 13. Oktober 1987, GM, S. 183.
6 Hitler überrollen: Abel an Leugers, 14. Januar 1988, GM, S. 300.
7 Franz Halder: Josef Müller knüpfte den anfänglichen Kontakt der Jesuiten zu Halder in Berlin über Pater Georg von Sachsen an, der sich mit diesem am 23. Februar 1941 traf. Halder, Kriegstagebuch, 23. Februar 1941, Bd. 2, S. 291; Müller, Niederschriften (27. Mai 1970, IfZ, ZS 659/4, S. 180; 22. September 1966; ca. 1966–1967), HDP. Pater König traf Halder am 6. und 7. April (»Datenüberblick«, 6.–7. April 1941, GM, S. 376). Zu Rösch und Halder siehe Rösch, Denkschrift, ca. 20. Juni 1941, ADB, II, V, S. 400; Volk, *Akten*, V, S. 397, Anm.; »Anhang«, GM, S. 476, Anm. 459; Bleistein, »Im Kreisauer Kreis«, AD, S. 280. Hingegen wird Halders Position von Keller als systemtreu eingeschätzt: Keller, *Der Ostfeldzug*, S. 34 f. Zu späteren Kontakten der Jesuiten zu Oberst Claus Schenck Graf von Stauffenberg über dieselben Verbindungen vgl. Delp, »Verteidigung«, ca. 9. Januar 1945, GS, IV, S. 350 und 355. »Wirksam werden könnte«: Halder an Volk, 7. Juni 1966, AD, S. 280.
8 Heimlich in Umlauf: Bleistein, »Alfred Delp und Augustin Rösch«, AD, S. 418; Kempner, *Priester*, S. 66; Delp an Luise Oestreicher, 22. Dezember 1944, GS, IV, S. 129; Lewy, »Pius XII, the Jews, and the German Catholic Church«, *Commentary* 37, Nr. 2 (Februar 1964), S. 23–35; Menke, »Thy Will Be Done: German Catholics and National Identity in the Twentieth Century«, in: *Catholic Historical Review* 91, Nr. 2 (2005), S. 300–320.

9 Freidenkender Geist [...] Kopfzerbrechen: Rösch, »Eine Klarstellung«, 6. Juli 1945, KGN, Doc. 23, S. 230 ff.; Delp, »Bereitschaft«, 1935, GS, I, S. 83; Delp, »Der Kranke Held«, GS, II, S. 205; Delp, »Die Moderne Welt und die Katholische Aktion«, 1935, GS, I, S. 70; Delp, »Entschlossenheit«, 1935, GS, I, S. 100; Delp, »Kirchlicher und Völkischer Mensch«, 1935, GS, I, S. 102; Kreuser, »Remembering Father Alfred Delp«; Marion Dönhoff, *In memoriam 20 Juli 1944*; Phayer, »Questions about Catholic Resistance«, in: *Church History* 70, Nr. 2 (2001), S. 341.

10 Kanal zum Papst: Rösch an Brust, Februar 1943, KGN, Doc. 17, S. 203 ff. »Mit ernsten Leuten gesprochen«: Rösch, »Kirchenkampf«, 1945, KGN, S. 222; »Stärkste Mann des Katholizismus«: Roon, *Neuordnung*, S. 167; Moltke, 9. April 1943, BF, S. 468.

11 »Konzentration aller Kräfte«: Pius XII. an Preysing, 30. September 1941, BPDB, Nr. 76.

12 *Federalist Papers*: Kennan, *Memoirs*, S. 121.

13 Was er nicht vermöchte: Näheres zu König siehe Roon, *Neuordnung*, S. 200 f.

14 Stuttgart und Köln: Siemer, *Erinnerungen*, Bd. 2, S. 415, ACDP, I, 096. Katholischen Zentrumspartei: Gumpel, Interview, 17. Mai 2014; Mommsen, »Nikolaus Gross«, *Archiv für Sozialgeschichte* 44 (2004), S. 704 ff.; Bücker, »Kölner Kreis«; Bücker, »Mitglieder des Kölner Kreises: Bernhard Letterhaus«.

15 Über Weihnachten: NARA, RG 226, Entry 106, Box 0013, Folders 103 ff.; Lochner an das Weiße Haus (Lauchlin Currie), 19. Juni 1942, FDRL, OF 198a; Lochner an Prinz Louis Ferdinand und Prinzessin Kira, 2. Juni 1941, Nachlass Lochner; John, *Twice*, S. 69–74 und 127; Lochner, *Stets das Unerwartete*, S. 355 ff.; Prince Louis Ferdinand, *Als Kaiserenkel durch die Welt*, S. 362 ff.; Lochner, *Always the Unexpected*, S. 295; Hoffmann, *Widerstand, Staatsstreich*, S. 143 und 264 f.; Bartz, *Tragödie*, S. 229; Rothfels, *Deutsche Opposition*, S. 145 ff.

16 Widerstandsführer zum Tee: MI9, Abhörprotokoll, 26. Januar 1943, UKNA, SRX 150 (ADG, Doc. 84). »An die Wand gestellt«: Etzdorf, eidesstattliche Versicherung, 1947, Prozess Weizsäcker, IMT, Case XI, Defense Doc. Nr. 140.

17 Respondek: Valeska Hoffmann, Interview, 22. März 1986, und Agnes Dreimann, Interview, 26. Juli 1986, zitiert nach Dippel, *Two Against Hitler*, S. 104 ff.; Maria Schachtner, Brief, 30. November 1986; vgl. State Department an Woods, 2. Dezember 1941, Nr. 2892,

RG 59, NARA, RG 59, Woods, Sam E., Decimal File 123; Woods an Cordell Hull, 28. Juni 1945, NARA, RG 59, 740.00119 Control (Germany)/6–2845. Pearl Harbor: Müller, »Protokoll des Colloquiums am 31. August 1955«, IfZ, ZS 659/1, S. 44; Müller, »Unkorr. NS üb. Gespräch«, 1963, IfZ, ZS 659/3, S. 32; Müller, Niederschrift, 27. Mai 1970, IfZ, ZS 659/4, S. 183.

18 Nicht mehr zu gewinnen: Tittmann, *Inside the Vatican of Pius XII*, S. 130. »Höchst peinlich«: Lochner, *Always the Unexpected*, S. 295; vgl. Donovan an FDR, 24. Januar 1945, NARA, RG 226, Entry 210, Box 364, und Joseph Rodrigo, Denkschrift an Hugh Wilson, 27. August 1944, NARA, RG 226, Entry 210, Box 344.

19 Entließ ihn: Halder, Aussage, CSDIC, 7. August 1945, TRP, DJ 38, Folder 6; *Hassell-Tagebücher*, 21. und 23. Dezember 1941, S. 150 und 152; Halder, *Kriegstagebuch*, Bd. 3, S. 354 ff.; *Hassell-Tagebücher*, 22. Dezember 1941, S. 152; Kessel, »Verborgene Saat«, 12. April 1945, VS, S. 216 f. und 221; Schwerin, *Köpfe*, S. 309; Überwachungsprotokoll, GRGG 210, 11.–12. Oktober 1944, UKNA, WO 208/4364, ADG, Doc. 111. »Bild des Menschen«: Moltke an Curtis, 18. April 1942, Balfour, Frisby und Moltke, *Moltke*, S. 185.

20 »Schutzengel«: Freya von Moltke, *Erinnerungen an Kreisau*, S. 52. »Noch mehr als sehr jung«: Freya von Moltke an Bleistein, 12. August 1986, zitiert nach AR, S. 123. (dort beide Zitate)

21 »Wirtschaftsordnung?«: Moltke, 9. Mai 1942, BF, 371 f. »Der Fremde«: Röschs jesuitischer Biograf vertritt die Auffassung, dass die Frage zur Wirtschaftsordnung von Pater Leiber oder Pater Anton Gundlach aufgeworfen wurde, der Pius in sozialen Fragen beriet. Bleistein, AR, S. 119. »Und ich auch«: Moltke, 9. Mai 1942, BF, S. 370. Bearbeitet von Rösch: Rösch/König/Delp, »Ziele und Vorstellungen des Kreises«, S. 61–83. Kannte sie seit langer Zeit: Moltke, 3. September 1939, BF, S. 61 f. und Anm. 1.

22 Mit Karl dem Großen untergegangen: vgl. Prittie, »The Opposition of the Church of Rome«, in: Jacobsen (Hg.), *Juli 20, 1944*; Roon, *Neuordnung*, S. 20–48; Rothfels, *Deutsche Opposition*, S. 112 ff.; Zeller, *Geist der Freiheit*, S. 227.

23 Bürgerkrieg auslösen: Vgl. Thomas von Aquin, *In II Sent.*, d. XLIV, Q. ii, a. 2; Suarez, *Def. fidei*, VI, S. iv und 7; Harty, »Tyrannicide«, CE, Bd. 15 (1912). Rechtfertigte entsprechend die Verschwörung: Roon, *Neuordnung*, S. 241; Bleistein, AR, 288; Bleistein, »Delps Vermächtnis«, AD, S. 427. »In die Öffentlichkeit«: Rösch, »Kirchenkampf«, 22. Oktober 1945, AR, S. 210.

24 Fadenkreuz: Zu den größten Zusammenkünften des Kreisauer Kreises siehe Roon, *Neuordnung,* S. 248–261.

Kapitel 14: Gespräche in der Krypta

1 Petersgrab: Über den Inhalt dieser Gespräche ist weniger bekannt als über deren Ablauf und Form: Siehe Müller, Niederschriften (3. August 1963, Band I, HDP; 31. August 1955, IfZ, ZS 659/1, S. 32); Bonhoeffer aus Rom an Familie Leibholz, 9. Juli 1942, DBW, Bd. 16, 1/189; Bonhoeffer, LPP, S. 164, und DBW, Bd. 8, S. 238; Bonhoeffer, Brief, 7. Juli 1942, DBW, Bd. 16, S. 339; Christine Dohnanyi, IfZ, ZS 603, S. 66 f.; Müller, »Fahrt in die Oberpfalz«, LK, S. 241; vgl. Hesemann, »Pius XII, Stauffenberg und der Ochsensepp«, *Kath.Net,* 19. Juli 2009.

2 »Madonnen-Kult«: Müller, »Fahrt in die Oberpfalz«, LK, S. 241. Zum Widerhall des Inhalts dieser Gespräche in der Krypta siehe z. B. Gisevius, »Information given [to Dulles] under date of December 19, 1946«, AWDP, Subseries 15c; und Thomas, Aussage, 6. November 1945, DNTC, Bd. V, scc. 10.08.

3 »Verteidigung des Menschen als Menschen«: Kurzfassung zu Kölner Pastoralbriefen, 28. Juni 1943, ADB, VI, S. 195. »Bes. der Juden«: Dritte Kreisauer Tagung, Nr. 2, »Zur Befriedung Europas«, DKK, S. 254. Fluchtroute in die Schweiz: Bleistein, »Schriftsteller und Seelsorger«, AD, S. 174. anderslautend: Saltin, Alfred Delp, S. 88; Gertrud Luckner und Marie Schiffer, Interview-Niederschrift, S. 98, zitiert nach Phayer, »Questions about Catholic Resistance«, *Church History* 70, Nr. 2 (2001), S. 334.

4 Von Warschau nach Brooklyn: Bürkner an Wohltat, 15. Januar 1948, HStAD, NW 10021/49193. Sifton und Stern identifizierten den Rabbi irrigerweise als »Menachem Mendel Schneersohn« *(No Ordinary Men,* FN S. 95. Zu den Fakten siehe Schneersohn an Cordell Hull, 25. März 1940, WNRC, RG 59, CDF, 811.III. »Rattenlinie«: Der Begriff kam später in Gebrauch, als flüchtige Nichtjuden die kirchlichen Routen und Besitztümer nutzten, die ursprünglich Juden und anderen Schutz geboten hatten. Als die Gestapo am 23. Dezember 1943 15 jüdische Flüchtlinge im Päpstlichen Collegium Russicum aufspürten, fragten sie Pater Emil Herman, warum die Jesuiten den Juden dort Unterschlupf gewährt hätten, und erhielten zur Antwort: »Aus demselben Grund, warum wir wahrscheinlich bald auch euch verstecken werden.« Herman an Maglione, 22. Dezember 1943, ADSS, IX, Nr. 482; vgl. Wilhelm de Vries

an Lapomarda, 3. November 1985, in Lapomarda, *Jesuits*, S. 220 f. Zu katholischen Klöstern als jüdische Zufluchtsorte siehe Gilbert, *The Righteous*, S. 246–380; zur katholischen Kirche und zur Flucht mutmaßlicher Kriegsverbrecher der Achsenmächte siehe Steinacher, *Nazis auf der Flucht. Wie Kriegsverbrecher über Italien nach Übersee entkamen*, Innsbruck u. a. 2008, S. 118–178; Phayer, *Pius XII*, S. 173–207; Ventresca, »Vatican Ratlines«, in: *Soldier of Christ*, S. 253–270.

5 Verhängnisvoll erweisen: Höhne, *Canaris*, S. 475 f. Mit Juden zu nutzen: Bartz, *Tragödie*, S. 129 und 133. Auf sie zurollte: Abschlussbericht von Staatsanwalt Dr. Finck, Lüneburg, Verfahren Roeder, Archiv des Justizministeriums, Land Niedersachsen, 688, 707, 710; vgl. Müllers Antwort auf die Belastung durch Schmidhuber, IfZ, ZS 659/3, S. 2–11.

6 »Stolz [...] ein Jude zu sein«: »A Papal Audience in War-Time«, in: *Palestine Post*, 28. April 1944, zitiert nach Kath.net, 11. Februar 2012, unter http://kath.net/news/35152. Wisla: Aussage von Herman Herskovic, zitiert nach William Doino an den Autor, 19. Oktober 2015.

7 Judenstern: Klemperer, *Ich will Zeugnis ablegen bis zum letzten. Tagebücher 1933–1941*, 7. Oktober 1941, S. 678. Bei dem »Kaplan« [*sic*] handelte es sich um Bernhard Lichtenberg. In seinem »verbürgten« Bericht übertrieb Klemperer möglicherweise Lichtenbergs öffentliches Beten für die Juden, das ihn in ein Konzentrationslager brachte. »Übel beurteilt«: Roncalli, Tagebucheintrag zum 10. Oktober 1941, Audienz mit Pius XII., in: Alberto Melloni, *Fra Istanbul, Atene e la guerra. La missione di A. G. Roncalli (1935–1944)*, Rom 1993, S. 240.

8 »Ohne jedes Gerichtsverfahren vernichtet«: Sapieha an Pius XII., 28. Februar 1942, ADSS, III, Nr. 357. Rauch aus den Krematorien: Falconi, *Silence*, S. 148. »Sämtliche Bischöfe [...] erschießen«: Sapieha an Pius XII., 28. Februar 1942, ADSS, III, Nr. 357. Handschriftliche Abschrift: ADSS, III, S. 15 f. »Wie ein Kind geweint«: Stehle, *Ostpolitik*, ODV, S. 239. Angesichts dieser unmittelbaren emotionalen Reaktion muss man davon ausgehen, dass Pius entweder keine Kenntnis des Briefes von Sapieha vom 28. Februar erlangt hatte oder der Brief Pius das Ausmaß des Massenmordes nicht ausreichend vor Augen führte. Sapieha dürfte davon ausgegangen sein, Pius deutlich zu einer Stellungnahme gebeten zu haben: Blet, *Pius XII and the Second World War*, S. 80 f.

9 Stapel an Berichten: Gisevius, *Wo ist Nebe?*, S. 233. Die wörtlichen Zitate siehe Hesemann, *Der Papst*, S. 153 f.; vgl. Gröber an Pius XII., 14. Juni 1942, ADB, V, S. 788; Tittmann an Stettinius, 16. Juni 1942, Decimal File 1940–1944, Box 5689, File 866A.001/103, RG 59, NARA; Tittmann, *Inside the Vatican of Pius XII*, S. 115. Niederländische Juden: Orsenigo an Montini, 28. Juli 1942, ADSS, VIII, Nr. 438; vgl. Leugers, »Datenüberblick«, GM, S. 391 f. 100 katholisch getaufte Juden: Mihr, *Ad maiora*, S. 3.

10 Anfang August 1942: Orsenigo an Montini, 28. Juli 1942, ADSS, VIII, Nr. 438. In Rauch aufgegangen: Lehnert, beeidete Aussage, 29. Oktober 1968, Tribunal des Vikariats von Rom (Pacelli), I, 77 und 85; Maria Conrada Grabmair, beeidete Aussage, 9. Mai 1969, ebenda, I, S. 173 f.; vgl. Lehnert, *Ich durfte ihm dienen*, S. 132 f.; Rychlak, *Hitler*, S. 301 f.

11 »*Stirpe*«: Pius XII., »Vatican Radiomessage de Noël de Pie XII«, 24. Dezember 1942, ADSS, VII, Nr. 71; vgl. Phayer, »Pius XII's Christmas Message: Genocide Decried«, *Pius XII*, S. 42–64. »Nicht [namentlich] genannt«: Taylors Büro an das US-Außenministerium, 28. Dezember 1943, NARA, RG 59, Box 5689, Location 250/34/11/1. Vgl. Phayer, *Pius XII*, S. 57; Tittmann an Hull, 30. Dezember 1942, NARA, RG 59, Box 29, Entry 1071; Tittmann an Hull, 7. Januar 1943, NARA, RG 59, Entry 1071, Box 29, Location 250/48/29/05.

12 »Jüdischen Kriegsverbrecher«: »RSHA report on the broadcast«, zitiert nach Chadwick, *Britain and the Vatican*, S. 219; Ribbentrop an Bergen, 24. Januar 1943; Bergen an Ribbentrop, 26. Januar 1943; Rhodes, *Vatican*, S. 272 ff. »Selbst verbrannt«: »For Berlin, Pius XII Was a Subversive: Radio Operator's Experience of Spreading Papal Christmas Message«, Zenit.org, 14. Mai 2002.

13 »Wirksame Vorkehrungen zu treffen«: Rösch, Delp, König, 2. August 1943, DKK, S. 195 ff.

14 Mit einem moralischen Dilemma: Abschlussbericht von Staatsanwalt Dr. Finck, Lüneburg, Prozess Roeder, Archiv des Justizministeriums, Land Niedersachsen, 688, 707, 710; vgl. Müllers Antwort auf Schmidhubers belastende Aussagen, ZS 659/3, S. 2–11. Lehnte dies ab: Müller, »Die Depositenkasse«, LK, S. 168. Meran: Prozess Roeder, MB 6/1, S. 144. Handschellen: Sonderegger, »Brief«, 17. Oktober 1952, IfZ, ZS 303/1, S. 32; Ficht, »Eidesstattliche Versicherung«, 8. Mai 1950, IfZ, ED 92, S. 248; Prozess Roeder, MB 6/2, S. 186; Schmidhuber, »Aussage«, IfZ, ZS 616, S. 7; Schmidhuber,

Aussage, 20. Juli 1950, LStA, IX, 222; Wappenhensch, Aussage, 16. September 1950, LStA, XIV, 23; Huppenkothen, »Verhältnis Wehrmacht Sicherheitspolizei«, HDP, 2/10; Müller, Niederschrift, 1958, HDP; Wild, »Eidesstattliche Versicherung«, 15. November 1955, IfZ, ED 92, S. 245 f.
15 »8 Wochen«: Moltke, 5. November 1942, BF, S. 431. »Weltgeschichte«: Moltke, 7. November 1942, BF, S. 432.

Kapitel 15: Schießerei in der Kirche
1 So große Stille: Pannwitz, »Das Attentat auf Heydrich«, März 1959, VfZ 33, S. 681. »In ihren geschichtlichen Erinnerungen«, »Heiligen Mysteriums«: Muckermann, »In der Tschechoslowakei«, 26. Juni 1942, *Kampf*, S. 469 und 468.
2 Nicht auszumachen war: Vgl. Deutsch, »Questions«, *Central European History*, Bd. 14, Nr. 4, Dezember 1981, S. 325.
3 »Zehn Gebote«: »Mitteilung Frau Heydrich«, ca. 1953, Bartz, *Tragödie*, S. 83 f.; Pannwitz, »Das Attentat auf Heydrich«, März 1959, VfZ 33, S. 681; Müller, »Fahrt in die Oberpfalz«, LK, S. 243; CIA, »The Assassination of Reinhard Heydrich«, SI 2-14-1, 1960; MacDonald, *Killing*, S. 164; Schellenberg, *Memoiren*, S. 137 ff. »Geheiminformationen«: Brissaud, *Canaris*, S. 266.
4 Terminplan: MacDonald, *Killing*, S. 166 f.; Wiener, *Assassination*, S. 84 ff. Laut einigen Berichten soll der Pedell der Prager Burg eine Seite von Heydrichs Tischkalender herausgerissen, zusammengeknüllt und in einen Papierkorb geworfen haben, aus dem ihn dann eine Putzfrau herausfischte. Heydrichs Feinde hatten allerdings eine besser dokumentierte und plausiblere Möglichkeit, seine Bewegungen in Erfahrung zu bringen. Sie hätten eine sehr gute Geheimverbindung zu einem Büro im SD gehabt, räumte der im Vatikan tätige Jesuit Ivo Zeiger ein. Das Bindeglied sei eine Frau gewesen, die er Anita nannte. Siehe »Vernehmung von Pater Zeiger«, 9. Juli 1948, IfZ, ZS A-49, S. 25 ff. Pater Rösch identifizierte die Agentin später als »Georgine Wagner, jetzt Frau Kissler« und sagte, sie habe ihn »über eine Mittelsperson (Frl. Dr. Hofmann) gewarnt«: Rösch, »Kirchenkampf 1937–1945«, 22. Oktober 1945, AR, S. 225. Wagner war nach Pater König »zum Eintritt in die SS gezwungen worden«; sie sei »absolut zuverlässig« gewesen und habe »trotz großer Gefahr für ihre Person« gegen Heydrich gearbeitet. König, »Aufzeichnung«, 15. Mai 1945, ADOPSJ; Leugers, »Die Ordensausschussmitglieder und ihr Engagement«, GM, S. 328.

5 Zu den Vorbereitungen des Attentats siehe CIA, »The Assassination of Reinhard Heydrich«, SI 2-14-1, 1960; Burian, »Assassination«, tschechisches Verteidigungsministerium, 2002.
6 Anschlag auf Heydrich: Pannwitz, »Das Attentat auf Heydrich März 1959, VfZ 33, S. 679 f.
7 In Särgen: Vanek, »The Chemistry Teacher's Account«, in: Miroslav Ivanov, *Target Heydrich*, New York 1974, S. 223 ff.
8 »Den abgetrennten Kopf seiner Mutter«: Amort, *Heydrichiáda*, S. 241, zitiert nach Pannwitz, »Attentat«, S. 688.
9 »Die Geistlichkeit wurde herbeigeholt«: Pannwitz, »Attentat«, S. 695.
10 »Das Feuer langsam verstummte«: Ebenda.
11 »Schweren Verlust«: Ebenda.
12 Die Falltür: Ebenda, S. 696.
13 »Abgeschossen werden«: Ebenda.
14 Der letzte übrig Gebliebene: CIA, »The Assassination of Reinhard Heydrich«, SI 2-14-1, 1960; Pannwitz, »Attentat«, S. 697.
15 Glaubensübertritt geheim zu halten: Pius XI., *Motu Proprio*, 26. Juli 1926, Nachlass Neveu, Archivio dei Padri Assunzionisti, Rom; Stehle, *Ostpolitik*, ODV, S. 100 f. Im Duklapass: Hartl, Vernehmung, 9. Januar 1947, C. Als orthodoxe Priester verkleideten: Hartl, »The Orthodox Church«, 9. Januar 1947, C, Annex VIII. Matěj Pavlík: »Veliky cin male cirkve«, S. 42. Tschechische Legionäre: Pannwitz, »Attentat«, S. 700.
16 Albrecht: Jan Krajcar an Lapomarda, 7. Februar 1984, in: Lapomarda, *Jesuits and the Third Reich*, S. 92; Kempner, *Priester*, S. 14 f.; Gumpel, Interview, 1. Juni 2014 mit Informationen des Jesuitenpaters Josef Koláček.
17 »Altarraum«: Hitler, *Tischgespräche*, 4. Juli 1942, HT (Picker), Nr. 168, S. 415.
18 »Sogenannte Priester«: Hoffmann, *Die Sicherheit des Diktators*, SdD, S. 223, mit Zitat Gerhard Engels, Anm. 33.
19 »Hätte eingeschlossen werden müssen«: Niederschrift zum Verfahren Huppenkothen, zitiert nach Müller, »Depositenkasse«, LK, S. 162 ff.
20 Vorsichtig gegen ihn vorgehen: Christine von Dohnanyi, IfZ, ZS 603; Ficht, »Eidesstattliche Versicherung«, 8. Mai 1950, IfZ, ED 92, S. 248; Huppenkothen, »Verhältnis Wehrmacht Sicherheitspolizei«, HDP, 2/10; Müller, Niederschrift, 1958, HDP. Todesurteile gegen deren Führer: Roeder, IfZ, ED 92, S. 356; Schellenberg,

Memoiren, 326 f. Bluthund: Bergander, Die Ermittlungen gegen Dr. jur. et rer. pol. Manfred Roeder.
21 Flog [...] nach Rom: DBW, Bd. 16, »Zeittafel«, S. 729. Gespräche im Vatikan: Huppenkothen, »The 20 Juli Plot«, Vernehmungsprotokoll, 17. Mai 1946, DJ 38, Folder 31. Regierung nach Hitler: Bonhoeffer an Bethge, 29. November 1942, DBW, Bd. 16, 1/211. Nach Hitlers Beseitigung: Moltke, 26. November 1942, BF, S. 441 f. »Sind vernichtet«: Christine Dohnanyi, IfZ, ZS 603, S. 66 f. Zossen: Müller, 2. September 1954, IfZ, ZS 659 /1, S. 60; Christine von Dohnanyi, »Aufzeichnung«, 3 von 3, ca. 1946, IfZ, ZS 603.
22 Fall Schmidhuber: Prozess Roeder, MB 6/1, S. 145. Quellen der Abwehr: Müller, Niederschrift, 3. August 1963, Tape I, HDP. »So naiv?«: Müller, »Die Depositenkasse«, LK, S. 165.
23 Müller in München: Müller, Niederschrift, 1958, HDP; ders., LK, S. 165.
24 Nach seiner Vernehmung: Müller, Niederschrift, 1958, HDP. Mit den Nerven am Ende: Müller, »Depositenkasse«, LK, S. 168.
25 Ermittlungen zu steuern: Müller, LK, S. 166.
26 Zum Essen hinuntergingen: Ebenda.
27 »Dieser Verbrecher«: Müller, IfZ, ZS 659/3, S. 230. Vier-Gänge-Menü: Müller, »Unkorr. NS üb. Gespräch«, 1963, IfZ, ZS 659/3, S. 30.
28 Vernichten würde: Müller, »Depositenkasse«, LK, S. 168.

Kapitel 16: Zwei Cognacflaschen
1 »Zur Besinnung kommen«: Kreuser, »Remembering Father Alfred Delp«.
2 Änderte sich alles: Müller, Aussage, 31. August 1953, IfZ, ZS/A 28/13; CHTW, 359; Schlabrendorff, *Offiziere gegen Hitler*, S. 64 f.; Gersdorff, »Beitrag zur Geschichte des 20. Juli 1944«, Typoskript, 1946.
3 Deutschlands Grenzen: *Hassell-Tagebücher*, 26. September und 13. November 1942, S. 329 ff. und 336 ff.; Maria Müller, »Aussage«, Verfahren Roeder, MB 6/5, S. 708; Rösch an Brust, Februar 1943, KGN, Doc. 17, S. 203 ff.
4 Ihre Chance: Schlabrendorff, »Events«, S. 54; *Hassell-Tagebücher*, 4. September 1942, S. 327 ff.; Ritter, *Deutsche Widerstandsbewegung*, S. 339; Schlabrendorff, *Offiziere gegen Hitler*, S. 71. Smolensk: Scheurig, *Tresckow*, S. 136 f.; Stieff in Peter, *Spiegelbild*, S. 87 f., und IMT, XXXIII, S. 307 f.; Ili Stieff an Huch, 17. Juli 1947, IfZ, ZS A

26/3; Stieff, *Briefe*, S. 170; Hassell, *Vom andern Deutschland*, S. 350; Gersdorff in Graml, »Militaropposition«, S. 473 f.; Hoffmann, *Stauffenberg*, SUSB, S. 304. Besser umgehen: Boeselager, *Valkyrie*, S. 113; Gersdorff, *Soldat im Untergang*, S. 124; Roon, »Hermann Kaiser und der deutsche Widerstand«, VfZ, 1976, S. 278 ff., 334 ff. und 259. Schlabrendorff: Kaiser, *Tagebuch*, 6. April 1943, NARA, RG 338, MS B-285; Schlabrendorff, *Offiziere gegen Hitler*, S. 61 f. »Schläger«: Bancroft, *Autobiography of a Spy*, S. 259.

5 Sobald Hitler beseitigt sein würde: Schlabrendorff, »Events«, S. 55; Urteil gegen Klaus Bonhoeffer u. a., 20. Dezember 1944, DBW, Bd. 16, 1/236.

6 Münchner Jesuiten: »Datenüberblick 1940–1945«, TB König, GM, S. 398.

7 Missionarischen Eifer: Kessel, »Verborgene Saat«, S. 182. Hitler und Mussolini: Goerdeler an Pius XII., 23. März 1939, Ritter, *Deutsche Widerstandsbewegung*, S. 215.

8 Sicherheitsrisiko: Delp an Tattenbach, 18. Dezember 1944, GS, IV, S. 123 f. Ausgelöscht werden: Preysing, Aussage, ca. 1950, CH, 14. Faulhaber: Müller, »Unkorr. NS üb. Gespräch«, 1963, IfZ, ZS 659/3, S. 14. Innitzer: Müller, »Aussage«, 11. Juni 1952, IfZ, ZS 659/2, S. 26. Gemeinsamen Ziele: Wuermling, »Der Mann aus dem Widerstand – Josef Müller«, S. 28. Goerdelers Lager: Nebgen, *Kaiser*, S. 136 ff.; Kaltenbrunner an Bormann, 18. September 1944, KB, S. 393 f.

9 Näheres zu Goerdeler und den Goerdelerkreis siehe Roon, *Neuordnung*, S. 267 ff. Ebenfalls akzeptieren: Müller, »Aussage«, 11. Juni 1952, IfZ, ZS 659/2, S. 27. Verstreichen lassen: Gerstenmaier, »Kreisauer Kreis«, VfZ 15 (1967), S. 228–236.

10 Mit dessen Putschplänen: Delp an Tattenbach, 18. Dezember 1944, GS, IV, S. 123 ff. Übermäßiges Gegengewicht: Henk, »Events Leading up to 20 Juli Putsch«, 7th Army Interrogation Center, 22. April 1945, DNTC, Bd. XCIX; Müller, »Aussage«, 11. Juni 1952, IfZ, ZS 659/2, S. 27.

11 Atlantik-Charta: Peter (Hg.), *Spiegelbild*, Bd. 2, S. 701 f. »(Bes. der Juden)«: Dritte Kreisauer Tagung, Nr. 2, »Zur Befriedung Europas«, DKK, S. 249–259.

12 Die zivilen Kräfte: Hoffmann, *Behind Valkyrie*, S. 66 f. Ohne selbst daran teilzunehmen: Das Treffen vom 8. Januar 1943 gehört zu den besser dokumentierten Veranstaltungen des deutschen Widerstands gegen Hitler. Wichtigste Quellen sind die *Hassell-Tage-*

bücher, 22. Januar 1943, S. 345 ff.; Moltke, 8. und 9. Januar 1943, BF, 450 f.; Gisevius, Aussage, IMT, II, S. 240 ff.; Gisevius, *Bitter End*, S. 255 f.; Gerstenmaier, *Streit und Friede hat seine Zeit*, S. 169; Gerstenmaier, »Kreisauer Kreis«, VfZ 15 (1967), S. 245; Kaltenbrunner an Bormann, 18. September 1944, KB, S. 393 f. Zu wertvollen Sekundärquellen zählen Roon, *Neuordnung*, S. 270 f. und 277; Hoffmann, *Behind Valkyrie*, S. 66 f.; Hoffmann, *Widerstand, Staatsstreich*, S. 461; Marion Gräfin Yorck von Wartenburg, Interview, 5. September 1963, in: Kramarz, *Stauffenberg*, S. 158; Osas, *Walküre*, S. 16; Mommsen, »Gesellschaftsbild«, in: *Der deutsche Widerstand*, S. 73–167; Nebgen, *Kaiser*, S. 136 ff.

13 »Liquidationskommission«, *Hassell-Tagebücher*, 22. Januar 1943, S. 345. Um den Konsens: Ebenda, S. 345 ff. Zum Rücktritt überreden: Hermann Kaiser, *Tagebuch*, BA EAP 105/30.

14 Diktatur und Demokratie: Mommsen, »Gesellschaftsbild«, in: *Der deutsche Widerstand*, S. 73–167. »Verschleierung des Gegensatzes«: Ritter, *Deutsche Widerstandsbewegung*, S. 347; Während der Russischen Revolution: Gerstenmaier, »Der Kreisauer Kreis: Zu dem Buch Gerrit van Roons' *Neuordnung im Widerstand*«, S. 245; vgl. Gerstenmaier, *Streit und Friede hat seine Zeit*, S. 169. »Giftpfeil«: Moltke, 9. Januar 1943, BF, S. 450.

15 Von Delp gezogenen Linien: Mommsen, »Gesellschaftsbild«. Mit den militärischen Verschwörern: Hoffmann, *Widerstand, Staatsstreich*, S. 462. Operative Stärke ihrer Kräfte; »nicht platt«: Moltke, 9. Januar 1943, BF, S. 450. In Bälde erfolgen müsse: Hoffmann, *Widerstand, Staatsstreich*, S. 461.

16 20 Meter weggeschleudert: Kaltenbrunner an Bormann, 3. August 1944, KB, S. 128; War Office (UK), *Field Engineering and Mine Warfare Pamphlet Nr. 7: Booby Traps* (1952), S. 26 ff.; Gersdorff, 25. Mai 1967, siehe Hoffmann, *Widerstand, Staatsstreich*, S. 322.

17 Hitlers Flugzeug: Hoffmann, *Widerstand, Staatsstreich*, S. 325.

18 »Initialzündung«: Schlabrendorff, »Events«, 1945, DNTC/93, S. 61.

19 Berlin-Lichterfelde: Liedig, »Aussage«, IfZ, ZS 2125, S. 28; Witzleben, IfZ, ZS 196, S. 42. Mit Müller privat sprechen wolle: Müller, »Das Treskow-Attentat«, LK, S. 159.

20 »Mit dem Tresckow-Attentat gedrängt wurde«: Müller, »Protokoll des Colloquiums am 31. August 1955«, IfZ, ZS 659/1, S. 46. Tresckows Plan: Müller, »Aussagen«, 4. Juni 1952, IfZ, ZS 659/2,

S. 27 f. »Endlich gehandelt«: Müller, »Das Tresckow-Attentat«, LK, S. 159.
21 Als ausländischer Geheimagent: Müller, »Unkorr. NS üb. Gespräch«, 1963, IfZ, ZS 659/3, S. 25.
22 Längsten Romaufenthalt: Bonhoeffer an Bethge, 29. November 1942, DBW, Bd. 16, 1/211; DBW, Bd. 16, »Zeittafel«, S. 729; Dulles, Telegram 898, 9. Februar 1943, NARA, RG 226, Entry 134, Box 307; McCormick, *Diary*, hg. v. Hennessey, 11. Februar 1943, S. 39 f; Goebbels, *Tagebücher*, 3. März 1943, GT, II/7, S. 459–465.
23 Lagebericht: Rösch an Brust, Februar 1943, KGN, Doc. 17, S. 203 ff.
24 »Atomforschung«: Wuermeling, »Der Mann aus dem Widerstand – Josef Müller«, S. 28; Pius XII., »Discorso«, Pontificia Accademia Delle Scienze, 21. Februar 1943; Hartl, »The Vatican Intelligence Service«, 9. Januar 1947, C, Annex I; Hinsley, *British Intelligence in the Second World War*, Bd. 3, Part 2, S. 584; Joint Anglo-US Report to the Chancellor of the Exchequer and Major General L. R. Groves, »TA Project: Enemy Intelligence«, 28. November 1944, zitiert nach Hinsley, a. a. O., S. 934; vgl. Powers, *Heisenberg's War*, S. 283, und S. 542, Anm. 5.
25 Kontaktierte über Leiber: Müller, »Unkorr. NS üb. Gespräch«, 1963, IfZ, ZS 659/3, S. 25. Für die Zeit nach dem Krieg: Müller, 11. Juni 1952, IfZ, ZS 659/1, S. 41. Vorbereitungen: Leiber, Interview, OSS 2677th Regiment, 18. August 1944, NARA, RG 226, Entry 136, Box 14. Eine Bestätigung von Leibers Bericht (insbesondere zur Rolle Mansteins) siehe Abhörprotokoll, 21. Juli 1944, CSDIC (UK), SR Report, SRGG 962 [TNA, WO 208/41681371], Neitzel (Hg.), *Abgehört*, Doc. 146. »In alter Freundschaft«: Müller, »Das Tresckow-Attentat«, LK, S. 161.
26 Den Verschwörern seinen Segen: Müller, Niederschrift, 22. September 1966, HDP, III, I/7; Müller, »Aussagen«, 4. Juni 1952, IfZ, ZS 659/2, S. 27 f. Agrément: Müller, 4. Juni 1952, IfZ, ZS 659/2, S. 7; Müller, 11. Juni 1952, IfZ, ZS 659/2, S. 24. Zu einem »Sonderfrieden« des Westens mit Deutschland siehe Stehle, »Aus Furcht vor Stalins Sieg«, *Ostpolitik*, ODV, S. 265. »Keine Nation«: Leiber, Äußerungen, 17. Mai 1966, 48. Als unerwünscht: Graham, »Voleva Hitler«, S. 232 f. Die Aussichten auf einen Frieden: Müller, 31. August 1955, IfZ, ZS 659/1, S. 46; Müller, »Aussage«, 11. Juni 1952, IfZ, ZS 659/2, S. 23 und 39. Separate Kapitulation im Westen: Gersdorff, »Bericht …«, 1963, siehe Hoffmann, *Widerstand, Staatsstreich*, S. 335.

27 Vorgesetzten in London: Müller, »Unkorr. NS üb. Gespräch«, 1963, IfZ, ZS 659/3, S. 25; Leiber, »Unterredung«, 26.–27. August 1960, IfZ, ZS 660, S. 11; Sendtner, »Die deutsche Militäropposition im ersten Kriegsjahr«, in: *Die Vollmacht des Gewissens*, 1956, S. 470 ff.; Chadwick, *Britain and the Vatican*, S. 252 f. und 274. Philby: Trevor-Roper, »The Philby Affair«, in: *The Secret World*, S. 106 f.

28 Müllers Mitteilungen: McCormick, *Diary*, hg. v. Hennessey, 11. Februar 1943, S. 39 f. »Unser Agent und Informant«: Holtsman an X-2, Germany, »Dr. Josef Mueller«, 31. August 1945, X 2874, in: Mueller, [redigiert], CIA DO Records. Deuteten [...] grob an: Siehe insbesondere Gisevius, »Information given [to Dulles] under date of December 19, 1946«, AWDP, Subseries 15c.

29 »Der beteiligten Diplomaten«: Pfuhlstein, Vernehmungsprotokoll, 10. April 1945, DNTC, XCIC, Sec. 3, und CSDIC (UK), GRGG 286, Bericht zu Informationen von höheren Offizieren (PW) am 19.–21. Februar 1945 [TNA, WO 208/4177], Neitzel (Hg.), *Abgehört*, Doc. 165. Bei der Erennung deutscher Bischöfe: Müller, Niederschrift, Juli 1963, HDP, III, I/7. Zu hohen Erwartungen wecken: Müller, Niederschrift, 22. September 1966, HDP, III, I/7. Bereitschaft zur Vermittlung: Müller, 4. Juni 1952, IfZ, ZS 659/2, S. 7; Müller, 11. Juni 1952, IfZ, ZS 659/2, S. 24. »Deutschlands schwerster Zeit«: Müller, »Privataudienz beim Papst«, LK, S. 294.

30 »Mannhaftes Eintreten«: Leugers, GM, S. 188, laut Brauns Tagebuch und Pius an Galen, 24. Februar 1943, BPDB. Bleinstein, »Noch kein Tyrann«: Marianne Hapig zitiert nach Bleinstein, AD, S. 37. »Passt auf«: Matthias Defregger an Roman Bleistein, 28. Februar 1980, ebenda, S. 288.

31 »Von der Haltung des Papstes«: Müller, »Unkorr. NS üb. Gespräch«, 1963, IfZ, ZS 659/3, S. 25. Preysing: Interview mit Josef Müller (26. März 1962), in: Lewy, *Catholic Church*, S. 316.

32 »Versuchen zu handeln«: Müller, LK, S. 161.

33 Unter ihrer Unterwäsche: Scholl, *Die weiße Rose*, S. 44 und 126 ff.; Scholl, *Briefe und Aufzeichnungen*, S. 235 und 239.

34 Von seiner Schwester abließen: Mayr, »Weiße Rose«, in: LDW, S. 316–320; Rothfels, *Deutsche Opposition*, S. 16 f.; Bethge, *Bonhoeffer*, S. 875 f.; Hauser, *Deutschland zuliebe*, S. 293 und 341.

35 Enthauptete die Gestapo ihre Kinder: Koch, *Volksgerichtshof*, S. 227 ff.; vgl. Hoffmann, *Widerstand, Staatsstreich*, S. 345; Hassell-*Tagebücher*, 28. März 1943, S. 358 f.

36 Im Briefkasten: Keller, *Die Gewissensentwicklung*, S. 56. Über einen Freund: Smolka an Bleistein, 12. April 1979, AD, S. 284; vgl. AD, S. 278 f.; Brink, *Revolutio humana*, S. 79; Coady, *Bound Hands*, S. 55 f. Das verhängnisvolle letzte Flugblatt: Moltke, 18. März 1943, BF, S. 463, Anm. 5, S. 465, Anm. 1; Balfour, Frisby und Moltke, *Moltke*, S. 210. »Via Radio London«: Müller, Niederschrift, 24. März 1966, HDP; »Notizen über eine Aussprache mit Dr. Josef Müller«, 1. April 1953, BA/K, Ritter, *Deutsche Widerstandsbewegung*, S. 298.
37 Erschütterte die Verschwörer: Wheeler-Bennett, *Nemesis*, S. 540.
38 Durch die Wälder fuhr: Boeselager, *Valkyrie*, S. 116 f. Auf dem Rückflug: Müller, »Das Tresckow-Attentat«, LK, S. 159 f. Flogen Canaris und Oster: Lahousen, »Zur Vorgeschichte des Anschlages vom 20. Juli 1944«, 1953, IfZ ZS 652; Dohnanyi, »Aufzeichnungen«, IFZ, ZS 603, S. 9 f. Nur er den Schlüssel besaß: Schlabrendorff, »Events«, 1945, DNTC/93, S. 62.
39 »Cognacflaschen«: Schlabrendorff, »Events«, 1945, DNTC/93, S. 61. Siehe auch Fabian von Schlabrendorff, *Das Bomben-Attentat auf Hitler am 13. 3. 1943*, unter http://www.mythoselser.de/schlabrendorff.htm.
40 »Die Initialzündung«: Schlabrendorff, *Offiziere gegen Hitler*, S. 69 f., insbesondere S. 74.
41 Sixtinische Kapelle: »Pope Marks Anniversary«, in: *New York Times*, 13. März 1939. »Wie Hörnchen«: Tittmann, *Inside the Vatican of Pius XII*, S. 145. Osborne durch Kaas und Taylor durch Müller: Müller, »Protokoll des Colloquiums«, 31. August 1955, IfZ, ZS 659/1, S. 46; Müller, Niederschrift, 22. September 1966, HDP; Müller, »Italien nach der Befreiung«, LK, S. 284 und 287; Holtsman an X-2, Germany, »Dr. Josef Mueller«, 31. August 1945, X 2874, in: Mueller, [redigiert], CIA DO Records.
42 Flog Hitler nach Smolensk: Gersdorff, »Beitrag zur Geschichte des 20. Juli 1944«, 1. Januar 1946, IfZ; Hoffmann, *Die Sicherheit des Diktators*, SdD, S. 164 f. Auf der Treppe zurück: Schlabrendorff, »Events«, 1945, DNTC/93, S. 63.
43 Bereit erklärt hatte: Schlabrendorff, »Events«, 1945, DNTC/93, S. 63.
44 Im rieselnden Schnee: Müller, »Das Tresckow-Attentat«, LK, S. 161 f.; Schlabrendorff, »Events«, 1945, DNTC/93, S. 64.

Kapitel 17: Baupläne für Siegfried
1 »Das erlösende Stichwort« kam niemals: Müller, »Das Tresckow-Attentat«, LK, S. 162.
2 Unversehrt in Rastenburg gelandet: Schlabrendorff, »Events«, 1945, DNTC/93, S. 65.
3 Beträchtlicher Erregung: Schlabrendorff, *Offiziere gegen Hitler,* S. 79. »Zündung in Gang gesetzt war«: Schlabrendorff, »Events«, 1945, DNTC/93, 65. »Nahm den Zünder heraus«: Ebenda, S. 66.
4 Säure hatte den Draht zerfressen: Gersdorff, »Beitrag zur Geschichte des 20. Juli 1944«, 1. Januar 1946, IfZ; Hoffmann, *Die Sicherheit des Diktators,* SdD, S. 166. Nicht beheizt, vereist: Hans Baur, 10. Januar 1969, laut Hoffmann, *Widerstand, Staatsstreich,* S. 332; Schlabrendorff, »Events«, 1945, DNTC/93, S. 66. Siehe auch Schlabrendorff, *Das Bomben-Attentat,* a. a. O. unter http://www.mythoselser.de/schlabrendorff.htm; Schlabrendorff, *Offiziere gegen Hitler,* S. 80.
5 Zweite Chance: Schlabrendorff, »Events«, 1945, DNTC/93, S. 66.
6 Hintergründe zur Beteiligung Gersdorffs siehe Schlabrendorff, *Offiziere gegen Hitler,* S. 81 f.; Hoffmann, »The Attempt to Assassinate Hitler on März 21, 1943«, *Annales Canadiennes d'Histoire* 2 (1967), S. 67–83.
7 »Auf nüchternen Magen die Bombe«: Schlabrendorff, *Offiziere gegen Hitler,* S. 82; Schlabrendorff, »Events«, 1945, DNTC/93, S. 67.
8 Die Toilette hinunter: Zu Gersdorffs Versuch siehe Himmler, Terminkalender, NARA, T-84, Roll R25; Daily Digest of World Broadcasts (From Germany and German-occupied territory), pt. 1, Nr. 1343, 22. März 1943 (BBC Monitoring Service: London, 1943); U. K. War Office, *Field Engineering and Mine Warfare Pamphlet Nr. 7: Booby Traps* (1952), S. 26 ff.; Hoffmann, *Widerstand, Staatsstreich,* S. 334, laut Informationen von Gersdorff (16. November 1964) und Strachwitz (20. Januar 1966); Schlabrendorff, »Events«, 1945, DNTC/93, S. 67; Boeselager, *Valkyrie,* S. 120.
9 »Durch eine Höhe abgelöst«: Moltke, 4. März 1943, BF, S. 458.
10 Vor Gasgriffen zu schützen: Zur Sicherung der Führerhauptquartiere siehe Hoffmann, *Die Sicherheit des Diktators,* SdD, S. 205–244; Sonderegger, »Mitteilungen«, ca. 1954, Bartz, *Tragödie,* S. 168 f. Zu beschlagnahmen versucht hatten: Rösch, »P. Alfred Delp † 2. 2. 1945 Berlin Plötzensee«, 22. Januar 1956, AR, S. 305; Rösch, »Lebenslauf«, 4. Januar 1947, AR, S. 274; Rösch an Le-

dóchowski, 5. November 1941, KGN, Doc. 8, S. 106 ff. Trinkwasser: Vgl. Linge, »Kronzeuge Linge«, *Revue*, München, 1955/56, 4 Folge, S. 46. Begehrlichkeiten [...] abzuschmettern: Müller, »Breidbachberichte und Führerbunker«, LK, S. 178.

11 Im Hauptquartier Siegfried aufhielt: Bormann, »Daten«, 9. November 1942. Organisation Todt: Bleistein, »Besuch bei Stauffenberg«, AD, S. 286.

12 Kopien der Baupläne: Bleistein an Hettler, 17. Juli und 17. Oktober 1988, MBM/155, 4.11.2; Bleistein, AR, S. 31 f. Alle Möglichkeiten: Vgl. Heydrich, »Betrifft«, Februar 1940, NARA, T-1 75 Roll 383. Luftangriff: Roeder, IfZ, ED 92, S. 264; »Bericht Depositenkasse«, NL Panholzer 237, S. 7; Verfahren Roeder, MB 6/3, 461. 4. April 1943: Müller, LK, S. 179.

13 Plan zur Rettung der Juden: Dohnanyi, Aussage, 12. Mai 1943, BA Berlin-Lichterfelde, Nachlass Dohnanyi, 13 II/33, 16; Ficht, »Eidesstattliche Versicherung«, 8. Mai 1950, IfZ, ED 92, S. 249; Huppenkothen, »Aussage«, IfZ, ZS 249/1, S. 22 f.; Kraell an Witzleben, 3. November 1952, IfZ, ZS 657, S. 1; Verfahren Roeder, MB 6/3, S. 399 f. Schmidhuber, IfZ, ZS 616, S. 7; Kraell an Witzleben, 3. November 1952, IfZ, ZS 657, S. 1; Verfahren Roeder, MB 6/3, S. 399 f.; Hettler, »Das Verfahren beginnt«, MBM/155, 4.11.2. Ausschleusung von Juden: Roeder, Aussage, II, 329.

14 »Z Grau«: Roeder, »Deeds of the Accused«, 21. September 1943, DBW, Bd. 16, 1/229.2. »Die Zettel«: Gisevius, *Bis zum bitteren Ende*, Bd. 2, S. 232. »Geheimdienstliches Material«: Bethge, *Bonhoeffer*, S. 878–886. Father Leiber: »Indictment against Dohnanyi and Oster«, S. 9 f.

15 Besagten Papiere: Gisevius, *Bis zum bitteren Ende*, Bd. 2, S. 232. »Stellte ihn zur Rede«: Pater Leiber, »Indictment against Dohnanyi and Oster«, S. 9 f.

16 Seine Tage als gezählt an: Müller, »Die ersten Verhaftungen«, LK, S. 168.

17 Seine Stunde geschlagen habe: Ficht, Verfahren Roeder, MB 6/1, S. 146.

18 Er fragte sich: Müller, »Die ersten Verhaftungen«, LK, S. 169. Roeder, Göring, Keitel: Müller, »Statement«, OSS/MI6, Capri, 23. Mai 1945, NARA, RG 226, Entry 125, Box 29. Mit gefälschten Papieren und Bargeld: Hoffmann, *Stauffenberg*, SUSB, S. 304. »Westmächte«: Sonderegger, »Bericht«, Verfahren Sonderegger, MC-5, S. 207.

19 »Die andern sind da!«: Müller, »Die ersten Verhaftungen«, LK, S. 168.
20 An zwei Stellen gleichzeitig: Müller, »Breidbachberichte und Führerbunker«, LK, S. 177.
21 In einen Reisekoffer: Die Liste der Habseligkeiten für das Gefängnis siehe Anni Haaser, 4. August 1943, HDP.
22 Unbeteiligte Angehörige: Müller, »Die ersten Verhaftungen«, LK, S. 169.
23 Den Vogel zu versorgen: Ebenda, »Die Ersten Verhaftungen«, LK, S. 173; vgl. Ficht, Verfahren Roeder, MB 6/5, S. 662.
24 Sonderegger: Pfuhlstein, Vernehmungsprotokoll, 10. April 1945, DNTC, XCIC, Sec. 31; Müller, »Statement«, OSS/MI6, Capri, 23. Mai 1945, NARA, RG 226, Entry 125, Box 29. Amtssiegel: Müller, »Drohungen und Geschrei«, LK, S. 190.
25 Bis er verschwunden war: Müller, »Lebenslauf«, 7 Nr. 1945, DNTC, Bd. XVII, Sub. 53, Pt. 2, Sec. 53.041.

Kapitel 18: Der Weiße Ritter
1 Nach oben schraubte: Gisevius, *Wo ist Nebe?*, S. 231.
2 Ernst: Ebenda, S. 230–233, 221.
3 »Stärkste Mann«: Moltke, 9. April 1943, BF, S. 468.
4 »Vakuum«: Gisevius, *Bitteren Ende*, Bd. 2, S. 275.
5 Gesicht mit seinen Armen: Hoffmann, *Stauffenberg. Die Biographie*, S. 308.
6 Linkes Auge: Nina Stauffenberg an Hoffmann, 30. Juli 1968, SUSB, S. 296; vgl. Zeller, *Geist der Freiheit*, S. 237 f.
7 »Idol«, »gut, aufrichtig«: Abhörprotokoll, 18./19. September 1944, ADG, Dok. 158. Kümmerte sich: Nicht datiertes Abhörprotokoll [nach 20. Juli 1944], ebenda, Dok. 145. »indiskret«, »Teil seiner Aufrichtigkeit«, schüttete das Herz aus: Abhörprotokoll, 18./19. September 1944, ebenda, Dok. 158.
8 »Magnetisch«: Halder, Brief, 26. Januar 1962, Kramarz, *Stauffenberg*, S. 81. »Alkibiades«: Erwin Topf in *Die Zeit*, 18. Juli 1946. »Augen strahlten«, »bezaubert«: Trevor-Roper, »Germans«, März 1947, *Wartime Journals*, S. 293. Glas in der rechten: Reile, Aussage, 17. März 1991, SUSB, S. 219 ff. *Odyssee:* Berthold Stauffenberg an Fahrner, 2. September 1943, Nachlass Fahrner, StGA, SUSB, S. 300. Kritik an Hitler: Broich, Aussagen, 14. und 20. Juni 1962, SUSB, S. 229 f.
9 Fliegerin: Trevor-Roper, »Germans«, März 1947, *Wartime Journals*,

S. 294, Anm. 27. Shoah: Herre, Aussage, 7. Dezember 1986, und Berger, Aussage, 7. Mai 1984, SUSB, S. 218. Pogromnacht: Walter Reerink, Bericht, Juni 1963, Kramarz, *Stauffenberg*, S. 71. »Leuchtende Augen«: Trevor-Roper, »Germans«, März 1947, *Wartime Journals*, S. 291. Büste zerschmettert: Hoffmann, *Stauffenberg. Die Biographie*, S. 185. Erhebung: Zeller, *Geist der Freiheit*, S. 232.

10 »Vom Teufel besessen«: Guttenberg, *Holding the Stirrup*, S. 194.

11 Sein Glauben: Es liegen substanzielle Primärquellen über Stauffenbergs katholische Motivation vor. Siehe z. B. Schlabrendorff, »Events«, 1945, DNTC/93, 71, 73; Kaltenbrunner an Bormann (22. Oktober 1944, KB, S. 465 f.; 4. Oktober 1944, KB, S. 435; 7. August 1944, KB, S. 167; 8. Oktober 1944, KB, S. 434–439; 4. Oktober 1944, KB, S. 434–439; Kaltenbrunner an Bormann, 16. Oktober 1944, KB, S. 448 ff.); Staedke, Aussage, 13. Januar 1963, Hoffmann, *Stauffenberg. Die Biographie*, S. 28; Alfons Bopp, Aussage, 6. August 1983, ebenda, S. 62; Kramarz, *Stauffenberg*, S. 27 f., zitiert Dietz Freiherr von Thungen, Notiz, 1946; Halder, Aussage, 26. Januar 1962; Nina Stauffenberg, Brief, 17. März 1962; Ulrich de Maizière, Aussage, 20. Januar 1963); Pfizer, »Die Brüder Stauffenberg«, *Freundesgabe für Robert Boehringer*, S. 491; Wassen, »Hie Stauffenberg – Hie Remer«, *Die österreichische Furche* 7 (Feb. 1953). »Gläubiger Katholik«, »kirchliche Beziehungen«: Kaltenbrunner an Bormann, 4. Oktober 1944, KB, S. 434. »Katholischer Reaktionär«: Kaltenbrunner an Bormann, 7. August 1944, KB, S. 167. Domherren: Zeller, *Geist der Freiheit*, S. 225; Hoffmann, *Stauffenberg. Die Biographie*, S. 21. Luther: Hoffmann, *Stauffenberg. Die Biographie*, S. 29. Heiliges Römisches Reich: Berger, Aussagen, 7. Mai und 12. Juli 1984, Hoffmann, *Stauffenberg. Die Biographie*, S. 145, 264.

12 Rettung Europas: Stauffenberg an Partsch, 22. April 1940, Hoffmann, *Stauffenberg. Die Biographie*, S. 69 f. (Im April 1940 las Stauffenberg die Schriften Friedrichs II. Der Rückbezug auf ein »geheimes Deutschland« ist bei Hoffmann nicht mit Stauffenberg verknüpft, sondern für das Jahr 1933 mit dem Historikers Ernst Kantorowicz, dem Verfasser einer Friedrich-Biografie. Es kann aber davon ausgegangen werden, dass Stauffenberg Anhänger der Idee war.). Kadetten Unterricht: Zeller, *Geist der Freiheit*, S. 227. Geheimes Deutschland: Hoffmann, *Stauffenberg. Die Biographie*, S. 70 ff.

13 »Ermordet«: Bussche, Aussage, 6./7. Dezember 1992, in Baigent

und Leigh, *Secret Germany*, S. 158. »Gläubiger Katholik« siehe oben Anm. 11. Politische Ideale, Aquin: Berger, Aussagen, 7. Mai und 12. Juli 1984, Hoffmann, *Stauffenberg. Die Biographie*, S. 264. Preysing: Kramarz, *Stauffenberg*, S. 148. Delp: Siehe die Diskussion seines Besuchs bei Stauffenberg am 6. Juni 1944, *supra*.

14 Wöchentliche Vorträge: Guttenberg, *Holding the Stirrup*, 1972, S. 190 (»berühmter Jesuit«). Laienmitarbeiter: Angermaier an Berninger, 9. Mai 1943, in Leugers, *Angermaier*, S. 111f.

15 Verstecke: Roeder, »Eidesstattliche Erklärung«, 23. Mai 1947, HStAH, Nds. 721 Lüneburg, Acc. 69/76, II, 213. »Ausweichende Antworten«: LK, S. 172.

16 Siegel: Müller, »Lebenslauf«, 7. November 1945, DNTC, Bd. XVII, Sub. 53, Teil 2, Sec. 53.041.

17 »Kanarienvogel«: Müller, »Drohungen und Geschrei«, LK, S. 190. Harte Nuss: Müller, »Die Ersten Verhaftungen«, LK, S. 173.

18 »Ehescheidung«: Müller, »Breidbachberichte und Führerbunker«, LK, S. 180.

19 Guillotine; »Ich musste befürchten«: Müller, »Die ersten Verhaftungen«, LK, 169 f.

20 »Deutschen Gruß«: Müller, »Die ersten Verhaftungen«, LK, S. 170. Wendeltreppen: Hapig, Tagebuch, 15. August 1944, *Tagebuch*, S. 35. Todestrakt: Maria Müller, Aussage, 12. November 1948, IfZ, ZS, S. 659 und 688.

21 Zelle: Heinrich Kreutzberg, *Franz Renisch. Ein Märtyrer unserer Zeit*, Limburg 1952; Müller, »Pfarrer Kreutzberg«, LK, S. 205. Fenster: Ebenda, S. 206.

22 Maas: Müller, »Pfarrer Kreutzberg«, LK, S. 206. Hase: Müller, »Die ersten Verhaftungen«, LK, S. 170. »Wirklichen Chef«: Müller, »Hart auf hart«, LK, S. 175.

23 Roeder: Müller, »Die ersten Verhaftungen«, LK, S. 169, 173; »Pfarrer Kreutzberg«, LK, S. 206; Müller, »Drohungen und Geschrei«, LK, S. 187. »Jesuiten in Rom«: Müller, »Drohungen und Geschrei«, LK, S. 189.

24 Pläne: Müller, »Breidbachberichte und Führerbunker«, LK, S. 177. »Woher?«: Müller, »Breidbachberichte und Führerbunker«, LK, S. 179. »Schweigepflicht«: Müller, »Unsichtbare Helfer«, LK, S. 184. Zeit: Roeder, IfZ, ED 92, 264; »Bericht Depositenkasse«, NL Panholzer 237, 7; Verfahren Roeder, MB 6/3, 461.

25 »Wissen wollen«: Müller, »Aussage«, 23. Mai 1945, S. 1.

26 Kreutzberg: Müller, »Pfarrer Kreutzberg«, LK, S. 204, 207.

27 Rechtsberater: Kreutzberg, Aussage, Verfahren Roeder, MB 6/6, 732.
28 König: »Datenüberblick«, GM, S. 402.
29 Kroatische Juden: Blet, *Pius XII*, S. 156; Phayer, The Catholic Church, S. 39. »Schwieriger Tod«: Tacchi Venturi an Maglione, 14. April 1943, ADSS, IX, Nr. 152. »Allesamt ermordet«: Constantini, Tagebuch, 20. April 1943, SVC, S. 162. »Sehr unterrichtet«: Moltke, 2. April 1943, BF, S. 464. »Unglücklichen-Unschuldigen«: Preysing an Pius XII., 6. März 1943, zitiert in BPDB, Nr. 105, S. 239, Anm. 1.
30 »Vergeltungsmaßnahmen«: Pius XII. an Preysing, 30. April 1943, BPDB, Nr. 105. Geheim und gemäßigt: Ebenda. »Strikte Zentralisierung«: Cornwell, *Hitler's Pope*, S. 124, zitiert Manuskript von Brüning, *Memoiren*, 351352, Harvard University Archive FP 93.4, in Patch, *Heinrich Brüning*, S. 295 f.
31 »Nie ist es erlaubt«: Preysing, Predigt, 15. November 1942, zitiert in BPDB, Nr. 105, S. 28, Anm. 3. »Es hat uns getröstet«: Pius XII. an Preysing, 30. April 1943, BPDB, Nr. 105.
32 »Jüdische Zentralen«, »Großrabbiner«, »Unser Gebet«, »Ausgang«: Ebenda, S. 242, Anm. 1.
33 »Unerträglich«, »umsichtig zu Werke«, »diplomatische Schwierigkeiten«, »ausführende Organe«: Ebenda.
34 »Entscheidendem Eingreifen«: Hoffmann, *Stauffenberg. Die Biographie*, S. 314.
35 »Dem Tapferen«: Homer, *Odyssee*, 7:58–59, 235.
36 19. Juli: Moltke, LF, S. 321. Schattenregierung: Bleistein, »Dritte Kreisauer Tagung«, DKK, S. 239 f.; Delp, »Neuordnung«, Dritte Kreisauer Tagung, Nr. 7, DKK, S. 278–295; Mommsen, *Alternative zu Hitler*, S. 203–230; Schwerin, *Köpfe*, S. 313.
37 Sarg: Schmäing, »Aussage«, Verfahren Roeder, MB 6/6, 786.
38 »In der Schwebe«: Moltke, 20. Juni 1943, BF, S. 496. »Schützende Hand«: Müller, Transkript, 8. August 1963, Band VI, HDP, III, I/7. »Verschlechterung«: Moltke, 20. Juni 1943, BF, S. 496. Keller: Müller, »Drohungen und Geschrei«, LK, S. 189; Keller, »Zeugenschrifttum«, 4. Juli 1967, IfZ, ZS 2424. »Überschneidende Beziehungen«: »Protokoll einer Vernehmung von Wilhelm Canaris«, 15. Juni 1943, DBW, Bd. 16, Dok. 227, S. 404.
39 Milkau: Müller, »Hart auf hart«, LK, S. 175; Hettler, »Gespräch mit Josef Feulner«, 26. Oktober 1989; Hettler, »Die Verhaftung«, MBM/155, 4.11.2. »Besser vorbereitet«: Müller, »Unsichtbare Helfer«, LK, S. 181.

40 Platzte der Kragen: Müller, »Drohungen und Geschrei«, LK, S. 187.
41 Beschwerde: Müller, »Unsichtbare Helfer«, LK, S. 182. Sack: Chowaniek, Der »Fall Dohnanyi«, S. 62 f.
42 Himmler: Huppenkothen, »Verhältnis Wehrmacht Sicherheitspolizei«, HDP, Box 2, Folder 10. Nichtpolitisch: Keitel: Ebenda. Anklage wegen Hochverrat: Kraell, »Bericht Depositenkasse«, NL Panholzer S. 237, 13–14; Roeder, »Aussage«, IfZ, ED 92, 266.
43 Erster Putsch: Christine von Dohnanyi, IfZ, ZS 603, 77. »Einen Diktator loswerden«: »Information obtained from Gentile [Gisevius]«, 10. September 1943, AWDP, 15a. Signal: Schwerin, *Köpfe*, S. 297. Vergleichbarer Schritt: Christine von Dohnanyi, IfZ, ZS 603, 77.

Kapitel 19: Gefangener des Vatikans
1 »Vulkan«: Constantini, Tagebuch, 27. Juli 1943, SVC, S. 186. »Ruinen sind ruiniert worden«: Ebenda, 19. Juli 1943, SVC, S. 172–174.
2 Kessel als Verbindungsmann der Verschwörer zu Pius: Magruder an JCS, 16. März 1945, NARA, RG 226, Eintrag 180, Box 376. »Nieder mit Mussolini!«: Weizsäcker, *Erinnerungen*, S. 360. Mussolinis Sturz: Kessel, »Verborgene«, 12. April 1945, VS, S. 241.
3 »Ungefähr so«: Müller, Transkript, 31. August 1955, IfZ, ZS 659/1, 35. »Energisch ... widersetzt«: Müller, »Die Depositenkasse«, LK, S. 167. Verbreitung des Glaubens: Müller, Transkript, 31. August 1955, IfZ, ZS 659/1, 34. »Mit Badoglio zusammen«: Müller, Transkript, 27. Mai 1970, IfZ, ZS 659/4, 183. Unterstützung des Papstes und des Königs: Müller, »Colloquium«, 31. August 1955, IfZ, ZS 659/1, 35. Verknüpft: Müller, »Aussage«, 11. Juni 1952, IfZ, ZS 659/2, 25.
4 Zögern Badoglios: Müller, »Colloquium«, 31. August 1955, IfZ, ZS 659/1, 35. Prinzessin von Piemont: Montini, Notizen, 24. November 1942, ADSS, VII, Nr. 32. Hotel Regina: Müller, »Unkorr. NS üb. Gespräch«, 1963, IfZ, ZS 659/3, 30. »Mit Badoglio einig«: Müller, »Die Depositenkasse«, LK, S. 167. Neffe: Badoglio an Maglione, 21. Dezember 1942, ADSS, VII, Nr. 67. »England die gleiche Vorstellung«, »endgültiges Ergebnis«: Müller, »Protokoll des Colloquiums am 31. August 1955«, IfZ, ZS 659/1, 44–45.
5 Parallele Geheimoperation: Gumpel, Interview, 1. Juni 2014. »Sie werden sich erinnern«: Taylor an Roosevelt, 10. November 1944, Taylor Papers, FDRL.
6 »Alles in seiner Macht Stehende«: Pius XII. an Mussolini, 12. Mai

1943, ADSS, VII, Nr. 186. »Nicht gehen«: Maglione, Notizen, 12. Mai 1943, ADSS, VII, Nr. 187; Gumpel, Interview, 1. Juni 2014.
7 »Behilflich«: Gumpel, Interview, 1. Juni 2014.
8 Anklagen: Gumpel, Interview, 1. Juni 2014. »*Segretissimamente* [streng geheim]«: Tardini, Notizen, 31. Mai 1943, ADSS, VII, Nr. 223.
9 Politische Nachricht: Tardini, Notizen, 11. Juni 1943, ADSS, VII, Nr. 242; Montini, Notizen, 11. Juni 1943, ADSS, VII, Nr. 243. Kein Pardon: Borgongini Duca an Maglione, 17. Juni 1943, ADSS, VII, Nr. 252.
10 Informiert über Rat: Constantini, Tagebuch, 22. Juli 1943, SVC, S. 180. »Rand des Abgrunds«: Ebenda, 18. Juli 1943, SVC, S. 171.
11 »Nicht unglücklich«: Tittmann, *Inside the Vatican*, S. 172.
12 Flucht bei Morgengrauen: ADSS, VII, S. 55. Via Aurelia: Blet, *Pius XII*, S. 212. Schnurgerade: Hatch und Walshe, *Crown*, S. 163. »Kragenspiegel«: Derry, *Rome Escape Line*, S. 61.
13 »Schutz«: Constantini, Tagebuch, 11. September 1943, SVC, S. 195. »Telefoniert mit Roosevelt«: Weizsäcker, »Rundbrief«, 10. September 1943, WP, S. 349. Marmorfußboden: Graham, »Voleva Hitler«, *Civiltà Cattolica* (1972), 1, S. 319 ff. Nach München: Ebenda, S. 321.
14 »Ans Licht kommen«: Transkript, 26. Juli 1943, 12.25 bis 12.45 Uhr; zitiert nach Heiber (Hg.), *Hitlers Lagebesprechungen*, Stuttgart 1962, S. 329; dazu auch Gilbert, *Hitler Directs*, S. 53 f.
15 »Wir alle«, »nach Mitternacht«: Goebbels, *Tagebücher*, 27. Juli 1943, hg. Elke Fröhlich, Teil II, Bd. 9, S. 416. »Weltwirkung«: Ebenda, S. 170 f.
16 Operation vorbereiten: Karl Wolff, Aussage, IMT, Case 11, Book 1e; Book 5, Dok. 68; Enno von Rintelen, Aussage, IMT, Case 11, Book 1e, Dok. 195, dazu auch in Rintelen, *Mussolini als Bundesgenosse. Erinnerungen des deutschen Militärattachés in Rom 1936–1945*, Tübingen 1951, S. 235; Aufzeichnung des Verhörs von Erwin Lahousen, 15. März 1946, United States Counsel for the Prosecution of Axis Criminality, Interrogations and Interrogation Summaries, NARA, RG 238, Box 11, »Kesselring-Lammers«.
17 Bericht erstatten: Wolff, »Niederschrift«, *Positio Summ* II, 28. März 1972; Wolff, »Excerpts from Testimony«, 26. Oktober 1945, IMT, Bd. XXVIII; Aufzeichnung des Verhörs von Karl Wolff, 27. Oktober 1945, NARA, RG-238, Box 24, »Wolf-Zolling«; vgl. Müller, »Vor dem Reichskriegsgericht«, LK, S. 197.
18 »Was wird in Deutschland passieren?«: Constantini, Tagebuch,

27. Juli 1943, SVC, S. 186. Psychologischer Moment: Ritter, *Goerdeler,* S. 246. »Mit schärfsten Mitteln polizeilicher Art«: Goebbels, *Tagebücher,* 27. Juli 1943, hg. Elke Fröhlich, Teil II, Bd. 9, S. 416. Walküre: Mommsen, *Alternative zu Hitler,* S. 189 f., 370; Rothfels, *German Opposition,* S. 75; KB, S. 157; Kramarz, *Stauffenberg,* 135; Hoffmann, *Widerstand, Staatsstreich, Attentat,* S. 355–370. Stauffenberg und Delp: Balfour und Frisby, *Moltke,* S. 235; Kaltenbrunner an Bormann, KB, S. 145; Osas, *Walküre* (Anklage gg. Goerdeler); KB, S. 357; Zeller, *Geist der Freiheit,* S. 131, 160 f., 506. »Moralische Pflicht«: John, *Twice,* S. 120. »Stellung von Geistlichen«, etc.: Kaltenbrunner an Bormann, 29. November 1944, »Verbindungen zum Ausland«, KB, S. 503. Paul Franken: Schwarz, *Adenauer,* S. 272. Kontakte im Vatikan: Graham und Alvarez, *Nothing Sacred,* S. 34.

19 Graue Schwestern: AA, Politisches Archiv, Inland Ilg. 83, Italien, Berichtverzeichnisse des Pol. Att. in Rom, Ka2302: Paul Franken. Franken: Alvarez, *Spies,* S. 185.

20 »Verschwörung abgesagt«: »An interview with Father Georg [sic] Leiber in the Vatican«, 18. August 1944, NARA, RG 226, Entry 136, Box 14.

21 Durchführen: Zur Verschwörung Mitte Oktober 1943 siehe Goerdeler, »Idee«, November 1944, Bundesarchiv, Koblenz, Nachlass Goerdeler, 25; Ritter, *Goerdeler,* S. 337; Hoffmann, *Stauffenberg. Die Biographie,* S. 338; Rudolf Fahrner, Aussage, 9. Mai 1977, SUSB, S. 336; Zeller, *Oberst,* S. 362; Bleistein, »Nach der dritten Kreisauer Tagung«, DKK, S. 301; Alvarez, *Spies,* S. 186, zitiert Frankens Interview, 26. April 1969, Graham Papers; Hesslein, »Material Axel von dem Bussche, Teil I [1968–1993], Kopien Korrespondenz [Franken]«, IfZ, ED 447/62; Engert, »Er wollte Hitler töten. Ein Porträt des Axel v. dem Bussche«, Sendemanuskript, 20. Juli 1984 [Franken], IfZ, ED 447/62; Hoffmann, *Stauffenberg. Die Biographie,* S. 331, zitiert I. Stieff, »Hellmuth Stieff«, Bl. 75; Zeller, *Oberst,* S. 525, Anm. 1; Schlabrendorff, »Events«, 1945, DNTC/93, 84; Leiber, Interview, OSS 2677th Regiment, 18 Aug. 1944, NARA, RG 226, Entry 136, Box 14.

22 »Eigenhändig«: Gumpel, Interview, 17. Mai 2014; Graham und Alvarez, *Nothing Sacred,* S. 33, zitiert Informationen von Mutter Pascalina.

23 »Nichts getan«: »Mordplan Hitlers gegen den Papst«, *Salzburger Nachrichten,* 20. Januar 1946.

24 Internationale Meinung: Lahousen, Zeugenaussage, 1. Februar 1946, Nachlass Loringhoven, PWF; Wolff, »Niederschrift«, *Positio Summ*, II, 28. März 1972; Nicholas Freiherr Freytag von Loringhoven an Egr. Sig. Dino Boffo, 16. März 2010, PWF.
25 Jederzeit: Toscano, *Nuova Antologia*, März 1961, S. 299 ff., und *Pagine di Storia diplomatica contemporanea*, Mailand 1963, S. 249–281.
26 Verhaftung Helmuth von Moltke: Balfour und Frisby, *Moltke*, S. 300. Deichmann, »Mitteilung«, um 1953; Bartz, *Tragödie*, S. 189.
27 Hermsdorf: Schwerdtfeger, *Preysing*, S. 128; Kramarz, *Stauffenberg*, S. 160; Knauft, *Christen*, S. 35 f.; Adolph, *Kardinal*, S. 181; Kaltenbrunner an Bormann, 4. Oktober 1944, Peter, *Spiegelbild*, S. 437 f.
28 Durchblicken: Alexander Stauffenberg, »Erinnerung an Stefan George«, Ansprache, 4. Dezember 1958; Kramarz, *Stauffenberg*, S. 148. Entschluss: Wassen, »Hie Stauffenberg – Hie Remer«, *Die Österreichische Furche*, 7. Februar 1953. »Vertrauliche Übermittlung«: Leiber an Preysing, 22. April 1944, ADSS, X, Nr. 163.
29 »Segen«: Alexander Stauffenberg, »Erinnerung an Stefan George«, Ansprache, 4. Dezember 1958; Kramarz, *Stauffenberg*, S. 160.
30 Duell: Müller, »Aussage«, 23. Mai 1945, 2.
31 Anklage: Müller, »Vor dem Reichskriegsgericht«, LK, S. 191.
32 Sterben: »Bericht Depositenkasse«, NL Panholzer 237, 7.
33 Solide Beweise: Hettler, »Vor dem Reichskriegsgericht«, MBM/155, 4.12.5.
34 Verfahren: Müller, Transkript, 8. August 1963, Tape VI, HDP.
35 Verteidigung: Sonderegger, »Aussage«, IfZ, ZS 303/2, 19; Sachs an Witzleben, 19. November 1952, IfZ, ZS 1983, 3.
36 Frei sprechen: Müller, »Statement«, OSS/MI6, Capri, 23. Mai 1945, NARA, RG 226, Entry 125, Box 29.
37 Neue Anklagen: Müller, »Lebenslauf«, 7. November 1945, DNTC, Bd. XVII, Sub. 53, Pt. 2, Sec. 53.041.
38 Augenklappe: Kraell an Witzleben, 3. November 1952, IfZ, ZS 657, 2–3.
39 Deutscher Abzug: Pius XII. im Radio Vatikan, 2. Juni 1944; Wortlaut in Giovanetti, *Roma*, S. 287 f.
40 »Im Tiefflug«: Tittmann, *Inside*, S. 208 f.
41 Jeeps und Lastwägen: Clark, *Calculated Risk*, S. 365.
42 »Anstand und Erfolg«: Sevareid, *Not So Wild*, S. 412. Kapitol: Clark, *Calculated Risk*, S. 365 f.
43 Pius glücklich: Giovannetti, *Roma*, S. 298, Anm.

44 »Meer aus Farben«: Scrivener, *Inside Rome,* S. 202.
45 »Viva Papa!«: Text der Rede von Pius XII. in SVC, S. 297.
46 »Sursum corda«: Giovanetti, *Roma,* S. 297.
47 Retter Roms: Kurzman, *Race,* S. 409 f. Menschheitsfamilie: Sevareid, *Not So Wild,* S. 415.
48 Jüdische Soldaten segnen: Barrett, *Shepherd of Mankind,* S. 200.
49 Deportationen: Chadwick, *Britain and the Vatican,* S. 288 f.; Gilbert, *The Righteous,* S. 314; Zuccotti, *Under His Very Windows,* S. 181–186, 200.

Kapitel 20: Es muss geschehen
1 Normandie: Irving, *Hitler's War,* S. 634–638; vgl. Fest, *Hitler,* S. 704 f., Atkinson, *Guns,* S. 83 f.
2 Tagesanbruch: MWD an Stalin, 29. Dezember 1949, CPSU/462a, 2148–2149.
3 Frankreich verloren: Below, *Als Hitlers Adjutant,* S. 373 f.
4 Katholische Jugendgruppe: Gerhard Boss an Bleistein, 31. Juli 1984 und 1. Oktober 1987, AD, S. 283. Vorarbeit: »Anklage des Volksgerichtshofs gegen Alfred Delp«, 16. Dezember 1944, AD, S. 365.
5 Kleberstraße: Kaltenbrunner an Bormann, 31. August 1944, KB, S. 331 f.; vgl. Coady, *Bound Hands,* S. 65.
6 Bestimmte Adresse: Gerhard Boss an Bleistein, 31. Juli 1984 und 1. Oktober 1987, AD, S. 283; vgl. Coady, *Bound Hands,* S. 65.
7 Öffnete ihm: Kunigunde Kemmer an Dr. H. Oeller, 25. Februar 1985, AD, S. 284. Zurück nach München: Bleistein, »Besuch bei Stauffenberg«, AD, S. 286, Anm. 18.
8 »Allgemeine Fragen«, Bunker des Führers: Delp, »Gespräch mit Stauffenberg«, vor dem 9. Januar 1945, GS, Bd. IV, S. 349–356.
9 »Naturgegebene Ränge«: Zitiert nach Wolfgang Venohr, *Stauffenberg – Symbol des Widerstands. Eine politische Biographie,* München 2000, S. 304 f.; nachgedruckt als Faksimile in Hoffmann, *Stauffenberg. Die Biographie,* S. 422 f.; vgl. Moltke, BF, S. 608 ff.
10 »Möglichst sofortigen Handeln«: Smolka an Bleistein, 12. April 1979, AD, S. 284.
11 »Gut geht«: Kunigunde Kemmer an Dr. H. Oeller, 25. Februar 1985, AD, S. 284.
12 »Lasst uns es tun«: Hans Hutter an Bleistein, 16. September 1987, AD, S. 288 f.
13 Schon bald: Bonhoeffer an Bethge, 30. Juni 1944, DBW, Bd. 8, Nr. 170, S. 501–505.

14 Sturz: Müller, »Der 20. Juli 1944«, LK, S. 197 f.; Hettler, »Episoden aus der Lehrterstrasse«, MBM/155, 4.12.6.
15 Drohendem Tod: Siehe zum Beispiel Wassen, »Hie Stauffenberg – Hie Remer«, *Die österreichische Furche*, 7. Februar 1953. Wartendes Auto: Es gibt abweichende Versionen zu Stauffenbergs Kirchenbesuch vom 19. Juli. Karl Schweizer, Stauffenbergs Fahrer, Aussage, 18. Juni 1965, verlegt die Kirche nach Steglitz (SUSB, S. 422); in einem Interview von Joachim Fest, »Operation Walküre«, Bavaria Atelier GmbH, München, 1971, wird sie nach Wannsee verlegt; Zeller, *Geist der Freiheit*, S. 376 f., beruft sich auf Information von Schweizers Schwester und spricht von Dahlem. Vermutlich kam es hier zu Rückprojektionen oder Verschmelzungen; Schilderungen früherer Kirchenbesuche dürften sich ganz natürlich auf den Vorabend des historischen Ereignisses vom 20. Juli gebündelt haben, das so heilig und ehrfürchtig in der Erinnerung geblieben sei (Braun, »Widerstand aus Glauben«, um 1951, ACDP, I–429).
16 Plastiksprengstoff: Hoffmann, *Stauffenberg. Die Biographie*, S. 451.

Kapitel 21: Heiliges Deutschland
1 Wichtige Angelegenheiten: Huppenkothen, »Der 20. Juli 1944«, HDP, 2/10.
2 Zu den Ereignissen im Führerhauptquartier siehe insbesondere: Hoffmann, »Zu dem Attentat im Führerhauptquartier ›Wolfschanze‹ am 20. Juli 1944«, VfZ 12 (1964), S. 266–284. Zum Zeitpunkt der Konferenz: Below an Hoffmann, 15. Mai 1964, Interrogation Report 032/Case no. 0279, Typoskript, 23. Januar 1946; und »Hitlers Adjutant über den 20. Juli im FHQu«, *Echo der Woche*, 15. Juli 1949; Heinz Buchholz, »Das Attentat auf Adolf Hitler am 20. Juli 1944«, Typoskript, Berchtesgaden, 14. Juli 1945, University of Pennsylvania Library 46 M-25; Buchholz zitiert in Knauth, »The Hitler Bomb Plot«, *Life*, 28. Mai 1945, 17–18, 20, 23; und Knauth, *Germany in Defeat*, S. 175–182.
3 Holzkaserne: Peter, *Spiegelbild*, S. 85; Wehner, »Spiel«, S. 31.
4 Zwei Sprengladungen: Hoffmann, *Widerstand gegen Hitler*, S. 134. Eine Bombe: Hoffmann, *Stauffenberg. Die Biographie*, S. 452.
5 Beeilung: Heusinger an Hoffmann, 6. August 1964, in Hoffmann, *Widerstand, Staatsstreich, Attentat*, S. 470.
6 Explosion: Peter, *Spiegelbild*, S. 85 f.; »Tätigkeitsbericht des Chefs des Heerespersonalamts«, NARA, NA microcopy T-78, Roll 39;

Scheidt, »Wahrheit gegen Karikatur«, *Neue Politik*, 27. Mai 1948, S. 1 f.; Hoffmann, *Widerstand, Staatsstreich, Attentat*, S. 471 f.

7 Sommer-Cape: Huppenkothen, »The 20 July Plot«, Interrogation Report, 17. Mai 1946, DJ 38, Folder 31; CSDIC, GG Report, RGG 1295(c), 10. Juni 1945, TRP, DJ 38, Folder 26; BAOR Interrogation Report 032/CAS no. 0279/von Below, 23. Januar 1946, TRP, DJ 38; Neitzel, ed., Abgehört, Doc. 153, CSDIC (UK), GRGG 183, Report on information obtained from Senior Officers (PW) on 29. August 1944 [TNA, WO 208/4363].

8 Schranke: »Eyewitness Account July 20th«, n. d. [1945–1946], CSDIC, SIR-1583, TRP, DJ 28, Folder 26; Hoffmann, *Die Sicherheit des Diktators*, S. 230–234.

9 Nach Berlin: Galante, *Valkyire*, S. 4 f.; Hoffmann, *Widerstand, Staatsstreich, Attentat*, S. 473; Hoffmann, *Stauffenberg. Die Biographie*, S. 453–456; Schlabrendorff, *Offiziere gegen Hitler*, S. 144 f.

10 Schnauzer: Toland, *Hitler*, S. 799; Bernd Freytag von Loringhoven, *Mit Hitler im Bunker*, Berlin 2006, S. 46–50 ff.

11 Innere Ordnung: Zeller, *Geist der Freiheit*, S. 385 ff.

12 »Sie verhaften«: Gisevius, *Bis zum bitteren Ende*, Bd. 2, S. 375 f.; Schlabrendorff, *Offiziere gegen Hitler*, S. 147 f.; SUSB, S. 431; Hoffmann, *Widerstand, Staatsstreich, Attentat*, S. 498 f.

13 »Hitler ist tot«: Hoffmann, *Widerstand, Staatsstreich, Attentat*, S. 498 f., 501 ff., 507 f.; Hoffmann, *Stauffenberg. Die Biographie*, S. 459 ff.; RSHA Report, 7. August 1944 (US Dept. of the Army, MS, 105/22); Teleprint Message II, 20. Juli 1944, in Hoffmann, *Widerstand, Staatsstreich, Attentat*, Anhang 2, S. 665–669.

14 Manöver: Heinz Linge: »Record of Hitler's activities 11. August 1943–30. December 1943«, NARA, RG 242 Miscellaneous Box 13 EAP 105/19; Hoffmann, *Widerstand, Staatsstreich, Attentat*, S. 492; Eugen Gerstenmaier, »Der Kreisauer Kreis: Zu dem Buch Gerritt van Roons Neuordnung im Widerstand«, VfZ 15 (1967), S. 231.

15 Wieder im Vatikan: Müller, »Aussage«, April 1958, HDCP; Müller, »Tresckow-Attentat«, LK, S. 160; Müller, »Der 20. Juli 1944«, LK, S. 198.

16 In Kürze sprechen: Tattenbach, »Das entscheidende Gespräch«, *Stimmen der Zeit* 155 (1954–1955), S. 321–329; Delp, GS, IV, S. 353, Anm. 58; Siemer, AB, S. 132.

17 Normal: Toland, *Hitler*, S. 799.

18 »Unsterblich«: Irving, *Geheime Tagebücher des Dr. Morell*, S. 177 f. »Löscht sie aus!«: Bross, *Gespräche mit Hermann Göring*, S. 221.

19 Trommeln an den Scheiben: Toland, *Hitler*, S. 801 f.
20 »Anständiges Deutschland«: Hassell, *Vom andern Deutschland*, S. 394, 399, 418, 608, Anm. 9; Hoffmann, *Widerstand, Staatsstreich, Attentat*, S. 367 f.
21 Im Stich: Buchholz, »Das Attentat Adolf Hitler«, University of Pennsylvania Library (Manuscript 46M-25); Hoffmann, *Stauffenberg. Die Biographie*, S. 473.
22 »Heute Nachmittag«: Hoepner, 7. August 1944, in IMT, XXXIII, S. 416; Hoffmann, *Widerstand, Staatsstreich, Attentat*, S. 601.
23 »Heilige Deutschland«: Hoffmann, *Widerstand, Staatsstreich, Attentat*, S. 603; Hoffmann, *Stauffenberg. Die Biographie*, S. 473; Albert Speer, *Erinnerungen*, Berlin 1969, S. 396; RSHA Report, 7. August 1944 (US Dept. of the Army, MS, 105/22).

Kapitel 22: Der Fund
1 »Heer kennt«: Hitler, Rundfunkansprache, 20. Juli 1944, Domarus, *Reden*, Bd. 2, S. 2127 ff.
2 Delp untertauchen: Bleistein, »Die Verhaftung«, AD, S. 294 f.
3 Informierte ihn: Tattenbach an Volk, 2. November 1964, und Tattenbach an Bleistein, 25. April 1979, AD, S. 295. »Donnerwetter«: Papecke an Bleistein, 10. Januar 1979, AD, S. 293.
4 Bauernhaus: Tattenbach, Interview von Bleistein, 25. April 1979; und Tattenbach, Interview von Volk, 2. November 1964 (AD).
5 Worte bereuen: Müller, »Der 20. Juli 1944«, LK, S. 198 f.
6 Konsequenz: Ebenda, S. 199.
7 Gefahr drohe: Smolka an Bleistein, 12. April 1979, AD, S. 296.
8 Nachricht überbringen: Kessler, Aussage, 25. April 1979, AD, S. 296.
9 »Töten«: Lukas 21,16; vgl. Coady, *Bound Hands*, S. 70.
10 »Ganzen Willen«: »Prayer of St. Ignatius of Loyola«, in *Handbook for Catholics*, 2. Kirche betreten: Kessler, Aussage, 25. April 1979, AD, S. 296.
11 Traten auf ihn zu: Geisler, »Gespräch«, 3. Februar 1981, AD, S. 297.
12 »Leben Sie wohl«: Oestreicher, in *Alfred Delp S. J.: Kämpfer – Beter – Zeuge*, Berlin 1955, S. 30; AD, S. 297.
13 Deutsche Angelegenheiten: Rocca, Interview, Januar 1992.
14 Territorium des Reichs: Frend, »Ein Beweis der tiefen Uneinigkeit«, *Frankfurter Allgemeine Zeitung*, 12. Juli 1997, B3.
15 Monsignore wusste: OSS, »Informed German Sources in Rome«, 22. Juli 1944, NARA, RG 226, Entry 16, Box 1015.

16 Katholischer Widerstand: Rocca, Interview, Januar 1992.
17 »Opposition in Deutschland«: OSS, »The Protestant and the Catholic Churches in Germany«, 22. Juli 1944, NARA, RG 59, R&A 1655.22. »Apparat«: Brandt, »Oppositional Movements in Germany«, 25. September 1943, NA, RG 226, Entry 100 (AIGR, 103ff). »Untergrund«: OSS Morale Branch (London), »Hamilton Plan«, 31. August 1943, NARA, RG 226, Box 175, Folder 2316, AIGRH, Dok. 17.
18 Vorsicht: Brandt, »Oppositional Movements in Germany«, 25. September 1943, NA, RG 226, Entry 100 (AIGRH, 103 ff.). Ihn zu empfangen: Rocca, Interview, Januar 1992.
19 »Auf dem Laufenden«: Scheffer, Annex E, Poole an Dulles, 10. Oktober 1944, NARA, RG 226, 16/1131.
20 Ihre Pläne: Rocca, Interview, Januar 1992.
21 Verschwörer: Leiber, Interview, OSS 2677th Regiment, 18. August 1944, NARA, RG 226, Entry 136, Box 14.
22 Zu Siemers Flucht siehe: Siemer, *Aufzeichnungen und Briefe*, Frankfurt/Main 1957, S.132, 134, 135. Nähere Einzelheiten zu Brauns Flucht siehe: Reimann an Leugers, 30. August 1989, GM, S.305; Braun, »Lebendig«; Vogelsberg, geheime Nachricht, Februar 1945, ACDP, I, 429; Bauer, Aussage, um November 1979, NLB; Vogelsberg an Leugers, 27./28. September 1987, GM, S.185, 305.
23 »Verhandlungsfähige Regierung«: Müller, »Neue Verhöre – alte Fragen«, LK, S.222.
24 Kommunistenviertel: Müller, »Im Kellergefängnis der Gestapo«, ebenda, S.212 f.
25 Todsünde: Ebenda, S.213.
26 Aus dem Bett steigen: Joachimsthaler (*Hitlers Ende*, S.102) sagt, Hitler sei am 18. September zusammengebrochen, aber Primärquellen datieren die Episode auf den 27./28. September (Bormann an seine Frau, 30. September und 1. Oktober 1944, *Bormann Letters*, S.127–129). »Will nicht mehr«: Traudl Junge, *Bis zur letzten Stunde*, München 2003, S.161.
27 Niedergeschlagen: Günsche, Aussage, o.D., in Morell, *Diaries*, S.188.
28 Akten am 26. September: Bormann an seine Frau, 26. September 1944, *Bormann Letters*, S.123 f. Ausgang der Angelegenheit: Morell, Eintrag für 28./29. September 1944, David Irving, *Die geheimen Tagebücher des Dr. Morell. Leibarzt Adolf Hitlers*, München 1983, S.198 f.

29 Hitler untersuchen: Joachimsthaler, *Hitlers Ende*, S. 102–105.
30 Ausgebrochen: Giesing, Tagebuch, und Aussage, 1971, in Toland, *Hitler*, S. 826.
31 Kokain: Morell, *Geheime Tagebücher*, S. 186 f.; Giesing, »Protokoll von Hitlers Hals-, Nasen- und Ohrenarzt Dr. Erwin Giesing vom 12.6.1945 über den 22.7.1944«, NARA, RG 242, HL-7241–3; Giesing, in »Hitler as Seen by His Doctors«, Annexes II, IV, Headquarters USETMISC Consolidated Interrogation Report Nr. 4, 29. November 1945. Gehängt: MWD an Stalin, 29. Dezember 1949, CPSU/462a, üb. MacDonogh, *Hitler Book*, S. 160 (gibt allerdings kein Datum für das Zitat an). Stieff wurde am 8. August 1944 gehängt.
32 Kokainzeug: Giesing, Tagebuch und Aussage, 1971, Toland, *Hitler*, S. 827; vgl. Schenk, *Patient Hitler: Eine medizinische Biographie*, S. 131. »Verbindungen zum Papst«: Kaltenbrunner an Bormann, 29. November 1944, KB, S. 508 f.

Kapitel 23: Die Hölle

1 Holten Müller ab: Müller, »Lebenslauf«, 7. November 1945. Frau und Tochter: Hettler, »In der Prinz-Albrecht-Strasse«, MBM/155, 4.13; Müller, »Aussage«, Verfahren Huppenkothen, MB/5/T, 157; Müller, »Pfarrer Kreutzberg«, LK, S. 212.
2 Ruinen: Kessel, »Verborgene«, 12. April 1945, VS, S. 245. Gestapo-Hauptquartier: Müller, »Aussage 10. Oktober 1947«, IfZ, ED 92, 59.
3 Stießen hinein: Müller, »Im Kellergefängnis der Gestapo«, LK, S. 213.
4 Fensterlos: Pfuhlstein, Interrogation Report, 10. April 1945, DNTC, Bd. XCIC, Sec. 31; CSDIC (UK), GRGG 286, Report on information obtained from Senior Officers (PW) on 19–21 Feb. 45, Neitzel, ed., *Abgehört*, Dok. 165 (UKNA, WO 208/4177).
5 Trüben Licht: Müller, »Letztes Gespräch mit Canaris«, LK, S. 224 f.
6 Toilette: Müller, »Aussage«, IfZ, ED 92, 86. Berlin erreichten: Müller, »Aussage«, OSS/MI6, Capri, 23. Mai 1945, NARA, RG 226, Entry 125, Box 29.
7 Wimmern: Müller, »Neue Verhöre – alte Fragen«, LK, S. 220.
8 »Die Hölle«: Müller, »Neue Verhöre – alte Fragen«, LK, S. 220, 281.
9 Sonderegger: Müller, »Neue Verhöre – alte Fragen«, LK, 221.

10 Alles ableugne: Sonderegger, »Brief«, 14. Januar 1951, IfZ, ZS 303/1, 13.
11 Wehrmacht: Müller, »Aussage«, Verfahren Huppenkothen, MB 3/5/T, 156.
12 Toter Mann: Hettler, »Der Leiber-Brief«, MBM/155, 4.13.1.1.
13 Blatt auf dem Tisch: Müller, »Neue Verhöre – alte Fragen«, LK, S. 222 f.
14 Verhandlungsfähige Regierung: Sonderegger, »Brief«, 14. Januar 1951, IfZ, ZS 303/1, 13; Sonderegger, »Aussage«, IfZ, ZS 303/2, 17–16; Müller, LK, S. 222.
15 Hinuntergewürgt: Müller, »Neue Verhöre – alte Fragen«, LK, S. 223.
16 Um die Sache herumzukommen: Moltke an Freya, 28. Dezember 1944, BF, S. 609.
17 Dietz: Hapig/Pünder, Notiz, 17. Dezember 1944; Ehrle, S. 203. Herausfand: Balfour und Frisby, *Moltke*, S. 300; Moltke, BF, S. 612, Anm. 3.
18 Innere Feinde: Moltke an Freya, 11. Januar 1945, BF, S. 612, Anm. 3.
19 Katholiken und Priester: Delp an M., 3. Januar 1945, GS, IV, S. 86. Schatten des Galgens: Delp an M., 6 Januar 1945, GS, IV, S. 91.
20 »Dritte Dimension«: Delp an M., 28. Dezember 1944, GS, IV, S. 70 f. »Fruchtbare Überlieferung«: Delp an M., 29. Dezember 1944, GS, IV, S. 71 f. Slaven als Gefahr: Delp an M., »Neujahrsnacht 1944/45«, GS, IV, S. 78–83.
21 »Mit ihr der Mensch«: Delp an M., »Neujahrsnacht 1944/45«, GS, IV, S. 81.
22 »Richtigen Raum«: Delp an M. »Nach der Verurteilung«, nach dem 11. Januar 1945, GS, IV, S. 105, 107.
23 Schauprozesse: Balfour und Frisby, *Moltke*, S. 316. Moltke und Delp: Bleistein, »Prozess«, AD, S. 376. Mikrofone: Coady, *Bound Hands*, S. 161.
24 »So was«: Kempner, *Priester*, S. 66; vgl. »Prozess«, AD, S. 376. »Jedes zweite Wort«: Delp an Tattenbach, 10. Januar 1945, GS, IV, S. 97 f.
25 »Damit sagen«: Kempner, *Priester*, S. 66; vgl. »Prozess«, AD, S. 378.
26 »Pater Rösch«: »Mitteilung des Oberreichsanwalts beim Volksgerichtshof«, 15. Februar 1945 (O J 21/44 g Rs); Kempner, *Priester*, S. 70. »Hände in Unschuld«: Bleistein, »Prozess«, AD, S. 380 f. »Gott wohlgefälliger Form«: Moltke, 10. Januar 1945, BF, S. 598.

27 »Jesuitenpater!«: Balfour und Frisby, *Moltke*, S. 306. »Den ganzen Menschen«: Moltke, 11. Januar 1945, BF, S. 608.
28 Stürmten herein: Rösch, »Kirchenkampf 1937–1945«, AR, S. 131 f.; Rösch, eidesstattliche Erklärung, 8. Oktober 1945; Leugers, *Mauer*, S. 309. »Mit aller Macht«: Rösch, »Dem Tode entronnen«, 1945–1946, KGN, Dok. 29, S. 301 f.
29 Nach Dachau: Bleistein, »In Händen der Gestapo«, AR, S. 132. »20. Juli 1944«: Bleistein, »König«, *Stimmen der Zeit* 204 (1986), S. 313 f. »Henken«: Rösch, »Konfrontation mit der Gestapo, 10.–17. Februar 1946«, AR, S. 260.
30 »Lieber ein Schafskopf als gar kein Kopf«: Gerstenmaier, »Gespräche«, 14. Mai 1982; AR, S. 392.
31 Delp, »Nach der Verurteilung«, c. 11 Jan. 1945, GS, IV, no. 70.
32 Hoffen: Coady, *Bound Hands*, xiii, S. 173.
33 »Es geht anders«: Delp an Tattenbach, 14. Januar 1945, GS, IV, S. 120. »Auf meiner Klippe«: Delp an Oestreicher, nach dem 11. Januar 1945, GS, IV, S. 114. »Hinunterstößt«: Delp an M., nach dem 11. Januar 1945, GS, IV, 112. »Stumm bleibt«: Delp an Hapig und Pünder, 26. Januar 1945, GS, IV, S. 146.

Kapitel 24: Der Galgen

1 Sechs Wochen: Hapig, Tagebuch, 18. Oktober 1944, *Tagebuch*, S. 50. Wanzen: Bleistein, »Im Gestapogefängnis Berlin-Moabit«, AR, S. 135.
2 Delp und Braun: Delp an Braun, 14. und 18. Januar 1945, GS, V, S. 180–184. »Log taktisch«: Rösch an Braun, Februar 1945, ACDP, I, S. 429 (GM, S. 308). Zum 20. Juli: Rösch, »Kassiber«, 12. Februar 1945, ACDP, I, S. 429 (GM, S. 310). Unglücklicher Kriegsausgang«: Rösch, »Kirchenkampf«, 22. Oktober 1945, AR, S. 229. Erstkommunion: GM, S. 309, zitiert Simmel, »Rösch«, S. 101.
3 Hofgang: Rösch, »Dem Tode entronnen«, S. 321 f.; Rösch, »Lebenslauf«, 4. Januar 1947. »Gemeinde wächst«: Bleistein, »Im Gestapogefängnis Berlin-Moabit«, AR, S. 135.
4 SS-Verhör: Rösch, »Kirchenkampf 1937–1945«, 22. Oktober 1945, AR, S. 230. »Freute sich innerlich«: Rösch, »Zum Gedächtnis von P. Alfred Delp SJ«, 26. Januar 1946, AR, S. 255. Ihre Versionen: Coady, *Bound Hands*, S. 209.
5 Hass auf Katholiken und Jesuiten, Schauprozess verschoben: Rösch, »Zum Gedächtnis von P. Alfred Delp SJ«, 26. Januar 1946, AR, S. 257.

6 Tod um Mittag: Bleistein, »Verhaftung«, AD, 302; sowie ebenda, »Der Tod«, S. 407–411.
7 »Raubvogelgesicht«: Gerstenmaier, *Streit*, S. 204 f.; vgl. Schlabrendorff, *Offiziere*, S. 138; Bleistein, »Verhaftung«, AD, S. 305 f. 20. Juli 1944: Kempner, *Priester*, S. 64; vgl. Hartl über Neuhaus, »The Orthodox Church«, 9. Januar 1947, C, Annex VIII.
8 »Natürlich wollte ich«: Neuhaus an Bleistein, 11. Juli 1989, AD, S. 307. Fragen: Rösch, »Zum Gedächtnis«, 26. Januar 1946, AR, S. 255.
9 Einzelne Foltermethoden sind belegt. Nagelköpfe: Gerstenmaier in Delp, *Kämpfer*, S. 41; Gerstenmaier an Bleistein, 22. Januar 1988, AD, S. 306. Metallhaube: Hoffmann, *Widerstand, Staatsstreich, Attentat*, S. 621 f.
10 Hinrichtung: Helmsdorffer, »Scharfrichter seit 200 Jahren«, *Pivatal* 7 (1949), S. 22 ff.; »Der Henker des 20. Juli«, *Hannoversche Neuste Nachrichten*, 24. August 1946; Rossa, *Todesstrafen*, S. 31–40; Poelchau, *Die letzten Stunden*, S. 53 f., 86 f., 100, 107 f. »Danke«: Coady, *Bound Hands*, S. 199 f.
11 Marianne Hapig: Tuchel, »…*und ihrer aller wartet der Strick.*«, S. 120. Schuld: GM, S. 309, zitiert Notizen von Hapig/Pünder vom 13. Februar und 5. März 1945, in: Ehrle, *Licht über dem Abgrund*, S. 221, 223.
12 »Sehr groß«: Rösch, Brief [an unbekannte Person], nach 15. Februar 1945, ACDP/St. Augustin, Nachlass von Odilo Braun, 1–429–008/3; abgedruckt in AR, S. 200–203.
13 Edmund Rampsberger SJ, »Einige Angaben zur Flucht von P. August Rösch«, 26. Februar 1982, AR, S. 199. »Bereits Hingerichteten«: »Kampf gegen den Nationalsozialismus«, KGN, Dok. 26, S. 276 f.
14 Kälte im Februar: Müller, »Letztes Gespräch mit Canaris«, LK, S. 230.
15 Christen: Ebenda, S. 231.
16 Ins Leere: Huppenkothen, »The 20 July Plot«, Interrogation Report, 17. Mai 1946, DJ 38, Folder 31. An der Mausterstrasse: O'Donnell, *Bunker*, S. 181. Keine Spur: Müller, »Wieder in Deutschland«, LK, S. 302 f.
17 Davon befleckt: Müller, »Statement«, OSS/MI6, Capri, 23. Mai 1945, NARA, RG 226, Entry 125, Box 29.
18 Kalk: Müller, »Letztes Gespräch mit Oster«, LK, S. 233.
19 »Sozial schwachen«: Müller, »Buchenwald«, LK, S. 238 f.

20 »Letzte Lebenszeichen«: Müller, »Flossenbürg«, LK, S. 246.
21 »Tagebücher«: Huppenkothen, Transkript, 5. Februar 1951, HDP, 2/10.
22 Buhle: Hoffmann, *Stauffenberg*, S. 476. Rattenhuber: Höhne, *Canaris*, S. 591. Kaltenbrunner: Huppenkothen Aussage, Dokumentation der Zeugenaussagen, 4.–14. Februar, Day 1, 193; Fotokopie in IfZ.
23 »Meine Braut«: Müller, »Fahrt in die Oberpfalz«, LK, S. 243.
24 Zölibat: Müller, ebenda, S. 242.
25 Lagebesprechung: Laut Brissaud, *Canaris*, S. 330, Rattenhuber gab die »Tagebücher« am 6. April Kaltenbrunner.
26 »Sofort«: Buchheit, *Der deutsche Geheimdienst*, S. 445; Höhne, *Canaris*, S. 564.
27 Weiterfuhr: Müller, »Fahrt in die Oberpfalz«, LK, S. 243. Telegramm aus Berlin: Sullivan und Frode, »Facsimile of the Message Forms for Nr. 14 and 24«. Nach Flossenbürg: Höhne, *Canaris*, S. 565.
28 Backenkuss: Dünninger, »Prisoners«, S. 11; Müller, »Fahrt in die Oberpfalz«, LK, S. 244.
29 Burggraben: Irmingard, *Jugend-Erinnerungen*, S. 313 ff.
30 Allgemeines Aussehen: Müller, »Flossenbürg«, LK, S. 247. Störte die Stille: Brissaud, *Canaris*, S. 328.
31 Kopf unter Wasser: Thompson, »Flossenbürg«, 14. Januar 1989; Müller, »Augenzeuge«, LK, S. 256.
32 Verteidigung: Müller, »Eidesstattliche Erklärung«, 16. Januar 1946, S. 3, WNRC, RG 332, ETO-MIS-YSect., Box 66.
33 Für Deutschland: Buchheit, *Geheimdienst*, S. 478; vgl. Höhne, *Canaris*, S. 565.
34 Wieder so handeln: Höhne, *Canaris*, S. 566 f.
35 Begreife: Augsburger Urteil = Richtspruch des Schwurgerichts Augsburg im Prozess gegen Walter Huppenkothen und Otto Thorbeck, Kopie einzusehen im Kammergericht Berlin, 31; vgl. Höhne, *Canaris*, S. 567.
36 »Nein«: *Die Welt*, 14. Februar 1951; Höhne, *Canaris*, S. 567.
37 »Galgenvogel«: Müller, »Flossenbürg«, LK, S. 248.
38 »Für den Frieden«: Müller, »Flossenbürg«, LK, S. 249.
39 Brot des Lebens: Müller, »Flossenbürg«, LK, S. 246.
40 Bellen der Hunde: Müller, »Flossenbürg«, LK, S. 251; vgl. Bonhoeffer, Gedicht »Nächtliche Stimmen«, Tegel, Sommer 1944, DBW, Bd. 8, S. 516–523. Weitere Unglückliche: In jener Nacht

wurden Wilhelm Canaris, Hans Oster, Karl Sack, Ludwig Gehre, Dietrich Bonhoeffer, Theodor Strünck und Friedrich von Rabenau hingerichtet. (Für letzteren sind unterschiedliche Todesdaten zwischen 9. und 15. April überliefert.) – Skriebeleit, Flossenbürg – Hauptlager, S. 48. Bonhoeffer: Müller, »Augenzeuge«, LK, S. 256 f.

41 Trittleiter weg: Müller, »Lebenslauf«, 7. November 1945, DNTC, Bd. XVII, Sub. 53, Pt. 2, Sec. 53.041; Fischer, »Aussage«, Augsburg, um Oktober 1955, Bartz, *Tragödie der Abwehr*, S. 198.

Kapitel 25: Ein toter Mann

1 Weder Füße noch Schädel: Kirschbaum, in Hollis, *The Papacy*; Guarducci, *Retrouvé*, S. 118–122.

2 An den Knöcheln: Curran, »Bones of Saint Peter?«, *Classics Ireland*, Bd. 3 (1996).

3 Goldfäden: »St Peter's Bones«, *The Express*, 21. April 2000. Vatikan gab bekannt: Guarducci, *Reliquie-messa*, S. 65–74; »Pope Says Bones Found Under Altar Are Peter's«, *New York Times*, 27. Juni 1968, 1; Guarducci, *Retrouvé*, S. 147 f.; Guarducci, *Le Reliquie di Pietro*, S. 96–103.

4 »Wendepunkt«: Inge Haberzettel, Verhör, um November 1945, Trevor-Roper, *Last Days*, S. 100, deutsch: Hugh R. Trevor-Roper, *Hitlers letzte Tage*, Zürich 1948, S. 98; vgl. Fest, *Hitler. Eine Biographie*, S. 734.

5 »Umzulegen«: Rösch, »Kirchenkampf«, 22. Oktober 1945, AR, S. 231.

6 Kopie für Plaut: Plaut, »Report on Trip to Italy«, 5. Mai 1945, NARA, RG 226, Entry 174, Box 123, Folder 933.

7 »Eckstein«: »Verborgene«, 12. April 1945, VS, S. 252.

8 Amtszeit verlängern: Pius XII. an Truman, 13. April 1945, ADSS, XI.

9 »Wandelt euer Herz«: Pius XII., »Interpreter of Universal Anguish«, 15. April 1945.

10 »Zeit gewinnen!«: Schroeder, stenografische Notizen, Mai 1945; vgl. Christa Schroeder, *Er war mein Chef*, München 1985, S. 200.

11 »Unruhe bei uns«: Rösch, »Kirchenkampf 1937–1945«, 22. Oktober 1945, AR, S. 232. Reichsmark: Leugers, *Mauer*, S. 312; Rösch, »Dem Tode Entronnen«, KGN, S. 328.

12 »Führten ihn ab«: Guttenberg, *Holding the Stirrup*, S. 255. Kopfschuss: Rösch, »Dem Tode«, 1945/46, KGN, S. 324.

13 »Kleinen Knochen«: Thompson, »Flossenbürg Concentration Camp«, 14. Januar 1989.
14 »Toter Mann«: Müller, »Meine Rettung«, LK, S. 280.
15 Transporte: Müller, »Dachau«, LK, S. 259. Briefe der Toten: Müller, »Schlusswort«, LK, S. 360 f. Gehängt: Müller, »Dachau«, LK, S. 260.
16 Ochsensepp: Ebenda, S. 260.

Kapitel 26: Der Bergsee
1 Stahltür: Anni Oster an Richardi, 25. Juni 2004, SSHAF, 338 n 8. Zu erzählen: Loringhoven, Transkript, 13. März 1948, MMC, FF 51, Folder 41.
2 Erstaunliche Wende: Matteson, »Last Days of Ernst Kaltenbrunner«, CIA, 1960, NARA, 263, 2–11–6; Lischka, Verhör, 10. April 1946, und Kopkow, Bericht, 9. April 1946, TRP, DJ 38, Folder 25; Deutsch, »Questions«, *Central European History* 14, Nr. 4 (Dezember 1981), S. 325. »Größtes Spionagenest«: Bericht über Verhör Nr. 5747 (von Rintelen), 6. September 1945, DNTC, Bd. VIII, Sec. 14.07.
3 Nicht aufgedeckt: Urteil gg. Huppenkothen, 2. Dezember 1952, HJ, I, 1 StR 658/51; Kunkel, Transkript, 8. Oktober 1951, 2nd Regional Court, File 1 Js Gen. 106/50, Archiv KZ-Gedenkstätte Dachau; Kaltenbrunner an Bormann, 20. August 1944, Anlage 1, KB, S. 275–278; vgl. Hitler, »Night and Fog Decree«, 7. Dezember 1941 NCA, Bd. 7, Dok. Nr. L-90.
4 Handbewegung: Müller, »Meine Rettung«, LK, S. 280.
5 Innere Feinde: Müller, »Statement«, OSS/MI6, Capri, 23. Mai 1945, NARA, RG 226, Entry 125, Box 29.
6 Keller: Russo, »Mémoire«, 12. März 1945, 7–18, 10–14, 16, HDP, III, 1/9.
7 In Sicherheit: Anni Oster an Richardi, 25. Juni 2004, SSHAF, 338 n 8.
8 Detonationen: Müller, »Flossenbürg«, LK, S. 249. Tor: Loringhoven, »Kaltenbrunner und ›Der Ochsensepp‹ Josef Müller«, Mai 2010; Müller, »Statement«, OSS/MI6, Capri, 23. Mai 1945, NARA, RG 226, Entry 125, Box 29.
9 »Nur noch Zahlen«: Müller, »Statement«, OSS/MI6, Capri, 23. Mai 1945, NARA, RG 226, Entry 125, Box 29. »Läuft herum!«: Müller, »Flossenbürg«, LK, S. 249 f.
10 Liquidationshof: Gumpel, Interview, 1. Juni 2014; Müller, »State-

ment«, 23. Mai 1945, NARA, RG 226, Entry 125, Box 29. Unter der Schlinge: Müller, »Unkorr. NS üb. Gespräch«, 1963, IfZ, ZS 659/3, 25. Keine Ahnung wie: Müller, »Flossenbürg«, LK, S. 250.
11 Pritsche: Müller, »Statement«, 23. Mai 1945, NARA, RG 226, Entry 125, Box 29.
12 Kein Auge zu: Müller, »Aussage«, Verfahren Huppenkothen, MB 3/5/T, S. 182 f.; Thomas, »Gedanken und Ereignisse«, IfZ, ZS 310/1, 21; Bonin, »Aussage«, 21. November 1951, IfZ, ZS 520, 3. Bellten unablässig: Müller, »Flossenbürg«, LK, S. 250 f. Still: Loringhoven, »Kaltenbrunner und ›Der Ochsensepp‹ Josef Müller«, Mai 2010; Müller, »Flossenbürg«, LK, S. 251 f.
13 Fußfesseln: Müller, »Statement«, OSS/MI6, Capri, 23. Mai 1945, NARA, RG 226, Entry 125, Box 29. Mit ihm anfangen: Müller, »Flossenbürg«, LK, S. 251 f. Zirkulieren: Müller, »Aussage«, Verfahren Huppenkothen, MB 3/5/T, S. 183 f.
14 »Behind the cells«: Müller, Verfahren Huppenkothen, MB 3/5/T, S. 184; Müller, Aussage gegenüber E. P., 31. August 1953, IfZ; Müller, LK, S. 252.
15 Nähernde Front, Stawizki, letzter Widerstand: Müller, »Augenzeuge«, LK, S. 253 f.
16 Freising: Müller, »Statement«, 23. Mai 1945, NARA, RG 226, Entry 125, Box 29; Richardi, »Consolidation of the Special Prisoners«, SSHAF; Müller, »Augenzeuge«, LK, S. 257.
17 Voller Leichen: Müller, »Dachau«, LK, S. 258 f., 264.
18 »Sofort frei«: Müller, »Dachau«, LK, S. 263.
19 Letzter Versuch: Weidling, *Wojennoistoritscheskii Schurnal*, Okt. – Nov. 1961.
20 Steiner zögerte: Trevor-Roper, *Wartime Journals*, S. 247, datiert die Szene auf den 22. April; zitiert nach Fest, *Untergang*, S. 78 f.; vgl. Trevor-Roper, *Hitlers letzte Tage*, S. 114 f., datiert auf den 23. April, sowie mit Trevor-Ropers Beschreibung Hitlers, die er Berger in den Mund legte.
21 Berger: Scholtyseck, Der »Schwabenherzog« Gottlob Berger, S. 103. »Alle erschießen«: Berger, Verhör, um November 1945, in: Trevor-Roper, *Wartime Journals*, S. 247; Trevor-Roper, *Hitlers letzte Tage*, S. 121.
22 Heil war: Müller, »Dachau«, LK, S. 266.
23 »Diesen Herrn«: Müller, »Da hinten ist Schuschnigg«, LK, S. 267.
24 Missetaten: Rösch, »Kirchenkampf 1937–1945«, 22. Oktober 1945, AR, S. 234. Die Neuigkeit rufend: Rösch, »Zum Gedächtnis von

P. Alfred Delp SJ«, 26. Januar 1946, AR, S. 257; Rösch, »Dem Tode entronnen«, 1945/1946, KGN, Dok. 29, S. 330–333.
25 »Artilleriefeuer«: Rösch, »Kirchenkampf 1937–1945«, AR, S. 235. Dominikaner: Bleistein, »Dem Tode Entronnen«, KGN, S. 332 f.
26 »Von Bomben getötet«: James, »Great Escape«.
27 »Hingenommen«: Müller, »Dachau«, LK, S. 265. Kommando in Buchenwald: Von Bader »wurde lediglich sein Vorname genannt«: Müller, »Da hinten ist Schuschnigg«, LK, S. 268.
28 Advokat: Müller, »Protokoll des Colloquiums am 31. August 1955«, IfZ, ZS 659/1, 45. Pistole: Müller, »Da hinten ist Schuschnigg«, LK, S. 271.
29 Guten Tropfen: James, »Great Escape«.
30 Die SS-Leute angreifen: Müller, »Da hinten ist Schuschnigg«, LK, S. 271.
31 Spezialraum: James, »Great Escape«.
32 Morgengrauen: Müller, »Da hinten ist Schuschnigg«, LK, S. 271. Die Region erreichen: Müller, »Befreiung und Abschied«, LK, S. 274. Pfarrhaus: Ebenda, S. 273.
33 Machte kehrt: Müller, »Da hinten ist Schuschnigg«, LK, S. 272. Partisanen: James, »Great Escape«.
34 Kleinen Gruppen: Trevor-Roper, *Hitlers letzte Tage*, S. 178.
35 Doppeltür: Payne, *Life and Death*, S. 567.
36 Auslöser: MWD an Stalin, 29. Dezember 1949, CPSU/462a, 268–269, 271, 288; Joachimsthaler, *Hitlers Ende*, S. 239, 246 f., 249.
37 Schießpulver: Payne, *Life and Death*, S. 568; O'Donnell, *The Bunker*, S. 230. Blumenvase: CSDIC, Verhöre von Kempka, Gerda Christian, Traudl Junge und Ilse Krüger, TRP.
38 Feuer: Fest, *Der Untergang*, S. 159.
39 Bewegend: James, »The Great Escape«. Das Transkript der BBC zählt das Befreiungskommando irrtümlich zur US Army, aber die amerikanischen Truppen trafen erst am 4. Mai in der Region ein. Glück bei den Alliierten: Müller, »Befreiung«, LK, S. 273. »Aufgehängt«: James, »Great Escape«.
40 Werwolf-Einheiten: Heiss-Hellenstainer, »[Original Report]«, 13. August 1945, Familie Heiss (Dr. Caroline M. Heiss), 2 f.; Niemöller, Tagebucheintrag, 30. April 1945, Zentralarchiv der Evangelischen Kirchen Hessen/Nassau, Bd. 35/376; Auer, »Fall Niederdorf«, 23. Juni 1956, IfZ, ZS 1131; Bonin, »Aussage«, 21. November 1951, IfZ, ZS 520, 5. »Zunächst bitterkalt«: Müller, »Befreiung und Abschied«, LK, S. 274.

41 »Die Hure England«: Diese Bezeichnung geht auf den Krimkrieg zurück, als England die Türken unterstützte und die Russen besiegte. Cortina: Müller, »Befreiung«, LK, S. 275. Verschwand: Müller, »Befreiung«, LK, S. 276.
42 Sowjetische Zone: Reitlinger, *SS*, S. 439.
43 Brauerei: Junge, *Bis zur letzten Stunde*, S. 212 f.
44 »Übergabe«: Ebenda, S. 214.
45 Bergsee: Müller, »Italien«, LK, S. 281 f. Übergaben ihre Waffen: Thomas, »Thoughts and Events«, 20. Juli 1945, DNTC, Bd. II, 6.13.
46 Neapel: Neuhäusler, »Nochmals in größter Gefahr«, AH, S. 200; »Clearing«: Müller, LK, S. 277, 282.
47 Verona: Müller, »Meine Rettung«, LK, S. 277. Petersdom: Müller, »Italien«, LK, S. 282.

Epilog

1 »Besseres Universum«: »Pope Pius XII's Radio Broadcast on War's End«, *New York Times*, 9. Mai 1945.
2 Verbindungsmann: Gisevius, *Wo Ist Nebe?*, S. 221, 230–233; vgl. Müller, »Unternehmen Avignon«, LK, S. 197.
3 Meinung: Gaevernitz, *They Almost Killed Hitler*, S. 2.
4 Passierschein: Ebenda, S. 3.
5 »Erschießungskommando«: Gaevernitz, »Between Caserta and Capri«, S. 5.
6 Golf von Neapel: Müller, »Italien«, LK, S. 283.
7 Geheimagent: Gaevernitz, »Between Caserta and Capri«, S. 6.
8 Geschichte: Müller, »Italien nach der Befreiung«, LK, S. 285.
9 Anderen Deutschen: Gaevernitz, *They Almost Killed Hitler*, S. 6.
10 Christlich-soziale Union und Christdemokratische Union: Müller war der Meinung, dass »dieser Mann [Dale Clark] nicht vergessen werden sollte«. Müller, »Italien«, LK, S. 284.
11 Uninteressant: Hartl, Verhör, 9. Januar 1947, C.
12 Mit eigenen Augen; impotent: Ebenda, Annex IX, »Hartl's Trip to Russia«.
13 »Abnormität«: Hartl, Verhör, 9. Januar 1947, C.
14 Quartier der Nonnen: Leugers, *Mauer*, S. 312. »Jesus Christos«; »Nach Deutschland zurück«: Rösch, »Dem Tode entronnen«, KGN, Dok. 29, S. 336–345, 355.
15 Amerikanische Zone: Bleistein, »Heimweg nach München«, 22. Oktober 1945, AR, S. 140 ff.

16 Verschwand: Rösch, »Dem Tode entronnen«, 1945/1946, KGN, Dok. 29, S. 375 f.
17 Weg nach Süden: Bleistein, »Heimweg nach München«, AR, S. 142.
18 Begegnung mit Pius XII.: Neuhäusler an Pius XII., [11.] Mai 1945, ADSS, Bd. X, App. 8, Anm. 6, ref. »fogli d'Udienze«.
19 Furchtbaren Gefahr: Müller, »Privataudienz beim Papst«, LK, S. 291.
20 »In diesen Stunden«: Ebenda, S. 292.
21 »Katholische Theologie«; jeden Tag: Müller, »Privataudienz beim Papst«, LK, S. 292 f.; Müller, »Befragungen [Widerstand II]«, 26. März 1963, IfZ, ZS 659/4, S. 217 f.
22 Hitlers Reich: Müller, »Privataudienz beim Papst«, LK, S. 294; »Besprechung mit Josef Müller«, Februar 1952, IfZ, ZS, A-49, S. 22
23 »Erst recht nicht leicht«; Vaterland: LK, S. 295 f.; Gumpel, Interview, 1. Juni 2014; Leiber, »Gespräch mit Elsen«, 10. und 23. April [ohne Jahresangabe], NL Elsen.
24 »Diabolische Mächte«: LK, S. 294-295; Müller, Transkript, 22. September 1966, HDP.
25 Sinn: LK, S. 294 f.; Müller, Transkript, 3. August 1963, Tape I, HDP.
26 »Große Freude«: Müller, »Privataudienz beim Papst«, LK, S. 295; Müller an CSU, 5. April 1978, HDP, Bd. IV, 20/5.
27 »Durch das Schwert«: Pius XII., Rede vor dem Kardinalskollegium, 2. Juni 1945, ADSS, Bd. III, Nr. 600; deutscher Wortlaut unter http://www.kathpedia.com/index.php?title=Ansprache_2._Juni_1945_%28Wortlaut%29#Der_Krieg. »Verbreitete Kritik«: Tittmann an Taylor, 4. Juni 1945, Taylor Papers, FDRL.
28 »Den ganzen Krieg über«: Tittmann an Taylor, 4. Juni 1945, Taylor Papers, FDRL.
29 »Vogel Strauß«: Tittmann, *Inside the Vatican*, S. 116, wo seine Denkschrift an das State Department dokumentiert wird, 16. Juni 1942. »Rolle des Vermittlers«: Ebenda, 117. »Skrupellose Raserei«: Ebenda, S. 123. »Politische Konsequenzen«: F. C. G. [Francis C. Gowen] an Taylor, 7. November 1944, NARA, RG 59, Entry 1069, Box 4, location 250/48/29/05.
30 »Robot«: SCI Detachment, Munich, »Semi-Monthly Operations Report«, 30. September 1945, G-TSX-3747, in DO Records, [bearbeitet] Box 3, Folder 21, CIA ARC; Ruffner, »Eagle and Swastika«, CIA, Draft Working Paper, II 37; NARA, »Research Aid: Crypto-

nyms«, Juni 2007, S. 40, 50 (PDF). »Führung in Bayern«: Franklin Ford [Perry Miller], »Political Implications of the 20th of July«, 15. Oktober 1945, US Army Military Archives, Lexington, VA, Francis P. Miller Papers, Box 8, Folder 10. Unterdrückten: Müller, »Buchenwald«, LK, S. 239.

31 Menschenrechte: Siehe insbesondere Kaiser, *Christian Democracy and the Origins of European Union*, S. 119, 193, 214, 242, sowie allgemeiner, S. 22–42.

32 »Geredet?«: SSU (London), enthält Denkschrift über Müller CIC Interrogation, 24. Oktober 1945, in Ruffner, CIA Draft Working Paper, April. 2003, III, 32. »Gut bestätigt«: AB-17 [Identität unbekannt] an Holtsman, »Summary of Preliminary Vetting of Dr. Josef Mueller«, 31. Dezember 1945, LX-003–1231, in Ruffner, CIA Draft Working Paper, April 2003, III, 33. Schaftlachstraße 10: 30. Oktober 1955, Verhör »Johan [*sic*] Rattenhuber (Brigadenführer, Chef RSD)«, IfZ, ZS 0637.

33 Letzter Sekunde: Loringhoven, »Kaltenbrunner und ›Der Ochsensepp‹ Josef Müller«. Verlieren: Vgl. Lukas 17,33, Matthäus 16,25, Markus 8,35.

Ein Orden zwischen Macht und Glaube

Markus Friedrich
Die Jesuiten
Aufstieg, Niedergang, Neubeginn

Piper, 736 Seiten
€ 39,00 [D], € 40,10 [A]*
ISBN 978-3-492-05539-0

Ob Armenseelsorge oder elitäre Wissenschaft, politische Beratung oder weltweite Mission – kaum ein Gebiet, auf dem die Jesuiten seit ihrer Gründung 1540 nicht tätig waren und dabei den Gang der Geschichte prägten. Der Historiker Markus Friedrich, Professor für Europäische Geschichte der Frühen Neuzeit, legt mit diesem Buch eine faszinierende Gesamtdarstellung der Geschichte der Jesuiten vor. – Ein unverzichtbarer Beitrag, um die europäische Moderne zu verstehen.

PIPER

Leseproben, E-Books und mehr unter www.piper.de